中等职业学校计算机系列教材

zhongdeng zhiye xuexiao jisuanji xilie jiaocai

办公自动化基础教程

张平　范吉钰　主编

人民邮电出版社

北京

图书在版编目（CIP）数据

办公自动化基础教程 / 张平，范吉钰主编．—北京：人民邮电出版社，2008.4（2017.8 重印）
（中等职业学校计算机系列教材）
ISBN 978-7-115-17130-6

Ⅰ．办… Ⅱ．①张…②范… Ⅲ．办公室—自动化—专业学校—教材 Ⅳ．C931.4

中国版本图书馆 CIP 数据核字（2008）第 008070 号

内容提要

本书介绍了办公自动化的基本知识，Word 2007、Excel 2007、PowerPoint 2007 在现代办公中的应用，Internet 和常用工具软件的基本应用，以及常见办公自动化设备的使用与维护。

本书可以作为中等职业学校文秘类、管理类、财经类、信息类和计算机类等专业“办公自动化”课程的教材，也可以作为办公自动化培训教材、公务员电子政务和信息化考试的参考教材。

中等职业学校计算机系列教材
办公自动化基础教程

◆ 主　　编　张　平　范吉钰
责任编辑　王　平
◆ 人民邮电出版社出版发行　　北京市丰台区成寿寺路 11 号
邮编　100164　　电子邮件　315@ptpress.com.cn
网址　http://www.ptpress.com.cn
三河市海波印务有限公司印刷

◆ 开本：787×1092　1/16
印张：16.25　　2008 年 4 月第 1 版
字数：390 千字　　2017 年 8 月河北第 12 次印刷

ISBN 978-7-115-17130-6/TP

定价：25.00 元

读者服务热线：(010)81055256　印装质量热线：(010)81055316
反盗版热线：(010)81055315

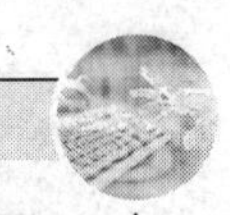

中等职业学校计算机系列教材编委会

序

中等职业教育是我国职业教育的重要组成部分，中等职业教育的培养目标定位于“具有综合职业能力，在生产、服务、技术和管理第一线工作的高素质的劳动者和初中级专门人才”。

中等职业教育课程改革是为了适应市场经济发展的需要；是为了适应实行一纲多本，满足不同学制、不同专业和不同办学条件的需要。

为了适应中等职业教育课程改革的发展，我们组织编写了本套教材。在编写过程中，我们参照了教育部职业教育与成人教育司制定的《中等职业学校计算机及应用专业教学指导方案》及劳动和社会保障部职业技能鉴定中心制定的《全国计算机高新技术考试技能培训和鉴定标准》，仔细研究了已出版的中职教材，去粗取精，全面兼顾了中职学生就业和考级的需要。

2004年本套教材一经出版，在社会上引起了巨大反响，被众多学校的老师所选用。2005年针对本套教材，人民邮电出版社成功举办了全国多媒体电子教学课件大赛，期间得到了全国各地教育行政部门和职教科研机构的支持与帮助；全国各中职学校的老师踊跃参与，参赛作品从内容到形式充分体现了目前中等职业教育课程改革的发展趋势。评选出的优秀课件，我们将作为教学服务资料免费提供给老师。

随着计算机技术的发展以及软件版本的不断更新，我们针对老师反馈的普遍问题和学校的课程设置变化，陆续对这套教材进行修订与补充。修订后的教材更加注重中职学校的授课情况及学生的认知特点，在内容上加大与实际应用相结合实例的编写比例，更加突出基础知识、基本技能，软件版本均采用最新中文版。同时，修订的教材继续保持原教材的编写风格。

- 软件操作类。此类教材都与一个（或几个）实用软件或具体的操作技术相对应，如 Photoshop、Flash、3ds max 等，实践性很强。对于这类教材我们采用“任务驱动、案例教学”的方式编写，目的是提高学生的学习兴趣，使学生在积极主动地解决问题的过程中掌握所学知识。
- 理论教学类。此类教材需要讲授的理论知识较多，有比较完整的体系结构，操作性稍弱。对于这类教材，我们采用“传统教材+典型案例”的方式编写，力求在理论知识“够用为度”的基础上，使学生学到更实用的知识和技能。

为了方便教学，我们免费为选用本套教材的老师提供教学辅助光盘，光盘内容包括：

- 部分理论教学类课程的 PowerPoint 多媒体课件。
- 教师备课用的素材，包括本书目录的电子文档，按章提供的“学习目标”、“功能简介”、“案例小结”、“本章小结”等的电子文档。

提供教材上所有的习题答案、所有实例制作过程中用到的素材（包括程序源代码）、所有实例的制作结果以及2套模拟测试题及答案，供老师考试使用。

在教材使用中老师们有什么意见、建议或教学辅助光盘的索取均可直接与我们联系，联系电话是 010-67184065，电子邮件地址是 wangping@ptpress.com.cn。

中等职业学校计算机系列教材编委会

2006年9月

前 言

随着信息技术的飞速发展，办公自动化彻底改变了传统的办公方式。为了能适应现代办公的工作方式，办公人员必须具备应用计算机办公软件、办公设备和网络的能力。

本书正是为了让学生学习和掌握现代办公方式，提高办公效率而编写的。本书以“精通常见办公软件的应用，掌握主流现代办公设备的使用与维护”为目标，以办公自动化软件的应用、Internet 的应用、办公自动化设备的使用与维护为主要内容讲述计算机、网络和其他办公设备在办公方面的应用。

本书从实际工作中遇到的问题（案例）入手，讲解设备和软件的使用操作方法。大多数案例都包括“情景模拟”、“案例分析”、“案例展示”、“操作步骤”和“知识解析”五部分。在每个案例讲解完后，都附有与其内容相关的“操作练习”，使读者在巩固所学知识的基础上能做到举一反三。

本书采用通俗易懂的语言对各知识点进行讲解，尽量避免艰涩、难懂的专业术语出现。可以作为中等职业学校文秘类、管理类、财经类、信息类和计算机类等专业“办公自动化”课程的教材，也可以作为办公自动化培训教材、公务员电子政务和信息化考试的参考教材。

本书由张平、范吉钰担任主编，参加编写工作的有梁铁旺、崔自杰、代贤文、刘南、罗守占、宋艳、杨兰凯。

由于编者水平有限，书中难免存在遗漏、疏忽之处，恳请广大读者批评指正。

编者

2007 年 10 月

目　录

第1章　办公自动化基础知识……1

1.1　办公自动化概述……1

【案例 1–1】 了解办公自动化的概念和发展……1

【案例 1–2】 了解办公自动化的特点……2

【案例 1–3】 办公自动化的主要内容……2

1.2　办公自动化设备……3

【案例 1–4】 认识办公自动化设备……3

1.3　办公自动化软件……6

【案例 1–5】 认识办公自动化软件……6

【操作练习】 调查办公自动化现状，写调查报告……10

第2章　Word 2007的使用……11

2.1　Word 2007的启动、退出和工作界面……11

【案例 2–1】 启动和退出 Word 2007……11

【案例 2–2】 了解 Word 2007 的工作界面……12

【知识拓展】 将以前版本的 Word 文档转换成 Word 2007 文档……16

【操作练习 2–1】 将常用工具添加到"快速访问工具栏"……17

2.2　文本的录入、编辑和格式设置……17

【案例 2–3】 会议通知……17

【案例 2–4】 招聘启示……20

【操作练习 2–2】 创建"介绍信"……33

【操作练习 2–3】 创建发布在校园网上的总结……33

2.3　表格的插入和编辑……34

【案例 2–5】 条款式合同……34

【案例 2–6】 制作豫州经贸学院学期工作历……37

【案例 2–7】 学生考勤表……40

【案例 2–8】 学生成绩统计表……44

【操作练习 2–4】 创建"个人简历表"……57

【操作练习 2–5】 创建"日程表"……57

2.4　插入图片、文本框、艺术字和图文混排……58

【案例 2–9】 专业杂志封面……58

【案例 2–10】 报纸（旅游专版）编排……62

【操作练习 2–6】 创建杂志插页……79

2.5　绘制图形和插入组织结构图……80

【案例 2-11】 禁烟标牌 …… 80
【案例 2-12】 思佳教育集团组织机构图 …… 83
【操作练习 2-7】 制作公章 …… 91
【操作练习 2-8】 制作组织机构图 …… 91
2.6 页眉页脚的设置和页面布局 …… 92
【案例 2-13】 专业杂志的排版 …… 92
【操作练习 2-9】 制作奖状 …… 98
【操作练习 2-10】 制作生活小册子 …… 99
2.7 使用模板快速创建各种具有特色的文档 …… 100
【案例 2-14】 设计 2007 年挂历 …… 100
【操作练习 2-11】 制作获奖证书 …… 105
【操作练习 2-12】 制作试卷 …… 105

第3章 Excel 2007的使用 …… 107

3.1 认识Excel 2007的界面 …… 107
【案例 3-1】 了解 Excel 2007 的工作界面 …… 107
【操作练习 3-1】 Excel 2007 的启动、退出及界面的最基本操作 …… 110
3.2 Excel 2007的基本操作 …… 110
【案例 3-2】 销售业绩统计表 …… 110
【操作练习 3-2】 制作"客户基本情况表" …… 124
【操作练习 3-3】 制作"课程表" …… 124
3.3 工作表的操作和数据的统计计算 …… 125
【案例 3-3】 建立职工工资表 …… 125
【操作练习 3-4】 制作"学生模拟高考成绩统计表" …… 140
3.4 图表的制作 …… 141
【案例 3-4】 销售利润分析图表 …… 141
【操作练习 3-5】 制作学生模拟高考成绩统计图表 …… 158
【知识拓展】 使用 Excel 2007 模板 …… 159
【操作练习 3-6】 从网上下载 Excel 模板 …… 161

第4章 PowerPoint 2007的使用 …… 163

4.1 PowerPoint 2007的界面及基本操作 …… 163
【案例 4-1】 创建介绍公司概况的演示文稿 …… 163
【操作练习 4-1】 创建介绍所在学校的演示文稿 …… 176
4.2 插入图片、图形、图表、声音、影片等对象 …… 177
【案例 4-2】 开封假日旅游公司的旅游宣传 …… 177
【操作练习 4-2】 创建介绍所在城市的演示文稿 …… 189
4.3 动画效果、幻灯片切换效果和放映方式的设置 …… 190
【案例 4-3】 制作"脑筋急转弯"的演示文稿 …… 190
【操作练习 4-3】 创建"看图学习英语单词"的演示文稿 …… 199

【知识拓展】 设计幻灯片母板、插入超链接和动作 …… 200
【操作练习 4-4】 创建“爱护我们的地球”演示文稿 …… 202

第5章 Internet的使用 …… 204

5.1 将计算机接入Internet …… 204
【案例 5-1】 计算机与 Internet 连接 …… 204
【操作练习 5-1】 设置局域网上网的各种参数 …… 206
5.2 从网上搜索及保存信息 …… 206
【案例 5-2】 利用“百度”搜索火车时刻表 …… 206
【案例 5-3】 利用“Google”搜索美国哈佛大学的情况 …… 207
【操作练习 5-2】 在网上搜索并保存相关资料 …… 209
5.3 收发电子邮件 …… 210
【案例 5-4】 申请免费电子邮箱并发送电子邮件 …… 210
【操作练习 5-3】 申请电子邮箱并发送邮件 …… 213
5.4 从Internet上下载文件 …… 214
【案例 5-5】 从网上下载与奥运相关的资料 …… 214
【操作练习 5-4】 下载有关“奥运”的素材 …… 217
5.5 网上即时联络 …… 217
【案例 5-6】 使用 QQ 网上聊天 …… 217
【知识解析】 使用 QQ 进行语音、视频聊天 …… 222
【知识拓展】 建立个人博客 …… 224
【操作练习 5-5】 将作业通过 QQ 传给老师 …… 225

第6章 常用工具软件的使用 …… 226

6.1 计算机病毒及杀毒软件的使用 …… 226
【案例 6-1】 计算机被病毒感染及查杀病毒 …… 226
【操作练习 6-1】 使用杀毒软件查杀病毒 …… 229
6.2 压缩工具软件的使用 …… 229
【案例 6-2】 压缩文件 …… 229
【操作练习 6-2】 压缩并通过网络传送文件 …… 231
6.3 图片浏览、编辑工具的使用 …… 231
【案例 6-3】 使用 ACDSee 9.0 软件查看照片 …… 231
【操作练习 6-3】 照片的处理和浏览 …… 233
6.4 使用多媒体播放软件播放视频 …… 234
【案例 6-4】 使用 RealPlayer 10 播放视频 …… 234
【操作练习 6-4】 播放视频 …… 235

第7章 常用现代办公设备的使用和维护 …… 236

7.1 打印机的使用和维护 …… 236
【案例 7-1】 使用打印机打印 Word 文档 …… 236

【操作练习 7-1】 设置打印机参数及打印文稿……238
7.2 扫描仪的使用与维护……238
【案例 7-2】 使用扫描仪把老照片转换成数码照片……238
【操作练习 7-2】 扫描照片，制作电子影集……241
7.3 复印机的使用和维护……241
【案例 7-3】 使用复印机复印会议资料……241
【操作练习 7-3】 放大和缩小复印材料……242
7.4 传真机使用和维护……242
【案例 7-4】 使用传真机发送政府公文……242
【操作练习 7-4】 发送传真……244
7.5 数码相机的使用和维护……244
【案例 7-5】 使用数码相机收集现场资料……244
【操作练习 7-5】 拍摄数码照片……246
7.6 投影仪的使用和维护……246
【案例 7-6】 利用投影仪进行报告会的演讲……246
【操作练习 7-6】 学习操作投影仪的连接和使用……248

第 1 章　办公自动化基础知识

所谓办公自动化，就是将现代办公和计算机网络功能结合起来的一种新型的办公方式。通过计算机和网络，办公人员可以跨越时间、地点，方便快捷地共享信息和处理办公事务。本章将介绍办公自动化的有关知识，以及所涉及的办公自动化设备和软件，使大家对办公自动化有一个初步的认识。

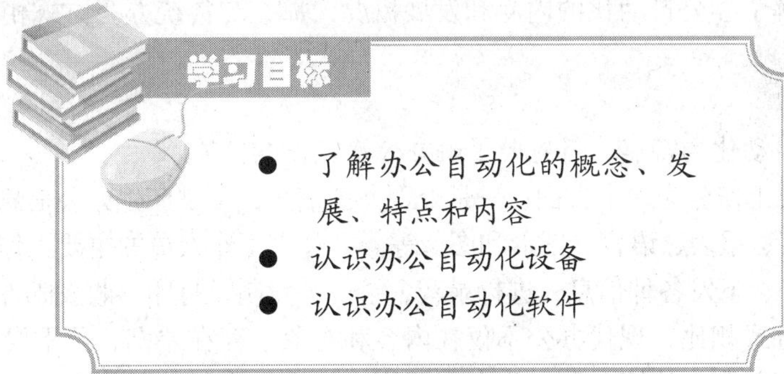
学习目标

- 了解办公自动化的概念、发展、特点和内容
- 认识办公自动化设备
- 认识办公自动化软件

1.1 办公自动化概述

【案例 1-1】　了解办公自动化的概念和发展

【情景模拟】

小王高职文秘专业毕业后应聘到思佳公司办公室任秘书，面对办公室里计算机网络和各种各样的现代化办公设备，小工既兴奋，又茫然。早就听说“办公自动化”一词，那么它的内涵究竟是什么，是否使用了这些现代化的设备就是实现了办公自动化了呢？

【知识解析】

所谓办公自动化就是利用现代化的设备和技术，以全部或部分代替办公人员的业务活动，优质高效地处理办公信息和办公事务。目前，办公自动化已将计算机技术、通信技术、科学管理思想和行为科学有机地结合在一起，应用于传统的文字处理、数据处理等办公事务上，有效地提高了办公质量和办公效率。

办公自动化的主要内容包括利用现代信息技术手段进行文字处理、报表处理、数值和非数值计算、图形图像处理、语言处理、信息存储与管理，日程管理和通信等各个方面。

早在 20 世纪 50 年代初，美国等发达国家就开始使用计算机来处理办公业务，并将这种手段称为办公自动化（Office Automation，OA），也称“现代办公”。随着经济和计算机

技术、特别是 Internet 技术的飞速发展，办公自动化已在全球各个国家的各个部门普遍应用，并早就超出了狭窄的办公室的范围，而渗透到管理的各个方面。

近年来，办公自动化在我国发展的很快，大致经历了三个发展阶段。

第一阶段：在办公过程中普遍使用了现代办公设备，如传真机、打字机、复印机等。

第二阶段：在办公过程中普遍使用计算机和打印机来进行文字处理，表格处理、文件的存储、输出和进行人事、财务等信息的管理。

第三阶段：在办公过程中普遍使用网络技术，从而实现了文件共享，打印共享和网络数据库管理等工作。

【案例 1-2】 了解办公自动化的特点

【情景模拟】

小王已经了解了办公自动化的内涵和发展概况，那么与传统办公方式相比，办公自动化有哪些特点呢?

【知识解析】

要了解办公自动化的特点，首先要了解办公室工作的性质。

办公室的主要工作分为两个方面：一是处理办公信息，二是产生办公信息。常见的办公信息主要包括文字、报表、语言、图形和图像等。办公室工作人员的主要工作有：输入各种资料，保存、查询、下发各种信息，进行录音、录像、复制、打印、收发邮件、通话等。

与传统办公方式相比，现代办公不仅在内容和对象上存在差别，更重要的是在办公的方式和手段上存在差别，传统办公中许多需要用大量人工进行处理的内容，在现代办公中大都用计算机替代了，办公自动化将许多独立的办公职能一体化，从而提高了办公效率、方便了协同工作，并提高了信息化程度和经济效益，对信息社会产生了积极影响。具体说来，办公自动化有以下主要特点。

① 办公自动化是涉及文秘、行政管理、电子、机械、物理等学科并利用计算机、通信、信息化等技术的一门综合性学科。

② 办公自动化是融办公人员、机器、信息资源三者为一体的系统，包括了信息采集、加工、传递和保存 4 个基本环节。

③ 办公自动化包括语言、数据、图像、文字等信息的一体化处理功能。

④ 办公自动化能优质高效地处理办公信息和事务，可以极大地提高工作效率，各种文件的申请、单据的审批、签字、盖章都可以在网络上进行，而不用再像传统办公那样在各部门之间跑来跑去。

【案例 1-3】 办公自动化的主要内容

【情景模拟】

了解了办公自动化的特点后，小王的心情非常激动，希望能尽快掌握办公自动化的各项技能，尽快地胜任办公室文秘工作。那么具体要掌握办公自动化的哪些内容和操作技能才能胜任工作呢?

【知识解析】

办公室工作的性质决定了办公自动化主要包括以下内容。

（1）个人办公

办公人员在办公室的工作虽然是一个集体的工作，但具体到每个办公人员的活动，又

体现了一种个体性。这些工作主要有：文字录入和处理、个人信息管理、个人日程安排、科室日程安排、科室留言板、电子邮件管理、个人名片管理等。

（2）公文管理

主要包括收文管理、发文管理、督办管理、待办管理、公文查询等。

（3）行政事务管理

主要包括审批管理、值班管理、接待管理、车辆管理、资产管理、图书管理等。

（4）会议管理

主要包括会议登记、会议通知、会议纪要、会议归档、会议查询等。

（5）人事管理

主要包括人员信息、人员照片、人员履历、人员档案、职务设置、岗位设置等。

（6）系统管理

系统管理是指办公自动化系统管理员的职责，主要内容包括系统流程设置、系统账号设置，主表设置、短信设置、页面设置等。

1.2 办公自动化设备

【案例 1-4】　认识办公自动化设备

【情景模拟】

了解了办公自动化的主要内容，也就明白了自己的主要工作任务，小王希望尽快熟悉各种办公自动化设备的功能和使用，争取早日投入工作。那么我们就先带小王去了解各种常用的办公自动化设备吧！

【知识解析】

办公自动化设备也称办公自动化系统的硬件。办公自动化系统的运转是在办公自动化设备的支撑下进行的，也可以说办公自动化设备是实现办公自动化的先决条件。常用的办公自动化设备主要包括计算机、打印机、复印机、传真机、光盘刻录机、多功能一体机、数码相机等。

1. 微型计算机

微型计算机也称微机（或电脑）。在现代办公自动化系统中，微机起着主导作用，它要协调办公设备共同完成办公自动化的任务。办公室里用的最多的是多媒体通用台式计算机和笔记本计算机。

（1）台式计算机

这是在办公室用的最为广泛的一种计算机设备，具有价格便宜、稳定性好、连接其他办公设备方便等优点。缺点是移动不灵活，比较占桌面空间。图 1-1 所示为常见的台式计算机。

（2）笔记本计算机

近年来，随着笔记本计算机的不断降价，愈来愈多的单位选择笔记本计算机。笔记本计算机的最大优点是方便携带（包括各种资料的携带），免除了使用移动存储设备的麻烦。但笔记本计算机与外部设备的连接不太方便，且价格相对台式计算机较贵一些。图 1-2 所示为常见的笔记本计算机。

图 1-1 台式计算机

图 1-2 笔记本计算机

2. 打印机

打印机是办公自动化系统的主要输出设备之一，主要用来将办公信息输出到纸张上。常用的打印机主要分为针式打印机（见图 1-3）、喷墨打印机（见图 1-4）和激光打印机（见图 1-5）。

图 1-3 针式打印机

图 1-4 喷墨打印机

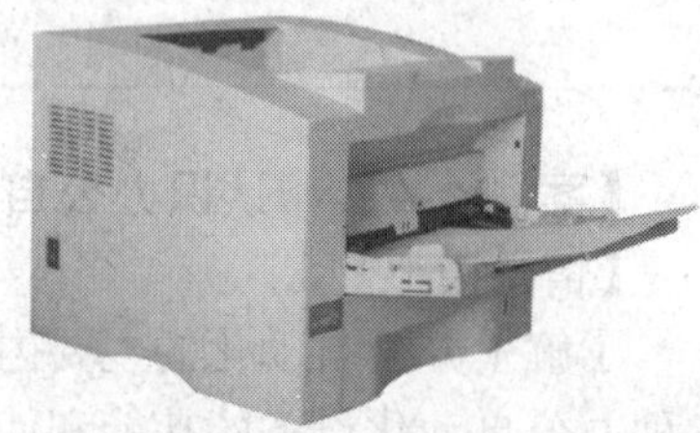
图 1-5 激光打印机

3. 扫描仪

扫描仪是一种光机电一体化的高科技产品，可以将各种形式的图像信息输入到计算机中，如果配上文字识别（OCR）软件，还可以快速方便地将各种文稿录入到计算机中，大大加快了计算机的文字录入速度。图 1-6 所示为扫描仪。

4. 复印机

复印机是一种人们早已熟悉的现代办公设备，主要用于复印大量的文件、书刊等文稿，功能强大的复印机甚至可以复印大幅面的工程图和用于一些特殊用途（例如显微胶片的放大复印）。现代彩色复印机和数码复印机的出现，更是把现代复印技术的应用扩充到更广阔的领域。图 1-7 所示为复印机。

5. 传真机

传真机是一种传送静态文字图像的通信设备和信息传递工具，其特点是方便、快捷、准确、通信费用低，传真机已成为企事业单位办公中必不可少的通信工具。图 1-8 所示为传真机。

6. 多功能一体机

多功能一体机是一种集扫描、传真、复印和打印功能为一体的整合产品。多功能一体机具有占地空间小、产品功能多，性价比高，易于操作等优点。图 1-9 所示为多功能一体机。

图 1-6　扫描仪

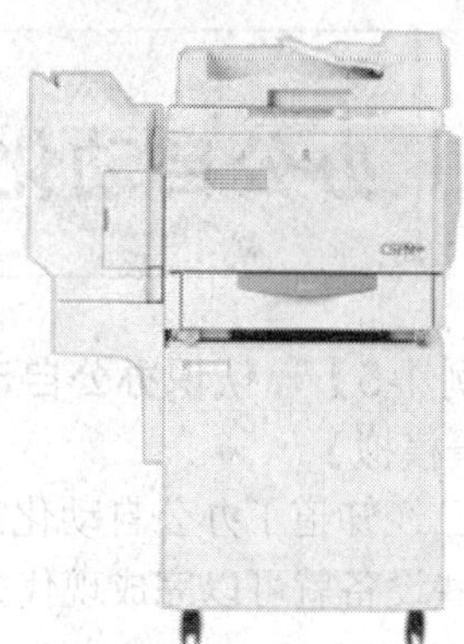

图 1-7　复印机

图 1-8　传真机

图 1-9　多功能一体机

7. 投影仪

投影仪也是一种常见的现代办公设备，它一般与计算机连接在一起使用，可将计算机屏幕显示的所有内容同步显示在大屏幕上，常用于会议、授课的演示等场合。图 1-10 所示为投影仪。

图 1-10　投影仪

8. 数码相机

数码相机是集光学、机械、电子技术于一体的产品。它集成了影像信息的转换、存储和传输等部件，具有数字化存取模式、与计算机交互处理和实时拍摄等优点。数码相机有别于传统相机，它不需要胶卷，具有即拍即现等优点，用数码相机拍的照片可以永久地保存在计算机里。并且可以配合使用图像处理软件对照片进行处理。数码相机作为一种计算机输入设备已广泛地应用在现代办公和家庭娱乐中。图 1-11 所示为两款数码相机。

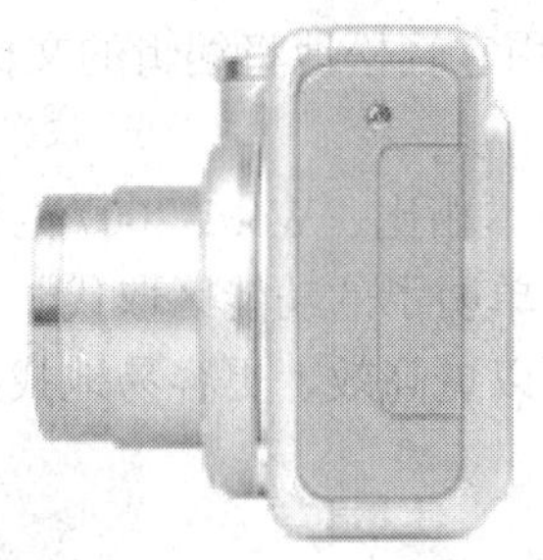

图 1-11　数码相机

1.3 办公自动化软件

【案例 1-5】 认识办公自动化软件

【情景模拟】

小王已经知道了办公自动化需要用到这么多的设备，也初步了解了这些设备的功能，是否有这些设备就可以完成现代办公工作？还需要掌握什么知识呢？

【知识解析】

要真正实现办公自动化，仅靠办公设备是不行的，还需要一些专业办公软件的支持。目前，办公软件正向着智能化、集成化、网络化的方向发展，在我国，使用最广泛、最有代表性的办公软件有 Microsoft 公司的 Microsoft Office 和金山公司的 WPS Office。

1. Microsoft Office 2007

Office 是美国 Microsoft 公司著名的办公自动化软件，Office 2007 是目前最高的版本。它通过更智能化的工作方式带给人们一整套激动人心的崭新体验。

Office 2007 是一套集合型软件，它由各个不同的应用程序组成，其中各个独立的应用程序称之为“组件”。组成 Office 2007 的组件主要有：Word 2007、Excel 2007、PowerPoint 2007、Access 2007、Outlook 2007 等。

（1）Word 2007 简介

Word 2007 是目前功能最为强大的文字处理软件，因其具有良好的用户界面、易学易用等优点而被广泛地应用于家庭、学校、机关、企业等场合，成为目前文字处理软件的主流，深受办公人员和专业排版人员的青睐。

Word 2007 具有所见即所得的特点，也就是我们在显示器屏幕上看到的效果与打印机的最终打印效果完全相同（这也是以往版本的 Word 也具有的功能）。

Word 2007 具有强大的文字输入、文字编辑和图文表格混排功能。在 Word 2007 中，我们可以轻松地输入各种文字和各种特殊符号，可以方便地对文档进行编辑，可以灵活地制作各种表格，也可以随心所欲地在文档中插入图片、声音、动画和影片剪辑。

Word 2007 还具有“实时显现”和“实时预览”功能（这是以往版本的 Word 所不具备的功能），使得编辑排版更方便且充满乐趣。

Word 2007 提供了丰富的模板和自带的精美图片剪辑，更为制作声色俱备、图文并茂的高专业水平的文档提供了极大的方便。

另外 Word 2007 还具有强大的网络功能，可以用它轻松地将编辑的文档存储为 Web 格式的文档，并以 Web 页的形式上传到 Internet 站点上。

Word 2007 的界面如图 1-12 所示，与原来的版本相比，Word 2007 的界面拥有新的外观，更加方便、实用和美观。新的 Word 界面用简单明了的功能区取代了早期版本中的菜单、工具栏和大部分任务窗格。在 Word 2007 中可以更高效、更容易地找到完成各种任务的合适功能。

（2）Excel 2007 简介

Excel 2007 是用来创建和维护电子表格的应用软件。所谓电子表格，实际上就是能用

计算机显示和管理数据，并能对数据进行各种复杂的统计运算的表格形式的文件。

图 1-12　Word 2007 的界面

Excel 2007 提供了大量的用于数学、统计和财会等方面的函数，可以完成各种繁琐的数据运算，从一定程度上实现了制表的自动化，极大地减少了工作量，大幅度提高办公人员的工作效率。

由于 Excel 2007 具有强大的功能，良好的操作界面，而且易学易用，成为电子制表软件的主流，尤其适用于机关和公司的财务人员、统计人员、管理人员及销售人员，广泛地用于财务报表、统计报表、销售报表、库存报表等场合，还可以用来处理家庭财务开支、股票信息，活动安排以及学校教务所需的各种表格。用 Excel 2007 制作的电子图表如图 1-13 所示。

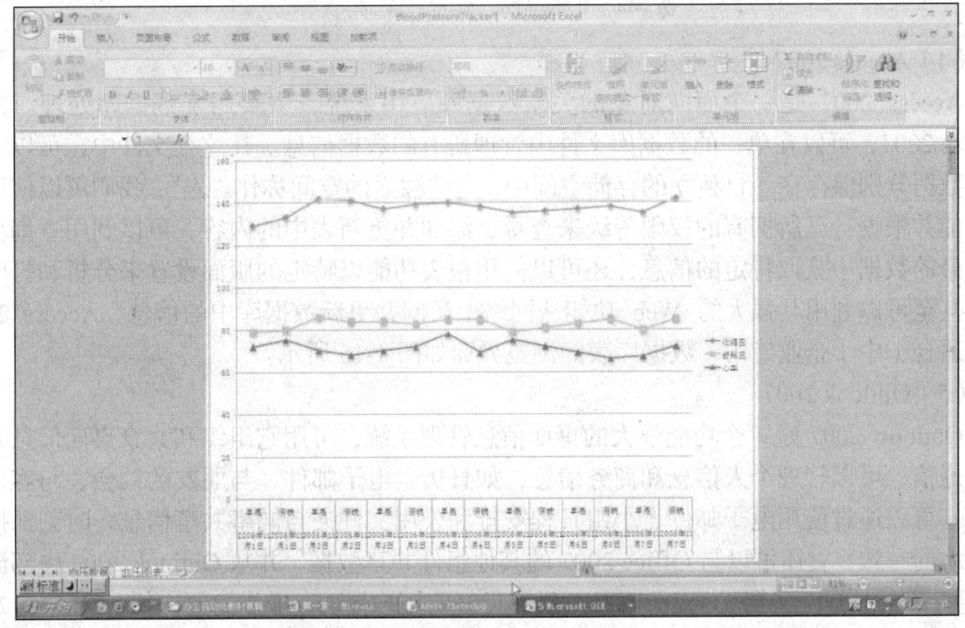

图 1-13　用 Excel 2007 制作的电子图表

（3）PowerPoint 2007 简介

PowerPoint 2007 是演示文稿制作软件，主要用于制作需要在大屏幕上显示的幻灯片。用 PowerPoint 2007 制作的幻灯片可以直接在计算机屏幕上展示出来，不再需要专门的幻灯片放映装置，既方便又节约成本，而且对内容的修改和调整也非常方便。

在 PowerPoint 2007 中，可以方便地输入文字和添加表格，可以灵活地插入图片、剪贴画和组织机构图，可以轻松地插入艺术字和公式，可以添加动画效果、声音以及视频剪辑，还可以随心所欲地调整幻灯片的色彩背景、图片和文字的布局以及演示的程序，使幻灯片绘声绘色，引人入胜。用 PowerPoint 2007 制作的相册演示文稿如图 1-14 所示。

图 1-14　用 PowerPoint 制作的相册演示文稿

（4）Access 2007

Access 2007 是一个面向对象的关系数据库应用系统，主要用于数据库处理。使用 Access 2007，可以在单一的数据库文件中管理所有的数据信息。在这个文件中，可以将不同的数据分别保存在各自独立的存储空间中，这些独立的空间称作“表”，我们可以使用联机功能并根据自己所拥有的权限等级来查看、添加并更新表中的内容，可以利用查询功能从大量的数据中获取特定的信息，还可以使用报表功能以特定的版面设置来分析和打印数据，甚至可以利用其强大的 Web 功能从网络上访问并更新数据库中的信息。Access 2007 特别适合于中小企业使用。数据库表的浏览界面如图 1-15 所示。

（5）Outlook 2007

Outlook 2007 是一个功能强大的桌面信息管理系统，可用它组织和共享桌面信息并与他人通信；可以管理个人信息和商务信息，如日历、电子邮件、与朋友的约会、与客户的联络；可以通过使用电子邮件、小组日程安排和公用文件夹与同事共享信息，时刻保持工作的协同一致；它还可以与 Office 2007 的其他组件共享数据，并从 Outlook 2007 内部浏览和查找 Office 2007 文档。Outlook 2007 具有良好的用户界面，操作简便方便。Outlook 2007 的电子邮件窗口如图 1-16 所示。

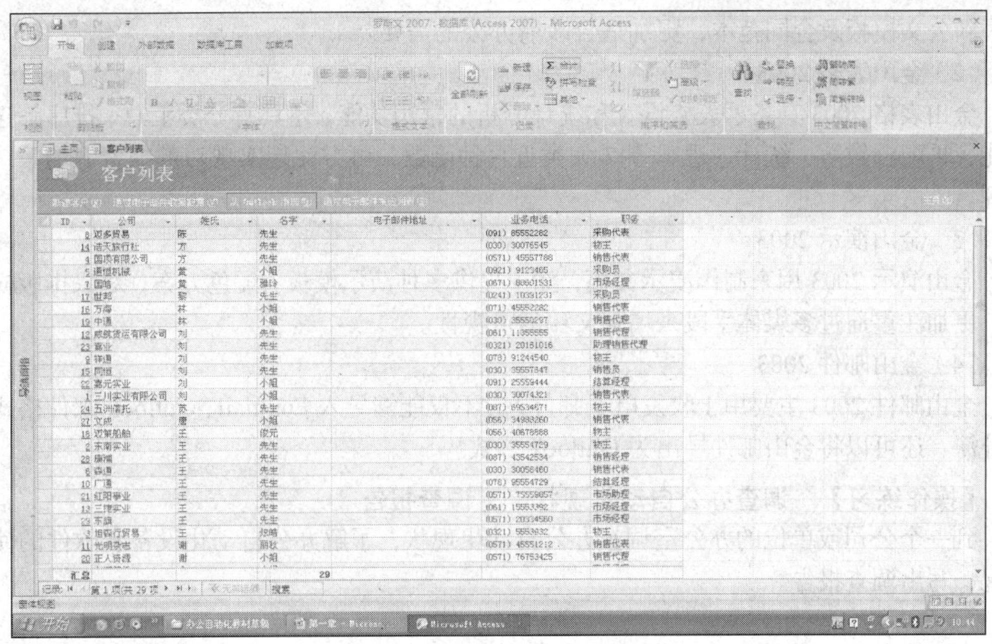

图 1-15　Access 2007 的浏览界面

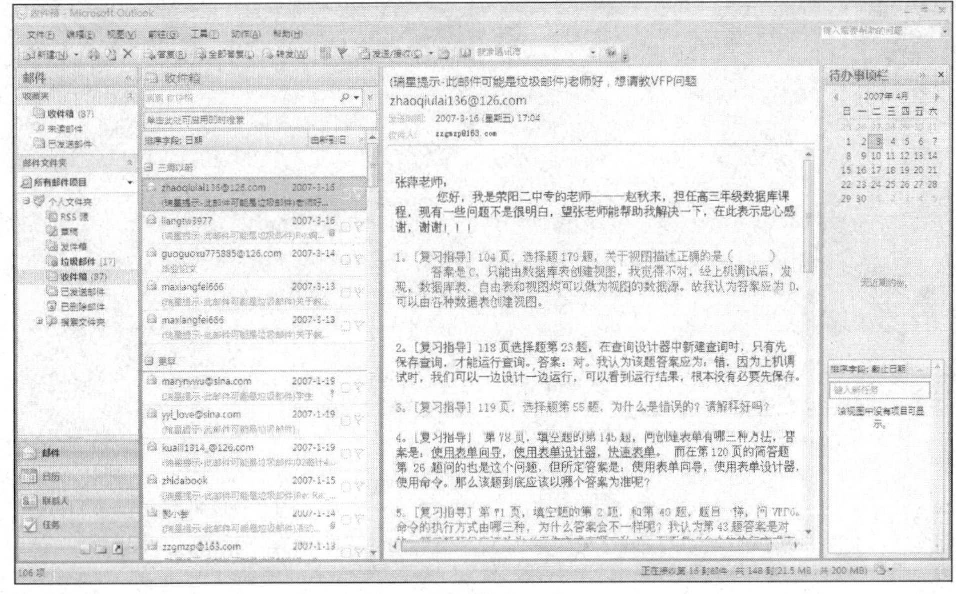

图 1-16　Outlook 2007 的电子邮件窗口

2. WPS Office

WPS Office 是金山软件股份公司专为中文办公开发的一款高性能的办公软件。WPS Office 由文字处理、表格制作、幻灯片演示、电子邮件四大功能模块组成，完全满足现代办公对软件的需求。WPS Office 中提供了 32 类 280 个不同样式的标准公文模板、商业模板，大大方便了业务文档的起草。

（1）金山文字 2003

金山文字为用户提供了近 200 个模板，内容涉及办公、财务、法律、管理、技术、启事、日常生活、业务表、营销等各个领域，方便用户快速起草文件；而且还内置了国家机

关最新公文模板及合同范本，更加适合政府办公的需要。

（2）金山表格 2003

金山表格 2003 具备了表格设置和统计分析的常用功能，还具有分类汇总、排序筛选等功能，再配合数学、统计、逻辑等 7 大类近百种函数，可方便地实现对数据资源的系统化管理。

（3）金山演示 2003

金山演示 2003 用来制作演示文稿，除了提供多种演示模板、配色方案、对象排版样式外，更加注重通过多媒体手段来增强文稿的可视性。

（4）金山邮件 2003

金山邮件 2003 主要用于收发电子邮件，它不仅能够导入 Foxmail、Outlook 邮件格式和地址簿，还可以将金山邮件导出为 Outlook 格式。

【操作练习】　调查办公自动化现状，写调查报告

到一个公司或单位的办公室调查办公自动化现状，了解办公自动化设备和软件的使用情况，写出调查报告。

第 2 章　Word 2007 的使用

Word 2007 是 Office 2007 中的一个组件，其强大的文字处理功能使我们能够轻松而又愉快地完成各种日常的文字处理工作。本章将通过案例由浅入深地介绍 Word 2007 的使用，使大家能够轻松掌握文字输入、图形编辑、表格绘制、图片插入等功能。

- 熟练掌握 Word 2007 的工作界面和基本操作方法
- 熟练掌握文档的录入和编辑排版方法
- 熟练掌握格式设置和图文混排的方法
- 熟练掌握表格的创建、结构调整与美化方法
- 掌握文档的页面设置和打印等操作

2.1　Word 2007 的启动、退出和工作界面

【案例 2-1】　启动和退出 Word 2007

【情景模拟】

办公室计算机安装的办公软件是最新的 Office 2007，新来的办公室秘书小王要使用 Word 2007 制作一些文档，怎样启动和退出 Word 2007 呢？Word 2007 的工作界面和使用方法与以前版本的 Word 有什么不同？

【案例分析】

当计算机已经正确地安装了 Office 2007 后，其启动方式与以前版本的 Word 是类似的。

【操作步骤】

1. 启动 Word 2007

启动 Word 2007 的常用方法有以下 3 种。

① 单击“开始”按钮，在弹出的菜单中用鼠标指向“所有程序”→“Microsoft Office”→“Microsoft Office Word 2007”后单击，如图 2-1 所示，即启动了 Word 2007。

图 2-1 启动 Word 2007

② 若已在桌面上建立了 Word 2007 的快捷方式，可以双击该快捷方式图标启动 Word 2007。

③ 若计算机里存在已经建立好的 Word 文件，可以在“我的电脑”或“资源管理器”中找到该 Word 文件，双击文件名，这时不仅启动了 Word 2007，同时也打开了该 Word 文档。

2. 退出 Word 2007

常用的退出 Word 2007 的方法有以下两种。

① 单击 Word 2007 界面右上角的关闭按钮 ×。

② 单击 Word 2007 界面左上角的“Office 按钮”，在其下拉菜单中单击“关闭”命令。

【案例 2-2】 了解 Word 2007 的工作界面

【情景模拟】

启动了 Word 2007 后，展示在小王面前的是与 Word 以前版本完全不同的工作界面，Word 2007 的工作界面为什么要这样设计？各个元素的作用是什么？怎样使用？

【知识解析】

Word 2007 的工作界面完全不同于 Word 以往的版本，其工作界面如图 2-2 所示。

Word 2007 的界面及使用方法与 Word 以往的版本相比，具有以下特点。

1. 用功能区替代菜单和工具栏

在 Word 2007 中，用功能区替代了 Word 以往版本的菜单和工具栏。为了便于浏览，功能区包含若干个围绕特定方案或对象进行组织的选项卡，每个选项卡又细化为几个命令组，如图 2-3 所示。

① 选项卡设计是面向任务的，它包含多个命令组。

② 每个选项卡中的命令都包含多个命令按钮。

③ 每个命令按钮都执行一个命令或显示一个命令菜单。

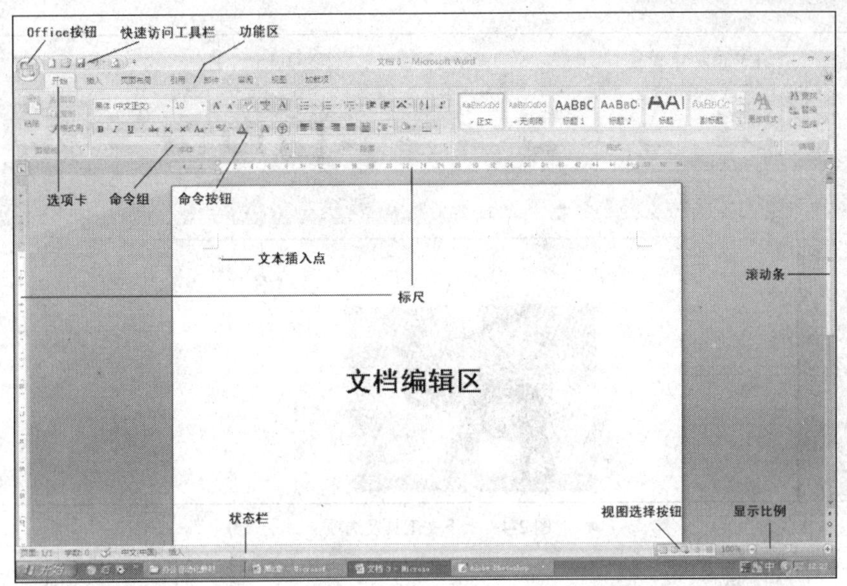

图 2-2 Word 2007 的工作界面

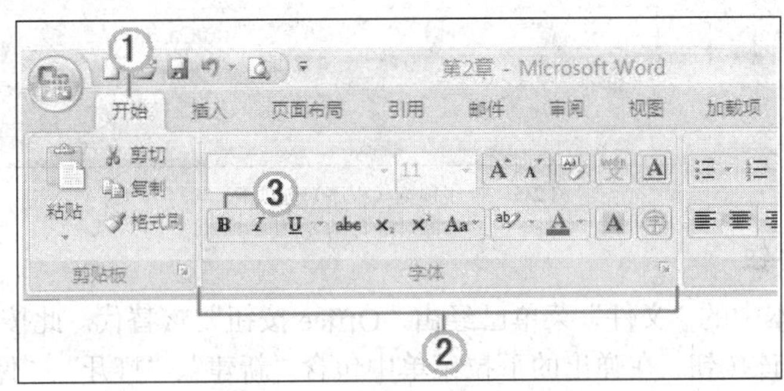

图 2-3 选项卡中的命令按钮

2. 在需要时出现的选项卡

当启动 Word 2007 时，不仅会在功能区看到标准的选项卡集，还会出现另外两种选项卡：上下文工具选项卡和程序选项卡。这两种选项卡仅在对目前正在执行的任务类型有所帮助的时候才会出现。

（1）上下文工具及选项卡

当选择的是表、图片、绘图等对象时，在页面上会出现相应的上下文工具按钮，同时出现相应的选项卡，该选项卡出现在标准选项卡的旁边，如图 2-4 所示，进行如下操作。

① 选择文档中的一个对象（图中为图片）。

② 上下文工具的名称“图片工具”以突出颜色显示在标题栏处，而且上下文选项卡“格式”出现在标准选项卡集的旁边。

③ 上下文选项卡提供了用于处理所选对象的控件。

（2）程序选项卡

当切换到某些创作模式或视图（如打印预览）时，相应的程序选项卡会替换标准选项卡集。例如，当选择“打印预览”时，“打印预览”选项卡就会替换标准选项卡集出现在界面上，如图 2-5 所示。

图 2-4　上下文工具及选项卡

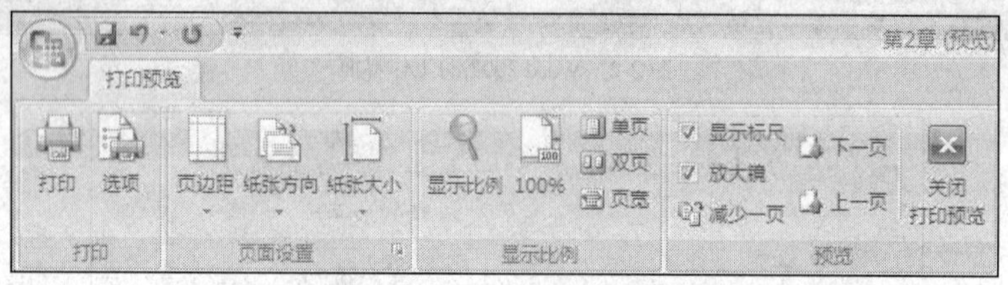

图 2-5　打印预览（程序）选项卡

3. Office 按钮

Word 早期版本中的“文件”菜单已经由“Office 按钮”替代。此按钮位于 Word 窗口的左上角。单击该按钮，在弹出的下拉菜单中包含“新建”、“打开”、“保存”、“另存为”、“打印”等功能命令，可以对建立的 Word 2007 文档进行最基本的操作，如图 2-6 所示。

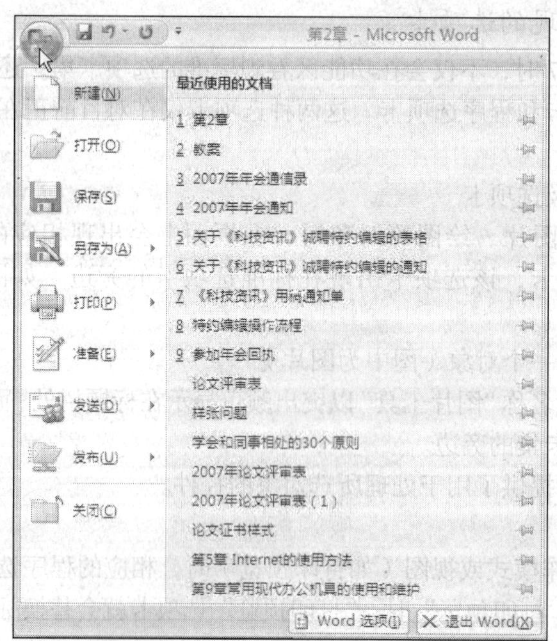

图 2-6　Office 按钮的下拉菜单

4. 快速访问工具栏

快速访问工具栏一般位于 Word 2007 窗口的顶部，如图 2-7 所示，使用它可以快速访问需要频繁使用的工具。

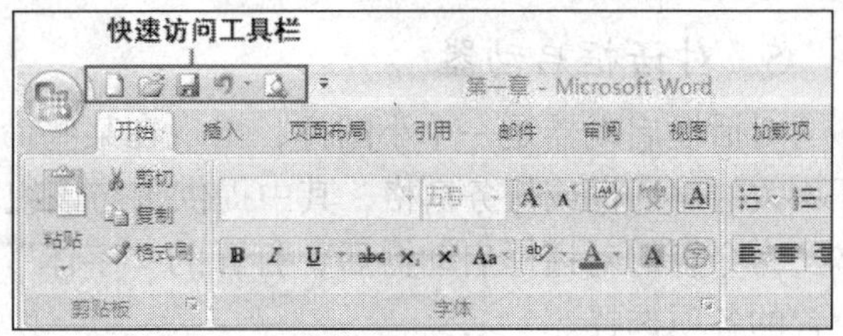

图 2-7 快速访问工具栏

将常用的命令添加到快速访问工具栏的操作步骤如下。

① 单击"Office 按钮"。

② 在弹出的菜单中单击"Word 选项"按钮 Word 选项(I)，弹出"Word 选项"对话框，如图 2-8 所示。

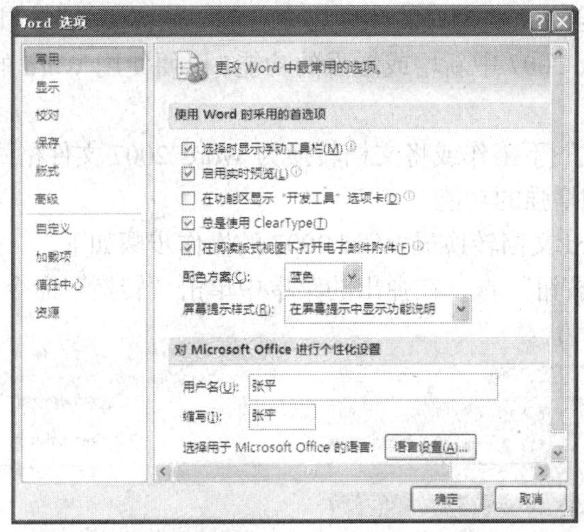

图 2-8 Word 选项

③ 在图 2-8 左侧的列表中，单击"自定义"选项，对话框变为如图 2-9 所示。

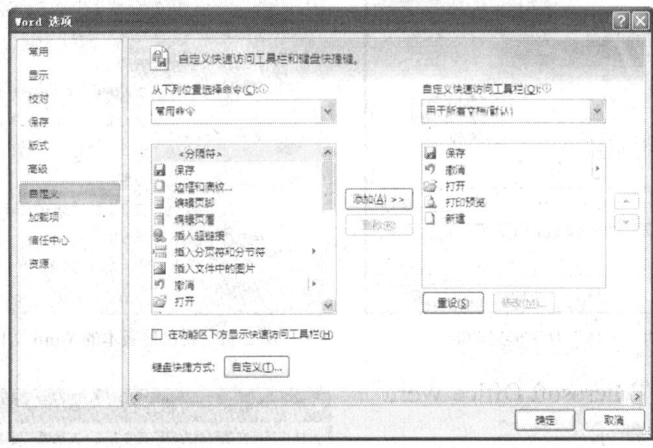

图 2-9 自定义"快速访问工具栏"

④ 在"从下列位置选择命令"下的方框中选择要添加的命令，然后单击"添加"按钮 添加(A) >>，将要添加的命令添加到"自定义快速访问工具栏"下的框中。

⑤ 对要添加的每个命令重复上述操作。

⑥ 单击右边的上移按钮 和下移按钮 ，可以排列这些命令在快速访问工具栏上

的顺序。

⑦ 单击“确定”按钮，设置完毕。

5. 对话框启动器

对话框启动器是一个小图标，出现在某些命令组的右下角。单击对话框启动器，将打开相关的对话框或任务窗格，其中提供了与该组相关的更多选项。图 2-10 所示为单击“字体”命令组的对话框启动器后，打开的“字体”对话框。在该对话框中可以进行关于字体设置的各项选择。

【知识拓展】　将以前版本的 Word 文档转换成 Word 2007 文档

如果在 Word 2007 中打开由 Word 2003、Word 2002 或 Word 2000 创建的文档，则会开启“兼容模式”，而且会在文档窗口的标题栏中看到“兼容模式”。“兼容模式”可确保在处理文档时，不使用 Word 2007 中新增或增强的功能，以便使用 Word 的早期版本的用户能拥有完全的编辑功能。

可以在“兼容模式”下工作或将文档转换为 Word 2007 文件格式。转换的文档可以使用 Word 2007 中新增和增强的功能。

将以前版本的 Word 文档转换成 Word 2007 的操作步骤如下。

① 单击“Office 按钮”，在弹出的菜单中单击“转换”命令，如图 2-11 所示。

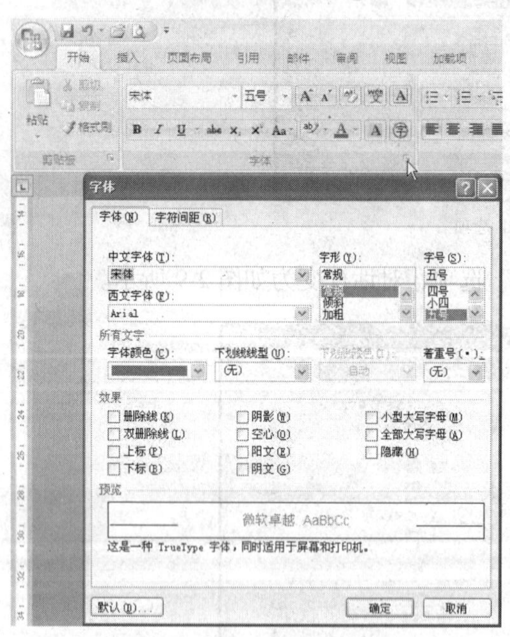

图 2-10　启动“字体”对话框启动器

图 2-11　将以前版本的 Word 文档转换成 Word 2007

② 这时弹出“Microsoft Office Word”对话框，如图 2-12 所示。

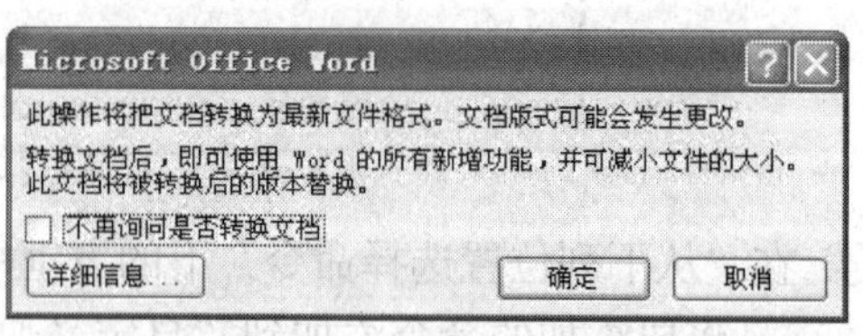

图 2-12　询问是否转换文档

③ 单击“确定”按钮。此时，已将以前版本的 Word 文档转换成 Word 2007 文档，转换后的文档可以使用 Word 2007 的所有新增功能。若要使用 Word 2007 格式的文件替换原始文件，请单击“Office 按钮”，然后单击“保存”命令；若原始文件格式还要保

存，并以 Word 2007 格式创建另一个文档，请单击“Office 按钮”，再单击“另存为”按钮，然后在弹出的“另存为”对话框中输入该文件的新名称。

【操作练习 2-1】 将常用工具添加到“快速访问工具栏”

将“新建”、“打开”、“保存”、“撤销”、“恢复”、“打印预览”、“页面设置”等常用的命令添加到快速访问工具栏中，并按前面给出的顺序排列。

2.2 文本的录入、编辑和格式设置

【案例 2-3】 会议通知

【情景模拟】

为了加强校园文化建设，豫州信息工程学院成立了音乐协会，经筹备组讨论，拟召开第一次全体会员会议，要求办公室秘书小王起草一个开会的通知。

【案例分析】

开会通知一般由标题、正文、落款三部分构成。

标题要写清什么单位要召开什么会议；正文中要写清受文单位，会议的名称、召开的日期、时间、地点；落款是发文单位和发文日期。

格式要求醒目、清楚，最后将拟定的通知打印出来。

【案例展示】

根据要求，拟定会议通知的内容和形式如图 2-13 所示。

豫州信息工程学院音乐协会第一次会议通知

各系、处，各教学班：

学院音乐协会定于 2007 年 5 月 8 日（星期二）下午三时在院会议室举行第一次全体会员会议，望各单位推荐的音乐协会会员准时参加，特此通知。

院音乐协会
2007 年 4 月 30 日

图 2-13 【案例 2-3】展示

【操作步骤】

① 单击“开始”→“所有程序”→“Microsoft Office”→“Microsoft Office Word 2007”命令，打开 Word 2007。

② 在空白处输入通知内容，如图 2-14 所示。

豫州信息工程学院音乐协会第一次会议通知
各系、处，各教学班：
学院音乐协会定于 2007 年 5 月 8 日（星期二）下午三时在院会议室举行第一次全体会员会议，望各单位推荐的音乐协会会员准时参加，特此通知。

院音乐协会
2007 年 4 月 30 日

图 2-14 输入通知内容

③ 选中通知的标题“豫州信息工程学院音乐协会第一次会议通知”，在“开始”选项卡的“字体”命令组中选择“黑体（中文正文）”和“小三”字号，在“段落”命令组中单击“居中”按钮，如图 2-15 所示。

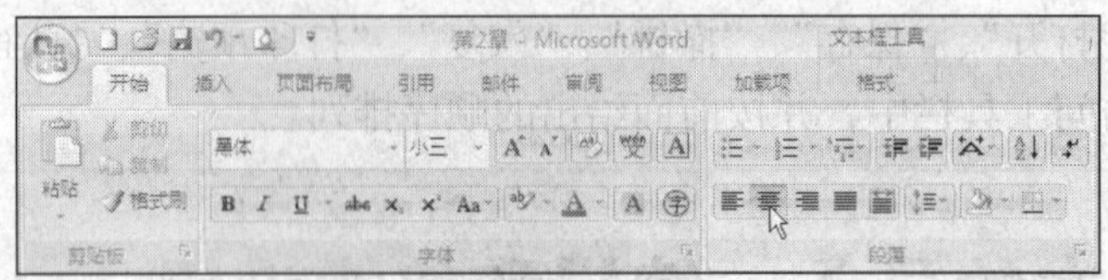

图 2-15　选择字体、字号和“居中”样式

④ 这时“通知”变为如图 2-16 所示的效果。

⑤ 在正文前输入两个空格，选中通知的正文，在“开始”选项卡的“字体”组中选择“楷体-GB2312”和“四号”字号，并单击“加粗”按钮，这时“通知”变为如图 2-17 所示的效果。

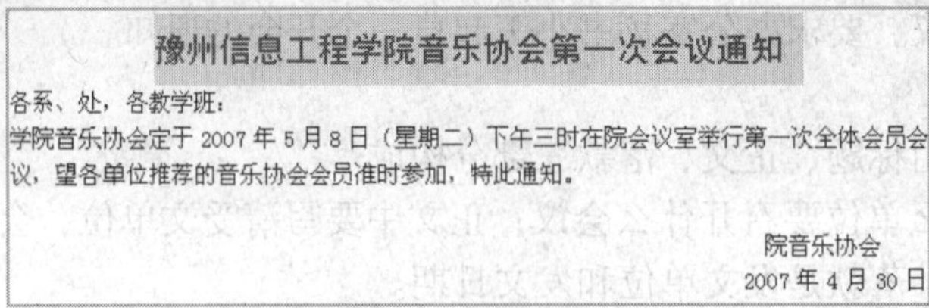
豫州信息工程学院音乐协会第一次会议通知

各系、处，各教学班：

学院音乐协会定于 2007 年 5 月 8 日（星期二）下午三时在院会议室举行第一次全体会员会议，望各单位推荐的音乐协会会员准时参加，特此通知。

院音乐协会

2007 年 4 月 30 日

图 2-16　为标题设置了格式

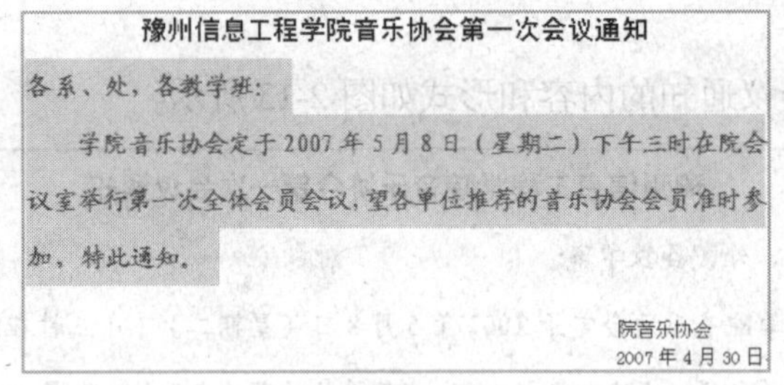
豫州信息工程学院音乐协会第一次会议通知

各系、处，各教学班：

学院音乐协会定于 2007 年 5 月 8 日（星期二）下午三时在院会议室举行第一次全体会员会议，望各单位推荐的音乐协会会员准时参加，特此通知。

院音乐协会

2007 年 4 月 30 日

图 2-17　为正文设置了格式

⑥ 选中通知的落款，在“开始”选项卡的“字体”组中选择“黑体”和“小四”字号。

⑦ 至此，“通知”制作完成，效果如图 2-13 所示。

⑧ 单击快速访问工具栏中的“保存”按钮或单击“Office 按钮”→“保存”命令，弹出“另存为”对话框，如图 2-18 所示。

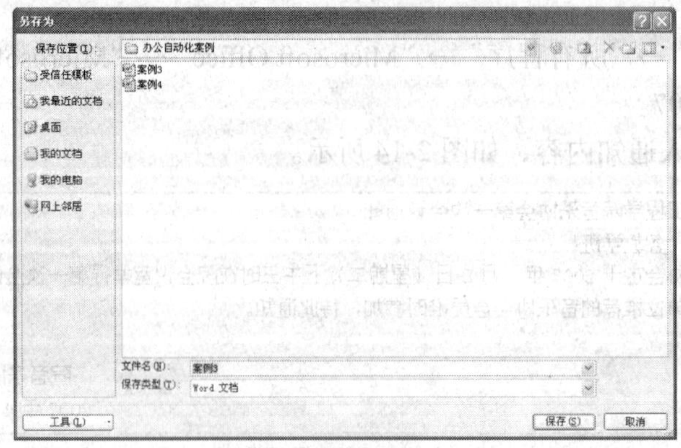

图 2-18　“另存为”对话框

⑨ 在“保存位置”框中选择保存位置“D:\办公自动化案例”，在“文件名”框中输入文件名“案例3”，单击“保存”按钮，就把“通知”文档保存在文件名为“案例3”的文件中了。

⑩ 制作通知的最后一步，是将通知文稿打印出来。在正式打印之前，应先执行“打印预览”命令查看打印的效果，如果不满意可以返回编辑状态继续修改。单击“Office按钮”，在弹出的菜单中单击“打印”命令，在其下一级菜单中单击“打印预览”命令，如图2-19所示。

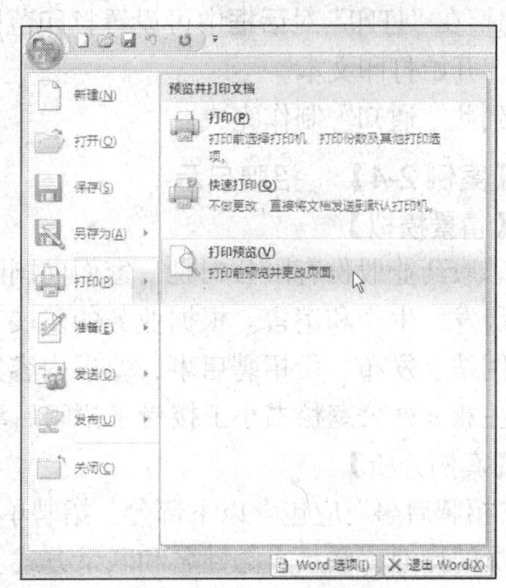

图2-19　单击“打印预览”命令

⑪ 这时调出当前文档的预览窗口，如图2-20所示。

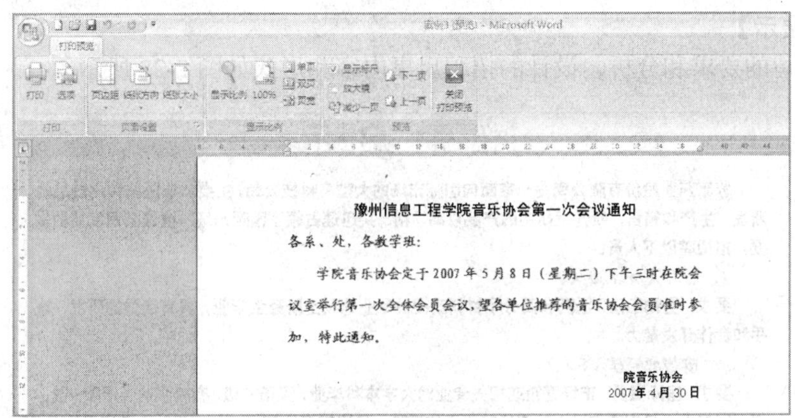

图2-20　预览窗口

⑫ 在预览窗口中，可以设置页边距、纸张大小和纸张方向，也可以进行单页、双页和多页预览的选择，如果对文本的格式不满意，可单击“关闭打印预览”命令按钮，返回编辑窗口重新进行编辑修改。

⑬ 如果对文本的格式满意，可单击预览窗口中的“打印”按钮，弹出“打印”对话框，如图2-21所示。

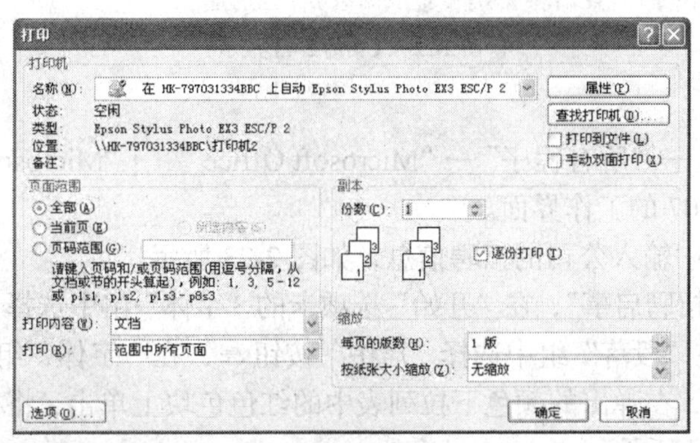

图2-21　“打印”对话框

⑭ 在“打印”对话框中可设置打印范围、打印份数和是否双面打印，然后单击“确定”按钮，开始打印文本。

到此“通知”制作完成。

【案例 2-4】 招聘启示

【情景模拟】

馨康药业股份有限公司是一家面向国际市场的大型高科技公司，主要从事医药和保健品的研发、生产和销售。根据业务的发展，需要招聘研发、销售和管理人员，现需要在公司的网站上发布一份招聘启事，要求内容具体清楚，格式新颖，色彩搭配合理，能够吸引人们注意。办公室秘书小王接受了招聘启事的设计和制作任务。

【案例分析】

“招聘启事”应包含以下部分：招聘单位的基本情况；招聘的职位、人数和要求；被聘用人员的待遇；联系人的姓名和联系方式。

另外，由于该招聘启事是发在公司的网站上，因此要求格式新颖、色彩搭配合理，能够吸引人的注意。

【案例展示】

根据公司的要求和分析，设计的招聘启事内容和形式如图 2-22 所示。

招 聘 启 示

馨康药业股份有限公司是一家面向国际市场的大型高科技公司，主要从事医药和保健品的研发、生产和销售，所开发研制的产品以高、精、尖迅速占领了国际市场。根据公司发展的需要，拟招聘以下人员：

1. 研发人员（20人）

要求：生物工程、医药和高分子材料或相关专业的硕士研究生毕业，具有很强的研发、动手和合作开发能力。

2. 市场部经理（5人）

要求：国际贸易、市场营销或相关专业的大学本科毕业，英语 6 级，有较强的英语听、说、读、写能力，具有两年以上的市场销售工作经验，具有较宽的知识面和很强的交流沟通能力。

3. 办公室文员（2人）

要求：女性，身高 1.65 米以上，形象、气质好；英语、文秘或相关专业的大学本科毕业，英语 6 级，有较强的英语听、说、读、写能力，能熟练使用 Office 办公软件。

以上人员一经录用，公司将提供优厚的薪金和个人发展的空间。

联系人：刘先生　　联系电话：010-66886666　　Email：lixiaolin@xinkang.com

公司地址：北京市海淀区馨康大厦　　邮政编码：100001

图 2-22 【案例 2-4】展示

【操作步骤】

① 单击“开始”→“所有程序”→“Microsoft Office”→“Microsoft Office Word 2007”命令，打开 Word 2007 的工作界面。

② 在空白文档中输入公司的招聘信息，如图 2-23 所示。

③ 选中标题“招聘启事”，在“开始”选项卡的“字体”组中选择“宋体（中文正文）”和“小一”字号，在“段落”组中选择“居中”按钮，在“字体”组中单击“字体颜色”按钮的下拉箭头，在弹出的颜色下拉列表中的红色色块上单击，将标题“招聘启事”设置为红色。如图 2-24 所示。

招 聘 启 示

馨康药业股份有限公司是一家面向国际市场的大型高科技公司，主要从事医药和保健品的研发、生产和销售，所开发研制的产品以高、精、尖迅速占领了国际市场。根据公司发展的需要，拟招聘以下人员：

1. 研发人员（20 人）

要求：生物工程、医药和高分子材料或相关专业的硕士研究生毕业，具有很强的研发、动手和合作开发能力。

2. 市场部经理（5 人）

要求：国际贸易、市场营销或相关专业的大学本科毕业，英语 6 级，有较强的英语听、说、读、写能力，具有两年以上的市场销售工作经验，具有较宽的知识面和很强的交流沟通能力。

3. 办公室文员（2 人）

要求：女性，身高 1.65 米以上，形象、气质好；英语、文秘或相关专业的大学本科毕业，英语 6 级，有较强的英语听、说、读、写能力，能熟练使用 Office 办公软件。

以上人员一经录用，公司将提供优厚的薪金和个人发展的空间。

联系人：刘先生　　联系电话：010-66886666　　Email：lixiaolin@xinkang.com

公司地址：北京市海淀区馨康大厦　　邮政编码：100001

图 2-23　输入正文

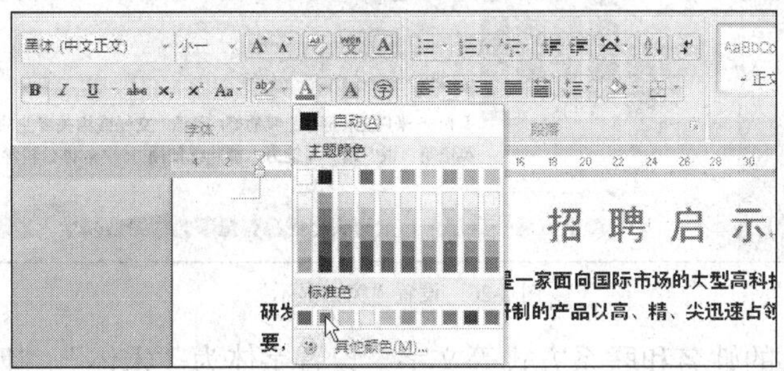

图 2-24　设置文字的颜色

Word 2007 的新功能：实时预览

当选择了文本，再单击“字体颜色”按钮 A 的下拉箭头，弹出颜色下拉列表后，让鼠标在颜色色块移动时，选中的文本可随之改变颜色，这就是 Word 2007 提供的 “实时预览” 功能。

④ 将“招聘启事”的正文设置为“黑体”、“小四”号字。

⑤ 选中正文中的小标题“1. 研发人员（20 人）”，单击“字体”组中的“倾斜”按钮 *I*，再单击“字体颜色”按钮 A 的下拉箭头，在弹出颜色下拉列表中单击蓝色色块，将小标题“1. 研发人员（20 人）”设置为倾斜的蓝字。如图 2-25 所示。

招 聘 启 示

馨康药业股份有限公司是一家面向国际市场的大型高科技公司，主要从事医药和保健品的研发、生产和销售，所开发研制的产品以高、精、尖迅速占领了国际市场。根据公司发展的需要，拟招聘以下人员：

1. 研发人员（20 人）

要求：生物工程、医药和高分子材料或相关专业的硕士研究生毕业，具有很强的研发、动手和合作开发能力。

2. 市场部经理（5 人）

要求：国际贸易、市场营销或相关专业的大学本科毕业，英语 6 级，有较强的英语听、说、读、写能力，具有两年以上的市场销售工作经验，具有较宽的知识面和很强的交流沟通能力。

3. 办公室文员（2 人）

要求：女性，身高 1.65 米以上，形象、气质好；英语、文秘或相关专业的大学本科毕业，英语 6 级，有较强的英语听、说、读、写能力，能熟练使用 Office 办公软件。

图 2-25　设置标题的字体

⑥ 选中小标题"1.研发人员（20 人）"，双击"剪贴板"命令组中的"格式刷"按钮，然后在第 2 和第 3 个小标题所在的行处拖曳鼠标，使这两行的格式与第 1 个小标题的格式一样。

说　明

若单击"格式刷"按钮，只能对一行的内容进行格式的复制，而双击"格式刷"按钮，可以对多行内容进行格式的复制，全部复制完毕后，再一次单击"格式刷"按钮，即取消该功能。

⑦ 选中文字"以上人员一经录用，公司将提供优厚的薪金和个人发展的空间。"，将字体设置为"华文虎珀"、"四号"字。再单击"字体"组中的"突出显示"按钮右边的下拉箭头，在黄色色块上单击，使得该行以黄色突出显示，如图 2-26 所示。

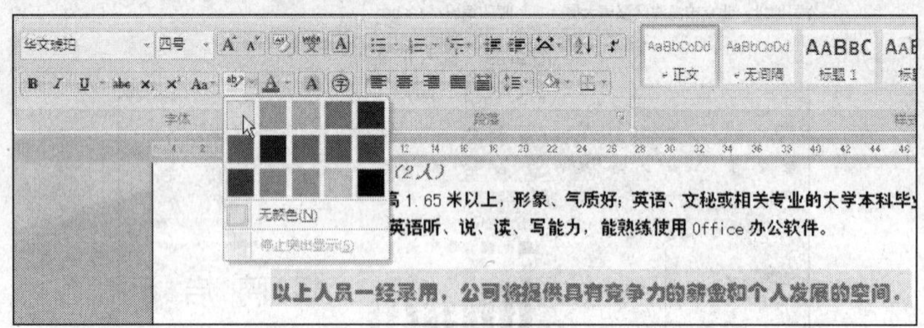

图 2-26　设置"突出显示"

⑧ 选中联系人的姓名和联系方式等文字，设置字体为"宋体"、"四号"字，橘黄色。

至此，"招聘启事"制作完成，效果如图 2-22 所示。最后将其以"案例 4"为文件名保存至 D 盘的"办公自动化案例"文件夹中。

【知识解析】

本节通过两个案例介绍了 Word 2007 最常用、最基本的操作，所使用的工具和命令主要是"Office 按钮"和"开始"选项卡中的命令，下面对本节案例用到的操作、命令和工具作进一步地总结说明。

1. 新建和打开文档

（1）新建文档

启动 Word 2007 后，会自动创建名为"文档 1"的空白文档，也可以单击"快速访问工具栏"中的"新建"按钮创建空白文档。

（2）打开文档

若要打开一个已存在的文档，则要单击"Office 按钮"，在弹出的菜单中单击"打开"命令，再在"打开"对话框中选择要打开的文档，单击"打开"按钮；也可以在"我的电脑"或"资源管理器"中找到要打开的 Word 文档后，双击该文件名。

2. 输入文本

新建 Word 文档后，就可以输入文本了，在输入文本时要注意以下两点。

（1）确定输入位置

要在文档的什么地方输入文字，就在什么地方单击鼠标左键以确定输入位置。

（2）选择合适的汉字输入法

Windows 系统中安装了多种汉字输入法。按 Ctrl+空格键可以在中文和英文输入之间转换，按 Ctrl+Shift 键可以在不同的输入法之间转换。

3．选中文本

对文本进行复制、移动或删除操作之前，都必须先选中文本。操作方法有以下几种。

（1）选中连续的文本

将鼠标指针移到要选中的文本的首端，然后按住鼠标左键拖曳到文本的末端，即可选中所需的文本。如图 2-27 所示。

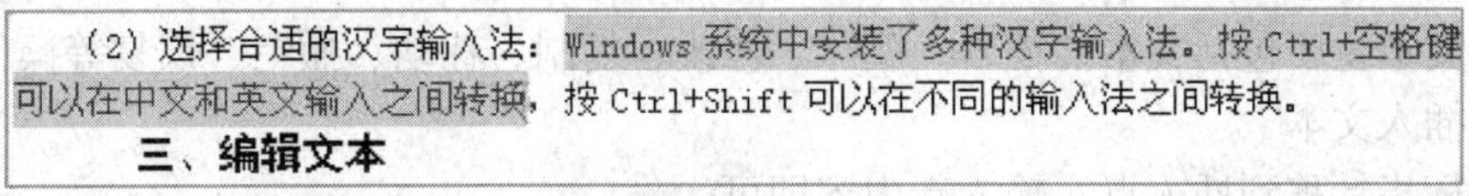

（2）选择合适的汉字输入法：Windows 系统中安装了多种汉字输入法。按 Ctrl+空格键可以在中文和英文输入之间转换，按 Ctrl+Shift 可以在不同的输入法之间转换。

三、编辑文本

图 2-27　选中连续的文本

（2）选中一行或多行文本

将鼠标指针移到要选中的文本行左边的空白区，当指针变为形状时，单击鼠标左键即可选中一行文本，如图 2-28 所示。若要选中多行文本，保持鼠标形状向下拖曳即可。

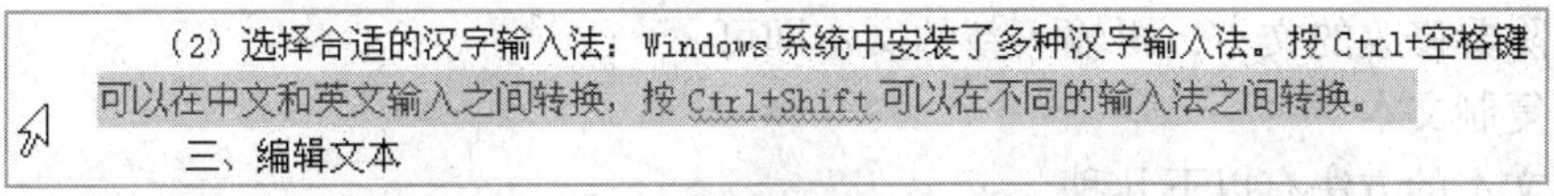

（2）选择合适的汉字输入法：Windows 系统中安装了多种汉字输入法。按 Ctrl+空格键可以在中文和英文输入之间转换，按 Ctrl+Shift 可以在不同的输入法之间转换。

三、编辑文本

图 2-28　选中一行文本

（3）选中全部文本

单击 Ctrl+A 键可选中全部文本；也可以单击 Word 2007 界面“开始”选项卡中“编辑”命令组中的选择项，在弹出的菜单中单击“全选”命令全选(A)，如图 2-29 所示。

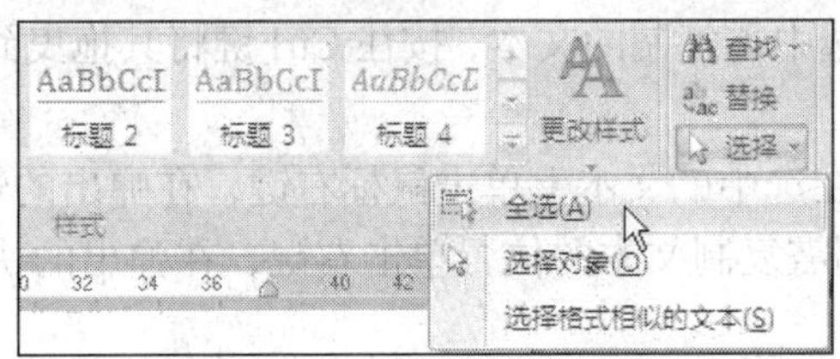

图 2-29　单击“全选”命令

（4）选中不连续的文本

先选中第一块文本后，按住 Ctrl 键再选择其他文本，如图 2-30 所示。

（2）选择合适的汉字输入法：Windows 系统中安装了多种汉字输入法。按 Ctrl+空格键可以在中文和英文输入之间转换，按 Ctrl+Shift 可以在不同的输入法之间转换。

三、选中文本

图 2-30　选中不连续的文本

（5）选中一个矩形区域

按住 Alt 键拖动即可，如图 2-31 所示。

（2）选择合适的汉字输入法：Windows 系统中安装了多种汉字输入法。按 Ctrl+空格键可以在中文和英文输入之间转换，按 Ctrl+Shift 可以在不同的输入法之间转换。

三、选中文本

图 2-31　选中一个矩形区域

技巧：如何选择长文本

当选择的文本较长时，由于 Word 滚动得太快，以至于很难精确地在所希望的位置释放鼠标按钮。这时可以使用鼠标和键盘相接合的方法选择文本。操作步骤是：先在要开始选择的位置单击，然后使用滚动条（或单击滚动箭头、或拖动鼠标指针），直到看见要结束选择的地方，在要结束选择的位置按住 Shift 键单击鼠标左键，就选择了长文本。

4. 编辑文本

编辑文本主要包括文本的插入、删除、修改、复制、移动、撤销、恢复等操作。

（1）插入文本

将鼠标指针移到插入点，输入新内容即可。

（2）删除文本

按键盘上的 Backspace 键，可删除光标前的文本；按键盘上的 Del 键，可删除光标后的文本；先选中文本，再按 Del 键，可删除选中的文本。

（3）修改文本

先删除要修改的文本，再输入新的文本即可。

（4）复制文本

复制文本的方法有以下几种。

① 使用命令按钮：选中需复制的文本，单击“剪贴板”组中的“复制”命令 复制，将鼠标指针移到需复制文本的位置单击，再选择“剪贴板”组中的“粘贴”命令。

② 使用快捷键：选中需复制的文本，按 Ctrl+C 键（复制），再将鼠标指针移到需复制文本的位置单击，按 Ctrl+V 键（粘贴）即可。

③ 使用鼠标拖动：选中需复制的文本，按住 Ctrl 键将其拖曳到需复制的位置，松开鼠标即可。

④ 使用快捷菜单：在选中的文本上单击鼠标右键，在弹出的快捷菜单中单击“复制”命令，再将鼠标指针移到需复制文本的位置单击右键，在弹出的快捷菜单中单击“粘贴”命令即可。

（5）移动文本

移动文本的方法与复制文本类似，只是将所有的“复制”命令改为“剪切”命令（Ctrl+X）。

（6）撤销和恢复

如果发现进行了错误的操作，如删除了不该删的文本，可进行“撤销”操作，当然也可以恢复已“撤销”的操作。撤销和恢复的操作方法有以下两种。

① 使用快捷键：按一次 Ctrl+Z 键，可撤销一步操作，多按可按顺序撤销多步操作；按一次 Ctrl+Y 键，可恢复一步操作，多按可按顺序恢复多步操作。

② 使用命令按钮：如果已将撤销和恢复的命令按钮 加入到“快速访问工具栏”中（见本章 2-1 节），则可以使用该命令按钮进行撤销和恢复操作。单击“撤销”命令按钮 左边的下拉箭头，弹出下拉菜单，如图 2-32 所示。在下拉菜单可选择撤销几步操作（图中撤销 4 步）。

5. 查找和替换文本

使用 Word 2007 的查找和替换功能，可以很方便地找到文档中需要的文本，也可以对多个相同的文本进行统一的修改。

（1）查找文本

查找特定文本的操作方法如下。

① 单击“开始”选项卡→“编辑”命令组→“查找”命令 查找，打开“查找和替换”对话框的“查找”选项卡。

② 在“查找内容”的输入框中，输入要查找的内容（如“文本”），单击 查找下一处(F) 按钮开始查找，当找到所需内容时，将以反白显示被查找到的内容，如图 2-33 所示。

③ 多次单击 查找下一处(F) 按钮，Word 会逐一查找文档中的其他相同的内容。

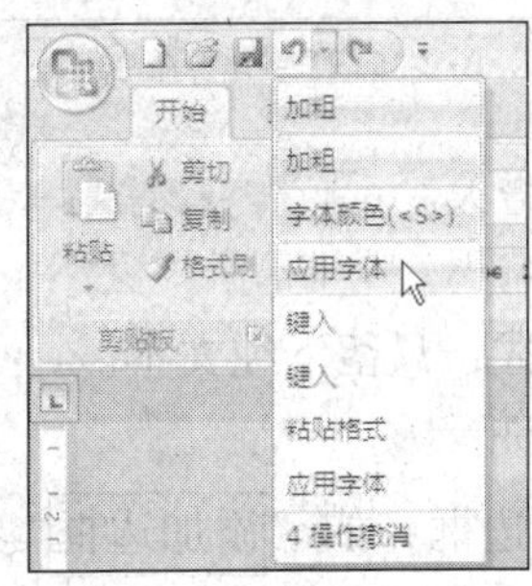

图 2-32 使用撤销操作

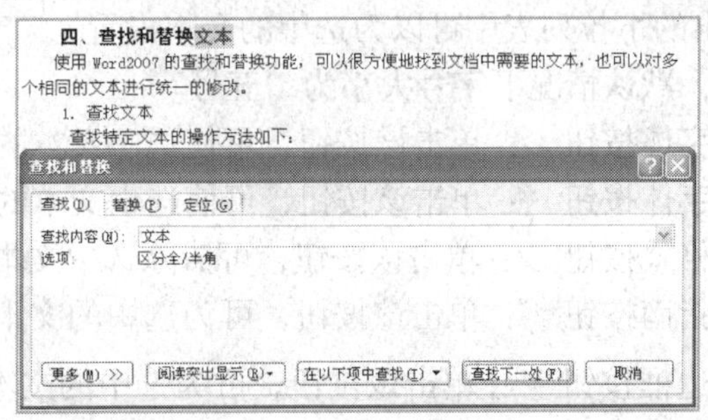

图 2-33 查找操作

（2）替换文本

替换文本与查找文本的操作方法相似，步骤如下。

① 打开“查找和替换”对话框的“替换”选项卡。

② 在“查找内容”的输入框中，输入要查找的内容（如“文本”），在“替换为”的输入框中，输入要替换的内容（如“文档”）单击 查找下一处(F) 按钮开始查找需替换的文本，找到所需内容（以反白显示）后，单击 替换(R) 按钮即可，如图 2-34 所示。

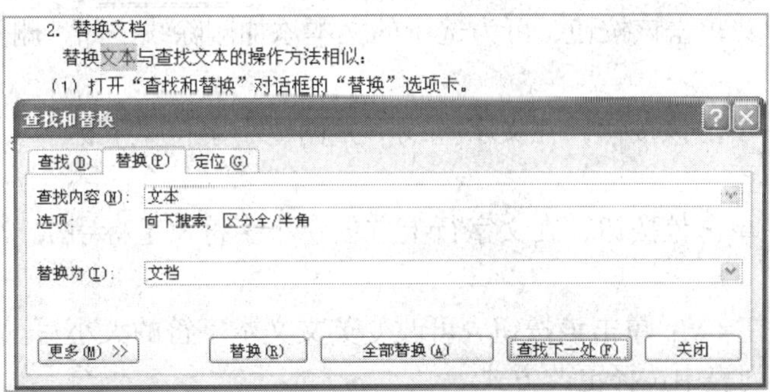

图 2-34 替换操作

如果单击 全部替换(A) 按钮，Word 会一次替换掉整个文档中所有符合条件的文本。

说 明

单击“查找和替换”对话框中的 更多(M) >> 按钮，展开详细的查找设置内容，可以对要查找的文本内容和格式进行更精确和具体的设置。

6. 字符格式的设置

字符的格式主要是通过“开始”选项卡的“字体”命令组来设置，也可以通过“字体”对话框来设置。

（1）通过“字体”命令组中的按钮设置字符格式

“字体”命令组中各命令按钮的功能如图2-35所示，其含义如下。

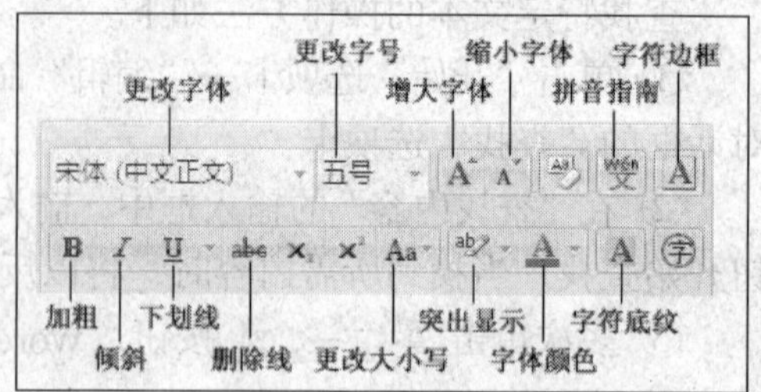

图 2-35 “字体”命令组

字体按钮：单击其右侧的按钮，在弹出的下拉列表中可以为选中的文本设置字体样式，默认情况下字体样式为“宋体”。

字号按钮：单击其右侧的按钮，在弹出的下拉列表中可以为选中的文本设置字号大小，默认情况下字号大小为“五号”。

增大字体按钮：单击该按钮，可使选中文本的字号增大。

缩小字体按钮：单击该按钮，可使选中文本的字号缩小。

清除格式按钮：单击该按钮，可清除选中文本的格式，只留下纯文本。

拼音指南按钮：单击该按钮，可为选中的文本加上拼音。

字符边框按钮：单击该按钮，可为选中的文本添加边框，如“添加边框”。再次单击，取消边框。

加粗按钮：单击该按钮，可将选中的文本设置为加粗字形，如“**加粗字形**”。再次单击，取消加粗设置。

倾斜按钮：单击该按钮，可将选中的文本设置为倾斜字形，如“*倾斜字形*”。再次单击，取消倾斜。

下划线按钮：单击该按钮，可为选中的文本添加下划线，单击其右侧的按钮，在弹出的下拉列表中可以设置下划线的线形及颜色，如“双下划线”和“波浪下划线”。

删除线按钮：单击该按钮，可为选中的文本添加删除线，如“~~删除线~~”。再次单击，取消删除线。

下标按钮：单击该按钮，在文字基线下方创建小字符（下标字），如“下标字”。再次单击，取消设置。

上标按钮：单击该按钮，在文字行上方创建小字符（上标字），如“上标字”。再次单击，取消设置。

更改大小写按钮：单击该按钮，可改变英文文本字符的大小写。单击其右侧的按钮，可以在弹出的列表中选择更改方式。

突出显示按钮：单击该按钮，鼠标指针变为形状，然后用鼠标在文本上拖曳，可使鼠标指针经过的文本以给定的颜色突出显示，使文字看上去像是用荧光笔作了标记一样，单击右侧的按钮，可以在弹出的的颜色列表中选择不同的颜色。

设置字体颜色按钮：单击该按钮，可使选中的文本改变颜色，单击其右侧的按钮，可以在弹出的的颜色列表中选择所需颜色。

设置字符底纹按钮：单击该按钮，可为选中的文本添加底纹背景。如“底纹背景”。

带圈字符按钮：单击该按钮，可在字符周围放置圆圈和边框加以强调。

（2）通过“字体”对话框设置字符格式

单击“字体”命令组右下角的对话框启动器，可打开“字体”对话框，如图2-36所示，从而可以对字体进行更多的选择设置。

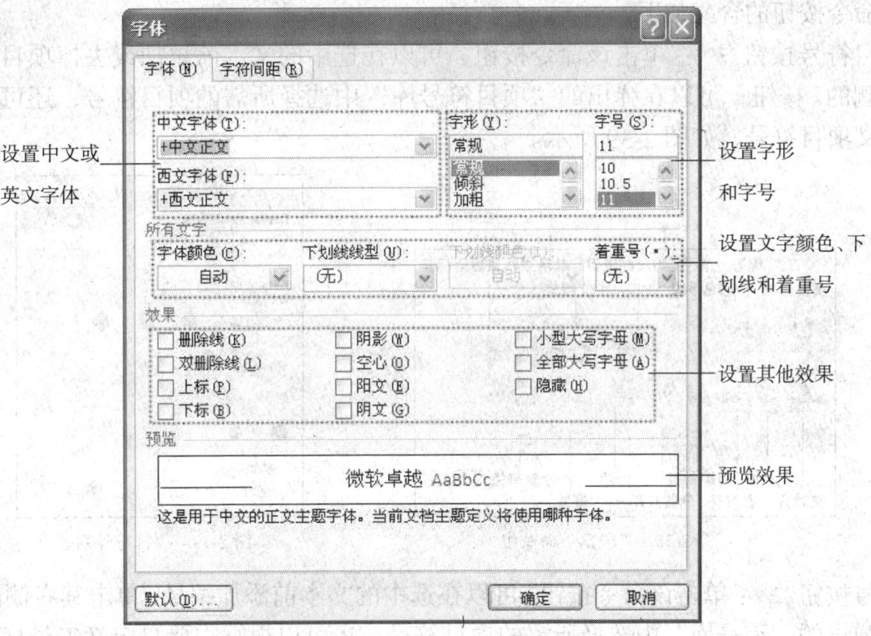

图2-36 “字体”对话框

“字体”对话框中的命令与“字体”命令组类似，此处不再赘述。

Word 2007的新功能

当选择了部分文本时，Word 2007会在这些文本处自动出现一个设置字体的小窗口，单击小窗口中的各按钮，可以非常方便地为选择的文本设置字体的格式，如图2-37所示。

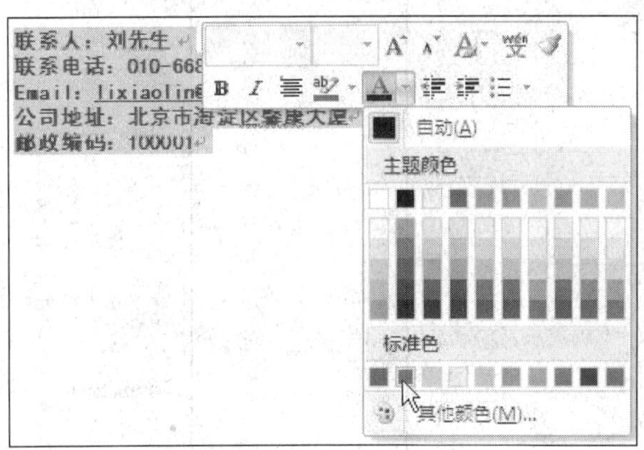

图2-37 Word 2007的新功能

7. 段落格式的设置

为了使文档的结构清晰，层次分明，通常还需为文档设置段落格式。设置段落格式方法有三种，一是通过“开始”选项卡的“段落”命令组来设置，二通过“段落”对话框来

设置，三是通过水平标尺来设置。

（1）通过“段落”命令组中的按钮设置段落格式

“段落”命令组中各命令按钮的功能如图 2-38 所示。

各命令按钮的含义如下。

项目符号按钮：单击该命令按钮，可以在选中的文本前添加或去掉项目符号，单击其右侧的按钮，可以在弹出的“项目符号库”中选择所需的项目符号，还可以根据需要自定义项目符号，如图 2-39 所示。

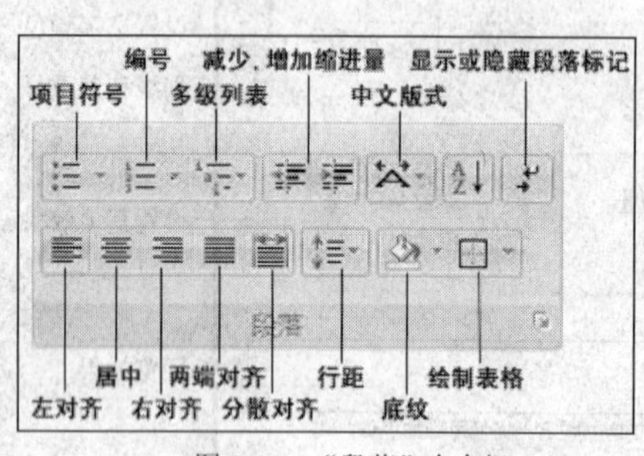

图 2-38 “段落”命令组

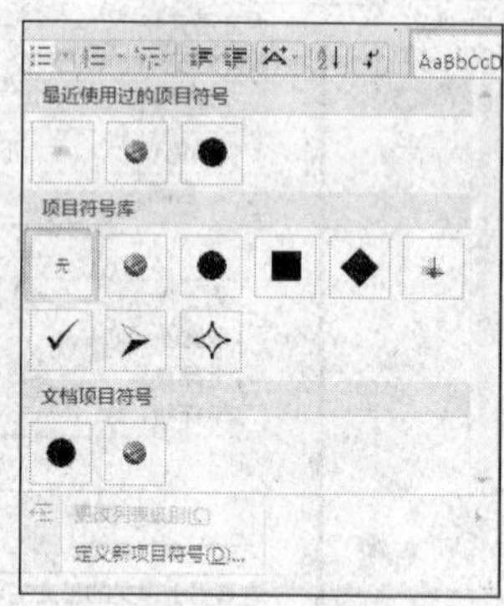

图 2-39 项目符号列表

编号按钮：单击该命令按钮，可以在选中的文本前添加编号，单击其右侧的按钮，可以在弹出的“编号库”中选择所需的项目符号，还可以根据需要自定义编号格式，如图 2-40 所示。

多级列表按钮：单击该命令按钮，可以对选中的文本应用多级列表，单击其右侧的按钮，可以在弹出的“列表库”中选择所需的列表形式，还可以根据需要自定义列表样式，如图 2-41 所示。

图 2-40 编号列表

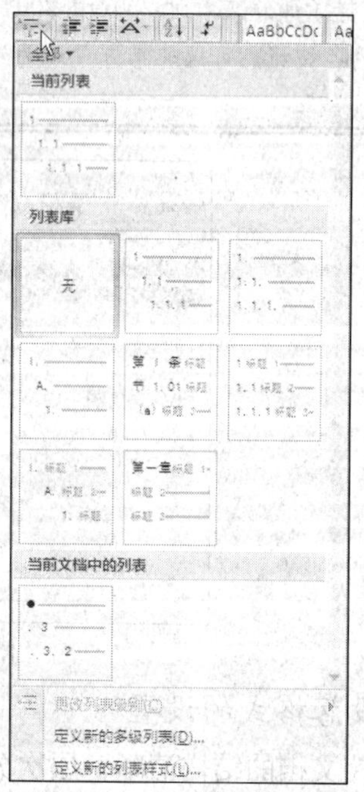

图 2-41 多级列表

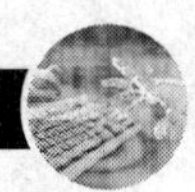

减少缩进量按钮：单击该命令按钮，可以减少所选中文本或插入点所处段落的缩进量。

增加缩进量按钮：单击该命令按钮，可以增加所选中文本或插入点所处段落的缩进量。

中文版式按钮：单击该命令按钮，可在弹出的快捷菜单中定义中文版式及进行字体的缩放，如图 2-42 所示。选中的文本被放大了 150%，效果如图 2-43 所示。

纵横混排(T)...
合并字符(M)...
双行合一(W)...
调整宽度(I)...
字符缩放(C)
200%
150%
100%
90%
80%
66%
50%
33%
其他...

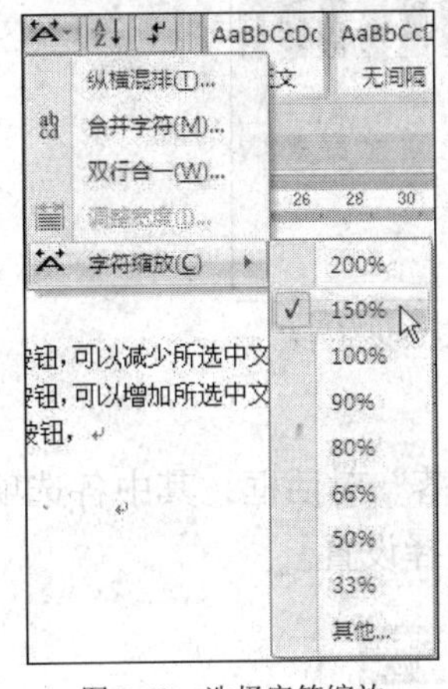

图 2-42　选择字符缩放

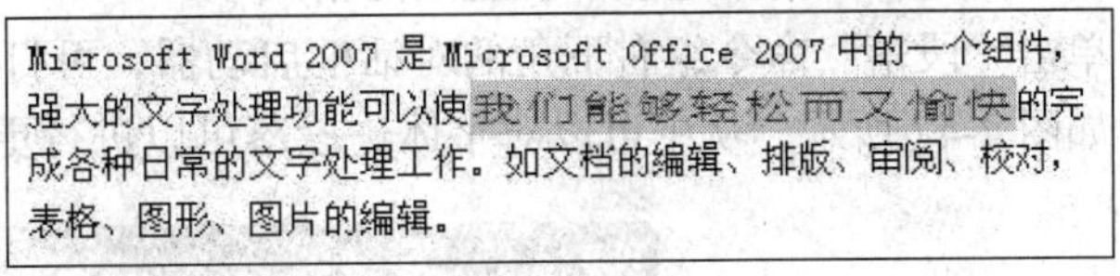

Microsoft Word 2007 是 Microsoft Office 2007 中的一个组件，强大的文字处理功能可以使我们能够轻松而又愉快的完成各种日常的文字处理工作。如文档的编辑、排版、审阅、校对，表格、图形、图片的编辑。

图 2-43　选中的文本被放大了 150%

左对齐、居中对齐和右对齐按钮：单击这些按钮，可以使所选中的文本或插入点所处段落的文字左对齐、居中对齐或右对齐。

两端对齐按钮：单击该按钮，可以使所选中的文本或插入点所处段落的文字两端对齐，并可以根据需要增加字间距。

分散对齐按钮：单击该按钮，可以使所选中的文本或插入点所处段落的文字分散对齐，即使一行内的文字都均匀的分布在左右页边距之间。

左对齐、居中对齐、右对齐、两端对齐和分散对齐的效果如图 2-44 所示。

Word 2007 强大的文字处理功能可以使我们能够轻松而又愉快的完成各种日常的文字处理工作。
左对齐
Word 2007 强大的文字处理功能可以使我们能够轻松而又愉快的完成各种日常的文字处理工作。
居中对齐
Word 2007 强大的文字处理功能可以使我们能够轻松而又愉快的完成各种日常的文字处理工作。
右对齐
Word 2007 强大的文字处理功能可以使我们能够轻松而又愉快的完成各种日常的文字处理工作。
分散对齐
Word 2007 强大的文字处理功能可以使我们能够轻松而又愉快的完成各种日常的文 字 处 理 工 作
两端对齐

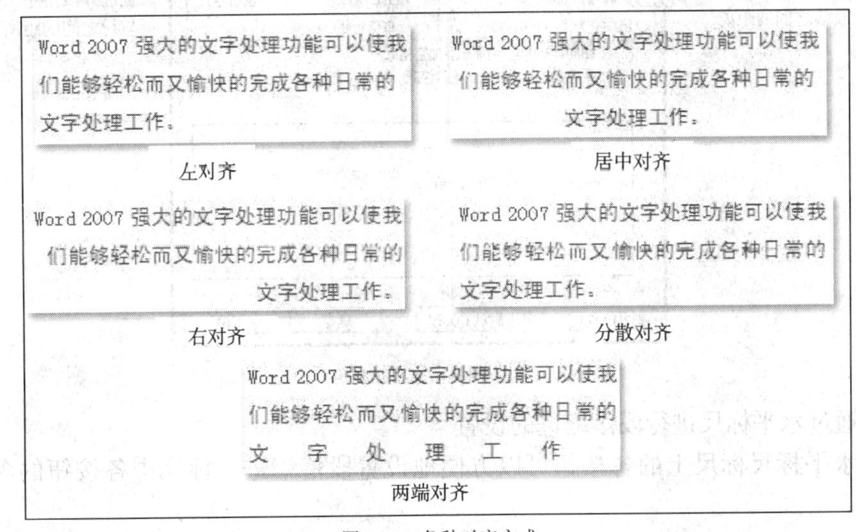

图 2-44　各种对齐方式

行距按钮：单击该按钮，可以设置选中的文本或插入点所处段落的行间距及段前、段后间距，如图 2-45 所示。

底纹按钮：单击该按钮，可以设置选中文本的背景色，如图 2-46 所示。

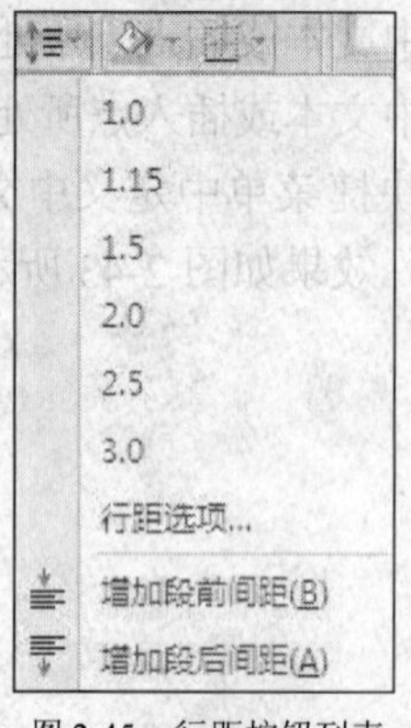

图 2-45　行距按钮列表

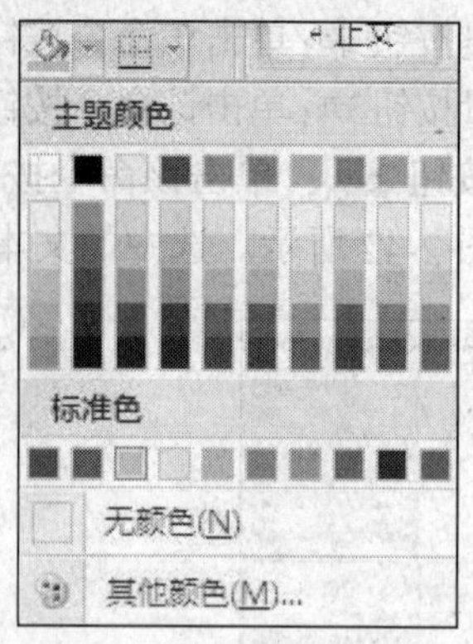

图 2-46　底纹按钮列表

（2）通过“段落”选项卡设置段落格式

单击“段落”命令组右下角的对话框启动器，可打开“段落”对话框，其中各选项的含义如图 2-47 所示，从中可以对字体进段落可以进行更多的选择设置。

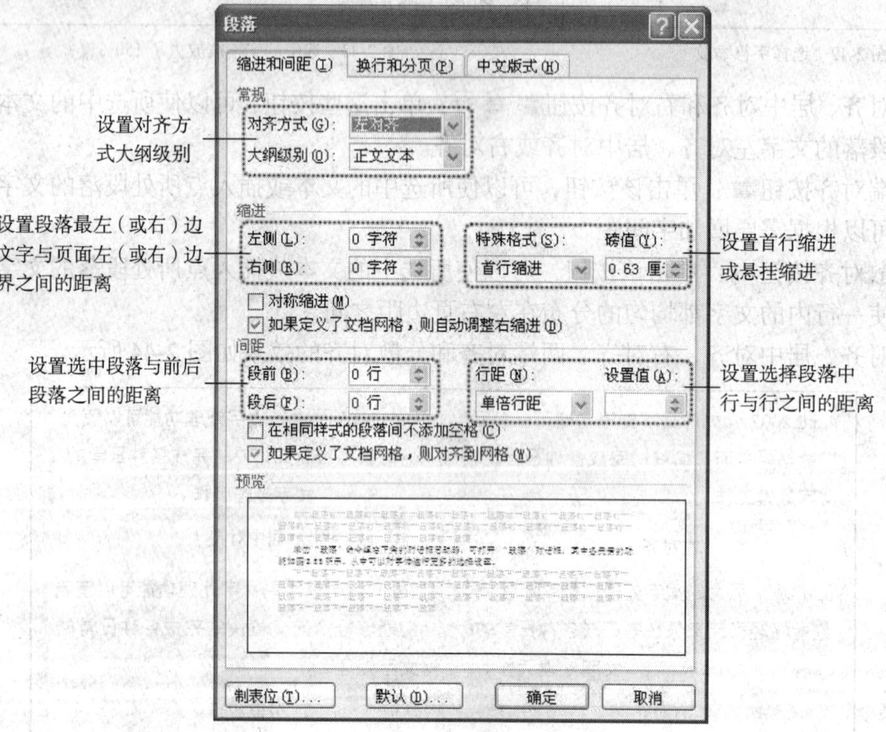

图 2-47　段落对话框

（3）通过水平标尺进行段落缩进的设置

拖动水平标尺标尺上的各按钮可以方便地设置段落缩进，标尺中各按钮的含义如图 2-48 所示。

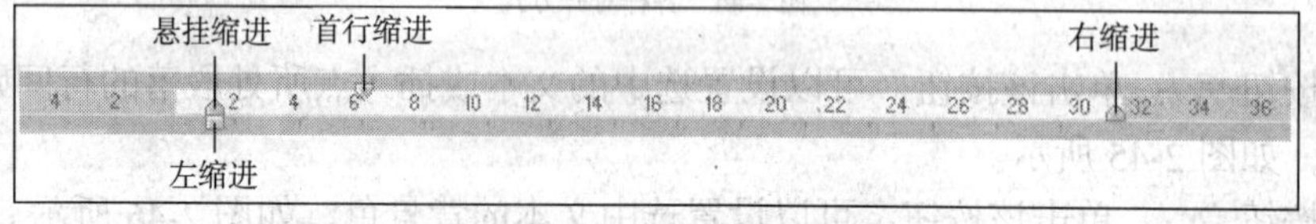

图 2-48　水平标尺

使用标尺设置段落缩进的方法是：将插入点放到需要进行设置的段落中，将鼠标指针指向标尺上的缩进按钮后拖曳鼠标，即可进行相应的设置。

悬挂缩进和首行缩进

悬挂缩进：段落内除第一行以外，其余的行由左向右缩进。

首行缩进：段落内第一行由左向右缩进。

8. 使用“格式刷”复制文本格式

文字和段落的格式也可以复制。使用Word 2007提供的“格式刷”功能，可以快速地将文本中已有的格式复制到其他位置的文本，从而使该处的文本具有相同的格式。操作方法如下。

① 选中具有所需格式的文本，单击“开始”选项卡“剪贴板”命令组中的“格式刷”命令按钮，此时鼠标变成刷子形状。

② 将鼠标指针移动到目标位置，在需要更该格式的文字上拖曳，则目标文本的格式就被源文本的格式取代。

③ 如果双击“格式刷”命令按钮，则鼠标指针保持刷子形状，这样可以在多个目标文字处复制格式。完成复制后，再次单击“格式刷”按钮，取消“格式刷”功能。

9. 打印文档

文档编辑完以后，通常要将其打印到打印纸上以方便阅读。在打印之前，应先对其进行打印预览和打印设置，以便对不完善的地方进行修改和调整。

（1）打印预览

打印预览功能可使用户在屏幕上预览到实际打印的效果，并可以设置页边距、纸张大小和纸张方向，从而确保有一个好的打印效果。

单击“Office按钮”→“打印”→“打印预览”命令，屏幕切换到“打印预览”界面。该界面只有一个“打印预览”选项卡，包括“打印”、“页面设置”、“打印比例”和“预览”四个命令组，各命令组的功能如图2-49所示。

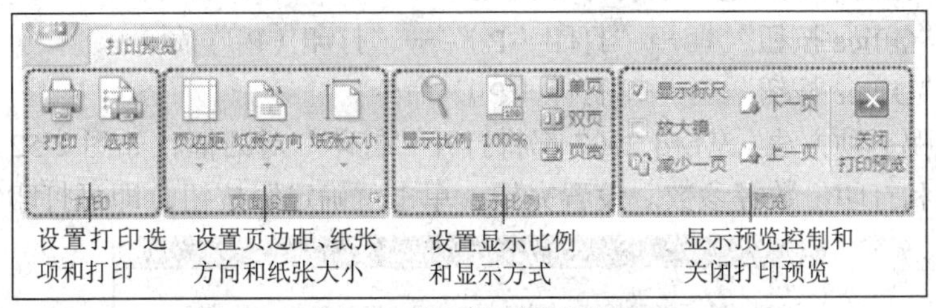

图2-49 “打印预览”选项卡

其中各命令按钮的含义如下。

打印：单击该按钮可直接打印文档。

选项：单击该按钮可打开“选项”对话框，从中更改打印选项。

页边距：单击该按钮可从打开的列表中选择或设置页边距，如图2-50所示。

纸张方向：单击该按钮可从打开的列表中选择页面“横向”布局或“纵向”布局。

纸张大小：单击该按钮可从打开的列表中选择或设置纸张大小，如图2-51所示。

显示比例：单击该按钮可打开“显示比例”对话框，从中指定文档的缩放比例。

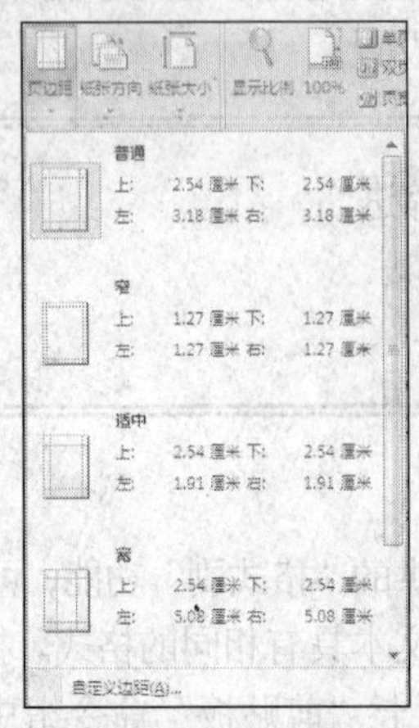

图 2-50 选择页边距

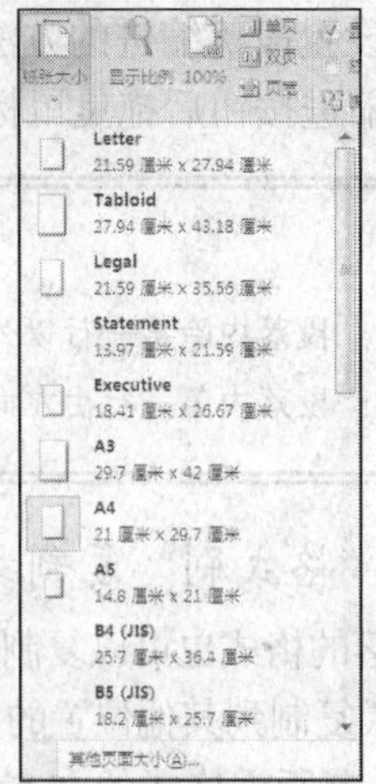

图 2-51 设置纸张列表

单页：单击该按钮可使预览窗口只显示一个页面。

双页：单击该按钮可使预览窗口显示两个页面。

页宽：单击该按钮可使显示页面与窗口一样宽。

显示标尺：在预览窗口显示或取消标尺。

放大镜：若选择该选项，鼠标指针变为放大镜形状，此时在文档上单击，可将文档100%显示，再次单击还原。若不选择该选项，则可以编辑文本。

减少一页：通过略微缩小文本大小和间距将文档缩减一页。

下一页：预览下一页。

上一页：预览上一页。

×：关闭预览窗口。

（2）打印文档

打印预览后，若确认文档的内容及格式正确无误，就可以打印了。打印前要确认打印机和计算机已正确的连接。打印文档的方法有三种。

① 单击预览窗口最左边的“打印”按钮。

② 单击“Office 按钮”→“打印（P）”→“打印（P）”命令。

③ 单击“Office 按钮”→“打印（P）”命令。

不论采用哪一种方法，Word 2007 都将打开“打印”对话框，如图 2-52 所示，从中可设置打印范围和打印份数等参数。设置完毕，单击“确定”按钮，即可打印文档。

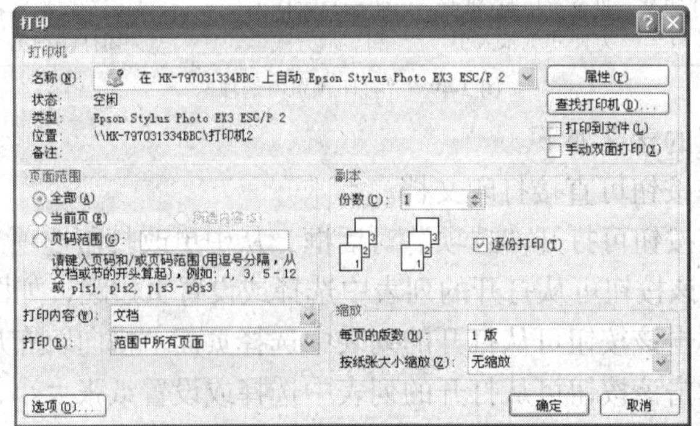

图 2-52 “打印”对话框

【操作练习 2-2】 创建“介绍信”

创建一份介绍信，如图 2-53 所示。

介 绍 信

友豫达物流公司：

今介绍我校王国平同志前往贵公司联系学生实习事宜，请接洽并给予协助为盼！

此致

敬礼

豫州商业学校（盖章）

2007 年 9 月 20 日

（有效期两天）

图 2-53 介绍信

说 明

1. 介绍信的写作要求

介绍信是机关、团体、企事业单位向有关单位用来介绍有关人员前往接洽事情、联系工作或参观学习等所写的专用书信。它起着介绍和证明的双重作用。

介绍信一般由标题、称谓、正文、祝语、落款等几个部分组成。重要的介绍信还要注明该介绍信的有效期限。

正文中要写清派出人员的姓名、身份及前往接洽的事项和向接洽单位提出的希望和要求。

2. 格式及编辑要求

要求按照图 2-53 设计格式。

【操作练习 2-3】 创建发布在校园网上的总结

创建发布在校园网上的总结，如图 2-54 所示。

豫州经济贸易学校第三届艺术节总结

豫州经济贸易学校第三届艺术节于 2006 年 10 月 16 日至 30 日举行，历时 15 天。本届艺术节在全校师生的共同努力下取得了圆满成功。主要表现在以下几个方面：

1．思想统一，组织有力

为搞好本届艺术节，我校在 9 月初专门成立了以校长为组长、各部门负责人和各班班长为组员的筹备小组。经过广泛深入地宣传，本届艺术节“高品位、高质量、高效益”的目标成了全校师生的共同追求，保证了各项工作都能及时落实到位。

2．内容丰富，推陈出新

本届艺术节内容繁多，包括教师学生的专场演出、演讲比赛、童话剧演出、学生综合技能比赛、书画作品展等。

3．参与面广，质量高

经初步统计，全校师生不仅人人参与，而且直接参与本届艺术节几项重大活动的就达两千人次，平均每人要直接参与三项活动。

在本届艺术节取得圆满成功的同时，我们也清醒地看到了两个方面的不足。一是学生书法水平还不尽如人意，书法教学有待进一步加强；二是设置的活动项目过多，师生承担的任务过重，对这期间的课堂教学略有影响，这应在以后的艺术节中注意克服。

我们深信，本届艺术节的成功经验一定能成为把我校艺术节越办越好的重要基础，勇于创新的经贸人一定会在以后的艺术节中收获更多的成果！

2006 年 11 月 3 日

图 2-54 艺术节总结

说 明

1. 总结的写作要求

总结是机关、团体或个人回顾和检查一个阶段内的工作、生产、学习任务的完成情况，进行分析研究，找出经验教训，并形成文字以指导今后工作的一种文体。

总结没有固定的格式。可根据不同的内容和目的，针对不同的对象，确定相应的格式和写作重点。总结一般由标题、正文、落款组成。

正文由前言、主体、结尾三部分构成。前言概述基本情况；主体是总结的重点部分，包括取得的成绩，经验与体会，问题及原因；结尾主要写今后的工作设想和努力方向。

落款包括署名和时间，标题中已标明单位名称的，署名可以省略。

2. 关于格式

由于该总结发布在校园网上，因此要求格式新颖、色彩搭配合理，能够吸引人的注意。可模仿案例格式，也可自己设置格式。

2.3 表格的插入和编辑

表格在各种类型的文档中都是经常用到的。表格由若干行和若干列的单元格组成，在单元格中可以随意添加文字和图形，还可以对数字进行简单的计算和排序。另外使用表格还可以帮助组织信息、安排文字和图形布局，建立整齐美观、引人入胜的版面，在网页设计中经常使用表格进行排版布局。Word 2007 具有很强的表格处理功能。

【案例 2-5】 条款式合同

【情景模拟】

豫州市海燕高中欲购买一批笔记本计算机，经过激烈的竞标，联想电脑科技有限公司中标，现要与海燕高中签订一份产品供需合同书，起草合同书的任务由办公室高级秘书小李与联想电脑科技有限公司共同完成。

【案例分析】

这种“条款式合同”应有标题、合同首部（供需方名称、签约时间和地点）、合同条款（产品名称、型号、单价、数量、金额、供货地点、时间及验收方法、货款结算方式及期限、违约赔偿方法等详细条款）以及合同尾部（供需方的地址、法人代表、银行账号）等内容组成。由于要求合同整齐清楚，一目了然，因此在创建文档时需要用到表格。

【案例展示】

根据要求和分析，本案例（条款式合同）内容和形式拟定如图 2-55 所示。

需要说明的是，案例中每一个条款都应依照第一条的格式书写，因篇幅所限，此案例没有展开。

【操作步骤】

① 打开 Word 2007 的工作界面，在文档首行输入标题“产品供需合同书”，设置字体为“黑体”，字号为“小一”，“居中”设置。

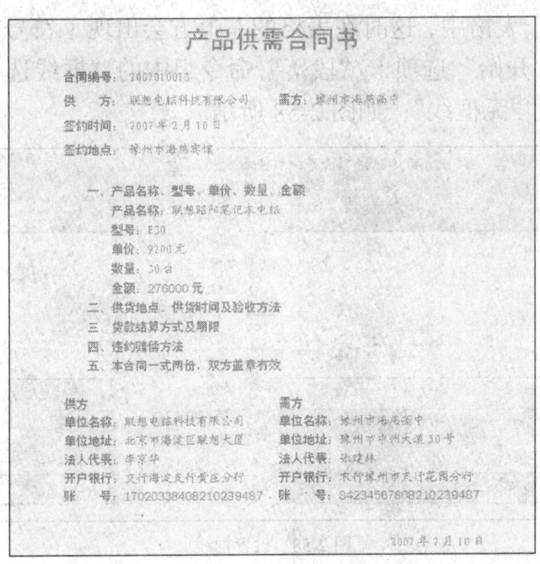

产品供需合同书

合同编号：2007010013

供　　方：联想电脑科技有限公司　　需方：豫州市海燕高中

签约时间：2007 年 2 月 10 日

签约地点：豫州市海燕宾馆

一、产品名称、型号、单价、数量、金额

产品名称：联想昭阳笔记本电脑

型号：E30

单价：9200 元

数量：30 台

金额：276000 元

二、供货地点、供货时间及验收方法

三、货款结算方式及期限

四、违约赔偿方法

五、本合同一式两份，双方盖章有效

供方
单位名称：联想电脑科技有限公司
单位地址：北京市海淀区联想大厦
法人代表：李京华
开户银行：交行海淀支行黄庄分行
账　　号：17020338408210239487

需方
单位名称：豫州市海燕高中
单位地址：豫州市中州大道 30 号
法人代表：朱建林
开户银行：农行豫州市支行花园分行
账　　号：84234567808210239487

2007 年 2 月 10 日

图 2-55　产品供需合同书

② 将光标移到标题栏的下一行，单击“插入”选项卡，该选项卡的各个命令组出现在 Word2007 的界面上。

③ 单击“插入”选项卡的“表格”按钮，弹出“插入表格”下拉列表，在其方格中拖动鼠标指针，如图 2-56 所示。

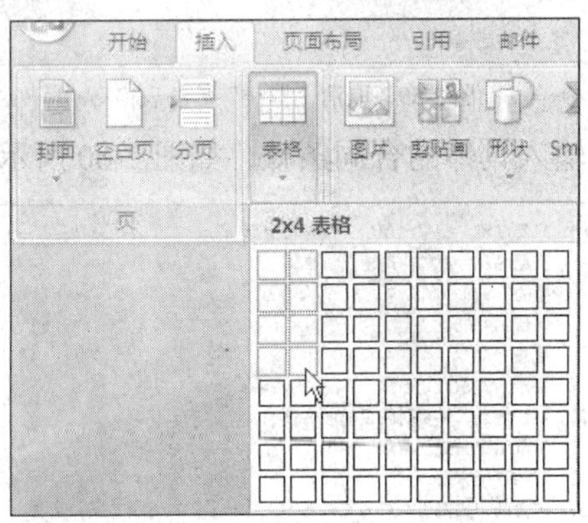

图 2-56　“插入表格”的下拉列表

④ 随着鼠标指针的拖动，将会在文档中插入与拖动方格行列数相同的表格，拖到所需的行列数时单击鼠标（本案例中为 4 行 2 列），创建一个 4 行 2 列的表格。

⑤ 在表格中输入合同的首部信息，如图 2-57 所示。

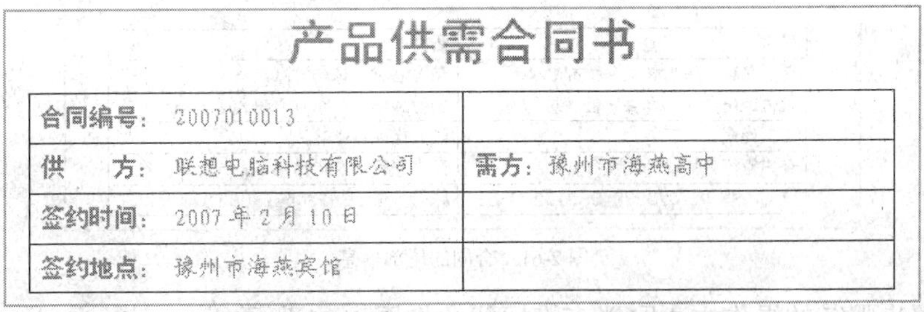

产品供需合同书

合同编号：2007010013	
供　　方：联想电脑科技有限公司	需方：豫州市海燕高中
签约时间：2007 年 2 月 10 日	
签约地点：豫州市海燕宾馆	

图 2-57　创建 4 行 2 列的表格

⑥ 将鼠标指针置于表格中，这时在表格的左上方会出现⊞符号，单击该符号，可将表格全部选中，再单击“开始”选项卡“段落”命令组中的“框线选择”按钮，在弹出的框线选择列表中单击“无框线”，如图 2-58 所示。

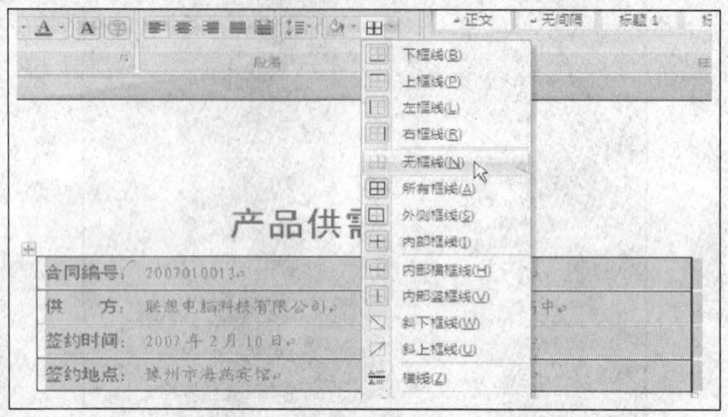

图 2-58　设置框线

⑦ 此时表格的“框线”被取消，如图 2-59 所示。

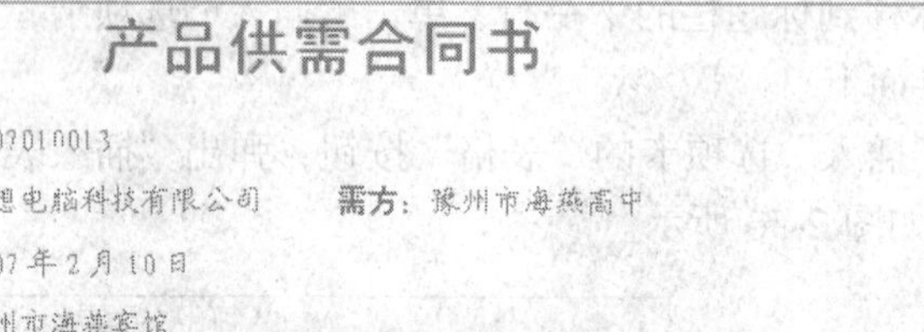

产品供需合同书

合同编号：2007010013
供　　方：联想电脑科技有限公司　　需方：豫州市海燕高中
签约时间：2007 年 2 月 10 日
签约地点：豫州市海燕宾馆

图 2-59　取消“框线”后的表格

⑧ 在合同首部的下面输入具体的合同条款，如图 2-60 所示。

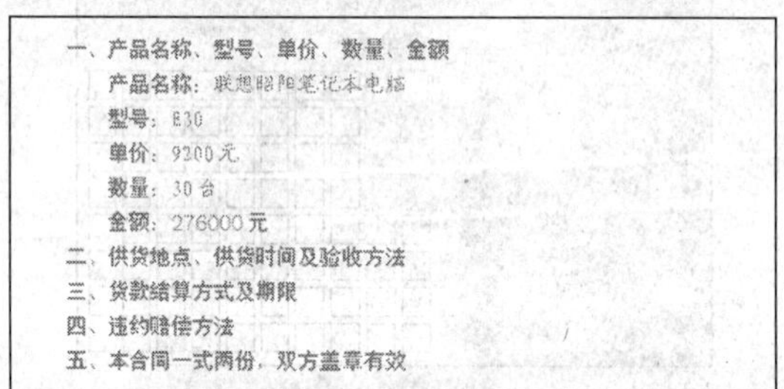

一、产品名称、型号、单价、数量、金额
产品名称：联想昭阳笔记本电脑
型号：E30
单价：9200 元
数量：30 台
金额：276000 元
二、供货地点、供货时间及验收方法
三、货款结算方式及期限
四、违约赔偿方法
五、本合同一式两份，双方盖章有效

图 2-60　具体的合同条款

⑨ 在合同具体条款的下一行，用与步骤④、⑤相同的方法插入表格（6 行 2 列），在其中输入合同的尾部信息，如图 2-61 所示。

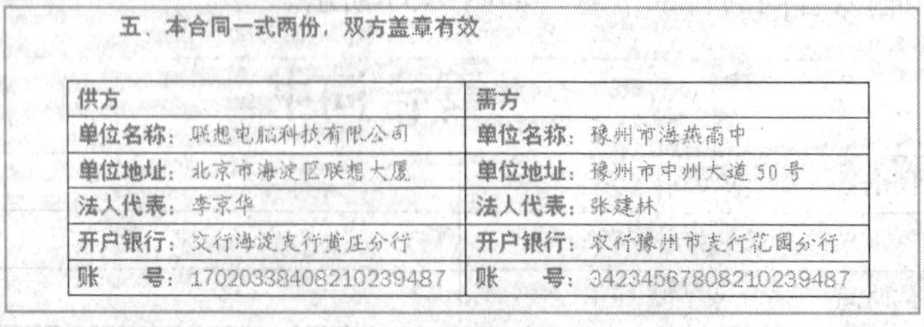

五、本合同一式两份，双方盖章有效

供方	需方
单位名称：联想电脑科技有限公司	单位名称：豫州市海燕高中
单位地址：北京市海淀区联想大厦	单位地址：豫州市中州大道 50 号
法人代表：李京华	法人代表：张建林
开户银行：交行海淀支行黄庄分行	开户银行：农行豫州市支行花园分行
账　　号：17020338408210239487	账　　号：34234567808210239487

图 2-61　合同的尾部信息

⑩ 参照步骤⑦的操作方法取消表格框线，如图 2-62 所示。

五、本合同一式两份，双方盖章有效	
供方	**需方**
单位名称：联想电脑科技有限公司	**单位名称**：豫州市海燕高中
单位地址：北京市海淀区联想大厦	**单位地址**：豫州市中州大道50号
法人代表：李京华	**法人代表**：张建林
开户银行：交行海淀支行黄庄分行	**开户银行**：农行豫州市支行花园分行
账　　号：17020338408210239487	**账　　号**：34234567808210239487

图2-62　取消“框线”后的表格

⑪ 在表格的下面一行输入日期，并单击“开始”选项卡→“段落”命令组→按钮，将日期右对齐。

到此，条款式合同制作完毕，最终效果如图2-55所示。

【案例2-6】 制作豫州经贸学院学期工作历

【情景模拟】

豫州经贸学院为规范和检查本院各部门的工作，从2007年起，要求各部门制订周历、月历和学期工作历，然后由学院办公室汇总后制订出全院的学期工作历。制订全院学期工作历的工作交给了办公室秘书小李。

【案例分析】

把一周内需要完成的主要任务用简洁的文字列表表述出来，就是周历。把一个月内需要做的事情在这个月来到之前用图表的形式表述出来，就是月历。若将一个学期的工作用图表的形式简明扼要地表述出来，就是这个学期工作历。

制作周历、月历、工作历应注意的事项。

① 必须在使用期到来之前制作完毕，并发放到有关部门或有关人员手中。

② 要在工作计划的指导下具体制作。

③ 要体现本学期的重点工作，要对学校的工作有较强的计划性和指导性。

④ 文字要简约，形式要美观，内容要清楚。

【案例展示】

根据要求和分析，本案例（学期工作历）内容和形式拟定如图2-63所示。

豫州经贸学院2006—2007学年第二学期工作历

周次	起止时间	主要工作	说明
准备	2月18—19日	教师返校做开学准备	1. 学期自2月18日开学到6月26日放假，共计18周。 2. 学校各处、系、教学班要根据学校历有计划地安排好各自的工作。 3. 遇有中心工作与上级的安排其他活动，另行通知。 4. 具体工作以每周的周历为准。 2007年1月
1	2月20—25日	学生报到正式上课	
2	2月27—3月3日	补考工作 常规教育	
3	3月6—3月10日	学雷锋活动	
4	3月13—17日	艺术节	
5	3月20—24日	棋艺比赛	
6	3月27—31日	篮球比赛	
7	4月3—7日	学生入党、入团宣誓仪式	
8	4月10—14日	各系学生书画展	
9	4月17—21日	计算机汉字录入比赛	
10	4月24—28日	各系学生小制作展	
11	5月1—7日	放假一周	
12	5月8—12日	板书比赛	
13	5月15—19日	教师教案展评	
14	5月22—26日	各处、系教师公开课	
15	5月29—6月2日	艺术节闭幕式	
16	6月5—9日	教师课件制作展	
17	6月12—16日	期末复习	
18	6月19—23日	期末考试	
19	6月24—26日	教师评改卷子、放假	

图2-63　学期工作历

【操作步骤】

① 打开 Word 2007 的工作界面。

② 在文档首行输入标题“豫州经贸学院 2006—2007 学年第二学期工作历”，设置字体为“黑体”，字号为“小三”、“居中”显示。

③ 将光标移到标题的下一行，单击“插入”选项卡中的“表格”按钮，在“插入表格”下拉列表中单击“插入表格”选项，弹出“插入表格”对话框，如图 2-64 所示。

④ 在对话框中设置列数为 4，行数为 21，单击“确定”按钮。这时在标题的下方插入一个 21 行 4 列的表格，如图 2-65 所示。

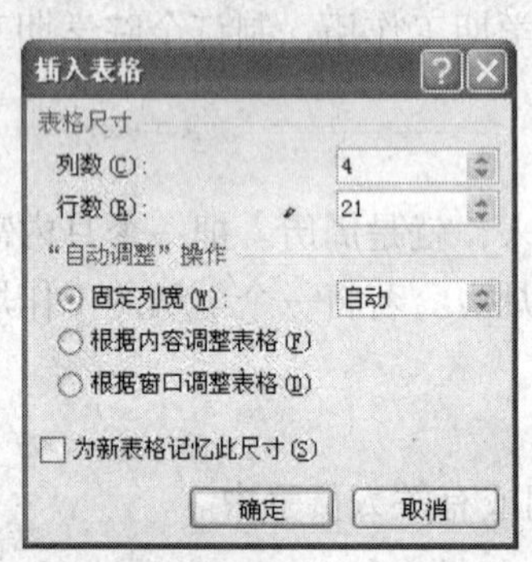

图 2-64 “插入表格”对话框

图 2-65 插入的 21 行 4 列的表格

⑤ 选中第 4 列、第 2 ~ 21 行的单元格，然后单击右键，在弹出的快捷菜单中单击“合并单元格”命令，如图 2-66 所示。

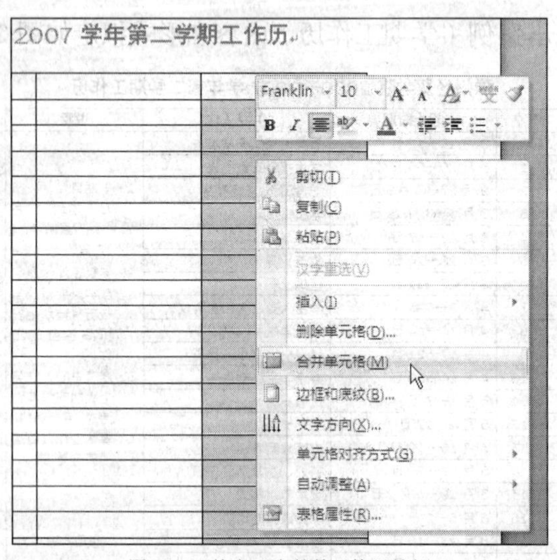

图 2-66 单击“合并单元格”按钮

⑥ 调整各列的宽度，然后按照案例给出的内容输入文本，如图 2-67 所示。

豫州经贸学院2006—2007学年第二学期工作历

周次	起止时间	主要工作	说明
准备	2月18—19日	教师返校做开学准备	1. 学期自2月18日开学到6月26日放假，共计18周。 2. 学校各处、系、教学班要根据学校历有计划地安排好各自的工作。 3. 遇有中心工作与上级的安排其他活动，另行通知。 4. 具体工作以每周的周历为准。 2007年1月
1	2月20—25日	学生报到正式上课	
2	2月27—3月3日	补考工作 常规教育	
3	3月6—3月10日	学雷锋活动	
4	3月13—17日	艺术节	
5	3月20—24日	棋艺比赛	
6	3月27—31日	篮球比赛	
7	4月3—7日	学生入党、入团宣誓仪式	
8	4月10—14日	各系学生书画展	
9	4月17—21日	计算机汉字录入比赛	
10	4月24—28日	各系学生小制作展	
11	5月1—7日	放假一周	
12	5月8—12日	板书比赛	
13	5月15—19日	教师教案展评	
14	5月22—26日	各处、系教师公开课	
15	5月29—6月2日	艺术节闭幕式	
16	6月5—9日	教师课件制作展	
17	6月12—16日	期末复习	
18	6月19—23日	期末考试	
19	6月24—26日	教师评改卷子、放假	

图2-67 在表中输入内容

调整表格列宽的方法

调整列宽通常有以下两种方法。

① 将鼠标指针放在表格的列分界线上，当指针形状变为+||+时，向左或向右拖动鼠标，可调整列的宽度。

② 将鼠标放在要调整列宽的某列的任一单元格里，单击鼠标右键，在弹出的快捷菜单里单击“表格属性”，在“表格属性”对话框中选择“列”选项卡，从中可输入列的精确宽度，通过单击“前一列”和“后一列”按钮，可为表格中所有的列精确设置宽度。

⑦ 将鼠标指针放入表格中，单击表格左上方的⊞形状，将整个表格选中。然后单击鼠标右键，在弹出的快捷菜单中单击“表格属性”，弹出“表格属性”对话框。

⑧ 在对话框的“行”选项卡中，设置“指定高度”为0.6厘米，如图2-68所示。

⑨ 在对话框的“单元格”选项卡中，设置“垂直对齐方式”为“居中”，如图2-69所示。

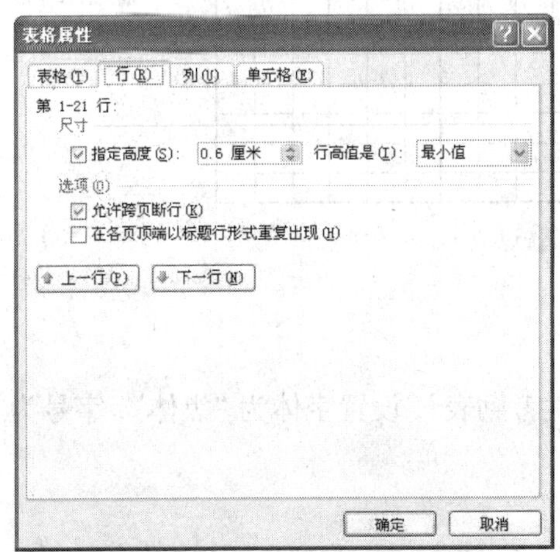

图2-68 “表格属性”中的“行”选项卡

图2-69 “表格属性”中的“单元格”选项卡

⑩ 选中第 1 列，单击鼠标右键，在弹出的快捷菜单中用鼠标指向“单元格对齐方式”，在弹出的下一级列表中单击 按钮，如图 2-70 所示。这样，第 1 列中的文本就居中了。

⑪ 选中第 1 行，字体设置为“黑体”，字号为“小四”，“居中”。

到此，学期工作历制作完成，最终效果如图 2-63 所示。

图 2-70　选择单元格对齐方式

【案例 2-7】　学生考勤表

【情景模拟】

豫州经贸学校为了加强对学生的管理，决定从 2007 年春季起对学生实行严格的考勤制度，需要重新设计并制作学生考勤表，此任务交给了办公室秘书小王。

【案例分析】

学生考勤表应包括表的标题、考核的班级、考核的日期和时间、考核标志以及考核学生的姓名等。

【案例展示】

根据要求，设计制作的学生考勤表如图 2-71 所示。

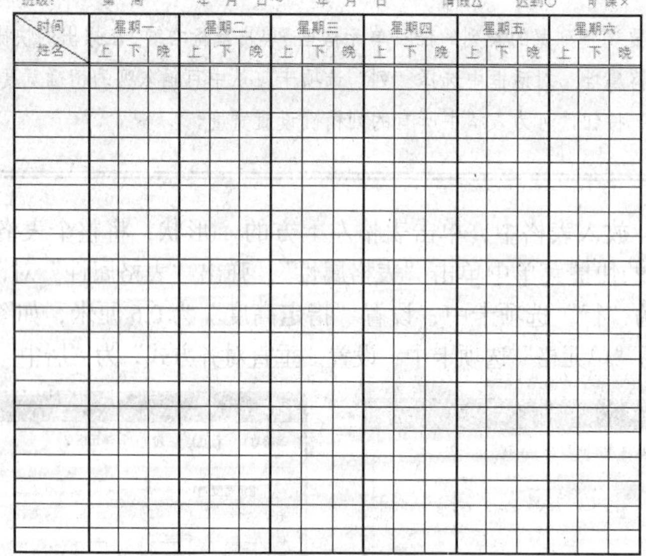

豫州经贸学校学生考勤表

班级：　　第　周　　年　月　日～　　年　月　日　　请假△　　迟到○　　旷课×

时间 姓名	星期一			星期二			星期三			星期四			星期五			星期六		
	上	下	晚	上	下	晚	上	下	晚	上	下	晚	上	下	晚	上	下	晚

图 2-71　学生考勤表

【操作步骤】

① 打开 Word 2007 的工作界面。

② 在文档首行输入标题“豫州经贸学校学生考勤表”，设置字体为“黑体”，字号为“小二”，“居中”显示。

③ 将光标移到标题的下一行，输入：

班级：　　　第　周　　　年　月　日　　　年　月　日　　　请假　　　迟到　　　旷课

④ 将光标移到第一个“日”的后面，单击“插入”选项卡最右边的“特殊符号”选项卡中的符号按钮 符号，弹出下拉列表，如图2-72所示。

⑤ 在下拉列表中单击“更多…”选项，弹出“插入特殊符号”对话框，在“标点符号”选项卡中单击～符号，如图2-73所示。

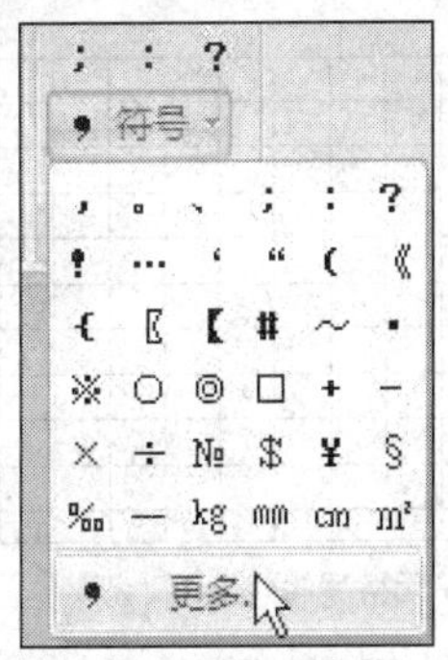
图2-72 特殊符号列表

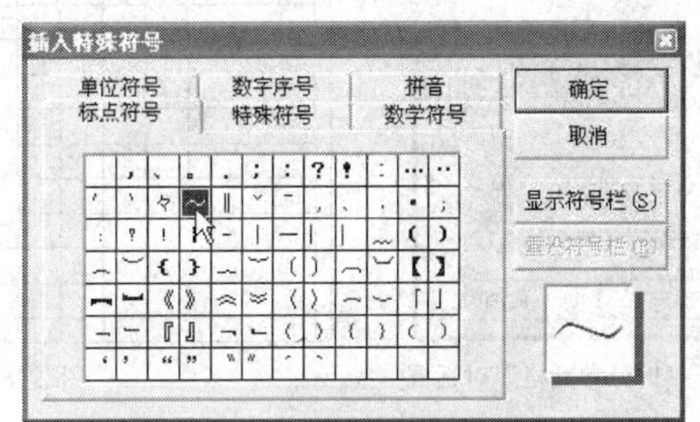

图2-73 “插入特殊符号”对话框

⑥ 用与步骤④、⑤同样的方法，在“请假”的后面插入△符号，在“迟到”的后面插入○符号，在“旷课”的后面插入×符号，结果变为：

班级： 第 周 年 月 日～ 年 月 日 请假△ 迟到○ 旷课×

⑦ 将光标移到下面一行，单击“插入”选项卡→“表格”按钮→“插入表格”命令，在弹出的“插入表格”对话框中，设置列数为21，行数为22，单击“确定”按钮。这时在文本中插入一个21列22行的表格，如图2-74所示。

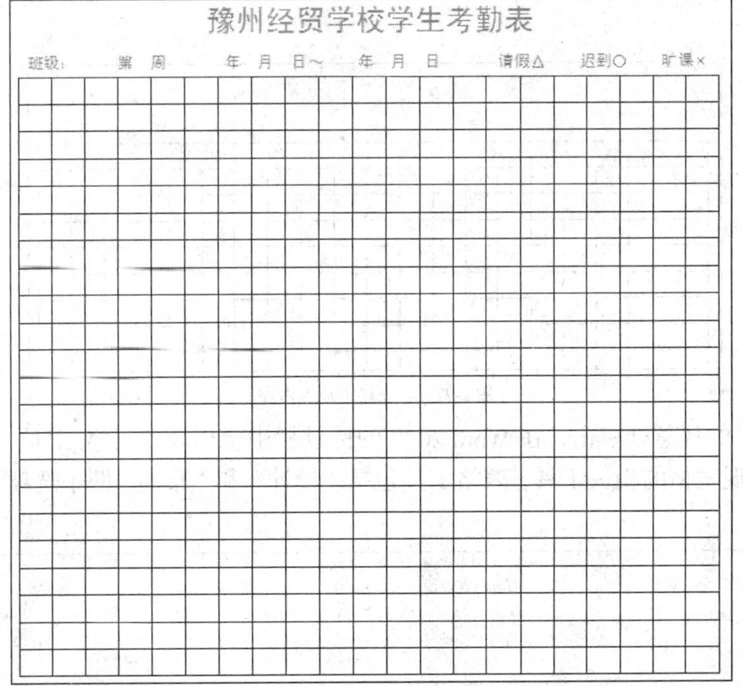

图2-74 插入21列22行的表格

⑧ 选中表格的第1～3列，单击鼠标右键，在弹出的快捷菜单中选择“合并单元格”选项将其合并为1列。

⑨ 再选中这一列，单击鼠标右键，在弹出的快捷菜单中单击“拆分单元格”命令，在弹出的“拆分单元格”对话框中设置列数为 1，行数为 22，如图 2-75 所示。合并及拆分单元格后的效果如图 2-76 所示。

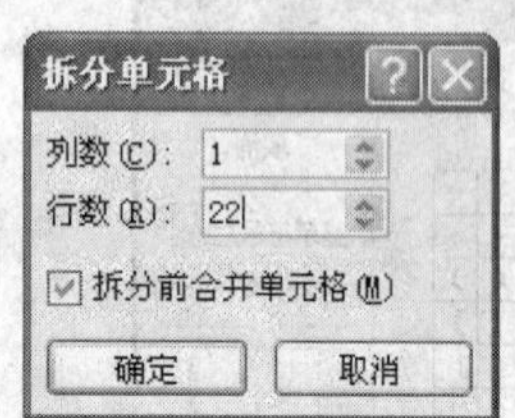

图 2-75 “拆分单元格”对话框

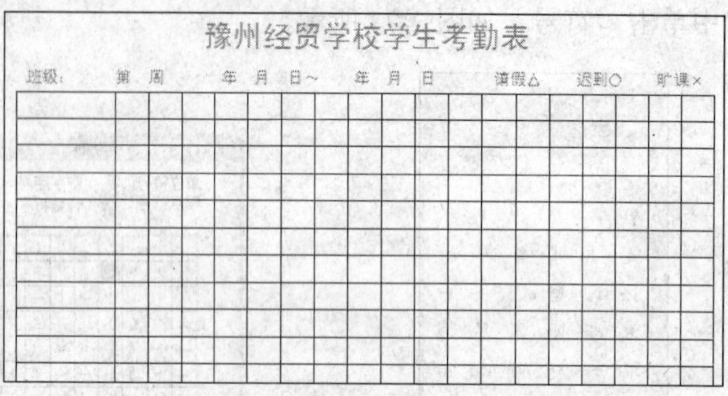

图 2-76 合并及拆分单元格后的效果

提示：选中表格中的列

选中表格中的列有两种方法：一是用鼠标指针在该列上拖动，二是将鼠标指针放在该列的上方，待鼠标指针变为⬇形状时，单击鼠标左键。

⑩ 选中表格中第 1 行的第 2～4 单元格，单击鼠标右键，在弹出的快捷菜单中选择“合并单元格”选项将其合并，用同样的方法合并第 1 行的第 5～7 单元格、8～10 单元格、11～13 单元格、14～16 单元格、17～19 单元格，然后按照图 2-71 输入相应的内容，如图 2-77 所示。

豫州经贸学校学生考勤表

班级: 第 周 年 月 日～ 年 月 日 请假△ 迟到○ 旷课×

时间	星期一			星期二			星期三			星期四			星期五			星期六		
姓名	上	下	晚	上	下	晚	上	下	晚	上	下	晚	上	下	晚	上	下	晚

图 2-77 在表格中输入内容

⑪ 在表格的任意处单击，在 Word 2007 的标题栏中会出现“表格工具”提示按钮，单击该按钮，出现表格的相关工具，表格工具包括“设计”和“布局”两个选项卡。如图 2-78 所示。

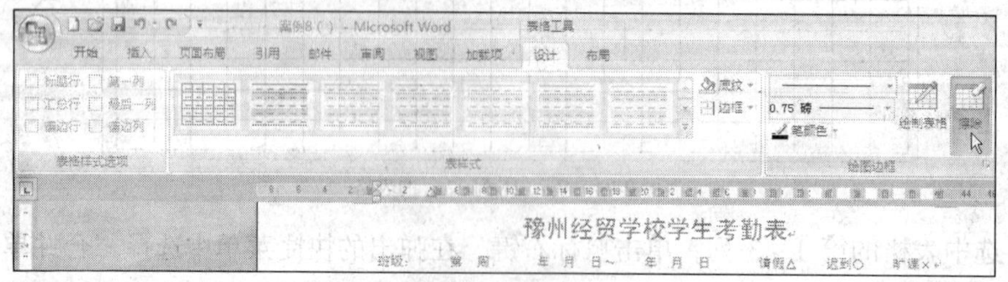

图 2-78 表格工具的“设计”选项卡

⑫ 单击“表格工具”中“设计”选项卡最左边的“擦除”按钮，鼠标指针变为橡皮形状，在第 1 列中“时间”和“姓名”之间的横线处单击，即擦除该横线。

⑬ 单击“表格工具”中“设计”选项卡中的“绘制表格”按钮，鼠标指针变为铅笔形状，在 “时间”和“姓名”单元格中绘制一条斜线，如图 2-79 所示。

豫州经贸学校学生考勤表

班级：　　第　周　　年　月　日～　年　月　日　　请假△　迟到○　旷课×

时间 姓名	星期一			星期二			星期三			星期四			星期五			星期六		
	上	下	晚	上	下	晚	上	下	晚	上	下	晚	上	下	晚	上	下	晚

图 2-79　在单元格中绘制斜线

⑭ 单击“表格工具”中“设计”选项卡中的改变“笔画粗细”按钮，在弹出的下拉列表中选择“1.5 磅”，如图 2-80 所示。

⑮ 选中整个表格，单击“表格工具”中“设计”选项卡中的“边框”按钮，在弹出的下拉列表中选择“外侧框线”命令，如图 2-81 所示，使表格的外框线变粗（1.5 磅）。

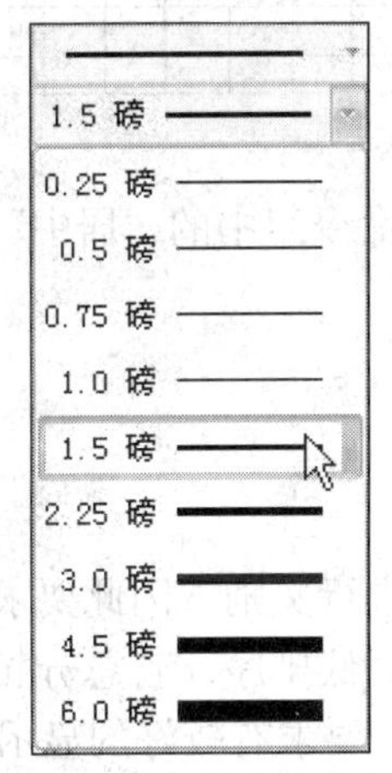

图 2-80　“笔画粗细”列表

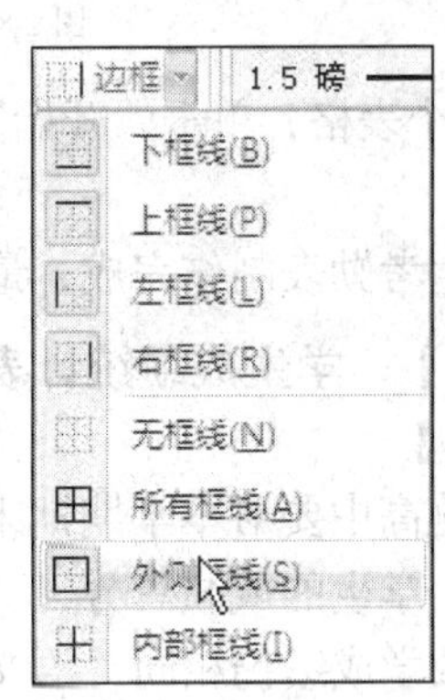

图 2-81　“边框”列表

⑯ 选中第 1 列的所有单元格，单击“表格工具”中“设计”选项卡中的“边框”按钮，在弹出的下拉列表中选择“右框线”命令，效果如图 2-82 所示。

豫州经贸学校学生考勤表

班级：　　第　周　　年　月　日～　年　月　日　　请假△　迟到○　旷课×

时间 姓名	星期一			星期二			星期三			星期四			星期五			星期六		
	上	下	晚	上	下	晚	上	下	晚	上	下	晚	上	下	晚	上	下	晚

图 2-82　在第 1 列中添加右框线

⑰ 用同样的方法，加粗“星期一”到“星期五”各列单元格的右框线，效果如图 2-83 所示。

豫州经贸学校学生考勤表

班级：　　第　周　　年　月　日～　年　月　日　　请假△　迟到○　旷课×

时间／姓名	星期一			星期二			星期三			星期四			星期五			星期六		
	上	下	晚	上	下	晚	上	下	晚	上	下	晚	上	下	晚	上	下	晚

图 2-83　加粗“星期一”到“星期五”各列的右框线

⑱ 选中第 1 行和第 2 行，单击“表格工具”中“设计”选项卡中的“笔样式”按钮 ——————— ▾，在弹出的下拉列表中选择“双线条”，在“边框”下拉列表中选择“下框线”命令，效果如图 2-84 所示。

豫州经贸学校学生考勤表

班级：　　第　周　　年　月　日～　年　月　日　　请假△　迟到○　旷课×

时间／姓名	星期一			星期二			星期三			星期四			星期五			星期六		
	上	下	晚	上	下	晚	上	下	晚	上	下	晚	上	下	晚	上	下	晚

图 2-84　在表头下面添加“双线条”

⑲ 选中整个表格，单击“开始”选项卡中“段落”命令组中的“居中”按钮，使表中内容居中对齐。

到此，学生考勤表制作完成，最终效果如图 2-71 所示。

【案例 2-8】　学生成绩统计表

【情景模拟】

豫州市海燕高中要对本学期期末考试的前三名同学进行奖励，因此要求统计出参加期末考试的每一个学生的成绩总分，并要求按从总分从高到低排序，若总分相同，数学成绩高的在前，若数学成绩仍相同，语文成绩高的在前面，并要求有较好的显示格式。

注：本案例仅用了 7 个学生的数据。

【案例分析】

要制作期末成绩统计表，首先输入学生学号、姓名、各科成绩等基本数据，然后使用 Word 2007 的计算功能计算出每一个学生的总分，再利用 Word 2007 的排序功能按总分从高到低排序，最后给出一个较好的显示格式。

【案例展示】

根据要求，期末成绩统计表的格式如图 2-85 所示。

【操作步骤】

① 打开 Word 2007 的工作界面。

② 在文档首行输入标题“期末成绩统计表”，设置字体为“黑体”，字号为“小二”，“居中”设置。

③ 将光标移到标题的下一行，单击“插入表格”，插入一个 8 行 7 列的表格，并输入基本数据，如图 2-86 所示。

期末成绩统计表

学号	姓名	数学	语文	英语	理科综合	总分
1	赵宇海	132	105	124	234	595
7	郑爱萍	120	113	132	219	584
5	周小明	126	111	98	237	572
6	吴振国	108	101	115	248	572
2	钱红瑞	109	101	125	213	548
4	李兴华	113	89	105	221	528
3	孙琳琳	89	95	110	198	492

图 2-85　学生成绩统计表

期末成绩统计表

学号	姓名	数学	语文	英语	理科综合	总分
1	赵宇海	132	105	124	234	
2	钱红瑞	109	101	125	213	
3	孙琳琳	89	95	110	198	
4	李兴华	113	89	105	221	
5	周小明	126	111	98	237	
6	吴振国	108	101	115	248	
7	郑爱萍	120	113	132	219	

图 2-86　向表格输入基本数据

④ 将光标移到第 1 行、第 7 列的单元格里单击，在“表格工具”的“布局”选项卡中单击最右边的“公式”按钮 f_x，弹出“公式”对话框，如图 2-87 所示。

⑤ 在“公式”对话框的“公式”文本框中，输入“=SUM (LEFT)”，对左边的单元格求和。

⑥ 对第 2 行～第 7 行重复步骤④、⑤的操作，即对所有学生求出了总分，效果如图 2-88 所示。

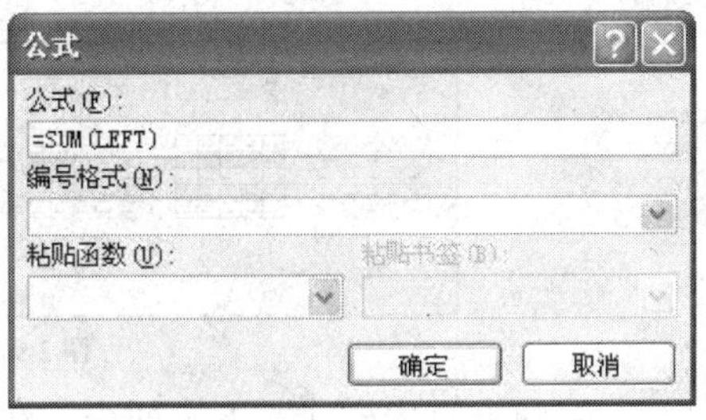

图 2-87　“公式”对话框

期末成绩统计表

学号	姓名	数学	语文	英语	理科综合	总分
1	赵宇海	132	105	124	234	595
2	钱红瑞	109	101	125	213	548
3	孙琳琳	89	95	110	198	492
4	李兴华	113	89	105	221	528
5	周小明	126	111	98	237	572
6	吴振国	108	101	115	248	572
7	郑爱萍	120	113	132	219	584

图 2-88　对所有学生求出总分

⑦ 选中整个表格，单击“布局”选项卡中的“排序”按钮，弹出“排序”对话框。在“排序”对话框中，主要关键字输入“总分”，次要关键字输入“数学”，第三关键字输入“语文”，选择“降序”排序，如图 2-89 所示。

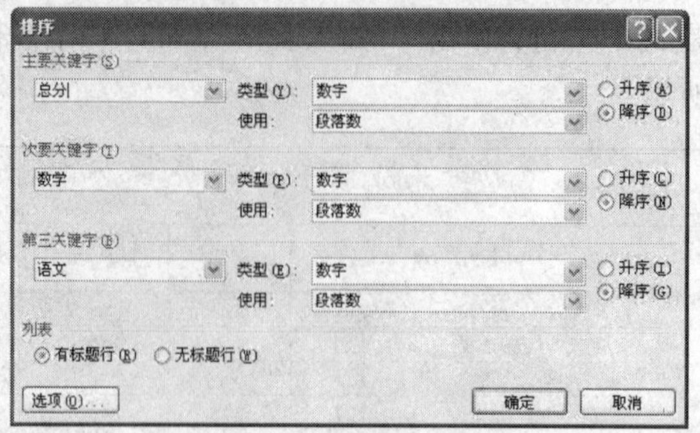

图 2-89 “排序”对话框

⑧ 单击“确定”按钮，即对表格中的数据按“总分”进行了排序，当总分相同时，按“数学”成绩排序，效果如图 2-90 所示。

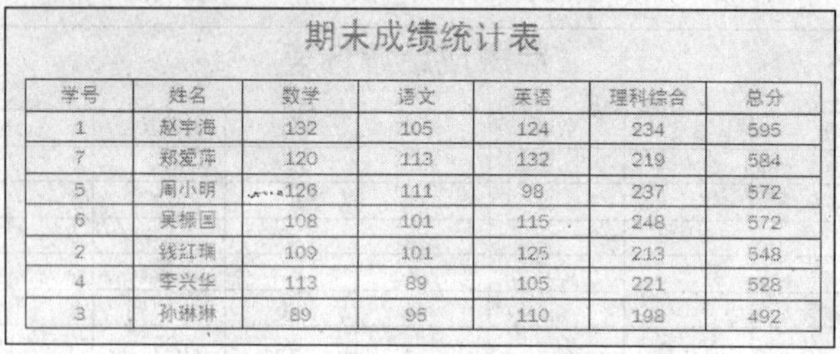

期末成绩统计表

学号	姓名	数学	语文	英语	理科综合	总分
1	赵宇海	132	105	124	234	595
7	郑爱萍	120	113	132	219	584
5	周小明	126	111	98	237	572
6	吴振国	108	101	115	248	572
2	钱红瑞	109	101	125	213	548
4	李兴华	113	89	105	221	528
3	孙琳琳	89	95	110	198	492

图 2-90 按“总分-数学”进行了排序

⑨ 选中整个表格，单击“设计”选项卡中的“表的外观样式”下拉按钮，如图 2-91 所示。

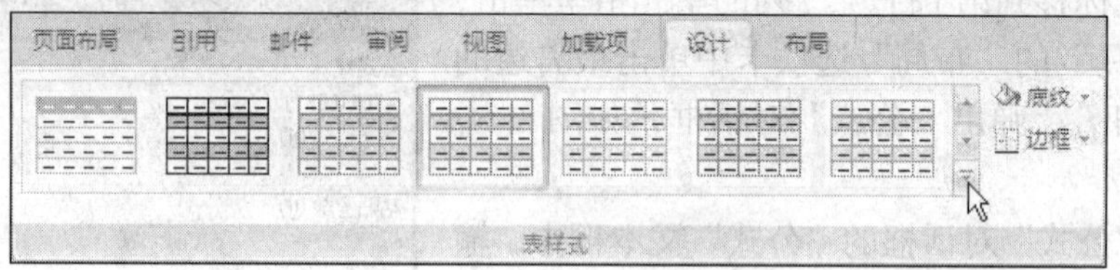

图 2-91 单击“表样式”下拉按钮

⑩ 弹出“表样式”下拉列表，在下拉列表中，单击所需样式（本案例选择第 3 行第 3 列的样式），如图 2-92 所示。

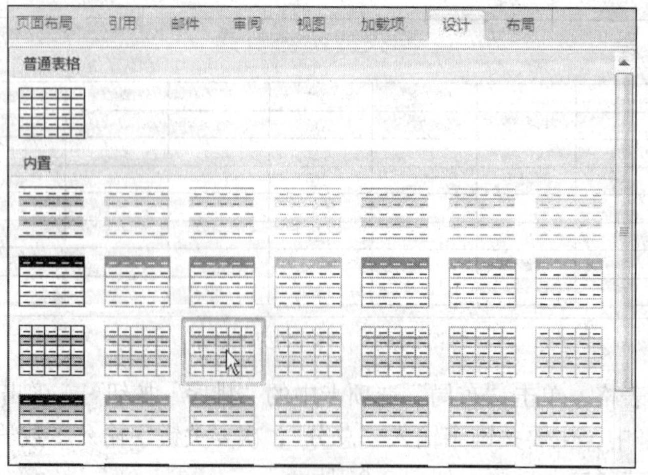

图 2-92 “表样式”下拉列表

到此，“期末成绩统计表”完成，效果如图 2-85 所示。

【知识解析】

本节通过四个案例介绍了 Word 2007 中关于表格的处理，包括表格的插入、编辑、修改、格式设置及简单计算和排序，所使用的工具和命令主要是“插入”选项卡中的“表格”命令和专门的“表格工具”。本节案例还涉及了插入符号的操作，下面对本节案例用到的操作、命令和工具作进一步的总结说明。

1. 插入表格

单击“插入”选项卡中的“表格”命令，弹出的“插入表格”的列表，从中可以选择插入表格的各种方法，如图 2-93 所示。

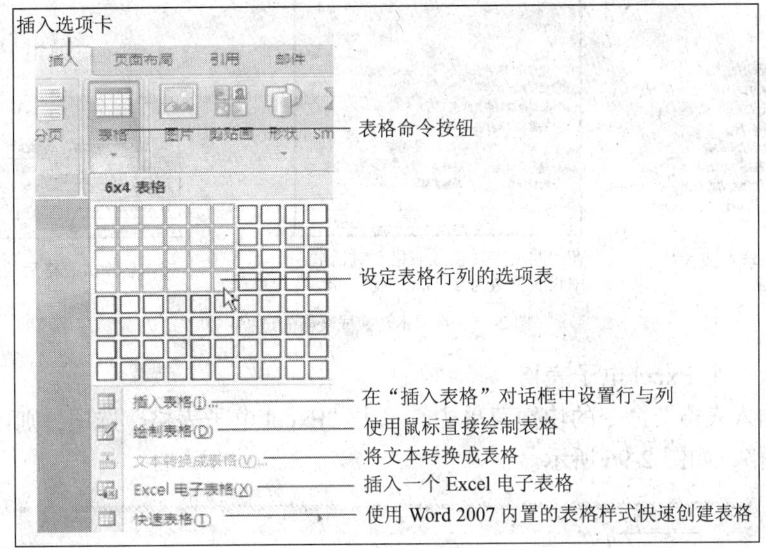

图 2-93 “插入表格”的各种功能

（1）在选项表中设定表格的行和列

若插入的表格的行小于或等于 8 且列小于或等于 10，可在选项表中拖动鼠标选择表格的行和列，单击鼠标后即可插入表格。

（2）插入表格

若单击“插入表格”选项，则弹出“插入表格”对话框，从中设置表格的行与列。

（3）绘制表格

若单击“绘制表格”选项，则鼠标指针变为✎形状，这时可以拖动鼠标，随心所欲地绘制表格，如图 2-94 所示。

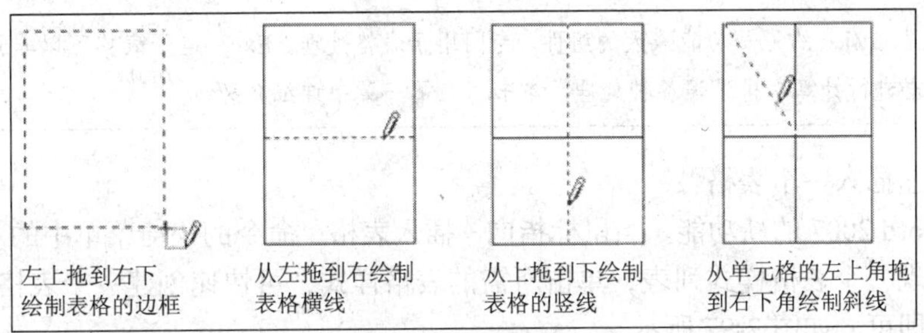

图 2-94 绘制表格的各种方法

小技巧

当鼠标指针为形状时，按住 Shift 键，鼠标指针将变为形状,这时在表格边框或线段上单击，可以擦除表线。

（4）将文本转换成表格

若选中欲转成表格形式的文本，单击“文本转换成表格”选项，在弹出的“文本转换成表格”对话框中设置表格参数，可将文本转换成相应的表格，如图 2-95 所示。

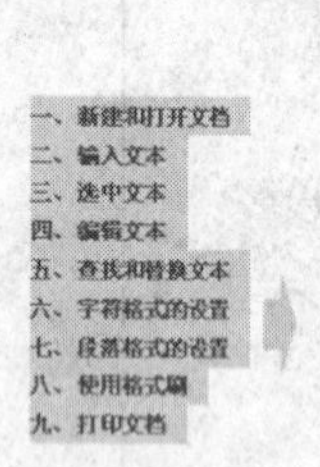

选中要转换成表格的文本

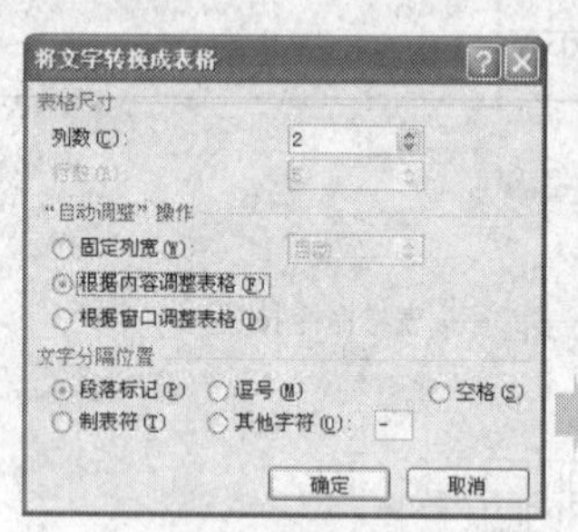

在“将文字转换成表格”对话框中设置列数为 2

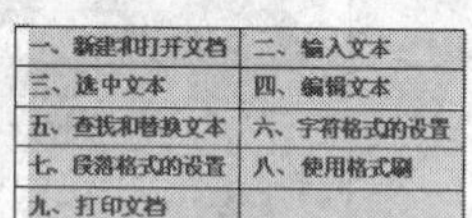

一、新建和打开文档	二、输入文本
三、选中文本	四、编辑文本
五、查找和替换文本	六、字符格式的设置
七、段落格式的设置	八、使用格式刷
九、打印文档	

文本转换成表格后的效果

图 2-95　将文本转换成表格的过程

（5）插入一个 Excel 电子表格

若在“插入表格”命令的快捷菜单中，单击“Excel 电子表格”选项，则可以插入一个 Excel 电子表格，如图 2-96 所示。

图 2-96　插入一个 Excel 电子表格

说　明

Excel 是 Office 的另一功能强大的组件，专门用于表格处理。Excel 电子表格可以非常方便地对表中的数据进行计算、排序等各种处理。本书将在下一章中详细介绍。

（6）快速插入一个表格

这是 Word 2007 的新功能。当鼠标指向“插入表格”命令的快捷菜单中的“快速表格”选项时，出现一个表格样式列表，单击所需的表格样式，可快速创建一个表格，只需修改其中的数据即可，如图 2-97 所示。

2. 编辑表格

表格的编辑包括输入内容，移动、增加和删除行和列，移动、缩放和删除整个表格，合并与拆分单元格以及行高和列宽的设置等。

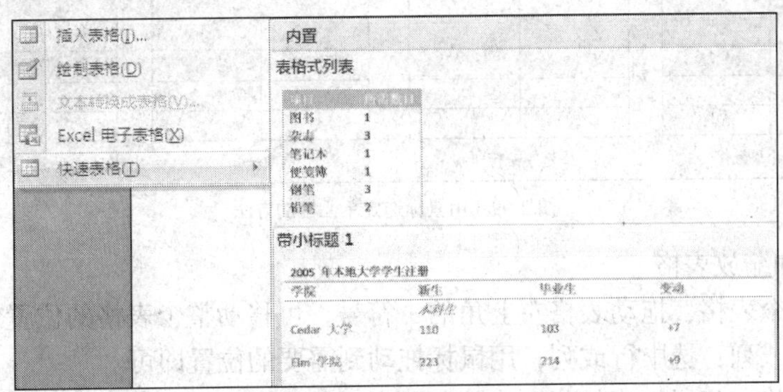

图 2-97 “快速表格”选项

Word 2007 提供了功能强大而又非常方便的表格编辑功能。

当将鼠标指向表格单击后，界面上会出现表格工具的选项卡，一个是“布局”选项卡，一个是“设计”选项卡，其中“布局”选项卡主要用于表格的编辑和计算设置。图 2-98 所示为表格工具的“布局”选项卡的部分内容。

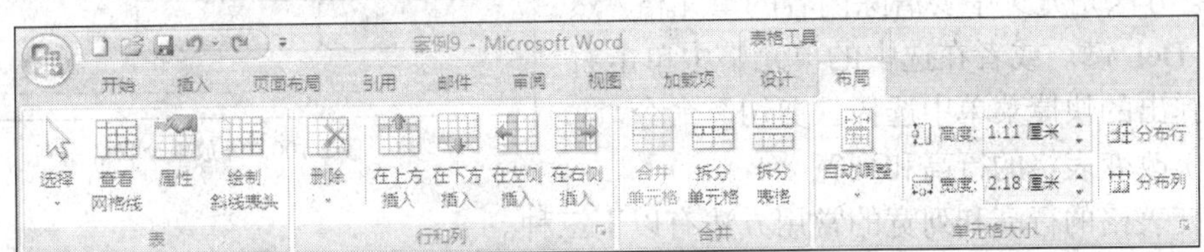

图 2-98 “布局”选项卡

(1) 向表格中输入内容

在表格中输入内容与在文本中输入内容类似，只要在表格的单元格中单击鼠标（确定插入点），即可输入内容，输入后将插入点移到其他单元格。

(2) 选中单元格

在表格中作任何操作之前，都必须选定单元格。选定单元格的方法有以下两种。

① 通过“布局”选项卡中的“选择”命令选定单元格。

单击“布局”选项卡中的“选择”命令按钮，可从其下拉列表中进行选择。

- 单击“选择单元格”按钮 选择单元格(L)：选中插入点所在单元格。
- 单击“选择列”按钮 选择列(C)：选中插入点所在的列。
- 单击“选择行”按钮 选择行(R)：选中插入点所在的行。
- 单击“选择表格”按钮 选择表格(T)：选中插入点所在的整个表格。

② 通过鼠标操作选定单元格。

- 将鼠标指针指向某单元格的左边，当指针变为↗形状时，单击鼠标可选中该单元格。
- 将鼠标指针指向表格某行的左边，当指针变为↗形状时，单击鼠标可选中该行。
- 将鼠标指针指向表格某列上边线，当指针变为⬇形状时，单击鼠标可选中该列。
- 将鼠标指针指向表格左上角的⊞符号，当指针变为✥形状时，单击鼠标可选中整个表格。

通过鼠标操作选定单元格的方法如图 2-99 所示。

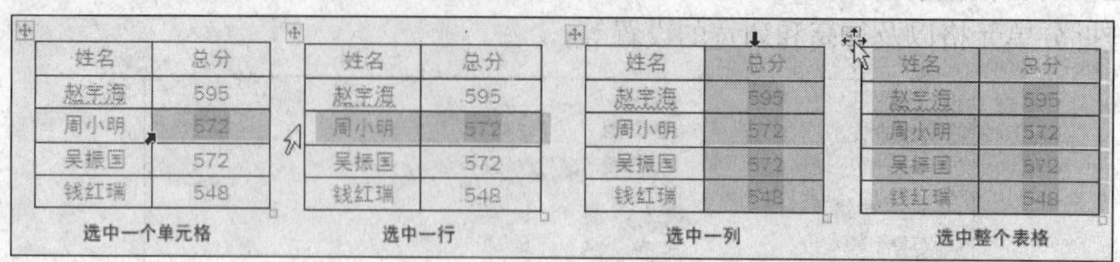

图 2-99　用鼠标选定单元格的方法

（3）移动和缩放表格

① 移动整个表格：拖动表格左上角的⊞符号，可移动整个表格的位置。

② 移动行或列：选中行或列，用鼠标拖动到需要的位置即可。

③ 缩放表格：将鼠标指针指向表格右下角的□符号后拖动鼠标，可缩放整个表格，如图 2-100 所示。

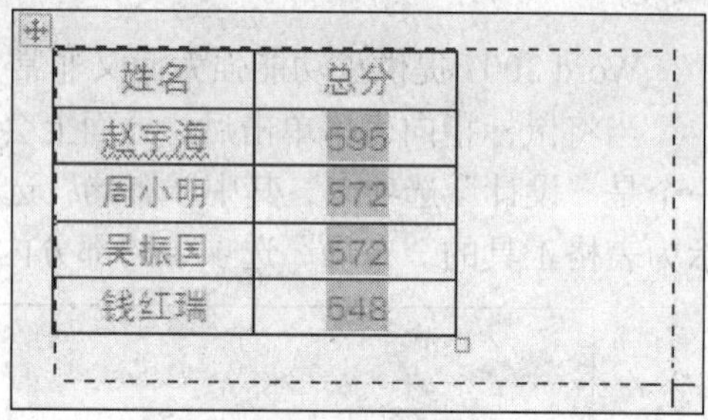

图 2-100　缩放整个表格

（4）清除表中内容

清除表中内容是指清除表中的文字，而表还保留着。方法是先选中要清除内容的单元格，然后按下 Del 键。或者在选中的单元格中单击右键，在弹出的快捷菜单中选择“剪切”命令。

（5）改变表格的行高和列宽

改变表格的行高和列宽的常用方法有以下三种。

① 使用鼠标拖动表线。

将鼠标指针指向需移动的行线，当指针变为⇳形状时，拖动鼠标可改变行高。

将鼠标指针指向需移动的列线，当指针变为⇹形状时，拖动鼠标可改变列宽。

② 使用“布局”选项卡中的“单元格大小”命令组。

“单元格大小”命令组中各命令的含义如图 2-101 所示。

当单击“自动调整”命令按钮时，弹出下拉菜单，其中各选项的含义如图 2-102 所示。

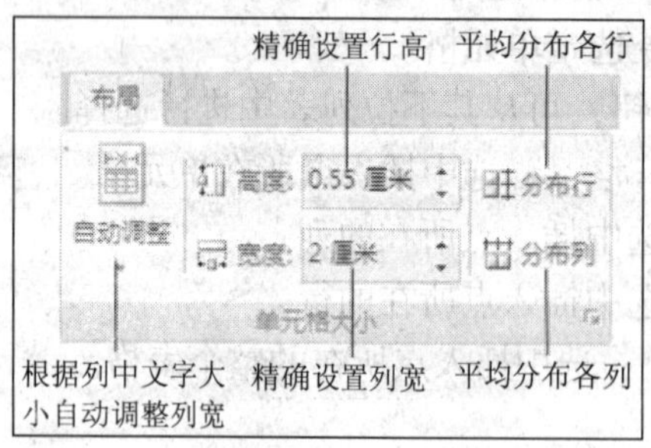

图 2-101　“单元格大小”命令组各项的含义

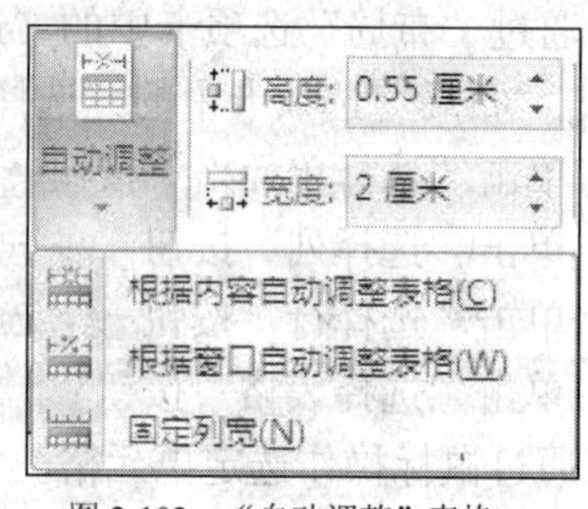

图 2-102　“自动调整”表格

③ 使用“表格属性”对话框。

单击“单元格大小”命令组右下角的“对话框启动器”，弹出“表格属性”对话框，在其“行”选项卡中可以设置行高，如图 2-103 所示。在其“列”选项卡中可以设置列宽，如图 2-104 所示。

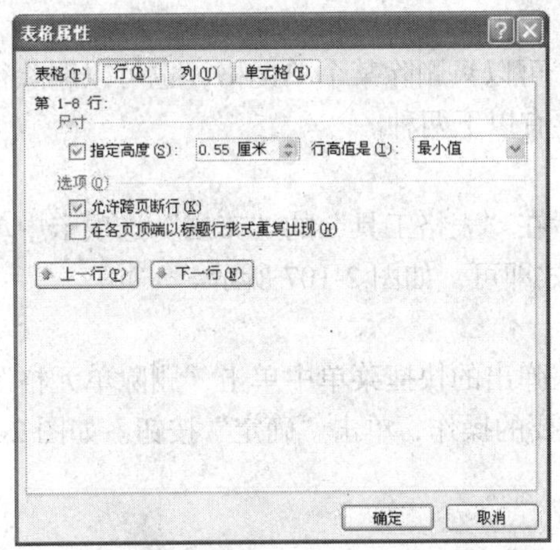

图 2-103　“表格属性”中的“行”选项卡

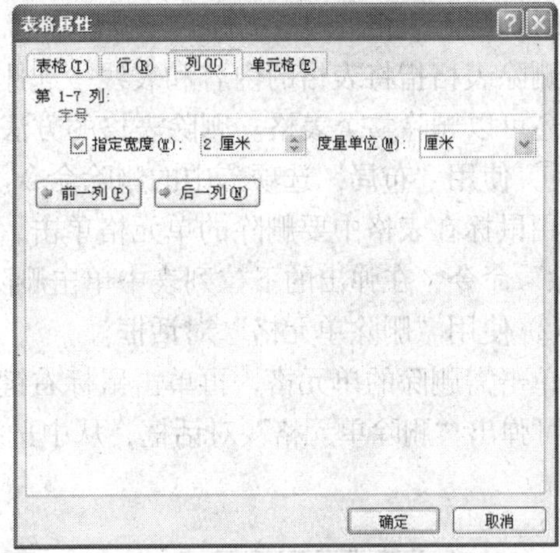

图 2-104　“表格属性”中的“列”选项卡

平均分布表格的行和列

选中表格，单击鼠标右键，在弹出的快捷菜单中可以“平均分布各行”、“平均分布各列”，也可以打开“表格属性”对话框，还可以根据表格的内容“自动调整”。

（6）添加行和列

为表格添加行或列的常用方法有以下三种。

① 使用“行和列”命令组中的插入命令。

在表格中单击鼠标，然后在“表格工具”的“布局”选项卡中单击“行和列”命令组中的相关命令，可为表格添加行或列，如图 2-105 所示。

② 使用快捷菜单中的“插入”命令。

单击需插入行或列的单元格，单击鼠标右键，在弹出的快捷菜单中将鼠标指向“插入”选项，再在其下拉菜单中单击相应的操作命令，可在当前插入点的上、下、左、右处插入行和列，如图 2-106 所示。

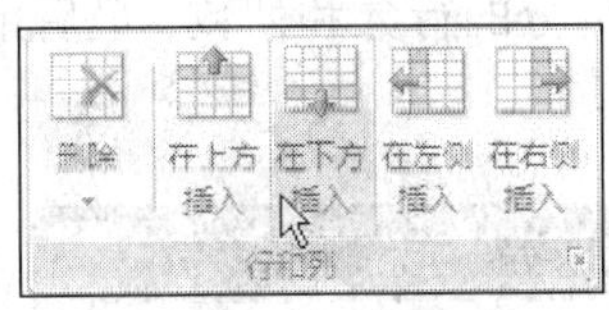

图 2-105　“行和列”命令组

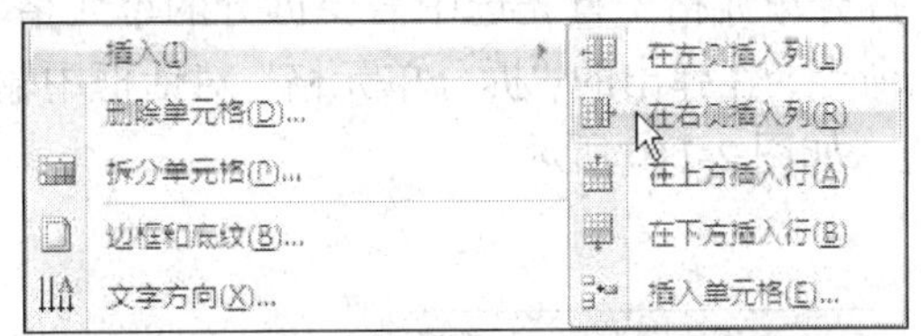

图 2-106　“插入”表格的行或列命令

③ 使用“插入单元格”对话框。

单击“行和列”命令组右下角的“对话框启动器”，弹出“插入单元格”对话框，在其中可以进行插入单元格、行或列的操作。

一次插入多行（或多列）

如果选中表格的多行（或多列），再单击插入行或列的命令，可以一次插入多行（或多列），选中几行（或列），就插入几行（或列）。

（7）删除表格

删除表格指将表格的内容和表线一起删除。可以只删除某个单元格，也可以删除行或列，还可以删除整个表格。删除表格的方法主要有以下两种。

① 使用“布局”选项卡中的删除命令。

用鼠标在表格中要删除的单元格单击，然后在“表格工具”的“布局”选项卡中单击“删除”命令，在弹出的下拉列表中单击删除方式即可，如图 2-107 所示。

② 使用“删除单元格”对话框。

单击需删除的单元格，再单击鼠标右键，在弹出的快捷菜单中单击“删除单元格”命令，可弹出“删除单元格”对话框，从中选择需要的操作，单击“确定”按钮。如图 2-108 所示。

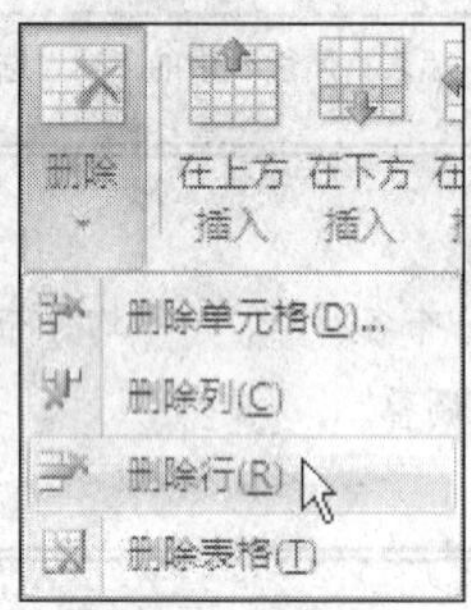

图 2-107　删除一行

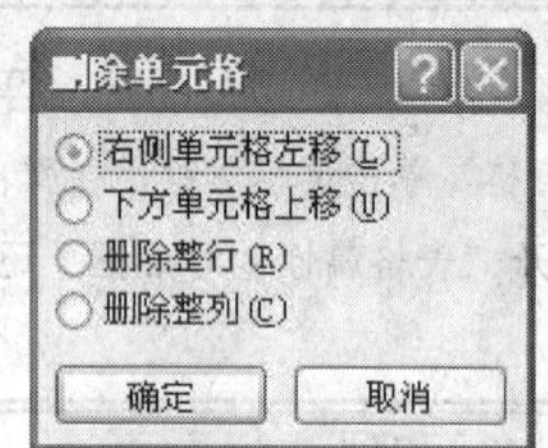

图 2-108　“删除单元格”对话框

（8）合并与拆分单元格

在制作表格的过程中，往往需要将两个或多个单元格合并为一个单元格，有时又需要将一个单元格拆分成多个单元格。合并与拆分单元格主要有以下两种方法。

① 使用“布局”选项卡中“合并”命令组中的命令。

● 合并单元格：选中需要合并的多个单元格，然后在“表格工具”的“布局”选项卡中的“合并”命令组中单击“合并单元格”命令，即可以实现合并单元格，如图 2-109 所示。

● 拆分单元格：首先选中需要拆分的单元格，然后在“合并”命令组中单击“拆分单元格”命令，在弹出的“拆分单元格”对话框中输入需拆分的行数和列数，最后单击“确定”按钮，如图 2-110 所示。

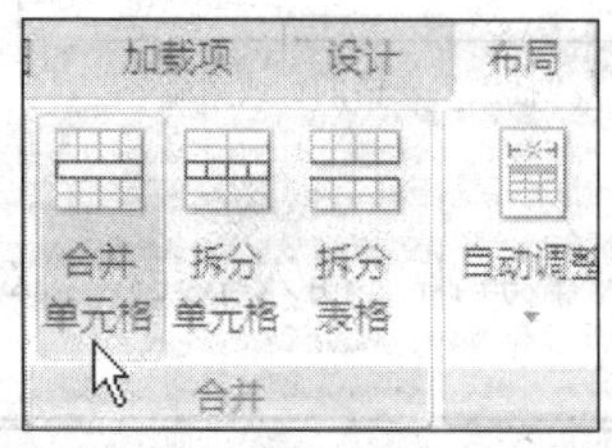

图 2-109　选择合并单元格的操作

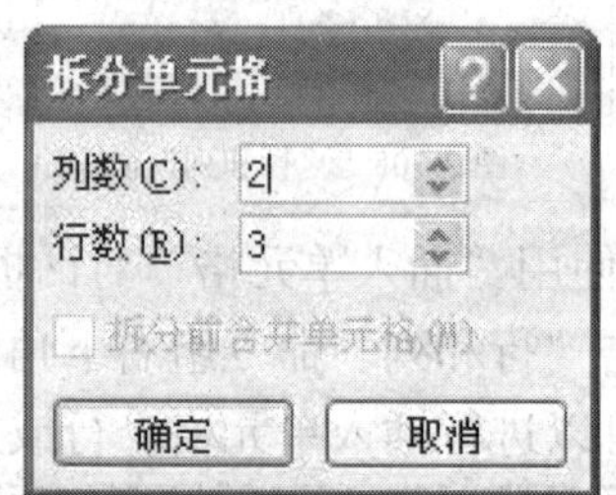

图 2-110　“拆分单元格”对话框

② 使用快捷菜单中的命令。

选中需要合并（或拆分）的单元格，单击鼠标右键，在弹出的快捷菜单中单击“合并单元格”（或“拆分单元格”）命令即可。

将一个表格拆分为两个表格

在表格的任意处单击，然后在“表格工具”的“布局”选项卡中的“合并”命令组中单击“拆分表格”命令，可以从插入点处将表格分为两个表格。

（9）绘制斜线表头

在制作表格时，有时需绘制斜线表头。简单的（单）斜线可使用绘图铅笔直接绘制，复杂的可在“表格工具”的“布局”选项卡中的“表”命令组中单击“绘制斜线表头”命令，然后在弹出的“插入斜线表头”对话框中设置“表头样式”、“字体大小”等参数即可，如图2-111所示。

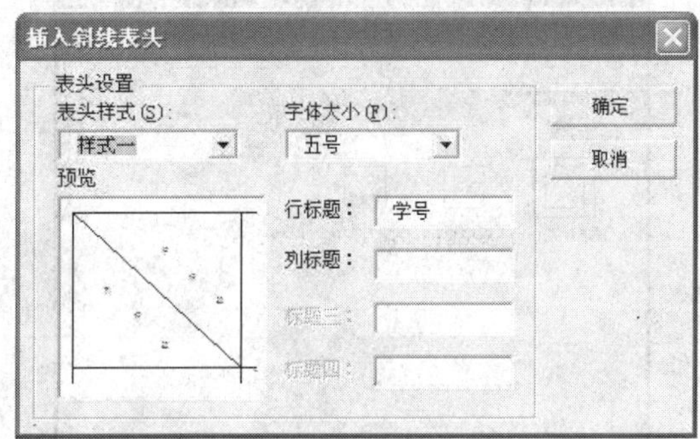

图2-111 “插入斜线表头”对话框

3. 设置表格的格式

为了使绘制的表格美观，还需要为表格设置格式，包括改变文字方向、设置文字对齐方式、边框、底色等。

（1）改变文字方向

即将表格中文字由横向显示改为纵向显示（或反之）。常用的操作方法有如下两种。

① 在“文字方向-表格单元格” 对话框中设置。

选中表格中的文字，单击鼠标右键，在下拉菜单中单击“文字方向”命令 文字方向(X)...，弹出“文字方向-表格单元格”对话框，在对话框中可以选择“文字方向”的方式。如图2-112所示。

② 在“布局”选项卡中单击“文字方向”命令。

在“表格工具”的“布局”选项卡中的“对齐方式”命令组中单击“文字方向”命令，即将表格中文字由横向显示改为纵向显示（或反之），如图2-113所示。

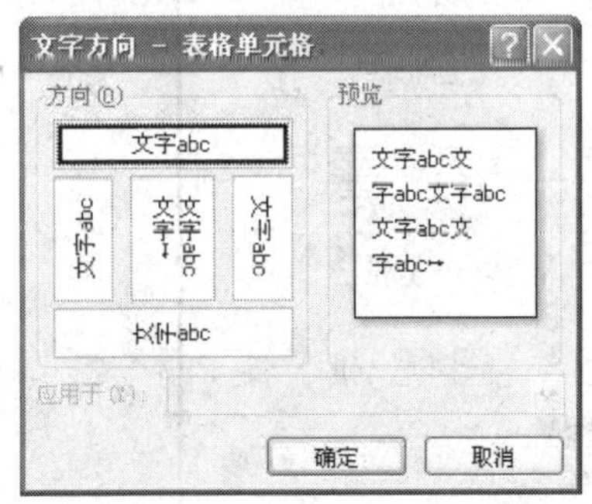

图2-112 “文字方向”对话框

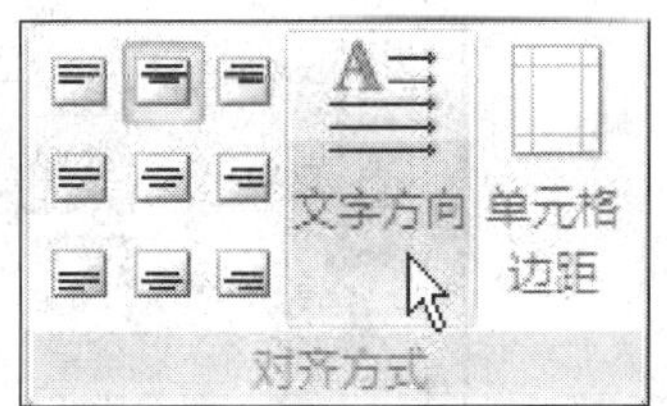

图2-113 单击“文字方向”命令

（2）设置对齐方式

分为单元格对齐方式和表格对齐方式。单元格对齐方式指单元格中的文字相对于单元格边界的对齐方式；表格对齐方式指表格相对于页面的对齐方式。

① 设置单元格对齐方式。

选中需要进行设置的单元格，在图2-113所示的“布局”选项卡中选择对齐方式。也可以单击鼠标右键，在弹出的快捷菜单中单击“表格属性”，在“表格属性”对话框选择“单元格”选项卡，从中选择需要的对齐方式，如图 2-114 所示。

② 设置表格对齐方式。

选中整个表格，在“表格属性”对话框选择“表格”选项卡，从中选择需要的对齐方式，如图 2-115 所示。

图 2-114　“表格属性”中的“单元格”选项卡

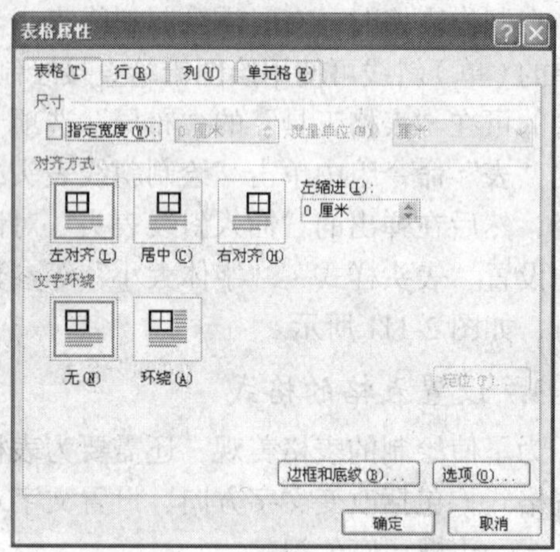

图 2-115　“表格属性”中的“表格”选项卡

（3）设置表格的边框和底纹

表格的边框和底纹（底色）对表格的格式和美观起着至关重要的作用。设置表格的边框和底纹通常有两种方法：

① 在“边框和底纹”对话框中设置。

在选中的表格中单击鼠标右键，然后在弹出的快捷菜单中单击“边框和底纹”命令，弹出“边框和底纹”对话框，如图 2-116 所示。

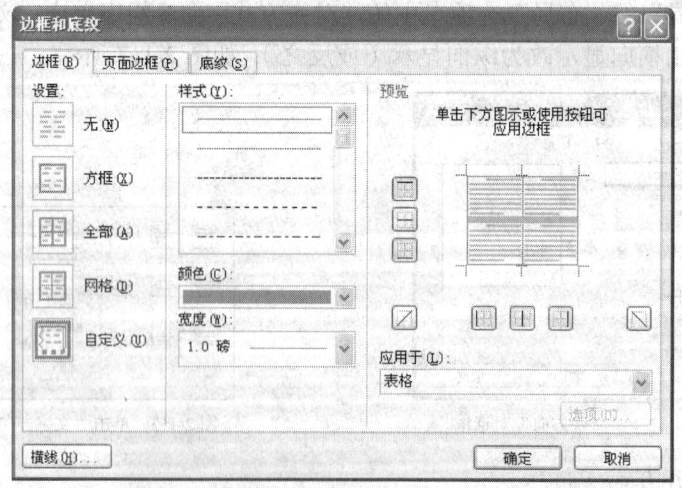

图 2-116　“边框和底纹”对话框的“边框”选项卡

“边框和底纹”对话框包括三个选项卡，其中“边框”选项卡用来设置表格边框的样式；“页面边框”选项卡设置当前文档页面的边框，“底纹”选项卡用来设置表格的底纹，如图 2-117 所示。

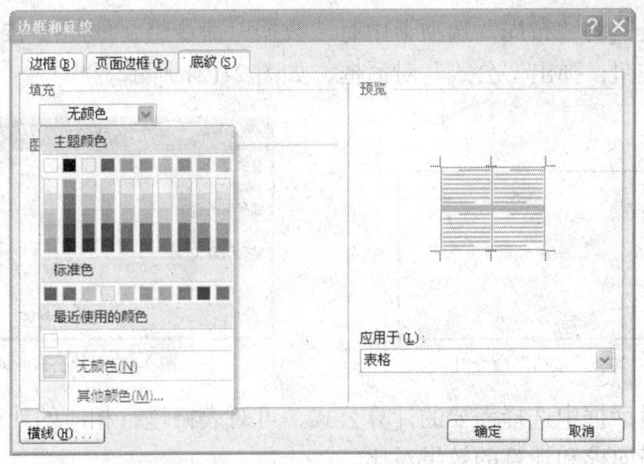

图 2-117 “边框和底纹”对话框的“底纹”选项卡

② 在“表格工具”的“设计”选项卡中设置。

在“表格工具”的“设计”选项卡中有一组设置表格边框和底纹样式的命令按钮，如图 2-118 所示。使用这些命令，可以很方便地设置表格边框和底纹的样式。

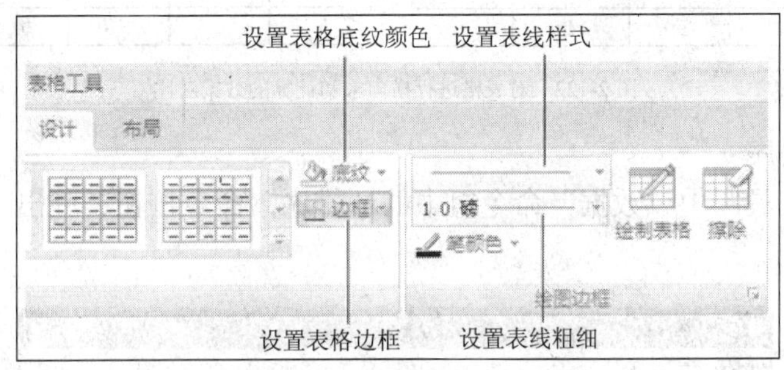

图 2-118 设置边框和底纹的命令按钮

（4）使用 Word 2007 内置的表格样式

Word 2007 提供了丰富的内置表格样式，可以快速地为表格添加边框和底纹。

在“表格工具”的“设计”选项卡中有“表格样式选项”命令组和“表样式”命令组。其中“表格样式选项”命令组用来设置表格的突出显示，“表样式”命令组用来选择表格的内置样式。单击“表样式”命令组右边的下拉按钮，弹出表格内置样式下拉列表，可从中选择所需的内置样式。

应用了内置表格样式前后的学生成绩表如图 2-119 所示。

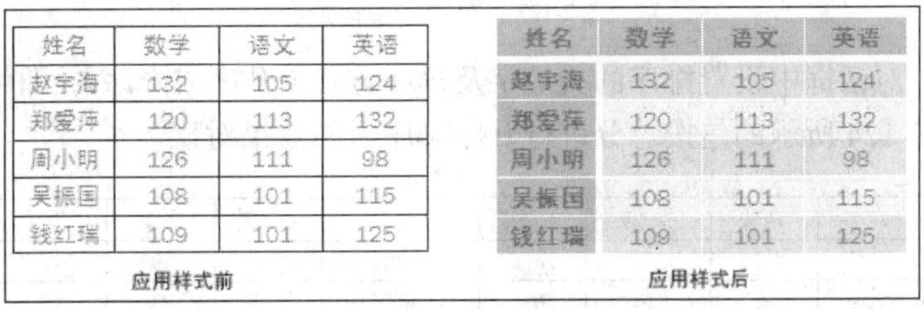

姓名	数学	语文	英语
赵宇海	132	105	124
郑爱萍	120	113	132
周小明	126	111	98
吴振国	108	101	115
钱红瑞	109	101	125

应用样式前

姓名	数学	语文	英语
赵宇海	132	105	124
郑爱萍	120	113	132
周小明	126	111	98
吴振国	108	101	115
钱红瑞	109	101	125

应用样式后

图 2-119 应用了内置表格样式前后对比

4. 表格的简单计算和排序

（1）表格的简单计算

在“表格工具”的“布局”选项卡中有“数据”命令组，如图 2-120 所示。单击其中的“公式”命令按钮，弹出“公式”对话框，如图 2-121 所示。

图 2-120 “数据”命令组

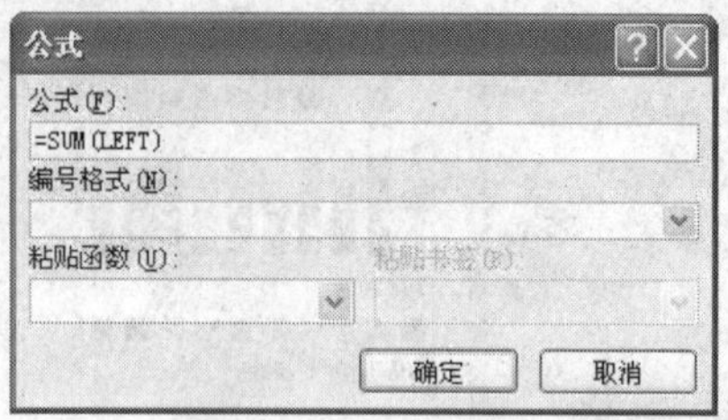

图 2-121 “公式”对话框

在“公式”对话框中选择需要的计算公式，可对表格进行相应的计算。图 2-122 所示的是对表格进行横向求和计算的效果对比。

姓名	数学	语文	英语	总分
赵宇海	132	105	124	
钱红瑞	109	101	125	
孙琳琳	89	95	110	
李兴华	113	89	105	

姓名	数学	语文	英语	总分
赵宇海	132	105	124	361
钱红瑞	109	101	125	
孙琳琳	89	95	110	
李兴华	113	89	105	

图 2-122 对表格进行横向求和计算的效果对比

（2）表格的排序

单击“表格工具”中“数据”命令组中的“排序”命令按钮，弹出“排序”对话框，如图 2-123 所示。

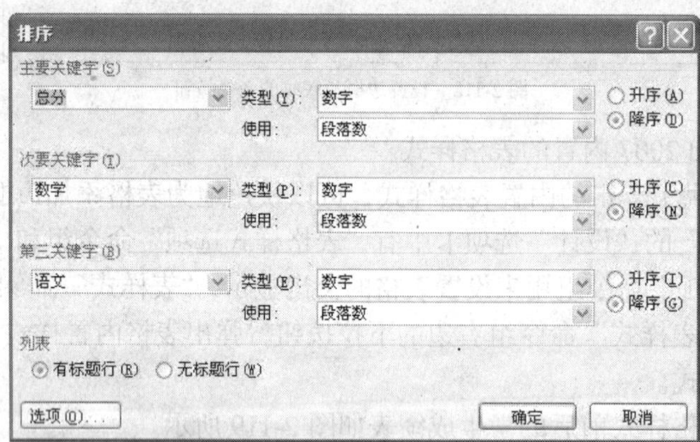

图 2-123 “排序”对话框

在“排序”对话框中设置排序的关键字及排序方式（升序或降序），即可对选中的表格进行排序。图 2-124 所示的是按总分进行升序排序后的效果对比。

姓名	数学	语文	英语	总分
赵宇海	132	105	124	361
钱红瑞	109	135	125	369
孙琳琳	89	95	110	294
李兴华	113	89	105	307

排序前

姓名	数学	语文	英语	总分
钱红瑞	109	135	125	369
赵宇海	132	105	124	361
李兴华	113	89	105	307
孙琳琳	89	95	110	294

排序后

图 2-124 按总分进行升序排序后的效果对比

【操作练习 2-4】　创建“个人简历表”

创建一份个人简历表，如图 2-125 所示。

个人简历表

姓名		性别		出生日期		（贴照片）
民族		学历		政治面貌		
职称		婚姻		健康状况		
通信地址						
邮编			联系电话			
主要经历（从上大学开始填写）						
时间		单位			任职	

图 2-125　个人简历表

说　明

个人简历表要求包含个人的基本情况（包括姓名、性别、出生日期、民族、学历、婚姻和身体状况等）、照片、联系方式及主要经历。要求内容完整、格式设计清楚合理，要留有足够的填写余地。

【操作练习 2-5】　创建“日程表”

创建一张日程表，如图 2-126 所示。

日　程　表

星期 课程 课时		星期一	星期二	星期三	星期四	星期五
上午	1					
	2					
	3					
下午	1					
	2					
	3					
晚上	1					

图 2-126　日程表

说　明

无论是学校上课、还是企业搞培训，设计一张日程表是非常必要的，本日程表主要应用了表格的样式，插入斜线表头等操作。

2.4 插入图片、文本框、艺术字和图文混排

如果能在文档中加入一些图片和艺术字，往往能使文档变得生动活泼、主题鲜明，更加引人入胜。本节将通过案例介绍在文档中插入图片、文本框、艺术字及图文混排的操作。

【案例 2-9】 专业杂志封面

【情景模拟】

河南省计算机学会职业教育专业委员会为了宣传本学会的任务和宗旨，促进河南省职业学校计算机教育的改革和发展，为广大职业学校的计算机教师提供一个相互学习和交流的平台，决定从 2007 年起创办一个以计算机教育改革、教学方法研讨为主题的专业杂志，取名为《河南计算机职业教育》，现要求为该杂志（第 1 期）设计一个封面。此任务由职业教育专业委员会的秘书小刘承担。

【案例分析】

《河南计算机职业教育》是河南省计算机学会职业教育专业委员会为宣传本学会的形象和办会宗旨、促进河南省职业学校计算机教育发展的一本专业杂志，因此杂志封面要突出以下内容：杂志名称要醒目，并配以汉语拼音以增加美感，封面在突出的位置配一幅照片，可以是学会活动的照片，也可以是各会员学校进行教学改革和教学活动的照片，由于本期杂志是第一期，因此照片采用专业委员会第三届常委会的合影照片。在封面上还应有杂志的期号和主办单位（河南省计算机学会职业教育专业委员会），整个封面采用浅蓝色作为底色。

【案例展示】

根据要求和分析，设计的《河南计算机职业教育》封面如图 2-127 所示。

图 2-127 杂志封面

【操作步骤】

① 打开 Word 2007 的工作界面。

② 单击“插入”选项卡→“文本”命令组→“文本框”命令，在弹出的下拉列表中单击“绘制文本框”命令，如图 2-128 所示。

③ 这时鼠标变成＋形状，拖曳鼠标画出一个矩形框（按照杂志封面的大小，也可按整个页面大小画文本框）。

④ 在界面上出现“文本框工具”的“格式”选项卡，在其“文本框样式”命令组中单击“形状填充”命令按钮 形状填充 右边的下拉按钮，在弹出的颜色下拉列表中单击浅蓝色块，如图 2-129 所示，将矩形填充成浅蓝色。

⑤ 在“格式”选项卡 的“文本框样式”命令组中单击“形状轮廓”命令按钮 形状轮廓 右边的下拉按钮，在弹出的下拉列表中单击“无轮廓”，如图 2-130 所示，将矩形的轮廓线去掉。

经过③、④、⑤步后的效果如图 2-131 所示。

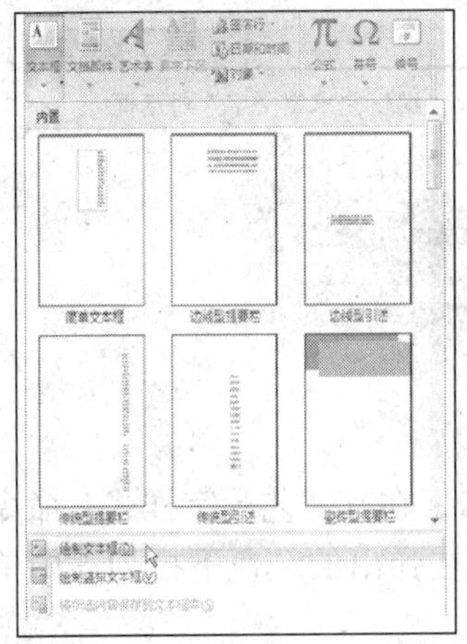

图 2-128　单击“绘制文本框”命令

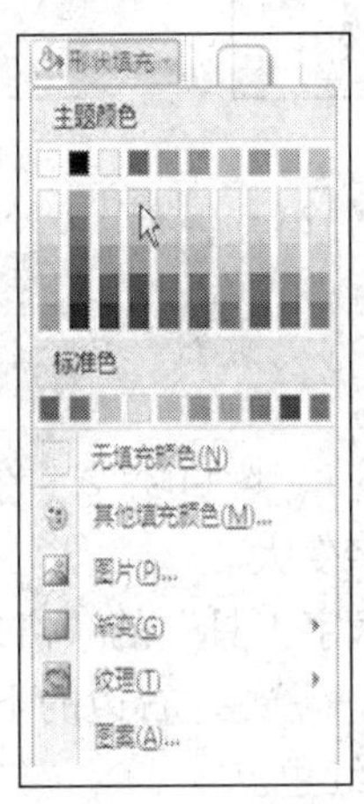

图 2-129　选择填充色

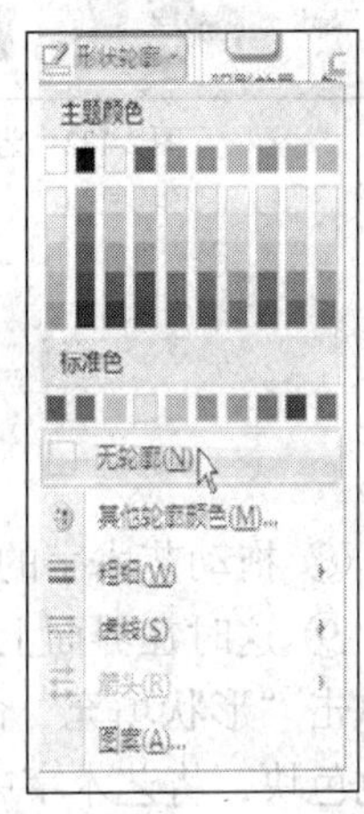

图 2-130　选择无轮廓色

图 2-131　制作好的矩形文本框

⑥ 将插入点定位在文本框里，再单击“插入”选项卡→“文本”命令组→“艺术字”命令，在弹出的艺术字样式列表中单击第 2 行、第 3 列的样式，如图 2-132 所示。

⑦ 这时弹出“编辑艺术字文字”对话框，在其中的文本框中输入“河南计算机职业教育”，然后单击“确定”按钮，如图 2-133 所示。这时在界面上出现如图 2-134 所示的艺术字效果。

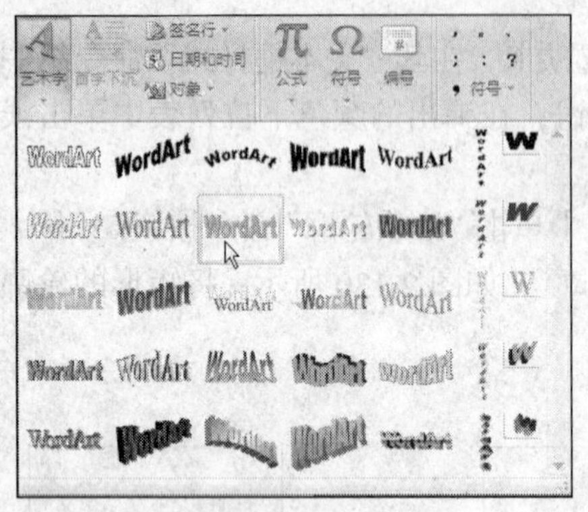

图 2-132　艺术字样式列表

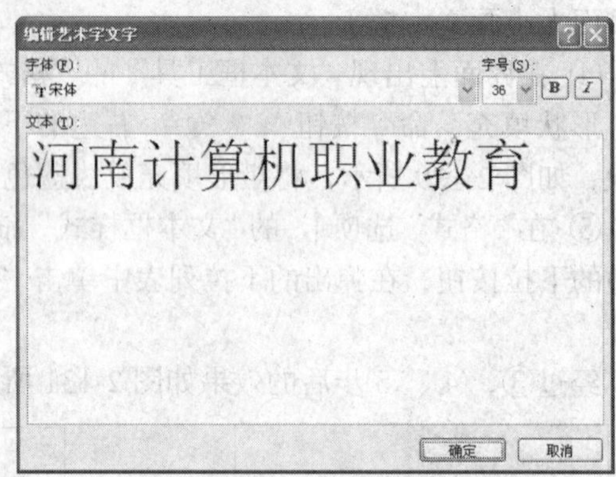

图 2-133　“编辑艺术字文字”对话框

图 2-134　艺术字效果

⑧ 拖动艺术字的右下角将字变大。

⑨ 这时在界面上出现“艺术字工具”的“格式”选项卡，在其“艺术字样式”命令组中单击“形状填充”命令按钮 形状填充 右边的下拉按钮，在弹出的颜色下拉列表中单击红色色块，将艺术字中心填充成红色。

⑩ 在“艺术字样式”命令组中单击“形状轮廓”命令按钮 形状轮廓 右边的下拉按钮，在弹出的下拉列表中单击红色色块，将艺术字的轮廓线填充为红色，轮廓线的粗细设置为“2-25 磅”。

⑪ 在“艺术字工具”的“阴影”命令组中单击“阴影效果”命令，在弹出的下拉列表中单击“阴影样式 5”，并将阴影颜色填充为黄色。

⑫ 在“艺术字工具”的“阴影”命令组中单击移动阴影的按钮，将阴影移动到合适的位置。

经过⑧、⑨、⑩、⑪、⑫步骤后的效果如图 2-135 所示。

图 2-135　标题艺术字效果

⑬ 将插入点移至“河南计算机职业教育”的下一行，用与步骤⑥～⑫相同的操作方法，输入并设置艺术字“HENAN JISUANJI ZHIYE JIAOYU”，边线和填充全为黑色。设置后的

效果如图 2-136 所示。

河南计算机职业教育

HENAN JISUANJI ZHIYE JIAOYU

图 2-136 加入了拼音后的标题艺术字效果

⑭ 将插入点移至“河南计算机职业教育”的下 3 行，单击“插入”选项卡→“插图”命令组→“图片”命令，弹出的“插入图片”对话框，从中选择要插入的照片后单击“插入”命令，如图 2-137 所示。

图 2-137 “插入图片”对话框

⑮ 插入的照片有些宽，要进行裁剪，使照片变得合适。单击刚插入的图片，此时在标题栏上出现“图片工具”的“格式”选项卡，从中单击“大小”命令组中的“裁剪”命令按钮，此时照片四周出现 8 个裁剪按钮，拖动裁剪按钮将照片裁剪合适。如图 2-138 所示。

图 2-138 剪裁图片

⑯ 选择插入文本框的命令，在照片的右上角拖出一个文本框，输入文字“河南省计算机学会第三届职业教育专业委员会常务委员会”，红色、楷体，并设置无轮廓、无填充颜色。如图 2-139 所示。

图 2-139　在图片上加入文字

⑰ 选择插入文本框的命令，在照片下面插入一个文本框，输入文字“2007/1”，红色、黑体、小一，并设置无轮廓、无填充颜色。

⑱ 再插入一个文本框，输入文字“河南省计算机学会职业教育专业委员会”，黑色、华文中宋、三号，并设置无轮廓、无填充颜色。效果如图 2-140 所示。

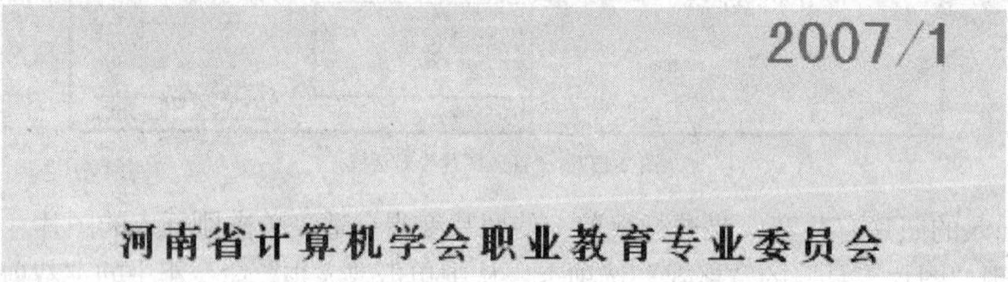

2007/1

河南省计算机学会职业教育专业委员会

图 2-140　制作的杂志封面落款

到此，《河南计算机职业教育》杂志封面设计完毕，最终效果如图 2-127 所示。

【案例 2-10】　报纸（旅游专版）编排

【情景模拟】

《豫州周报》是豫州市政府主办的报纸，旨在宣传党的方针、政策，宣传豫州市的改革开放、经济建设、旅游资源、风土人情等，是豫州市对外宣传的一个窗口。本周《豫州周报》的宣传主题是介绍豫州市的旅游资源，该报纸除了要印刷出版以外，还将放在豫州市政府的网站上。这期周报内容的起草和版面设计由豫州市政府办公室秘书小贾承担。

【案例分析】

本期《豫州周报》是旅游专版，以宣传、开发豫州市旅游资源为主题，除了要求内容充实、文字流畅，还需要插入一些宣传图片和著名风景点的照片，使报纸图文并茂，引人入胜。在设计制作时，首先考虑要有醒目的报头（需要用插入艺术字），在报头预测有标题

新闻头（需要用插入文本框），第一版中有两篇文章，一篇的标题用竖排文本框，并在文中插入一幅剪贴画；另一篇介绍新开发的风景点，应插入该风景点的照片。

【案例展示】

根据要求和分析，小贾设计制作的《豫州周报》（旅游专版）第1版如图2-141所示。

YU ZHOU RI BAO

豫州周报

旅游专版　出版日期：2006年7月6日

标题新闻

● 豫州市荣获省级旅游城市
● 南山风景区开通缆车
● 侯寨农家乐备受游客青睐
● 本周天气阴转多云，适合旅游

别让一张门票挡住千万旅游者的脚步

“别让一张门票挡住千万个旅游者的脚步！”昨天上午，十届全国人大代表、河南省委书记、省人大常委会主任徐光春在参加河南省团的审议时，针对一些景区高价门票现象直言：旅游景点应让更多的普通百姓进来，提升综合效益。

昨天上午，在河南代表团驻地，省旅游局局长杨盛道就河南旅游产业的发言引起人们的关注。省委书记徐光春忍不住插话说：去年河南旅游行业有两件事情反响很强烈，一个是设立文化遗产日，几个指定景点免费开放，结果人山人海；再一个是郑州市民游新区活动，免费让大家去游览，效果很好。

“为什么老百姓那么踊跃地参与这些旅游活动？”徐光春分析说，那就是现在旅游业把眼睛都盯在门票上，恰恰是这个门票，制约了大多数普通老百姓旅游的热情，把他们挡在了门外；一些景区一张门票一二百块，老百姓一看就不去了；那里面其他消费，吃啊、玩啊、买东西，也就都没有了。

他提醒旅游界和有关部门要很好地研究，如何更多地吸引广大普通老百姓来旅游，大家的视野应该更宽一些，脑子应该更活一些，办法应该更多一些，不能够只盯在门票上面，否则就挡住了千千万万的旅游者进来。

医圣祠修缮完毕，近日将对游客开放

医圣祠座落于南阳市中心城区东关温凉河畔，是为纪念东汉时伟大医学家张仲景所建祠堂。

医圣祠大门具有汉代建筑风格，布局严谨，巍峨壮观，屋顶金黄色的琉璃瓦光彩夺目。郭沫若老先生1952年12月题写的“医圣祠”三个大字，苍劲有力，熠熠生辉。位于中轴线的建筑有大门、照壁、仲景雕像、纪念碑亭、山门、冢墓、过殿、正殿，两则有双阙，古代医学家塑像群、东碑碣廊、西画像廊、春台亭、秋风阁、仁术馆、仲圣堂、智圆斋、寿糖堂、东西偏殿等。古代医学家塑像群，分别雕塑了医和、王叔和、华佗、李时珍这四个中国不同历史时期的大医学家。

张仲景的墓也在祠内，坟墓建于何时已无稽考。墓前的石碑是清朝张三异立的。仲景墓是仿汉墓式样，墓的四角各有一个羊头，在中国古代“羊”和“祥”是同音、同义的两个字，象征吉祥。

图2-141 《豫州周报》展示

【操作步骤】

① 打开Word 2007的工作界面。

② 单击“插入”选项卡→“文本”命令组→“艺术字”命令，在空白文档处插入两个艺术字：“YU ZHOU RI BAO”（艺术字样式1，轮廓线黑色，填充蓝色）和“豫州周报”（华文行楷，艺术字样式1，轮廓线浅蓝色，填充蓝色，阴影紫红色），如图2-142所示。

图2-142 插入艺术字

③ 在“豫州周报”的下方插入一个文本框，单击其“格式”选项卡中的“形状填充”命令下拉按钮，在弹出的下拉列表中单击“渐变”命令，再在弹出的渐变样式中单击“线

性向上”渐变样式，给文本框填充从浅蓝到深蓝的渐变，如图 2-143 所示。

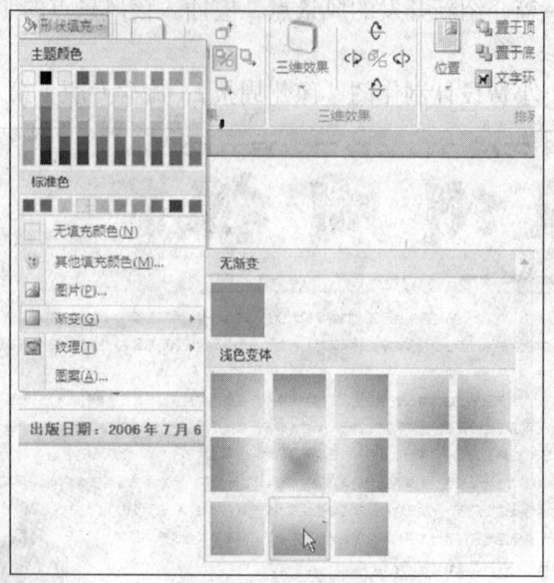

图 2-143　选择渐变填充

④ 再给文本框添加蓝色边框和灰色阴影，输入“旅游专版”和出版日期。

⑤ 在“豫州周报”的右方插入一个文本框，设置填充为渐变样式，轮廓为浅蓝色，并输入标题新闻的文字。

到此报头制作完毕，效果如图 2-144 所示。

图 2-144　制作好的报头

将文本框放在任意位置

要将“标题新闻”文本框放在报头的右侧，须先选中文本框，然后在文本框的“格式”选项卡的“排列”命令组中单击“文字环绕”命令，再在弹出的下拉列表中单击“四周型环绕”命令，这时就可将文本框拖到文档的任何地方了。

⑥ 在报头的下面输入第一篇文章的内容。

⑦ 单击“插入”选项卡→“文本”命令组→“文本框”命令，在弹出的下拉列表中单击“竖排文本框”命令，然后在文档中绘制竖排文本框，输入文章的标题，并设置文本框的样式（橙色填充、粉色轮廓、灰色阴影、四周型环绕），如图 2-145 所示。

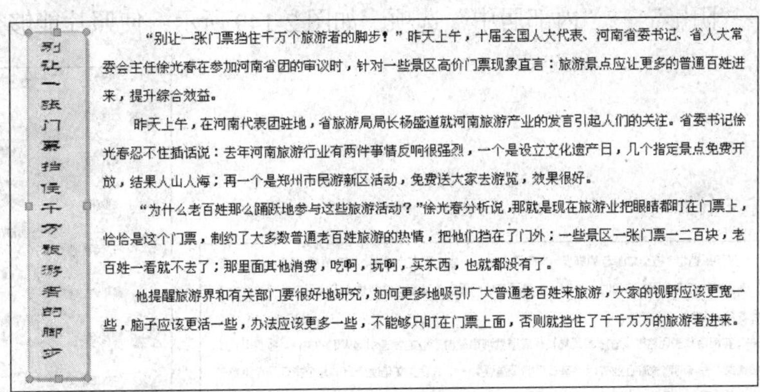

别让一张门票挡住千万旅游者的脚步

"别让一张门票挡住千万个旅游者的脚步！"昨天上午，十届全国人大代表、河南省委书记、省人大常委会主任徐光春在参加河南省团的审议时，针对一些景区高价门票现象直言：旅游景点应让更多的普通百姓进来，提升综合效益。

昨天上午，在河南代表团驻地，省旅游局局长杨盛道就河南旅游产业的发言引起人们的关注。省委书记徐光春忍不住插话说：去年河南旅游行业有两件事情反响很强烈，一个是设立文化遗产日，几个指定景点免费开放，结果人山人海；再一个是郑州市民游新区活动，免费送大家去游览，效果很好。

"为什么老百姓那么踊跃地参与这些旅游活动？"徐光春分析说，那就是现在旅游业把眼睛都盯在门票上，恰恰是这个门票，制约了大多数普通老百姓旅游的热情，把他们挡在了门外；一些景区一张门票一二百块，老百姓一看就不去了；那里面其他消费，吃啊，玩啊，买东西，也就都没有了。

他提醒旅游界和有关部门要很好地研究，如何更多地吸引广大普通老百姓来旅游，大家的视野应该更宽一些，脑子应该更活一些，办法应该更多一些，不能够只盯在门票上面，否则就挡住了千千万万的旅游者进来。

图 2-145　输入报纸内容

下面需要在这篇文章上放一幅与旅游有关的画，使版面更加美观和活泼。

⑧ 单击"插入"选项卡→"插图"命令组→"剪贴画"命令，在界面的右侧弹出"剪贴画"对话框，如图 2-146 所示。

⑨ 在"剪贴画"对话框中单击"管理剪辑"命令，弹出"剪辑管理器"对话框，从中选择"Office 收藏集"→"地点"→"雕塑"，然后单击"雕塑"剪贴画右边的下拉按钮，在弹出的下拉列表中单击"复制"命令，如图 2-147 所示。

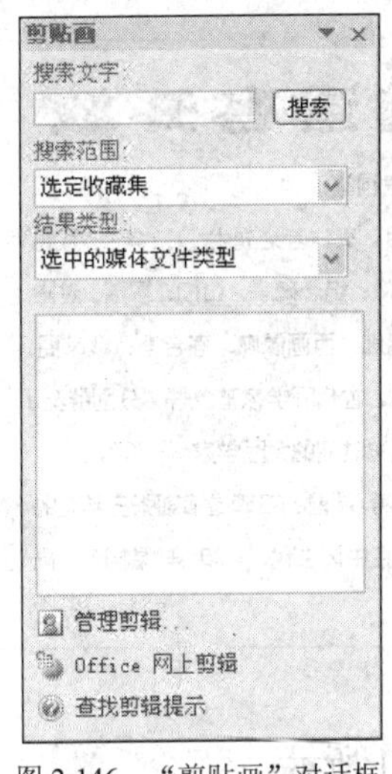

图 2-146　"剪贴画"对话框

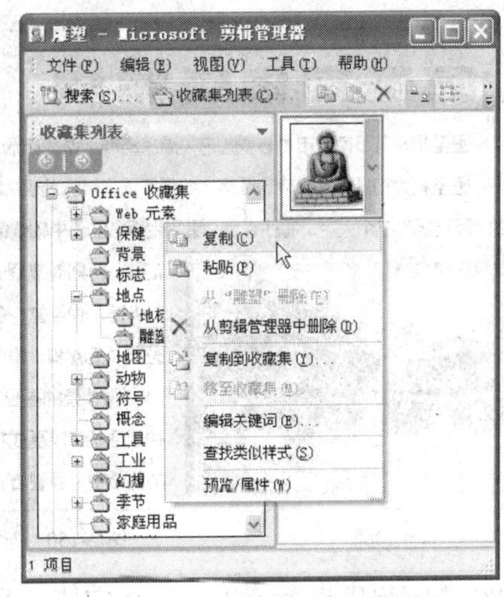

图 2-147　"剪辑管理器"对话框

⑩ 右键在文档中单击，在弹出的快捷菜单中单击"粘贴"命令，即将剪贴画"雕塑"粘贴于文档中。

⑪ 选中剪贴画，在其"格式"选项卡的"排列"命令组中单击"文字环绕"命令，再在弹出的下拉列表中单击"四周型环绕"命令，并改变剪贴画的大小，将剪贴画放到合适的位置。效果如图 2-148 所示。

⑫ 在第一篇文章的下面插入一个文本框，填充颜色为灰色，无轮廓线。输入第二篇文章标题"医圣祠修缮完毕，近日将对游客开放"，字体为华文琥珀，字号小二，黑色。

⑬ 输入第二篇文章的内容，插入与文章配套的照片（医圣祠照片），缩放为合适的大小，设置为四周环绕形，放在文章的左下角。

⑭ 单击医圣祠照片，在"图片工具"的"格式"选项卡中单击"图片样式"命令组 →

“图片效果”→“阴影”→“内部居中”选项，如图 2-149 所示，使照片能够突出显示。

别让一张门票挡住千万旅游者的脚步

“别让一张门票挡住千万个旅游者的脚步！”昨天上午，十届全国人大代表、河南省委书记、省人大常委会主任徐光春在参加河南省团的审议时，针对一些景区高价门票现象直言：旅游景点应让更多的普通百姓进来，提升综合效益。

昨天上午，在河南代表团驻地，省旅游局局长杨盛道就河南旅游产业的发言引起人们的关注。省委书记徐光春忍不住插话说：去年河南旅游行业有两件事情反响很强烈，一个是设立文化遗产日，几个指定景点免费开放，结果人山人海；再一个是郑州市民游新区活动，免费送大家去游览，效果很好。

“为什么老百姓那么踊跃地参与这些旅游活动？”徐光春分析说，那就是现在旅游业把眼睛都盯在门票上，恰恰是这个门票，制约了大多数普通老百姓旅游的热情，把他们挡在了门外；一些景区一张门票一二百块，老百姓一看就不去了；那里面其他消费，吃啊，玩啊，买东西，也就都没有了。

他提醒旅游界和有关部门要很好地研究，如何更多地吸引广大普通老百姓来旅游，大家的视野应该更宽一些，脑子应该更活一些，办法应该更多一些，不能够只盯在门票上面，否则就挡住了千千万万的旅游者进来。

图 2-148　插入剪贴画

图 2-149　选择内部阴影

输入的第二篇文章的效果如图 2-150 所示。

医圣祠修缮完毕，近日将对游客开放

医圣祠座落于南阳市中心城区东关温凉河畔，是为纪念东汉时伟大医学家张仲景所建祠堂。

医圣祠大门具有汉代建筑风格，布局严谨、巍峨壮观，屋顶金黄色的琉璃瓦光彩夺目。郭沫若老先生 1952 年 12 月题写的“医圣祠”三个大字，苍劲有力，熠熠生辉。位于中轴线的建筑有大门、照壁、仲景雕像、纪念碑亭、山门、冢墓、过殿、正殿。两则有双阙，古代医学家塑像群，东碑碣廊、西画像廊、春台亭、秋风阁、仁术馆、仲圣堂、智圆斋、寿膳堂、东西偏殿等。古代医学家塑像群，分别雕塑了医和、王叔和、华佗、李时珍这四个中国不同历史时期的大医学家。

张仲景的墓也在祠内，坟墓建于何时已无确考。墓前的石碑是清朝张三异立的。仲景墓是仿汉墓式样，墓的四角各有一个羊头，在中国古代“羊”和“祥”是同音、同义的两个字，象征吉祥。

图 2-150　第二篇文章的效果

到此，《豫州周报》第 1 版制作完毕，最终效果如图 2-141 所示。

【知识解析】

本节通过两个案例介绍了 Word 2007 中关于在文本中插入图片、剪贴画、文本框、艺术字的方法和步骤，以及对这些插入对象的编辑修改等，所使用的工具和命令主要是“插入”选项卡中的“插图”命令组和“文本”命令组中的命令，以及针对各插入对象的“格式”选项卡中的各工具和命令。下面对本节案例用到的操作、命令和工具作进一步的总结说明。

1．插入图片

（1）插入图片

插入图片是指在 Word 文档中插入以文件形式保存的图片（如照片、画片等）。

单击“插入”选项卡→“插图”命令组→“图片”命令，弹出“插入图片”对话框，

输入图片的保存位置和文件名，单击“插入”按钮，即可插入图片。

（2）设置图片格式

插入图片后，在标题栏出现“图片工具”，其“格式”选项卡由 4 个命令组组成。

① “调整”命令组：“调整”命令组见图 2-151。主要对图片进行“亮度”、“对比度”、“重新着色”的设置和压缩、更改、重设图片的操作。图 2-152 是对图片进行亮度、对比度和重新着色设置的选项。

图 2-151　“调整”命令组

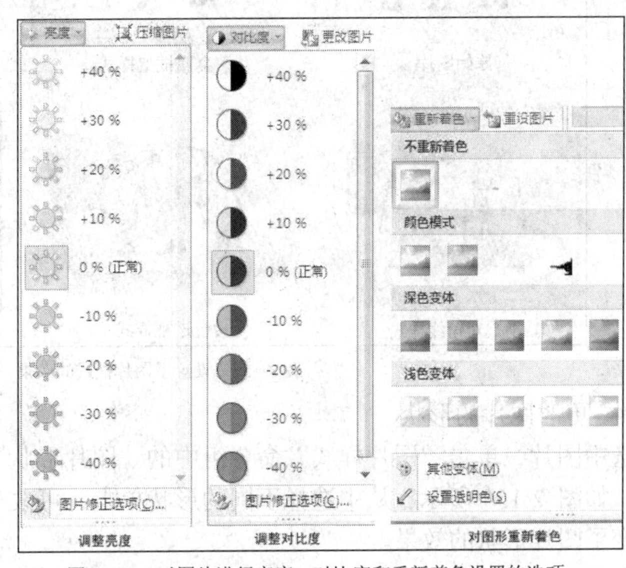

图 2-152　对图片进行亮度、对比度和重新着色设置的选项

② “图片样式”命令组：“图片样式”命令组如图 2-153 所示。主要对图片的样式、形状、边框和效果进行设置，使得图片更加突出、美观、有个性。

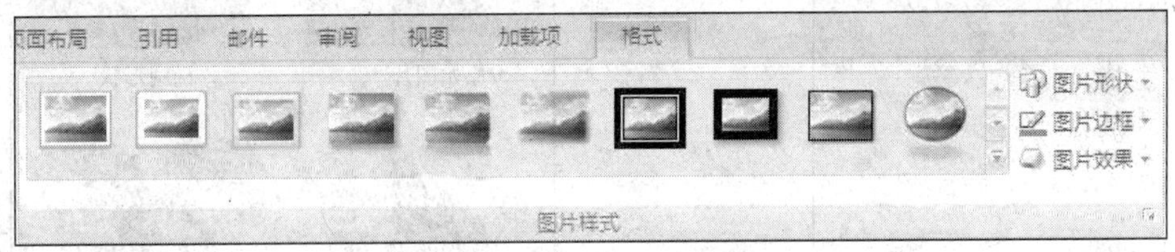

图 2-153　“图片样式”命令组

● 给图片添加 Word 2007 内置的样式

Word 2007 内置的样式有 28 个，单击图片内置样式列表右边的下拉按钮，弹出内置样式列表，如图 2-154 所示。

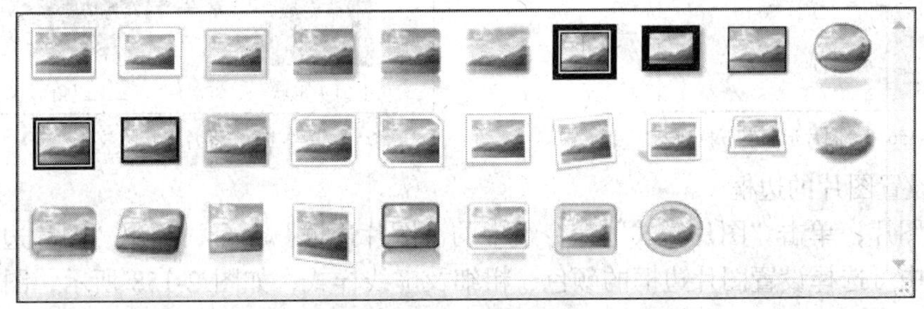

图 2-154　内置样式列表

选中图片，再单击一个图片内置样式，可将插入的图片设置为与所选择内置样式相同的样式。图 2-155 给出了一些图片样式的设置效果。

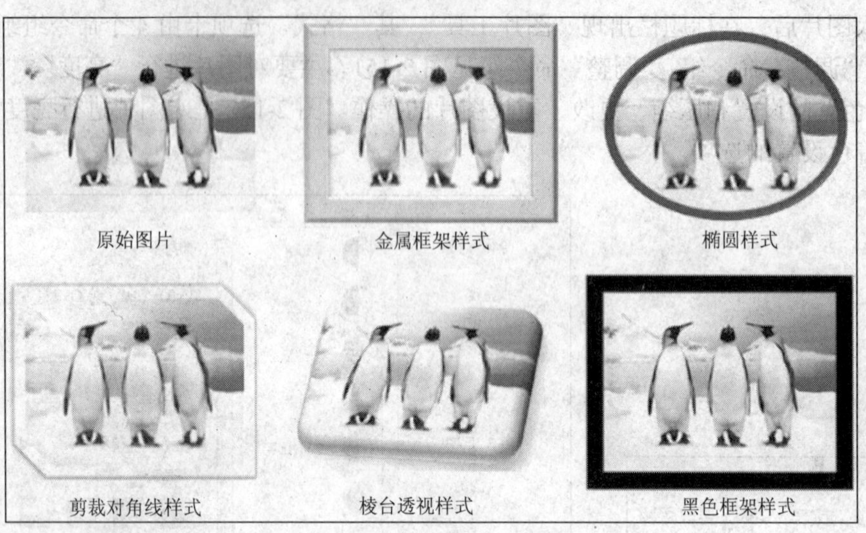

图 2-155　设置了图片样式的效果

- 更改图片的形状

选中图片，单击“图片样式”命令组中的“图片形状”命令，弹出“图片形状”下拉列表，如图 2-156 所示，从中选择不同的形状单击，可改变图片的形状，图 2-157 所示的是改变了图片形状的效果。

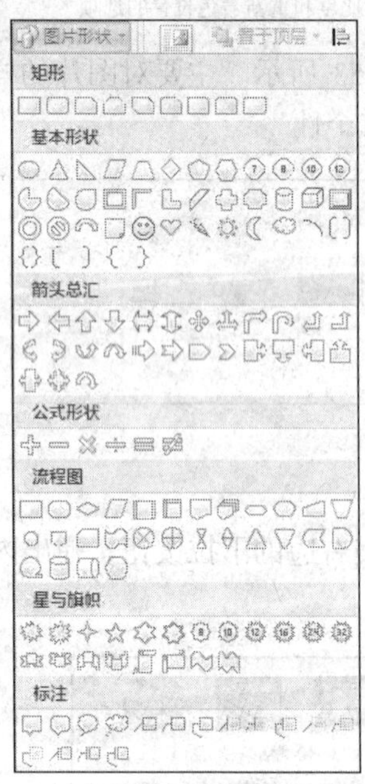

图 2-156　“图片形状”下拉列表

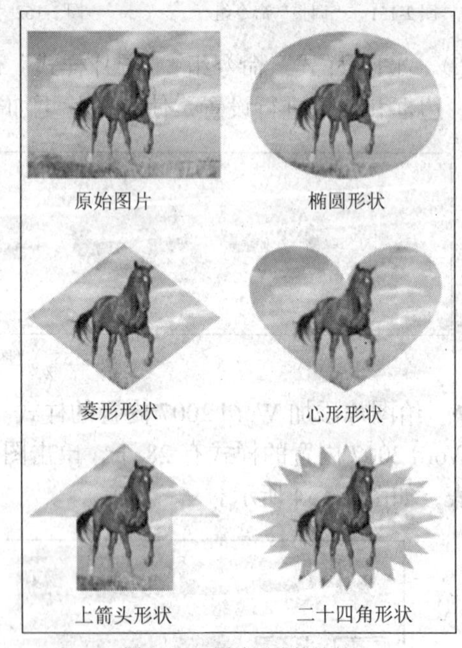

图 2-157　图片形状的效果

- 设置图片的边框

选中图片，单击“图片样式”命令组中的“图片边框”命令，弹出“图片边框”下拉列表，从中可选择设置图片边框的颜色、粗细及虚线样式，如图 2-158 所示，图 2-159 所示的是设置了图片边框后的效果。

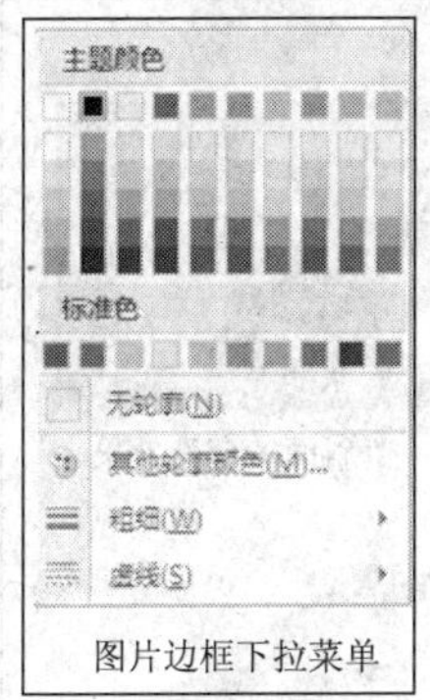

图片边框下拉菜单

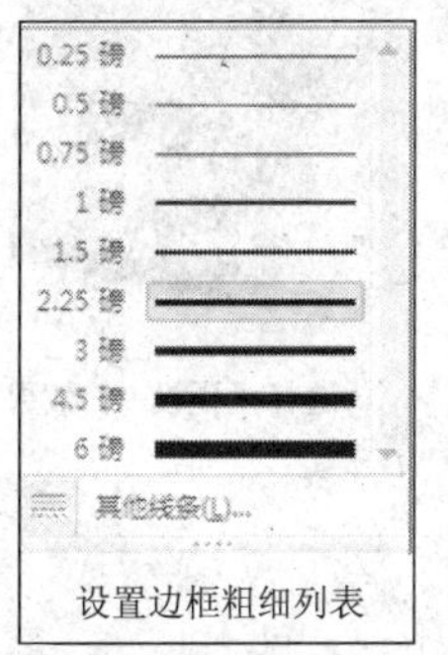

设置边框粗细列表

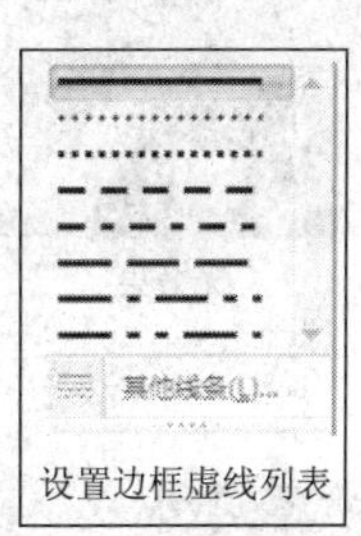

设置边框虚线列表

图 2-158 设置图片边框的颜色、粗细及虚线样式

图 2-159 是设置了图片边框后的效果。

图 2-159 各种图片边框的效果

- 设置图片的特殊效果

Word 2007 可以为图片设置一些特殊的效果，如阴影、发光、影像或旋转。

选中图片，单击“图片样式”命令组中的“图片效果”命令，弹出“图片效果”下拉菜单，从中可选择设置图片的各种特殊效果，图 2-160 所示的是“图片效果”下拉菜单、“棱台”效果列表和“三维旋转效果列表”。

图 2-161 所示的是设置的部分效果。

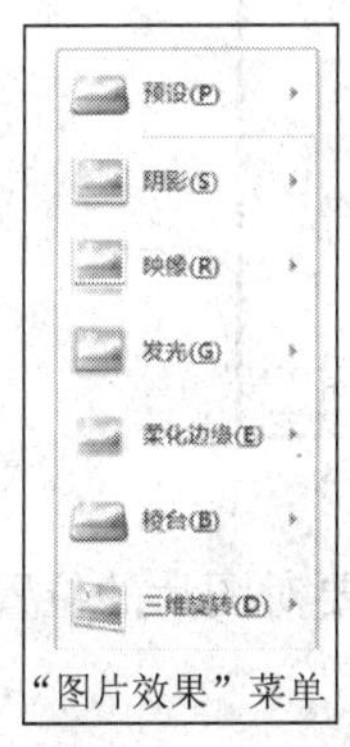

“图片效果”菜单

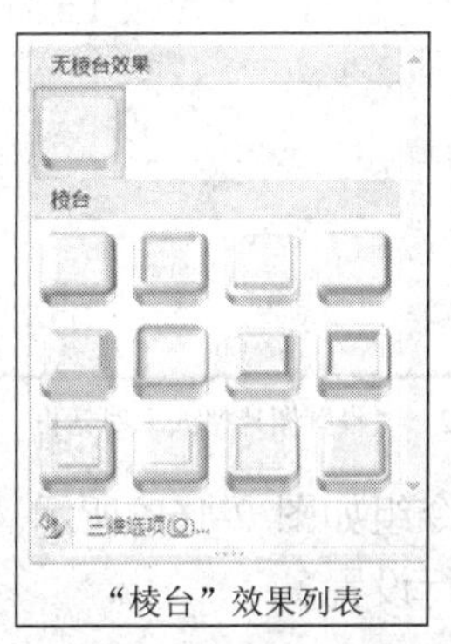

“棱台”效果列表

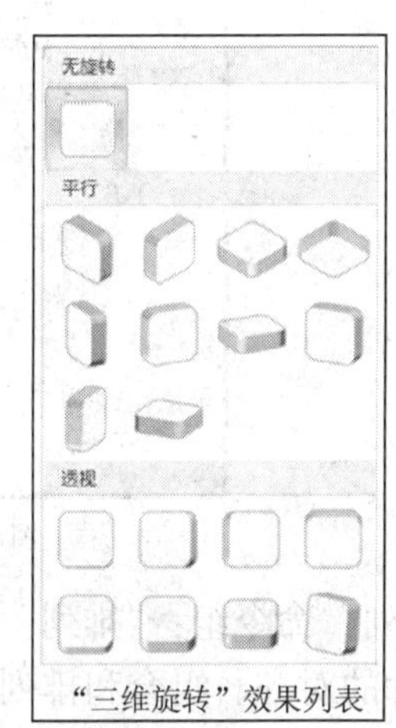

“三维旋转”效果列表

图 2-160 设置图片的特殊效果

图 2-161　部分图片的效果

一张图片使用多个效果

设置图片效果时，可以对同一张图片使用多个效果，从而得出更具有创意的图片。如图 2-161 中所示的“棱台加三维旋转”效果。

- “设置图片格式”对话框

单击“图片样式”命令组右下角的“对话框启动器”，弹出“设置图片格式”对话框，如图 2-162 所示。在该对话框中可以设置图片的各种效果。

图 2-162　“设置图片格式”对话框

③ “排列”命令组：“排列”命令组如图 2-163 所示。主要对图片的位置、环绕方式以及多张图片的对齐、组合和排列进行设置。

- 设置图片在页面中的位置

选中图片，单击“排列”命令组中的“位置”命令，弹出“位置”下拉列表，从中可设置图片在页面中的位置，如图 2-164 所示。

- 设置文字对图片的环绕方式

选中图片，单击“排列”命令组中的“环绕方式”命令，在其下拉列表中可设置图片周围文字的环绕方式，如图 2-165 所示。

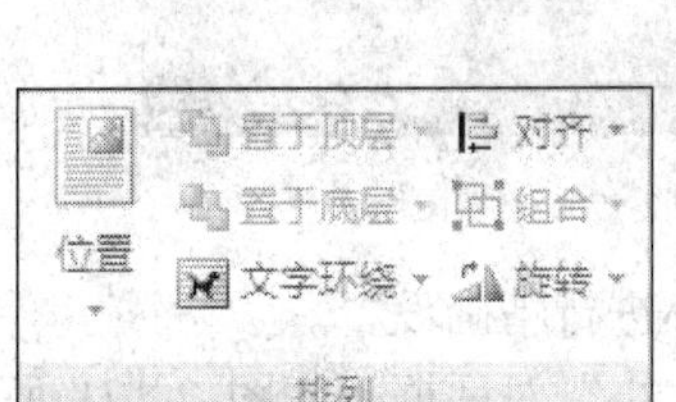

图 2-163 “排列”命令组

图 2-164 “位置”下拉列表

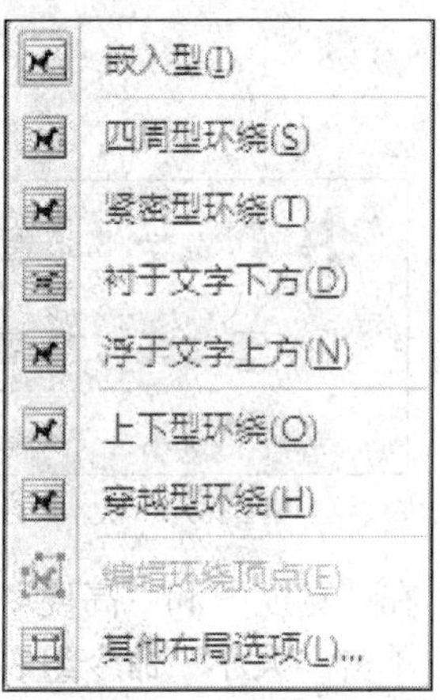

图 2-165 “环绕方式”下拉列表

- 设置图片的旋转方式

选中图片，单击“排列”命令组中的“旋转”命令，在其下拉列表中可设置图片的旋转方式，如图 2-166 所示。

- 设置多张图片的对齐方式

当选中多张图片时，单击“排列”命令组中的“对齐”命令，在其下拉列表中可设置这些图片的对齐和分布方式，如图 2-167 所示。

- 设置多张图片的排列方式

当有多张图片重叠时，单击“排列”命令组中的“置于顶层”或“置于底层”命令，可设置这些图片的排列，如图 2-168 所示。

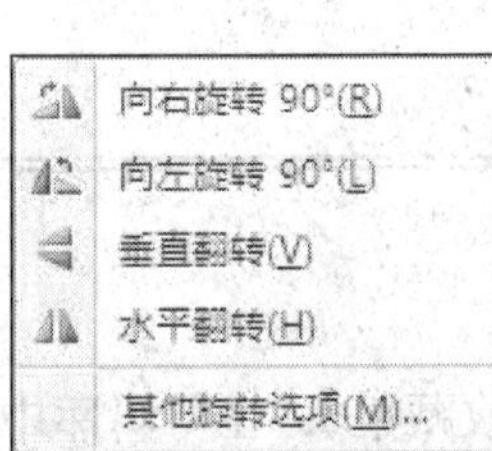

图 2-166 “旋转”下拉列表

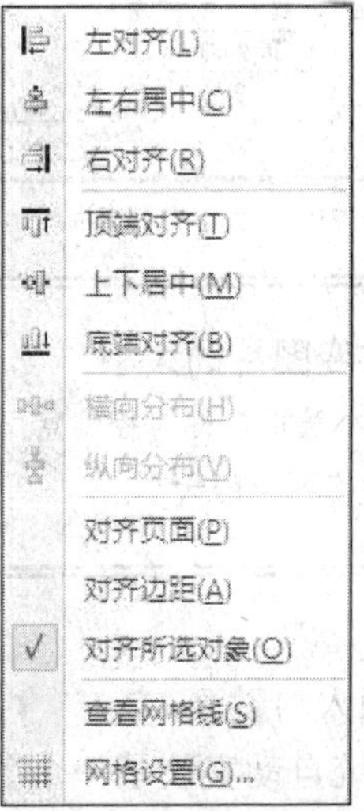

图 2-167 “对齐”下拉列表

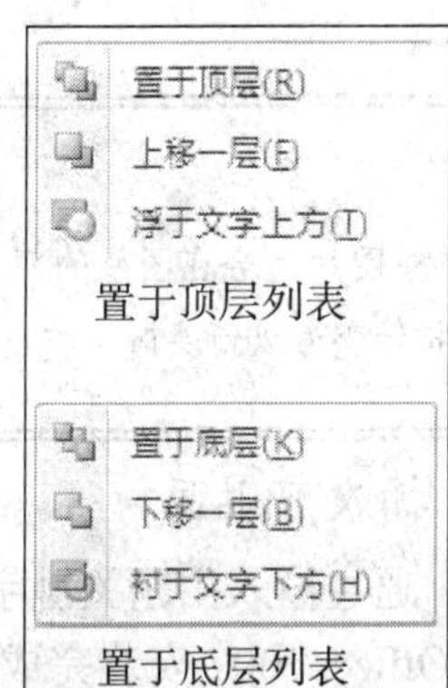

图 2-168 “置顶”或“置底”命令

④ “大小”命令组：“大小”命令组如图 2-169 所示。主要用来设置图片的大小，并可以对图片进行裁切，删去不需要的部分。

选中图片，单击“大小”命令组中的“裁剪”命令，则图片周围出现“裁剪”定界框，如图 2-170 所示，拖动其定界框，可对图片进行裁剪。

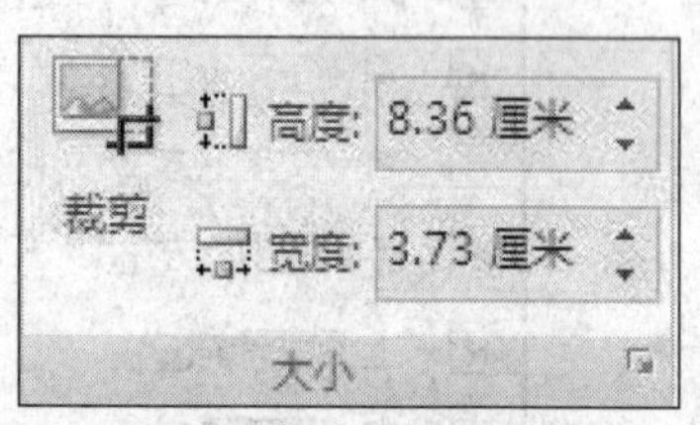

图 2-169 “大小”命令组

图 2-170 裁剪图片

在“宽度”和“高度”输入框中输入数值，可对图片大小进行精确设置。

单击“大小”命令组右下角的对话框启动器，可打开“大小”对话框，如图 2-171 所示，从中对图片进行精确设置。

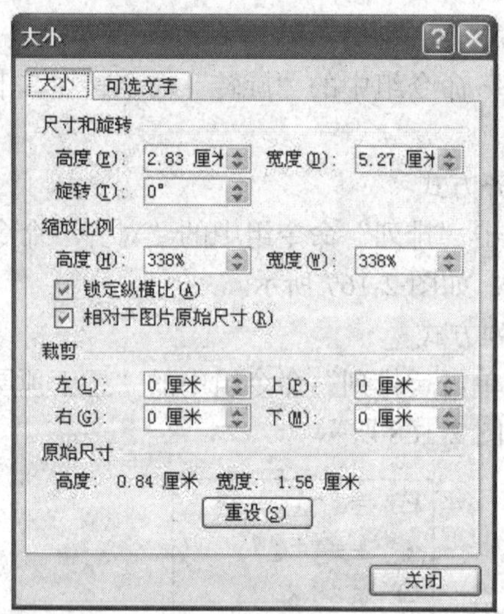

图 2-171 “大小”对话框

改变图片的大小

选中图片，会在图片的四周出现八个小黑框，称为控制点。将光标移至任一个控制点上，待鼠标指针变为双箭头时，拖动鼠标，可改变图片的大小。

2. 插入剪贴画

(1) 通过输入主题关键字查找并插入剪贴画

在 Office 2007 安装完成以后，系统自动安装了一个剪辑库（收藏集），在剪辑库中有许多 Office 2007 自带的剪贴画。在编辑 Word 文档时，可以非常方便地调用这些剪贴画并

将其插入文档中。

单击“插入”选项卡→“插图”命令组→“剪贴画”命令，在界面的右侧弹出“剪贴画”对话框，如图2-172所示。

在该对话框的“搜索文字”文本框中输入要搜索图片的关键字，如人、动物、植物等，在“搜索范围”和“结果类型”框中选择范围和类型，然后单击“搜索”按钮，此时在对话框的主窗口中将显示出与主题关键字相匹配的剪贴画，如图2-173所示。这时在剪贴画上单击，就可将剪贴画插入文档中，如图2-174所示。

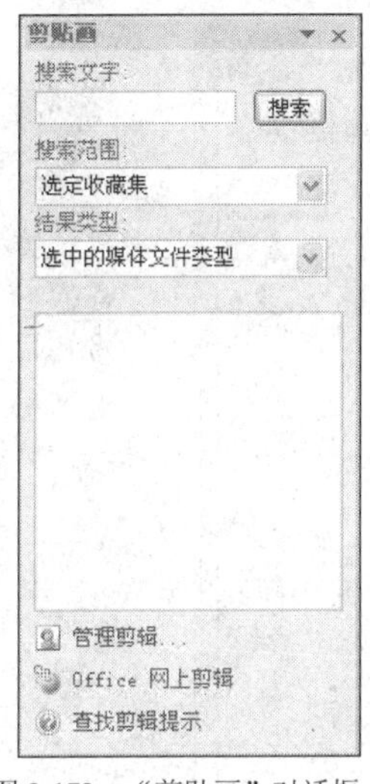

图2-172 “剪贴画”对话框

图2-173 搜索图片

图2-174 插入剪贴画插入

（2）在Office 2007的收藏集中查找并插入剪贴画

如果单击“剪贴画”对话框中的“管理剪辑”选项，将弹出“Office剪辑管理器”对话框，如图2-175所示。

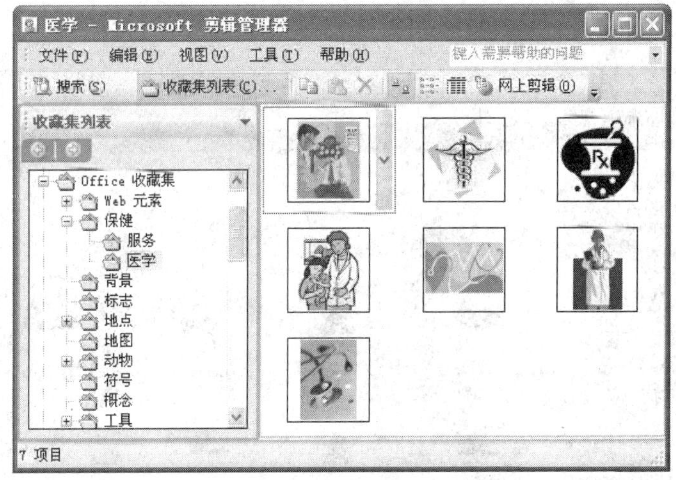

图2-175 “Office剪辑管理器”对话框

在这个对话框的“Office收藏集”中，可以选择需要的剪贴画。方法是：单击所选择剪贴画右边的下拉箭头，在弹出的下拉菜单中单击“复制”命令（将剪贴画复制到剪贴板中），再将光标定位到文档中需要插入剪贴画的位置，单击右键，在弹出的快捷菜单中单击

“粘贴”命令即可。

（3）通过 Internet 网查找并插入剪贴画

如果计算机连接到了 Internet，单击“剪贴画”对话框中的“Office 网上剪辑”选项，将会出现“Office Online”网页，如图 2-176 所示。

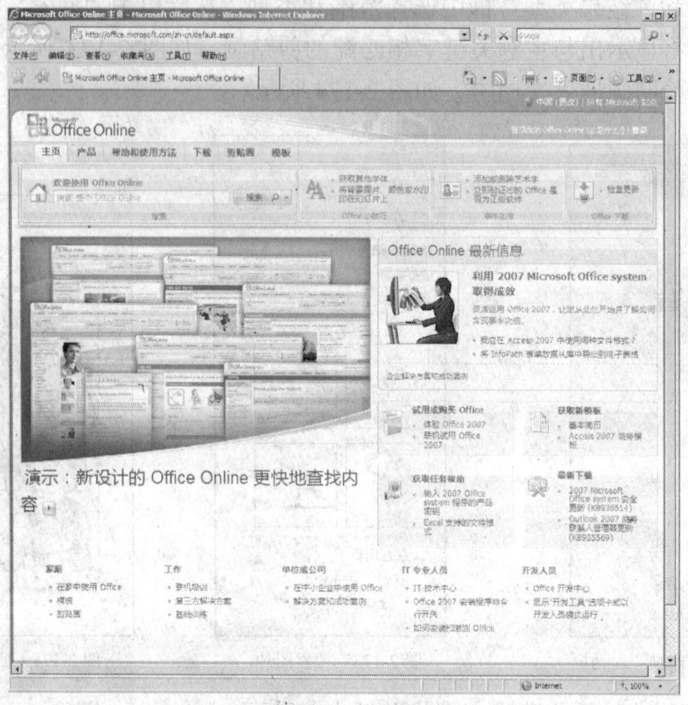

图 2-176 “Office Online”网页

在网页的搜索输入框中输入关键字（如“人”），单击“搜索”按钮，就会在显示框中出现许多和人有关的剪贴画，如图 2-177 所示。可以将选中的剪贴画复制到剪贴板里，然后粘贴到 Word 文档中。

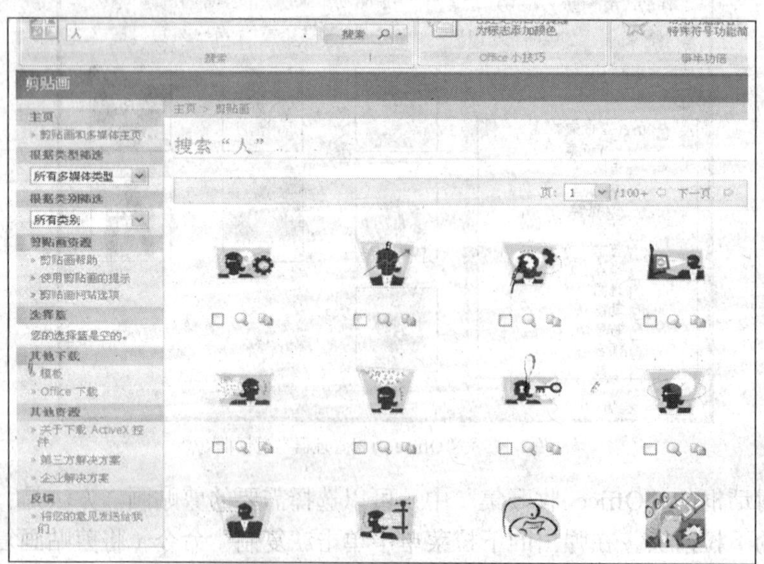

图 2-177 在网页中搜索与“人”有关的剪贴画

（4）设置剪贴画的格式

插入（或选中）剪贴画后，也会在标题栏出现“图片工具”，其“格式”选项卡中的命令和操作方法与插入图片的“格式”选项卡完全相同，此处不再赘述。

3. 插入文本框

在输入或编辑 Word 文档时，有时需要插入一些相对独立的文字，并希望这些文字可以放在文本的任何地方，这就需要用到文本框。

（1）插入文本框

单击“插入”选项卡→“文本”命令组→“文本框”命令，在弹出的下拉列表中单击“绘制文本框”命令，这时鼠标变成＋形状，用鼠标拖曳出一个矩形框，可在其中输入文字，如图 2-178 所示。

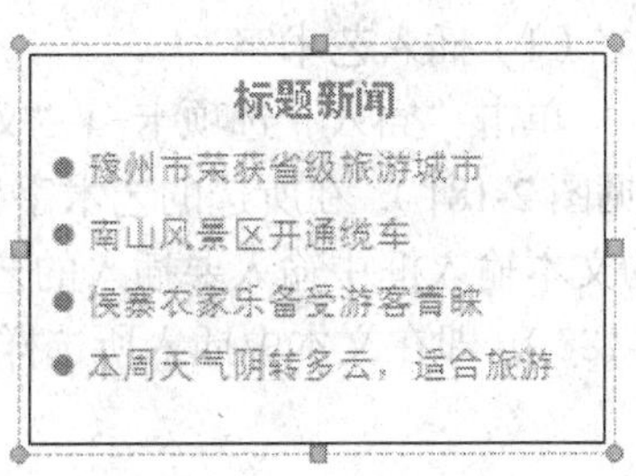

图 2-178 插入文本框

（2）设置文本框的格式

选中文本框，在界面上出现“文本框工具”的“格式”选项卡，包括“文本”、“文本框样式”、“阴影效果”、“三维效果”、“排列”和“大小”六个命令组，其中命令的使用方法与图片的“格式”选项卡中的命令类似，如图 2-179 所示。

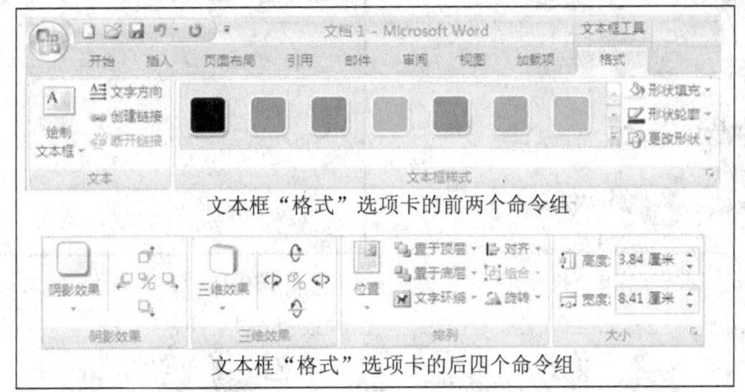

图 2-179 文本框的“格式”选项卡

利用这些命令组中的命令，可以为文本框添加各种效果，如图 2-180 所示。

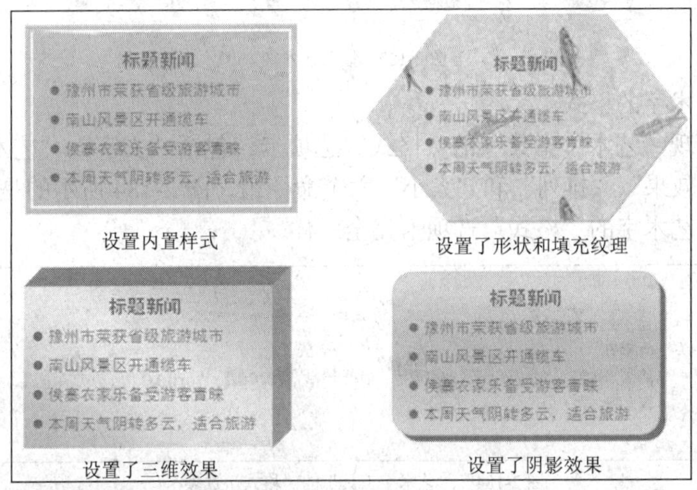

图 2-180 为文本框添加效果

> **可以对一个文本框使用多个格式**
>
> 在为文本框设置格式时，可以对一个文本框同时使用多个格式选项，这样可以得到更美观、更有个性的效果。

4. 插入艺术字

艺术字是指插入到文档中的装饰文字，使用 Word 2007 插入和编辑艺术字功能，可以创建带阴影的，扭曲的、旋转的和拉伸的艺术字效果，还可以按照预定义的形状创建文字。

（1）插入艺术字

单击“插入”选项卡→“文本”命令组→“艺术字”命令，弹出艺术字样式下拉列表（见图 2-181），在所选的艺术字样式上单击，弹出“编辑艺术字文字”对话框，再在对话框的文本输入框中输入要插入的艺术字文字，设置字体字号，然后单击“确定”按钮（见图 2-182），即在文本中插入所选样式的艺术字，如图 2-183 所示。

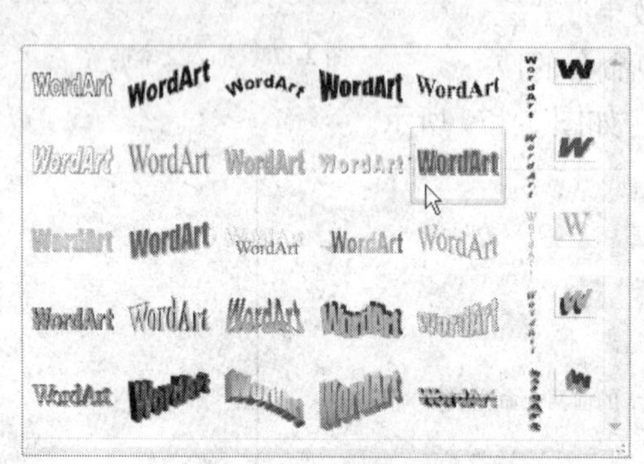
图 2-181　艺术字样式下拉列表

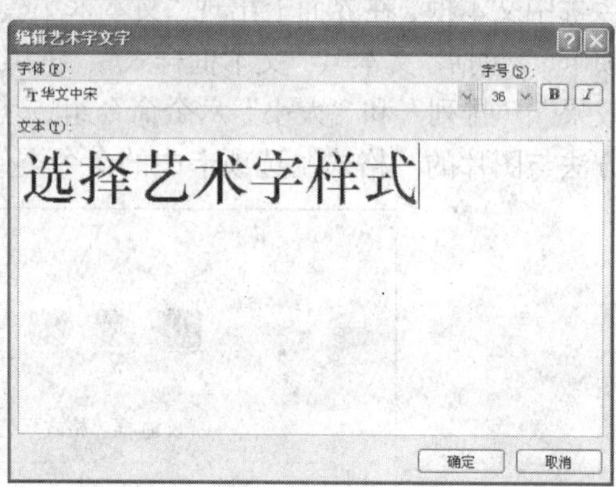

图 2-182　“编辑艺术字文字”对话框

图 2-183　插入艺术字

（2）设置艺术字的格式

在界面上出现“艺术字工具”的“格式”选项卡，包括“文字”、“艺术字样式”、“阴影效果”、“三维效果”、“排列”和“大小”六个命令组，图 2-184 所示的是前两个命令组，后四个命令组与艺术字的“格式”选项卡完全一样。

图 2-184　“艺术字工具”的“格式”选项卡

① 更改艺术字的文字：选中艺术字，单击“文字”命令组中的“编辑文字”命令，弹出如图 2-182 所示的“编辑艺术字文字”对话框，在该对话框中可更改艺术字文字，设置字体字号。

② 改变艺术字的间距：选中艺术字，单击“文字”命令组中的“间距”命令，弹出设置间距的下拉列表，从中可选择艺术字的间距，如图 2-185 所示。

③ 将艺术字变为竖排文字：选中艺术字，单击“文字”命令组中的“竖排文字”命令，可将艺术字变为竖排文字样式，如图 2-185 所示。再次单击，又可还原为横排样式。

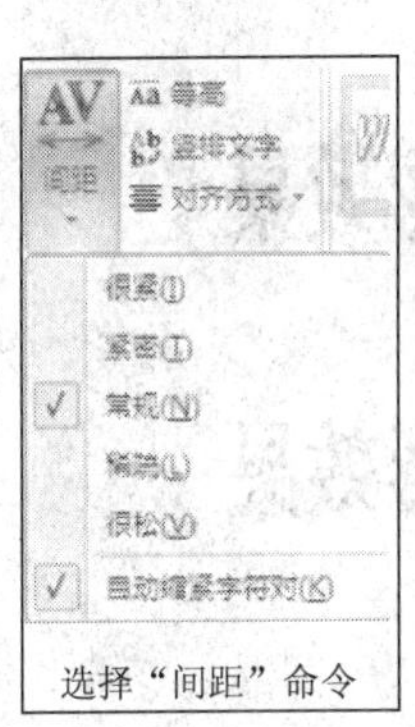

选择“间距”命令

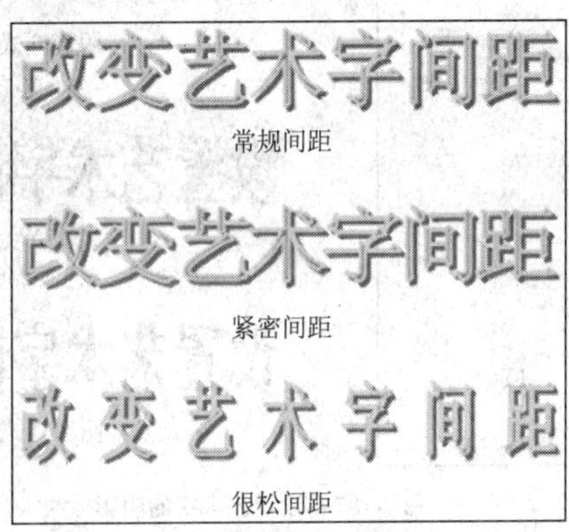

常规间距 紧密间距 很松间距

竖排文字样式

图 2-185 改变艺术字的间距

④ 改变艺术字的形状：选中艺术字，单击“艺术字样式”命令组中的“更改形状”命令，弹出艺术字的形状下拉列表，从中可选择艺术字的形状，如图 2-186 所示。

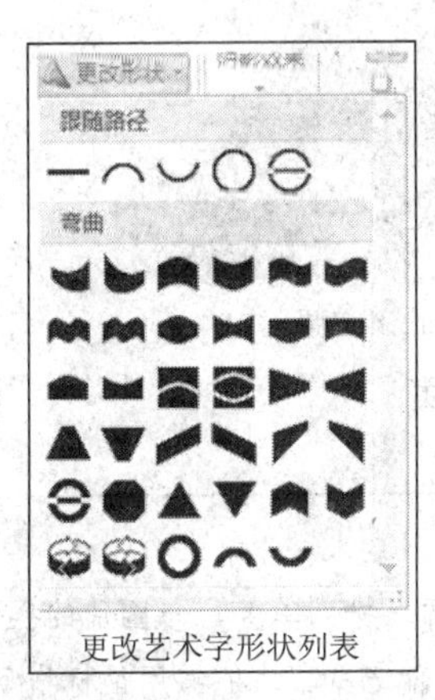

更改艺术字形状列表

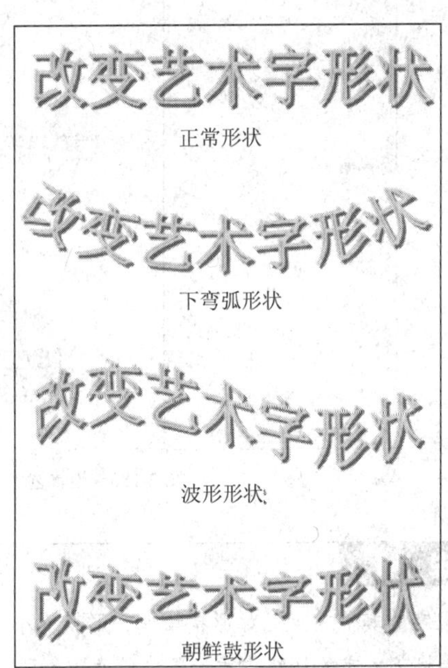

正常形状 下弯弧形状 波形形状 朝鲜鼓形状

图 2-186 改变艺术字的形状

⑤ 设置艺术字的阴影效果：选中艺术字，单击“阴影效果”命令组中的“阴影效果”命令，弹出“阴影效果”下拉列表，从中可设置艺术字的阴影效果，如图 2-187 所示。

⑥ 设置艺术字的三维效果：选中艺术字，单击“三维效果”命令组中的“三维效果”命令，弹出“三维效果”下拉列表，从中可设置艺术字的三维效果，再结合“形状填充”和三维方向设置，可得到很好的效果，如图 2-188 所示。

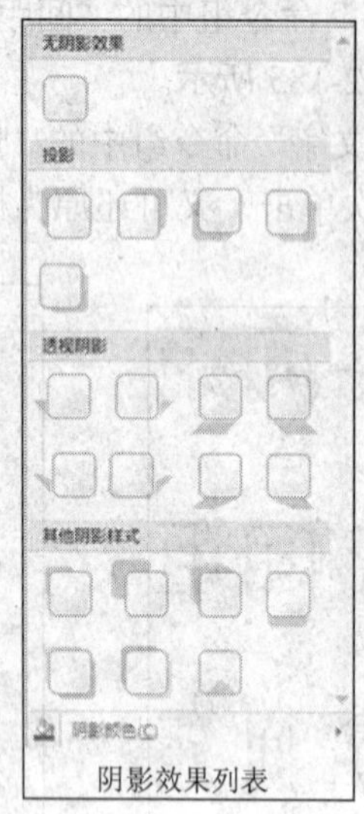

阴影效果列表

设置艺术字阴影效果

阴影样式 17

设置艺术字阴影效果

阴影样式 16

设置艺术字阴影效果

阴影样式 20

图 2-187　设置艺术字的阴影效果

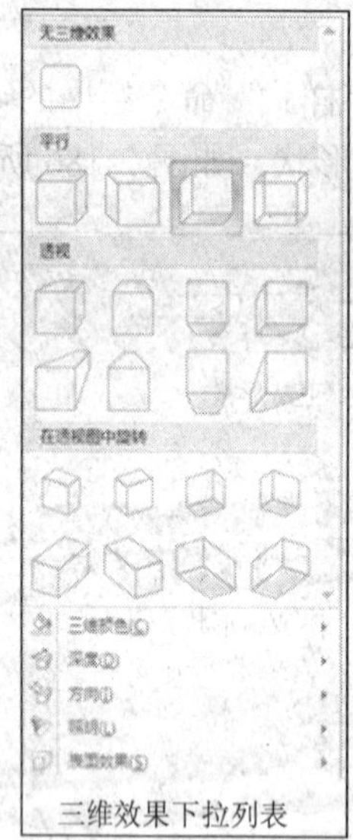

三维效果下拉列表

设置艺术字三维效果

设置艺术字三维效果

设置艺术字三维效果

不同的三维效果

图 2-188　设置艺术字的三维效果

说　明

设置艺术字的其他效果（如形状填充、形状大小、形状轮廓、排列等），与图片的操作类似。

另外，要将艺术字的环绕方式设置成除“嵌入型”以外的其他方式，才能够用鼠标拖动控制点来改变艺术字的形状。

⑦ 多个艺术字的组合：Word 2007 允许将多个艺术字组合在一起，以产生更好的艺术效果。

例如，豫州经贸学院为庆祝建校10周年，要制作一个徽标，挂在庆祝大会的主席台上，设计方案如图2-189所示。

这个徽标由三个艺术字组成，可分别插入它们，而后将其组合为一个图形。

操作步骤如下。

- 分别插入三个艺术字，按要求输入文字，调整好颜色和形态，摆放好位置。
- 三个艺术字全部设置成“四周型环绕”（注意：必须这样做）。
- 按住Ctrl键当光标变为形状时，将光标分别放在每一个艺术字上单击，这样可将艺术字全部选中，如图2-190所示。

图2-189 豫州经贸学院的徽标

图2-190 多个艺术字的组合

- 单击“排列”命令组中的“组合”命令按钮，在弹出的下拉列表中单击“组合”命令，即将选中的三个艺术字组合在一起，成为一个图片（注意：这时标题栏上的“艺术字工具”变成了“绘图工具”）。

此时这些图片就组合为一幅图片。如果想对各图片分别编辑，可再次单击“组合”命令按钮，在弹出的下拉列表中单击“取消组合”命令。

【操作练习2-6】 创建杂志插页

创建一份杂志插页，如图2-191所示。

说 明

河南省中等职业学校计算机类专业教研中心第一次年会于2005年在河南省焦作市召开，为了宣传教研中心及这次年会的精神，教研中心要在一份全国性杂志（封二或封三）上刊登年会召开的消息，并配发相应的照片。设计方案如图2-191所示。

河南省中等职业学校计算机类专业教研中心2005年年会在焦作召开

河南省中等职业学校计算机类专业教研中心2005年年会于2005年7月6日至9日在河南焦作市召开，大会得到了河南省教育厅职教室的大力支持和各职业学校的积极响应。来自河南省教育厅、职业学校及企业的领导、专家和计算机教师110人参加了会议。

教研中心秘书长张平同志主持了开幕式，河南省职教室专业教研室张晓彬主任在开幕式上讲话，她对教研中心年会的召开表示祝贺，对教研中心成立以来所作的工作给予充分的肯定，并希望教研中心继续努力，为河南省职业教育作出更大的贡献。高教出版社高级编审李诚女士以《它山之石》为题介绍了德国的职业教育情况，对于中职计算机类专业教学的改革具有指导意义。北大青鸟与印度阿博泰克培训中心介绍了自己的教育产品，以成熟的课程体系为背景推介了其新的职教理念，锐捷网络公司的网络实验室方案、人民邮电出版社对中职教育的关注和思考均引起与会代表的极大兴趣。

大会对计算机类课程技能训练标准（草案）进行了认真审议，提出不少宝贵的修改建议；对计算机教学过程中共同关心的问题，不少代表相互表达了进一步了解、加强协作沟通的意向，对依靠教研中心这个平台、借助年会这个形式、利用好网络这个媒体共同推动河南省计算机类职业教育的发展充满信心。

本次年会是河南省中等职业学校计算机类教研中心成立后的首届年会，年会内容丰富，议程安排紧凑，与会代表研讨热烈，成果丰硕。

图 2-191　设计好的杂志插页

2.5　绘制图形和插入组织结构图

【案例 2-11】　禁烟标牌

【情景模拟】

位于河南省南阳市的宝天曼风景区是新开发的国家级自然风景区，总面积 120 余平方公里。区内山高林密，空气清新，环境优美，是疗养度假和消夏避暑的胜地。随着来宝天曼旅游人数的增加，森林防火工作越来越重要。为此，风景区管委会决定在宝天曼所有的旅游景点设置“禁烟”标牌，设计制作任务交给了办公室的小刘。

【案例分析】

设置“禁烟”标牌是为了能够引起人们的注意，从而达到在景区自觉不吸烟的目的，因此“禁烟”标牌要做得简单、一目了然。小刘选择了黑色作为标牌的底色，画一只香烟

和一个红色的禁止符号，下面配以“保护森林 禁止吸烟!”的文字，使标牌图形清晰，色彩对比强烈，很容易引起人们的注意。

【案例展示】

根据要求和分析，小刘设计制作的“禁烟”标牌如图2-192所示。

图2-192 【案例2-11】展示

【操作步骤】

① 打开Word 2007的工作界面。

② 单击“插入”选项卡→“插图”命令组→“形状”命令，在弹出的下拉形状列表中单击“基本形状”中的“禁止符”图形，如图2-193所示。

③ 这时鼠标变成“+”形状，按住Shift键拖曳鼠标绘制一个禁止符图形，如图2-194所示。

④ 这时在界面上出现“绘图工具”的“格式”选项卡，在其“形状样式”命令组中单击“形状填充”命令按钮 形状填充 右边的下拉按钮，在弹出的颜色下拉列表中单击红色，在单击“形状轮廓”命令按钮 形状轮廓 右边的下拉按钮，在弹出的下拉列表中单击“无轮廓”，最后禁止符图形的效果如图2-195所示。

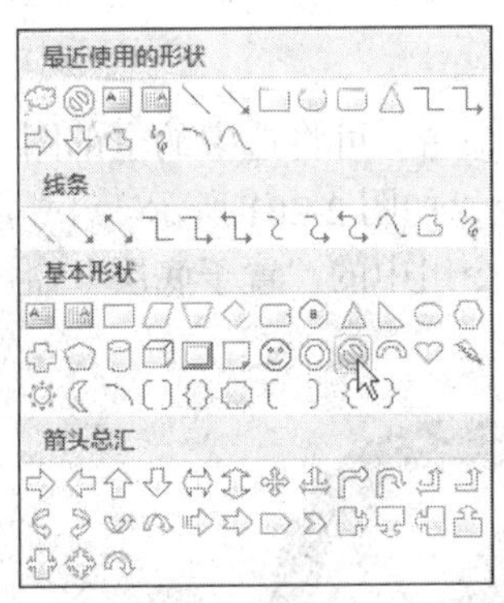

图2-193 形状列表

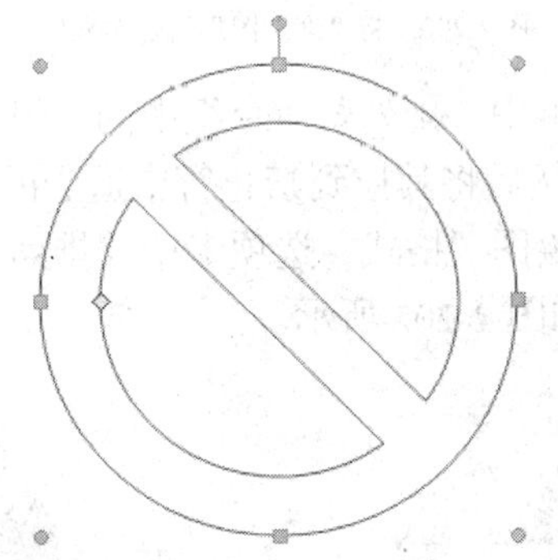

图2-194 绘制图形

图2-195 填充颜色

⑤ 单击“插入”选项卡的“形状”命令，在下拉形状列表中单击“矩形”图形，绘制两个高度相同的长条矩形，如图2-196所示。

⑥ 选中第一个矩形，单击“格式”选项卡中的“形状填充”命令，在弹出的下拉列表

中单击“纹理”选项，在“纹理”列表中单击“纸莎草纸”纹理。填充后的效果如图 2-197 所示。

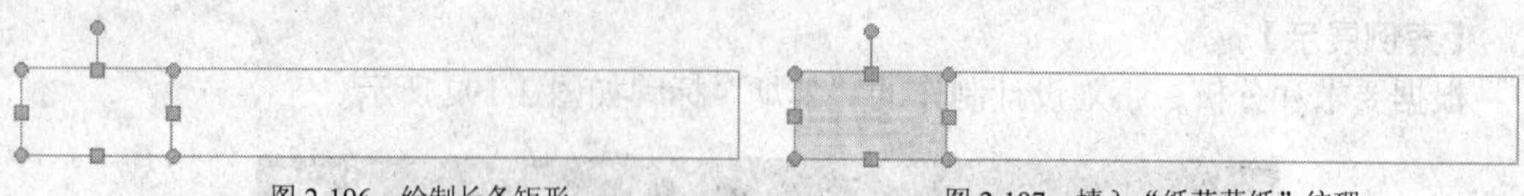

图 2-196　绘制长条矩形　　图 2-197　填入“纸莎草纸”纹理

⑦ 单击“插入”选项卡的“形状”命令，在下拉形状列表中单击“标注”中的“云形标注”图形，然后拖动鼠标绘制一个小的云形标注图形；选中云形标注图形，在其“格式”选项卡中单击“形状填充”命令，在弹出的下拉列表中单击“纹理”选项→“花岗岩”纹理；将填充了“花岗岩”纹理的图形拖到第二个矩形的右边，并调整其大小；整个绘制过程如图 2-198 所示。

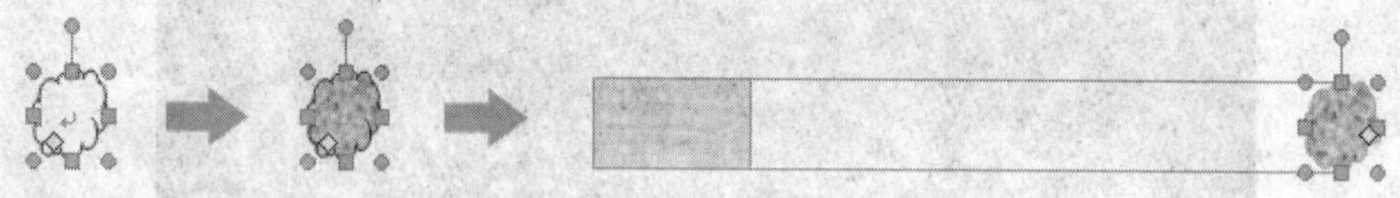

图 2-198　制作烟头

⑧ 用与步骤（7）类似的方法绘制一个小椭圆，填入“软木塞”纹理，拖到第一个矩形的左边，并调整其大小；整个绘制过程如图 2-199 所示。

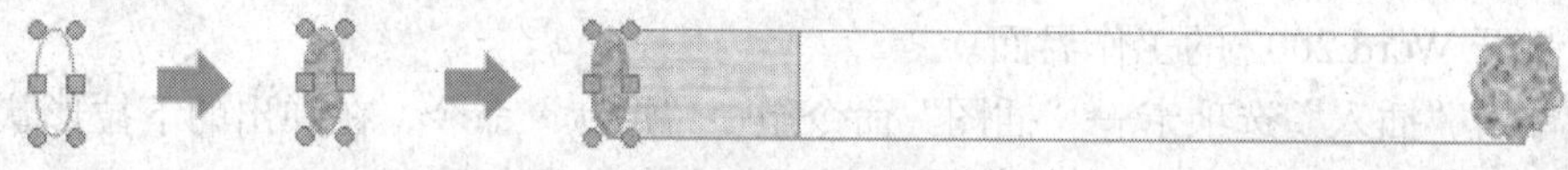

图 2-199　制作烟嘴

⑨ 单击“开始”选项卡“编辑”命令组中的“选择”命令，在下拉列表中单击“选择对象”命令，然后拖动鼠标画出一个矩形（将所有图形全部括在其中），将全部图形选中，如图 2-200 所示。

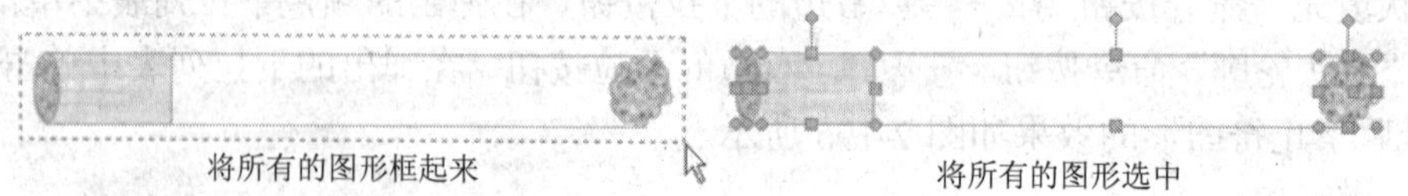

图 2-200　将“烟”图形组合起来

⑩ 单击绘图“格式”选项卡中“排列”命令组中的“组合”命令，可将选中的全部图形组合为一个图形（烟图形），然后将其拖到禁止符中适当的位置，如图 2-201 所示。

⑪ 选中“烟”图形，单击绘图“格式”选项卡中“排列”命令组中的“置于底层”命令，将烟放在禁止符的下面，如图 2-202 所示。

图 2-201　将烟图形拖到禁止符上

图 2-202　将烟放在禁止符的下面

⑫ 单击“插入”选项卡中的“形状”命令，绘制一个“矩形”图形，填充黑色，设置白边轮廓，并将其放在最底层，如图2-203所示。

图2-203 绘制黑色矩形

⑬ 单击“插入”选项卡中的“文本框”命令，绘制一个文本框，在其中输入文字“保护森林，禁止吸烟”，设置隶书字体、初号、红色，如图2-204所示。

图2-204 输入文字

⑭ 选中文本框，单击文本框“格式”选项卡中的“形状填充”命令，将文本框填充为黑色。

⑮ 选中文本框中的文字，单击“开始”选项卡中“字体”命令组右下角的对话框起动器按钮，打开“字体”对话框，将文字设置为阴影效果。

到此，“禁烟标牌”设计制作完成，最终效果如图2-192所示。

【案例2-12】 思佳教育集团组织机构图

【情景模拟】

思佳教育集团是一家民办的教育培训机构，为扩大影响，欲加强宣传力度，拟制作出版一本宣传画册，其中有一页是介绍集团的组织机构，要求设计制作一个组织机构图。该任务交给了办公室秘书小王。

【案例分析】

设计制作组织机构图要求层次清楚、画面美观、醒目。

【案例展示】

根据要求和分析，小王设计制作的“思佳教育集团组织机构图”如图 2-205 所示。

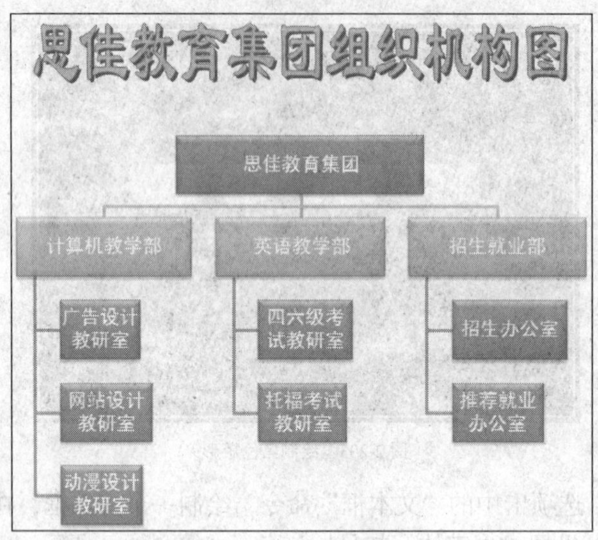

图 2-205　组织机构图

【操作步骤】

① 单击“开始”→“所有程序”→“Microsoft Office”→“Microsoft Office Word 2007”命令，打开中文版 Word 2007 的工作界面。

② 单击“插入”选项卡→“文本”命令组→“艺术字”命令，在弹出的艺术字样式列表中单击“艺术字样式 11”，输入“思佳教育集团组织机构图”（隶书字体），并设置艺术字填充为橘黄色，轮廓为红色，大小调整到合适，如图 2-206 所示。

图 2-206　输入艺术字“思佳教育集团组织机构图”

③ 单击“插入”选项卡→“插图”命令组→“SmartArt”命令，弹出“选择 SmartArt 图形”对话框，在对话框的左边，单击“层次结构”，在出现的层次结构样式中选择“组织结构图”样式，如图 2-207 所示。

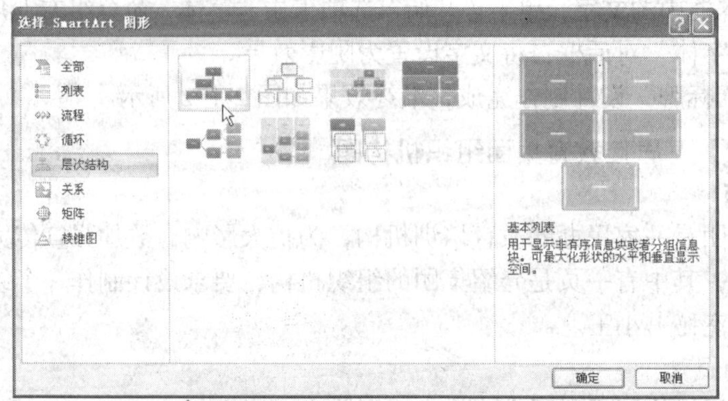

图 2-207　“选择 SmartArt 图形”对话框

④ 单击“确定”按钮后，在文档中出现如图 2-208 所示的图形。

⑤ 单击第 2 行“文本”的边框（选中它），再单击 Del 键将其删除，如图 2-209 所示。

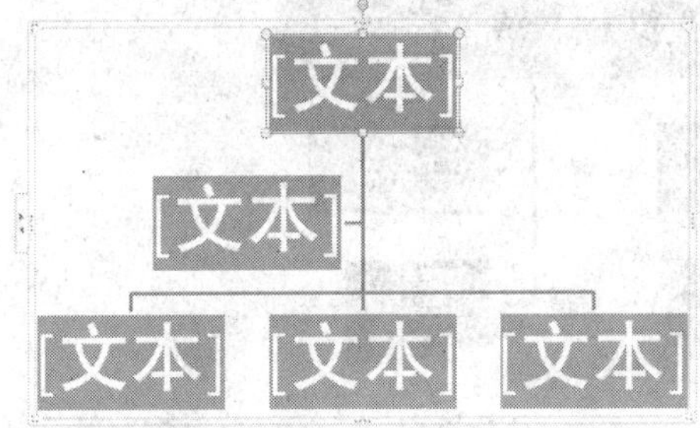

图 2-208　插入 SmartArt 图形

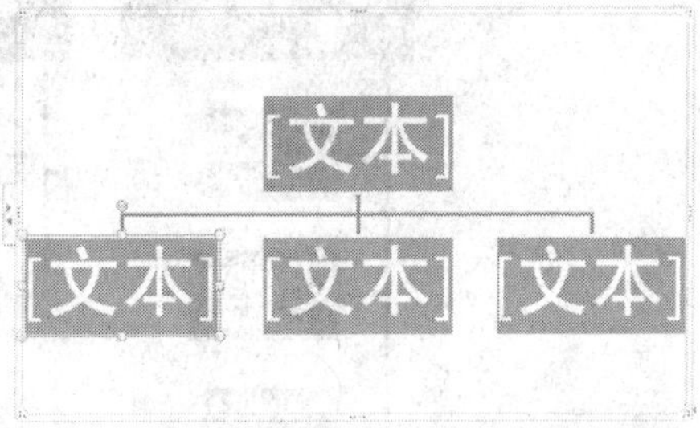

图 2-209　删除一个文本框

⑥ 单击图 2-209 中第 2 行第 1 个“文本”的边框（选中它），然后在“SmartArt 工具”的“设计”选项卡中单击“创建图形”命令组中的“添加形状”命令，在弹出的下拉列表中单击“在下方添加形状”命令，如图 2-210 所示，图形变为如图 2-211 所示的形状。

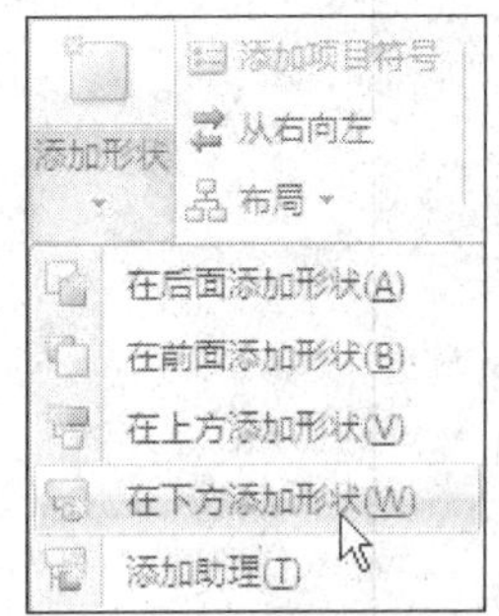

图 2-210　“添加形状”下拉列表

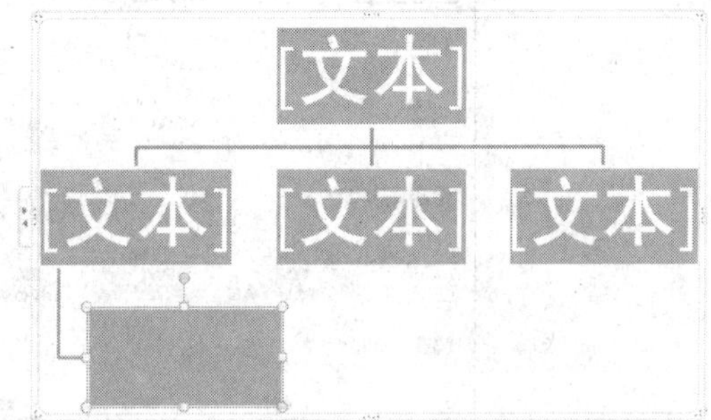

图 2-211　在 SmartArt 图形中添加一个形状框

⑦ 用与步骤⑥相同的方法可以添加多个形状，如图 2-212 所示。

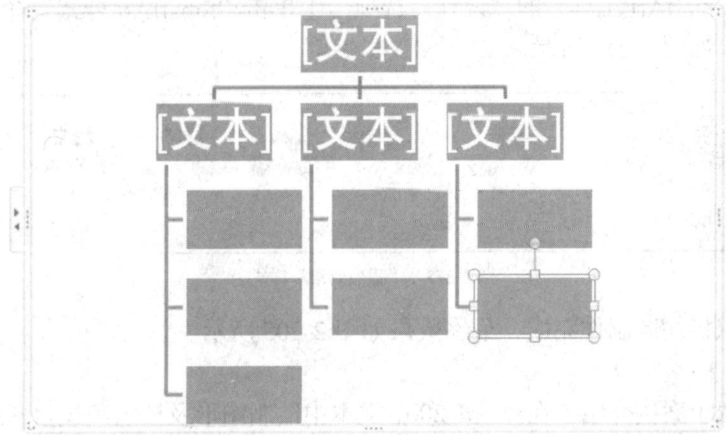

图 2-212　在 SmartArt 图形中添加多个形状

⑧ 在各个形状框内输入所需的文字，并拖动形状四周的控制点，使形状大小合适，如图 2-213 所示。

⑨ 在“SmartArt 工具”的“设计”选项卡中单击“SmartArt 样式”命令组中的“更改颜色”命令，在弹出的下拉列表中选择如图 2-214 所示的形状颜色。

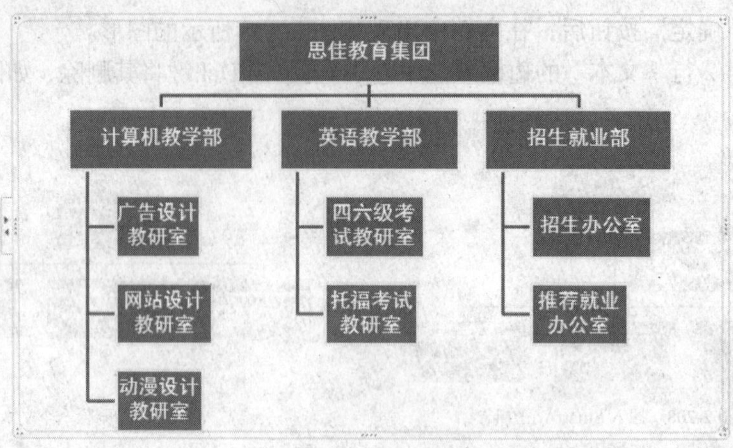

图 2-213　在形状中输入文字

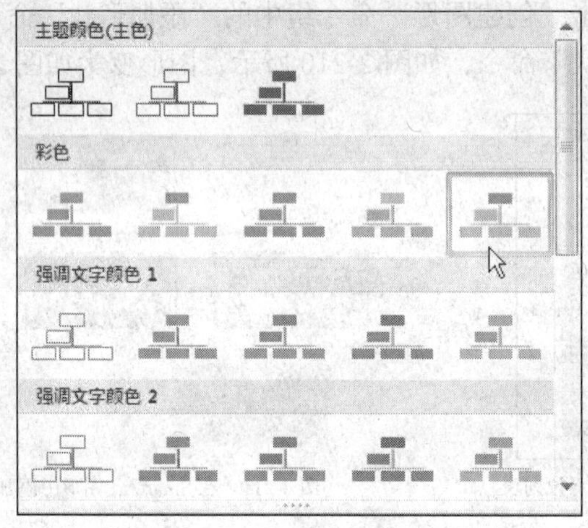

图 2-214 “SmartArt 样式”下拉列表

⑩ 再在“SmartArt 工具”的“设计”选项卡中单击“SmartArt 样式”命令组中的“强烈效果”样式，如图 2-215 所示。

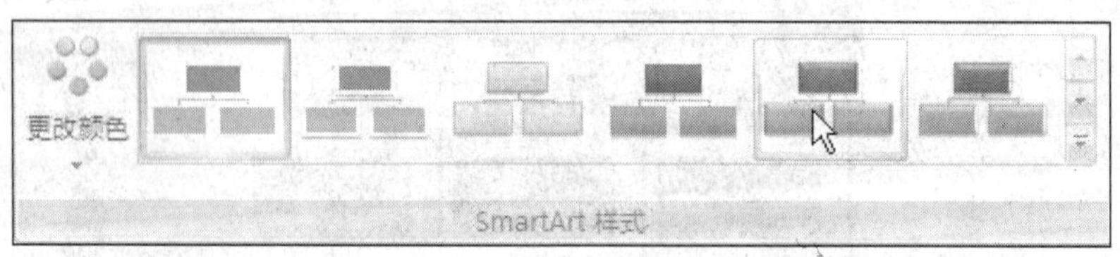

图 2-215 “强烈效果”样式

到此，组织机构图制作完成，最终效果如图 2-205 所示。

【知识解析】

本节通过两个案例介绍了在 Word 2007 文本中绘制图形及插入组织机构图的方法和步骤，所使用的工具和命令主要是“插入”选项卡中的“插图”命令组中的“形状”命令和“SmartArt”命令，以及针对各插入对象的“格式”选项卡中的各工具和命令。下面对本节案例用到的操作、命令和工具作进一步的总结说明。

1. 绘制及编辑形状图形

Word 2007 提供了一定的绘图功能，可以在 Word 文档中添加一个形状图形或者合并多

个形状以生成一个更为复杂的形状。可用形状包括线条、基本几何形状、箭头、公式形状、流程图形状、星、旗帜和标注。

（1）插入简单的形状图形

单击“插入”选项卡→“插图”命令组→“形状”命令，弹出 Word 2007 提供的形状图形列表，其中包括包括线条、基本几何形状、箭头、公式形状、流程图形状、星、旗帜和标注，如图 2-216 所示。

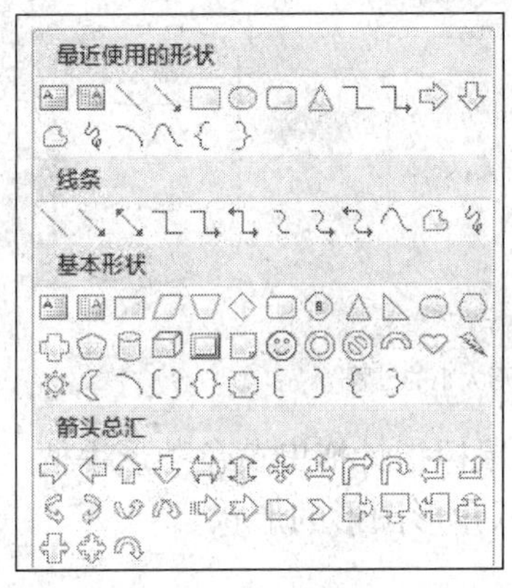

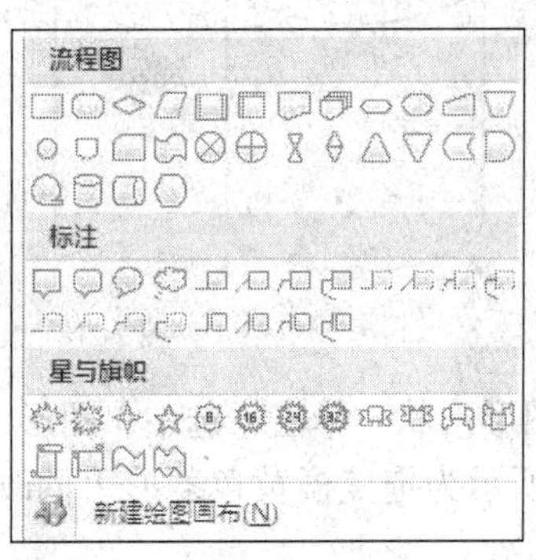

图 2-216　形状图形列表

选择并单击其中一个形状，当鼠标指针变成“十”形状时，拖动鼠标，即可画出所需要的形状图形，如图 2-217 所示。

图 2-217　各种形状图形

（2）编辑形状图形

编辑形状图形包括选择、移动、复制、改变大小、改变形态、旋转及填充形状和设置形状轮廓等操作。

① 选择图形：单击形状图形，即可将其选中。若要同时选中多个图形，可以按住 Ctrl 键，然后再单击所需的各个图形，也可以单击“开始”选项卡→“编辑”命令组→“选择”命令→“选择对象”选项，然后拖曳鼠标，当出现的虚线框围住所需选中的图形后，松开鼠标即可。

② 移动图形：要移动图形，将鼠标指针移到要移动的图形上，鼠标指针变为形状，然后用鼠标拖曳鼠标图形即可。若按住 Shift 键拖曳鼠标，可限制图形只在水平或垂直方向移动。

③ 复制图形：要复制图形，可先选中图形，然后单击右键，在弹出的快捷菜单中单击“复制”命令，然后将鼠标移到目标处，再单击右键，在弹出的快捷菜单中单击“粘贴”命

令。也可以按住 Ctrl 键拖动要复制的图形。到目标处后松开鼠标左键，这样也可在目标处复制一个图形。

④ 改变图形大小：单击（选中）图形，在图形四周出现八个控制点，将鼠标指针移到某个控制点上拖动，可改变图形大小。若按住 Shift 键拖曳鼠标，可等比例的放大或缩小图形。改变图形大小的过程如图 2-218 所示。

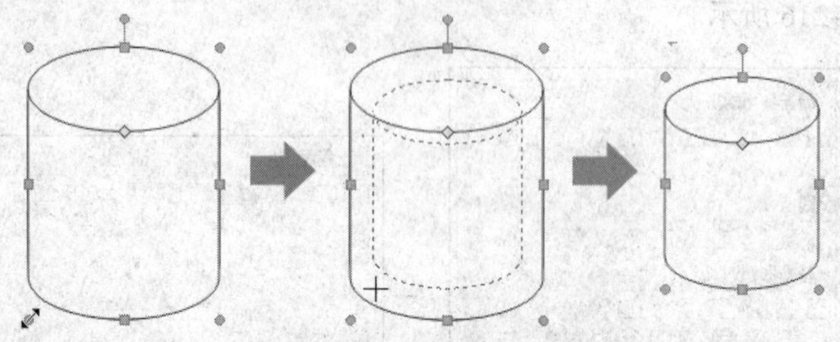

图 2-218　改变图形大小的过程

⑤ 改变图形形状：单击（选中）图形，用鼠标指针拖曳黄色菱形手柄，可改变图形形状。图 2-219 所示为拖曳橘黄色菱形手柄改变八角形图形的形状。

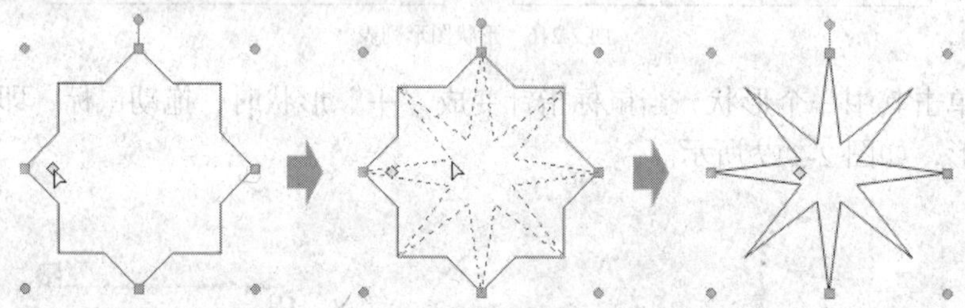

图 2-219　改变图形形状的过程

⑥ 旋转图形：单击（选中）图形，用鼠标指针拖曳绿色圆形手柄，可使图形旋转。图 2-220 所示为拖曳绿色圆形手柄旋转左右箭头图形。

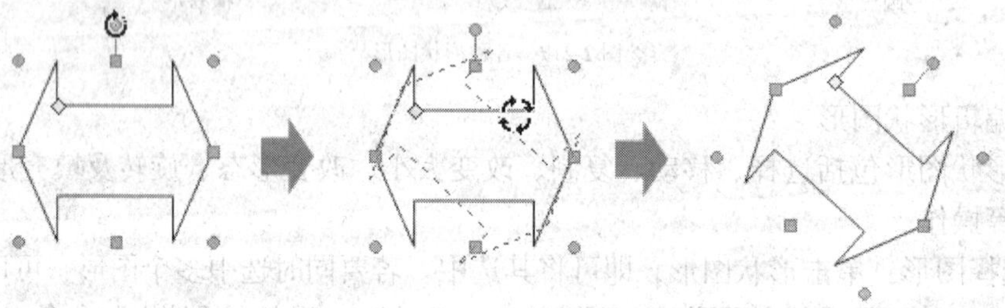

图 2-220　旋转图形的过程

⑦ 填充图形和设置图形轮廓：选中图形，使用"格式"选项卡中"形状填充"命令，可为形状图形填充颜色、渐变色、纹理及图案；使用"格式"选项卡中"形状轮廓"命令，可为形状图形设置轮廓线的样式和粗细。图 2-221 所示为填充和设置了轮廓线以后的图形。

（3）图形的组合、对齐、分布和叠放次序

图形的组合、对齐、分布和叠放次序都是对多个图形进行操作的，因此在操作前首先要选中多个图形。

① 图形的组合：选中多个图形，然后单击"格式"选项卡→"排列"命令组→"组合"

命令按钮→“组合”命令。若要取消组合，选中组合图形，然后单击“格式”选项卡→“排列”命令组→“组合”命令按钮→“取消组合”命令。图形组合的示意图如图 2-222 所示。

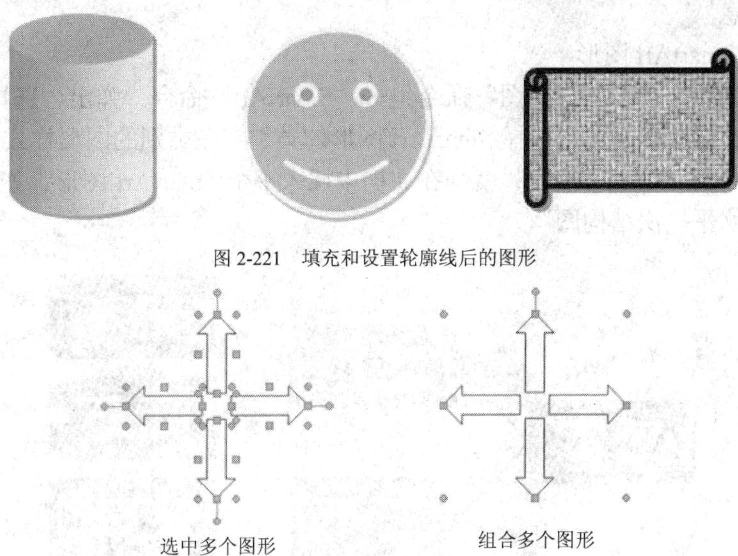

图 2-221 填充和设置轮廓线后的图形

图 2-222 图形的组合

② 图形的对齐和分布：选中要对齐和设置分布的多个图形，然后单击“格式”选项卡→“排列”命令组→“对齐”命令按钮，在弹出的下拉列表中单击对齐或分布的方式（右对齐、左对齐、横向分布、纵向分布等）。图形的对齐和分布示意图如图 2-223 所示。

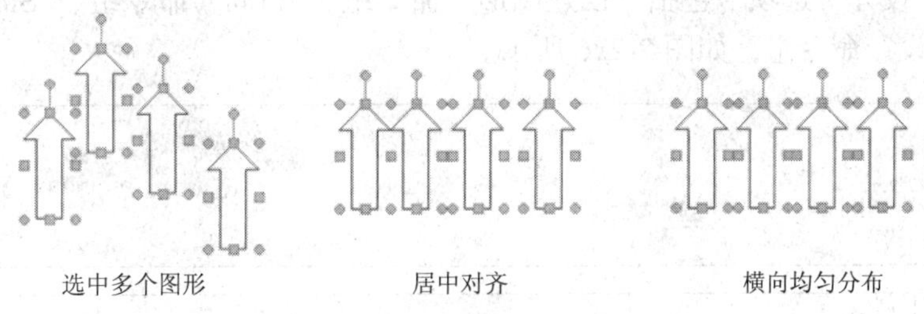

图 2-223 图形的对齐和分布

③ 设定图形的叠放次序：如果两个以上的图形有重叠，就存在图形的重叠次序。选中要移动叠放次序的图形，然后单击“格式”选项卡→“排列”命令组→“置于顶层”命令按钮，从中单击向上移动的方式（“置于顶层”还是上移一层）。若单击“置于底层”命令按钮，可从中单击向下移动的方式（“置于底层”还是下移一层）。设定图形的叠放次序如图 2-224 所示。

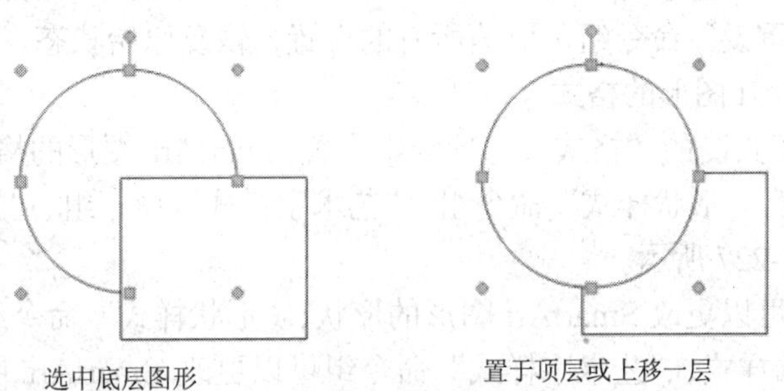

图 2-224 设定图形的叠放次序

2. 插入及编辑 SmartArt 图形

SmartArt 图形包括图形列表、流程图及组织机构图等，使用 SmartArt 图形可以更直观的方式表达信息。

（1）插入 SmartArt 图形

单击“插入”选项卡→“插图”命令组→“SmartArt”命令，弹出“选择 SmartArt 图形”对话框，在对话框的左边选择 SmartArt 图形的类别，在类别的图形样式列表中选择一种样式，然后单击“确定”按钮，就会在文档中插入一个 SmartArt 图形，如图 2-225 所示插入了一个“水平层次结构图”。

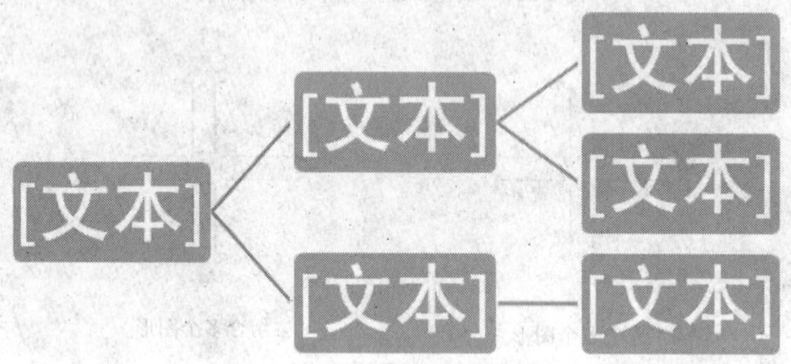

图 2-225　水平层次结构图

（2）设计 SmartArt 图形的样式

插入一个 SmartArt 图形后，在界面上会出现“SmartArt 工具”的“设计”选项卡和“格式”选项卡。“设计”选项卡包括“创建图形”命令组、“布局”命令组、“SmartArt 样式”命令组和“重设”命令组，如图 2-226 所示。

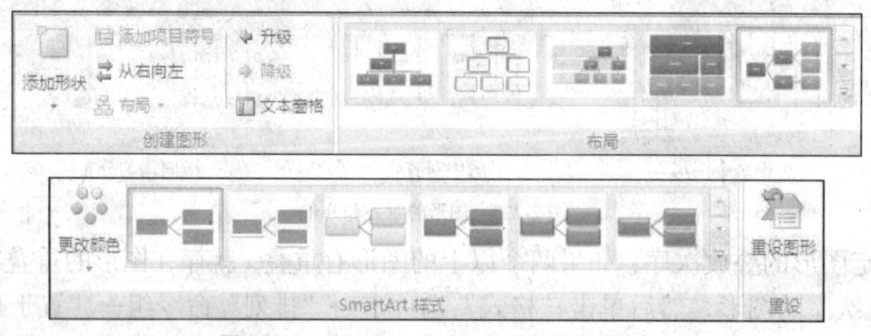

图 2-226　“SmartArt 工具”的“设计”选项卡

其中“创建图形”命令组中的命令可以在中添加形状及快速输入文本；“布局”命令组可以选择 SmartArt 图形的布局结构；“SmartArt 样式”命令组可以设置或改变 SmartArt 图形的样式及颜色，“重设”命令组可取消所有的设置，恢复原始状态。

（3）设置 SmartArt 图形的格式

在“SmartArt 工具”的“格式”选项卡中设置 SmartArt 图形的格式。“格式”选项卡包括“形状”命令组、“形状样式”命令组、“艺术字样式”命令组、“排列”命令组和“大小”命令组，如图 2-227 所示。

“形状”命令组可以更改 SmartArt 图形的形状，“形状样式”命令组可以更改 SmartArt 图形中每一个形状的样式，“艺术字样式”命令组可以更改 SmartArt 图形中文字的样式和

颜色，“排列”命令组可以设置 SmartArt 图形的位置，“大小”命令组用来设置 SmartArt 图形的大小。

图 2-227 “SmartArt 工具”的“格式”选项卡

【操作练习 2-7】 制作公章

设计并制作一枚公章，如图 2-228 所示。

说 明

海晶珍珠饰品有限公司正阳分公司成立以后，为了更好的开展业务，需要设计一枚公司的公章，经有关部门审批，该公章设计方案如图 2-228 所示。

提 示

用插入形状操作插入圆形框和五角星，用插入艺术字输入文字，颜色全为红色。

图 2-228 公章样式

【操作练习 2-8】 制作组织机构图

设计并制作一个组织机构图，如图 2-229 所示。

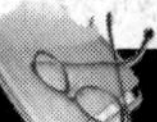

说 明

豫州经贸学院要在各主管院长办公室的墙上悬挂所主管部门的组织机构图，要求设计精美，有一定的立体感。

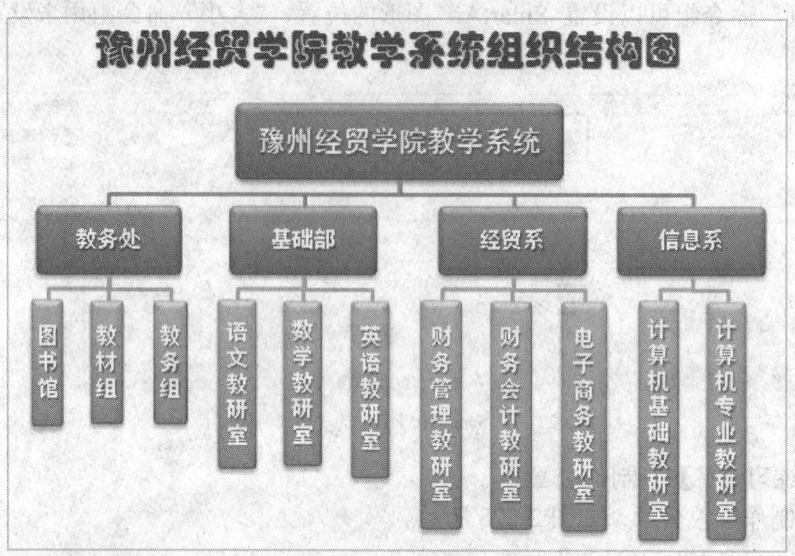

图 2-229　组织机构图

2.6 页眉页脚的设置和页面布局

【案例 2-13】　专业杂志的排版

【情景模拟】

河南省计算机学会职业教育专业委员会主办的专业杂志《河南计算机职业教育》2007 年 1 月要出版第 1 期，现要求为该杂志（第 1 期）的内容进行排版。此任务由职业教育专业委员会的秘书小刘承担。

【案例分析】

《河南计算机职业教育》是专业杂志，因此排版要符合专业杂志的要求，要按照规定设置纸张大小、页边距和分栏，还要在页眉上显示文章名称，页脚上显示杂志名称和页码。

【案例展示】

根据要求和分析，小刘设计的《河南计算机职业教育》排版样式（预览效果）如图 2-230 所示。

【操作步骤】

① 打开中文版 Word 2007 的工作界面，新建一个 Word 文档，将论文内容输入并进行简单的字体设置和排版（标题黑体一号字，作者和单位楷体小四号字，正文宋体五号字）。该论文前面部分如图 2-231 所示。

② 打开“页面布局”选项卡，在“页面设置”命令组中的“纸张大小”命令列表中选择“A4”纸；在“页边距”命令列表中选择“适中”。

③ 将所有的正文选中，在“分栏”命令列表中选择“两栏”，设置后的效果如图 2-232 所示。

职业学校多媒体教学创意性初探

职业学校多媒体教学创意性初探

刘裕南　张翔菲

（河南省平顶山信息职业教育技术学校）

目前我国职业学校中在多媒体课件的制作和运用中，仍然存在许多值得探讨的问题，尤其在课件制作中普遍缺乏创意性。本文进行的初步探讨，希望能起到抛砖引玉的作用，使更多地教育工作者关注多媒体教学在职业教学中的运用，以便这一现代化的教学手段能在我国的职业教育中发挥其应有的作用。

一、走出多媒体课件制作的误区

从目前我国职业学校多媒体教室的建设和多媒体课件的制作运用现状来看，许多学校在对多媒体教学的认识上尚存在一些模糊的观念，概而言之，有以下几个方面的误区：

1．运用多媒体教学就是教学现代化

现在许多职业学校对运用多媒体教学非常重视，于是不惜重金，投资多媒体教室的建设，建立学校内的域网，鼓励教师制作多媒体课件。。

无容置疑，运用多媒体教学是实现教学现代化的手段之一，但却不是教学现代化的全部。即使是拥有更多的多媒体教室，即使全部的课程都运用了多媒体教学，也并不等于就实现了教学现代化。教学现代化的实现，除了具备必要的现代化的条件和设施之外，更重要的是教学理念与教学认识及教学方法上的现代化。

2．多媒体课件的制作就是“克隆”教材

就目前我国职业学校的教师队伍而言，文化课教师及各专业课教师，对运用多媒体软件来制作教学课件的操作技术并不是很普及，因此制作多媒体课件困难重重，必须借助于计算机专业教师的帮助与合作，但计算机专业教师对其他专业课的内容却不一定熟悉，所以，有些多媒体课件完全是教材内容的“克隆”，仅仅起了个复制教学内容的作用，有的甚至其效果还不如教材内容完整。

3．任何课程内容都可以运用多媒体教学

毫无疑问，恰到好处地运用多媒体教学，确实能起到传统的口授手写教学无法达到的效果。然而，实践证明，并不是所有的课程制成多媒体课件运用教学后都可以达到这样的效果。除计算机类的课程，如果教师也把其教学内容制成多媒体课件，而课件的本身并没有超出原有的内容，那岂不是多此一举。所以说，那种认为任何课程都可以用多媒体课件来展示的观念，显然带有一定的片面性。

4．运用多媒体教学就能提高教学质量

多媒体教学，可以解决传统教学中无法解决的问题，使某些复杂的问题简单化或形象化，易于学生接受，但多媒体教学仅仅是一种辅助性的教学手段，它仅仅适合于某些课程中的某些内容。所以，教学质量的提高与否不能取决于是否在教学中运用了多媒体的教学手段，至少它不会起决定性的作用，在一般的教学中过多地使用多媒体课件，尤其是那些在制作中并无新意、枯燥乏味，只是“克隆”课本内容的多媒体课件，会引起学生的反感，从而降低了学习情趣，更谈论有益于提高教学质量了。

二、对多媒体教学创意性的诠释

计算机职业教育　2007.1　1

图 2-230　【案例 2-13】展示

职业学校多媒体教学创意性初探

刘裕南　张翔菲

（河南省平顶山信息职业教育技术学校）

目前我国职业学校中在多媒体课件的制作和运用中，仍然存在许多值得探讨的问题，尤其在课件制作中普遍缺乏创意性。本文进行的初步探讨，希望能起到抛砖引玉的作用，使更多地教育工作者关注多媒体教学在职业教学中的运用，以便这一现代化的教学手段能在我国的职业教育中发挥其应有的作用。

一、走出多媒体课件制作的误区

从目前我国职业学校多媒体教室的建设和多媒体课件的制作运用现状来看，许多学校在对多媒体教学的认识上尚存在一些模糊的观念，概而言之，有以下几个方面的误区：

1．运用多媒体教学就是教学现代化

现在许多职业学校对运用多媒体教学非常重视，于是不惜重金，投资多媒体教室的建设，建立学校内的域网，鼓励教师制作多媒体课件。

图 2-231　输入文字

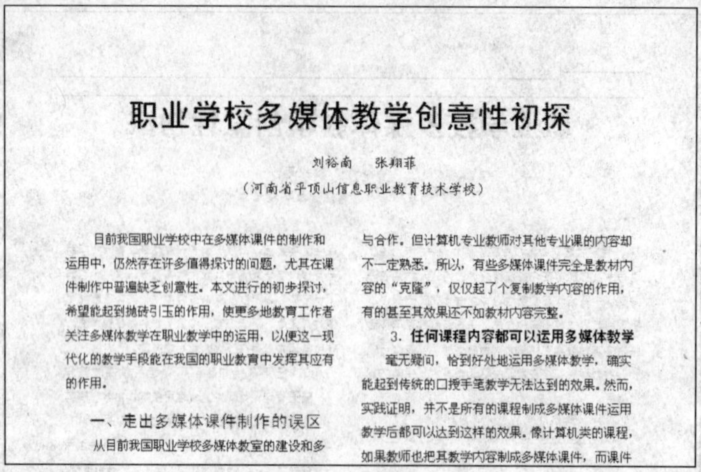

职业学校多媒体教学创意性初探

刘裕南　张翔菲

（河南省平顶山信息职业教育技术学校）

目前我国职业学校中在多媒体课件的制作和运用中，仍然存在许多值得探讨的问题，尤其在课件制作中普遍缺乏创意性。本文进行的初步探讨，希望能起到抛砖引玉的作用，使更多地教育工作者关注多媒体教学在职业教学中的运用，以便这一现代化的教学手段能在我国的职业教育中发挥其应有的作用。

一、走出多媒体课件制作的误区

从目前我国职业学校多媒体教室的建设和多与合作。但计算机专业教师对其他专业课的内容却不一定熟悉。所以，有些多媒体课件完全是教材内容的"克隆"，仅仅起了个复制教学内容的作用，有的甚至其效果还不如教材内容完整。

3. 任何课程内容都可以运用多媒体教学

毫无疑问，恰到好处地运用多媒体教学，确实能起到传统的口授手笔教学无法达到的效果。然而，实践证明，并不是所有的课程制成多媒体课件运用教学后都可以达到这样的效果。像计算机类的课程，如果教师也把其教学内容制成多媒体课件，而课件

图 2-232　选择分栏

④ 单击“插入”选项卡中“页眉和页脚”命令组中的“页眉”命令，在其下拉列表中单击“边线型”，这时在文档中自动加入页眉，如图 2-233 所示。

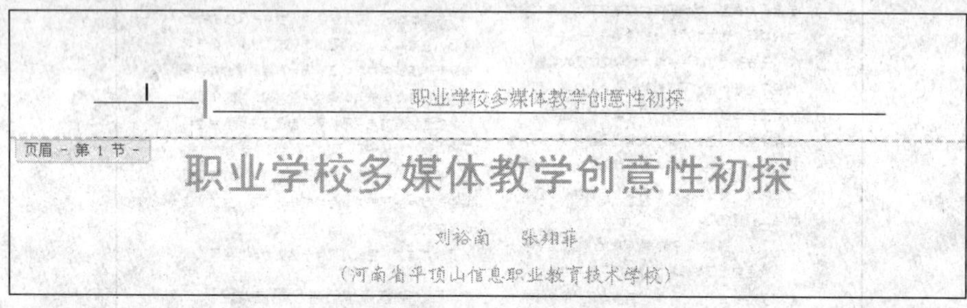

图 2-233　加入页眉

⑤ 单击“插入”选项卡中“页眉和页脚”命令组中的“页脚”命令，在其下拉列表中单击“字母表型”，这时在文档中自动加入页脚和页码，如图 2-234 所示。

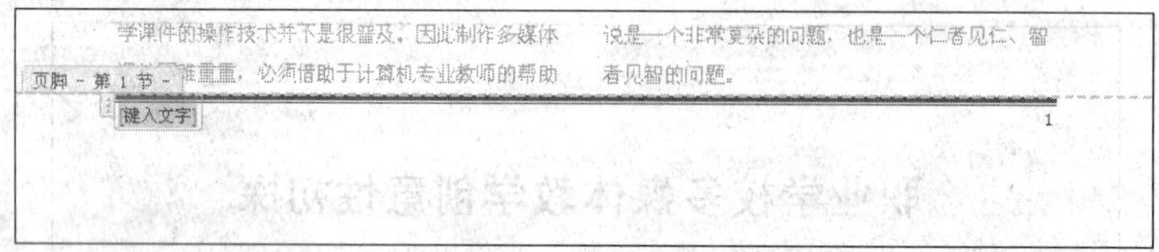

图 2-234　加入页脚

⑥ 在[输入文字]框中输入“计算机职业教育 2007.1”，并设置字体和字号，设置后的效果如图 2-235 所示。

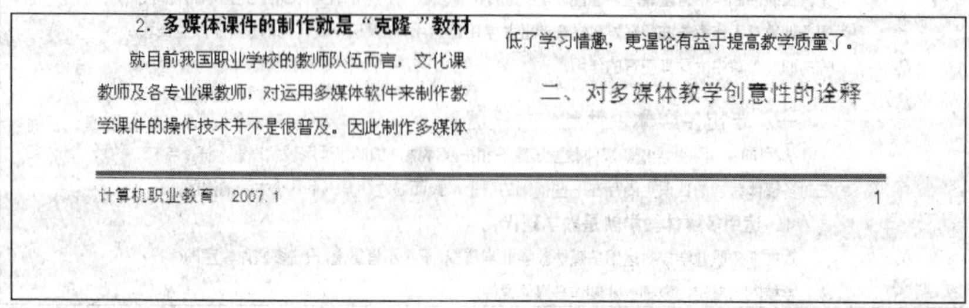

图 2-235　设置页脚的字体和字号

到此，专业杂志排版完成，最后的效果见本案例效果图2-230。

【知识解析】

本节通过一个案例介绍了在Word 2007文档中设置页面的布局、插入页眉页脚的方法和步骤，所使用的工具和命令主要是“插入”选项卡中的“页眉和页脚”命令组中的命令和“页面布局”选项卡中“页面设置”命令组中的命令组的命令，下面对本节案例涉及的操作、命令和工具作进一步的总结说明。

1. 插入页眉、页脚和页码

插入页眉、页脚和页码是Word文档编辑排版工作中常用的操作，在Word 2007中可以非常容易地完成这些操作。

（1）插入页眉和页脚

单击“插入”选项卡中“页眉和页脚”命令组中的“页眉”命令，在其下拉列表中单击其中一个页眉样式，可在文档中插入页眉；若单击“页脚”命令，在其下拉列表中单击其中一个页脚样式，可在文档中插入页脚，“页眉”和“页脚”的下拉列表如图2-236所示。

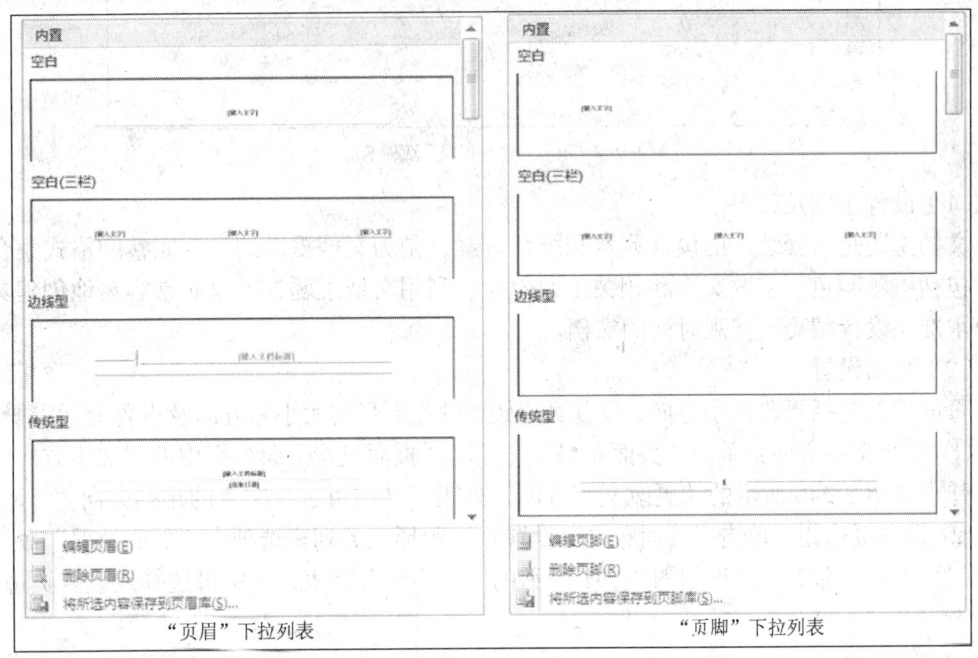

图2-236 “页眉”和“页脚”的下拉列表

单击列表中的“编辑页眉”或“编辑页脚”，可以对页眉或页脚中的内容进行修改。单击列表中的“删除页眉”或“删除页脚”，可以删除页眉或页脚。

（2）插入页码

单击“插入”选项卡中“页眉和页脚”命令组中的“页码”命令，弹出其下拉列表，如图2-237所示。在“页码”下拉列表中选择页码的位置，可在文档中的指定位置插入页码；在下拉列表中单击“设置页码格式”选项，弹出“页码格式”对话框，如图2-238所示，可设置页码的格式。

2. 页面布局

单击“页面布局”选项卡，可以看到与页面布局和设置相关的命令组。如所示图2-239。

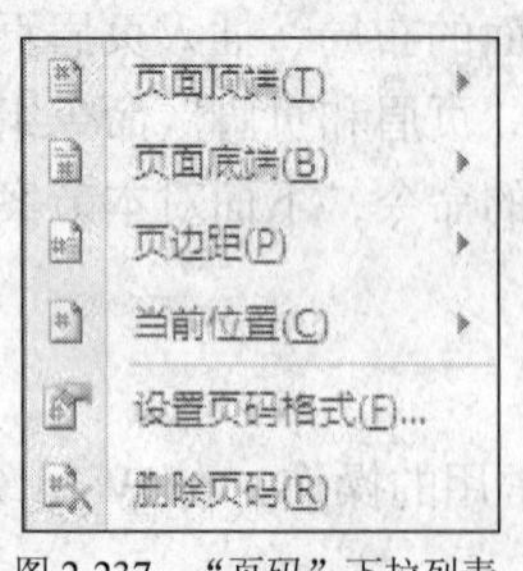

图 2-237 “页码”下拉列表

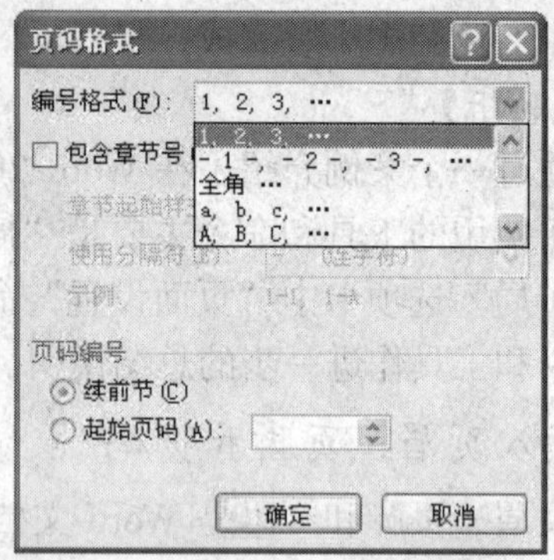

图 2-238 “页码格式”对话框

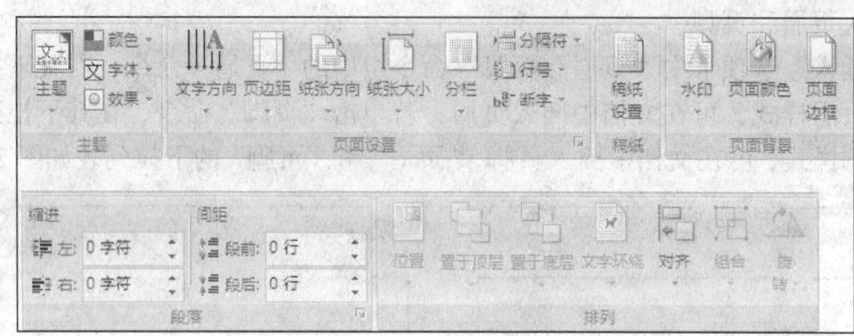

图 2-239 “页面布局”选项卡

（1）设置主题及效果

文档主题是一套统一的设计元素和配色方案，是为文档提供的一套完整的格式集合。其中包括主题颜色、主题文字和相关主题效果。利用文档主题，可以非常容易地创建具有专业水准、设计精美、美观时尚的文档。

（2）页面设置

页面设置包括更改文字方向、设置页边距、设置纸张的大小和方向及设置分栏等操作。

① 更改文字方向：单击“页面布局”选项卡“页面设置”命令组中的“文字方向”命令，弹出如图 2-240 所示的“更改文字方向”列表，从中可选择文字的排列方向。

② 设置页边距：单击“页面布局”设置页边距形式的列表选项卡“页面设置”命令组中的“页边距”命令，弹出如图 2-241 所示的“页边距”列表，从中可选择或设置页边距。

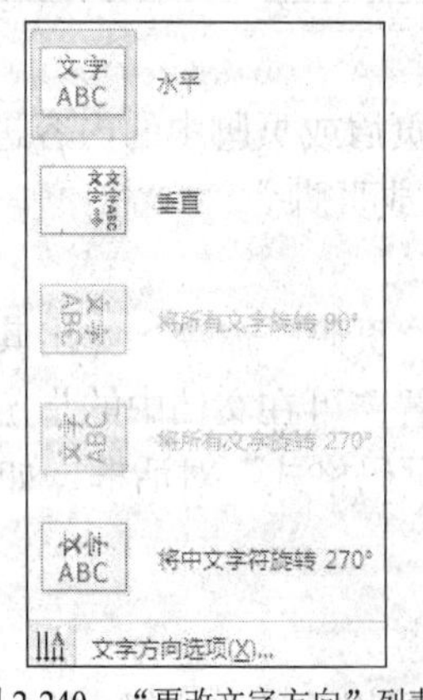

图 2-240 “更改文字方向”列表

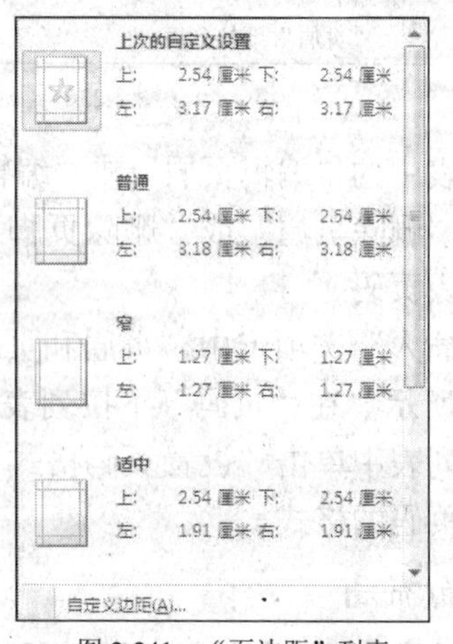

图 2-241 “页边距”列表

③ 设置纸张方向和大小：单击“页面布局”选项卡“页面设置”命令组中的“纸张方向”命令，可选择纸张的方向是纵向还是横向。

④ 设置纸张大小：单击“页面布局”选项卡“页面设置”命令组中的“纸张大小”命令，弹出如图 2-242 所示的列表，从中可选择页面的大小。在该列表中单击“其他页面大小”选项，弹出如图 2-243 所示的“页面设置”对话框，从中可自行设置纸张大小。

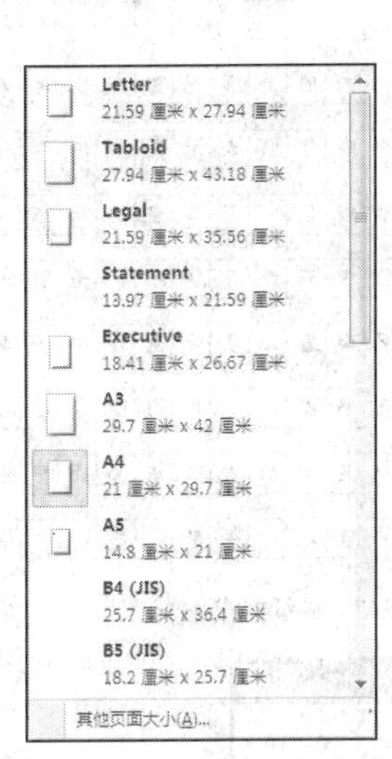

图 2-242 “页面大小”列表

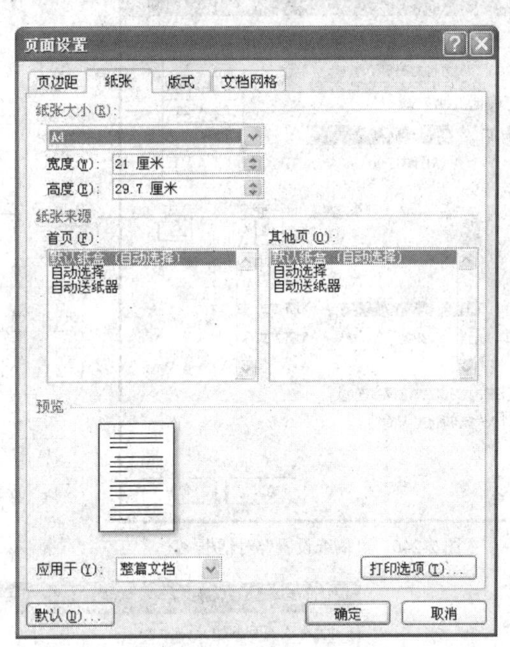

图 2-243 “页面设置”对话框

⑤ 设置分栏：单击“页面布局”选项卡“页面设置”命令组中的“分栏”命令，弹出如图 2-244 所示的列表，从中可选择分栏数量和样式。在该列表中单击“更多分栏”选项，弹出如图 2-245 所示的“分栏”对话框，从中可自行设置分栏数量和样式。

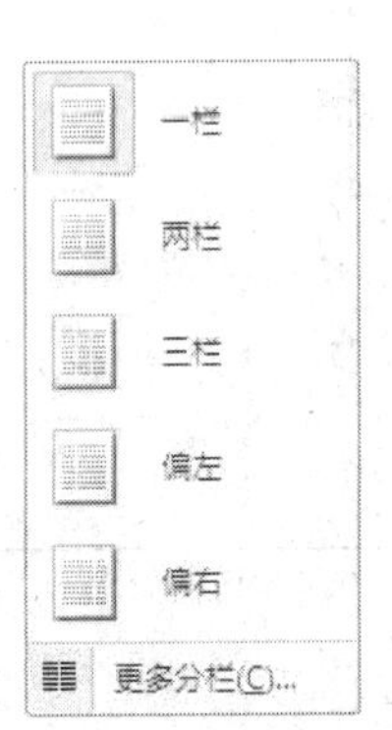

图 2-244 “分栏”列表

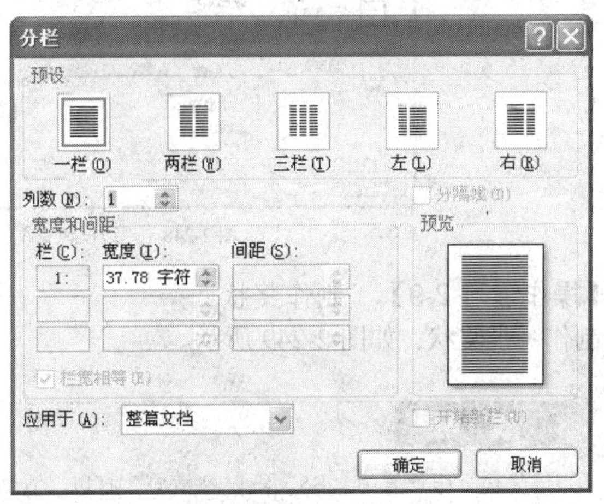

图 2-245 “分栏”对话框

⑥ 设置稿纸方式：单击“页面布局”选项卡“页面设置”命令组中的“稿纸设置”命令，弹出如图 2-246 所示的“稿纸设置”对话框，从中可设置稿纸及页眉页脚的样式，单击“确认”按钮后，可将当前文本设置为稿纸样式，如图 2-247 所示。

⑦ 设置页面的背景：单击“页面布局”选项卡中的“页面背景”命令组中的“水印”命令，可在页面内容背后插入虚影文字（即水印文字）；单击“页面颜色”命令，可选择页面的背景颜色；单击“页面边框”命令，弹出如图 2-248 所示的“边框和底纹”对话框，从中可添加或更改页面周围的边框。

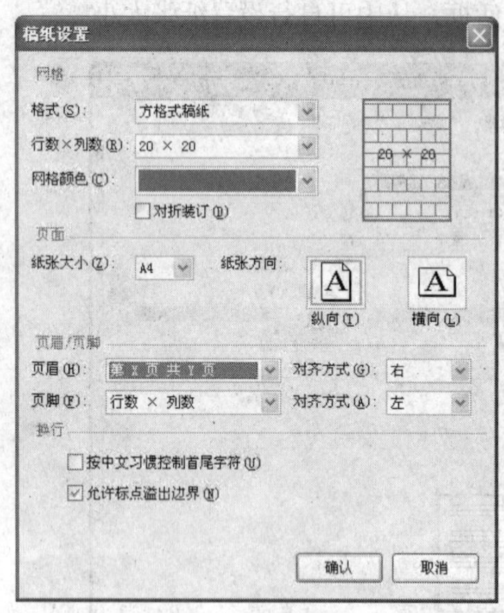

图 2-246 “稿纸设置”对话框

图 2-247 稿纸样式

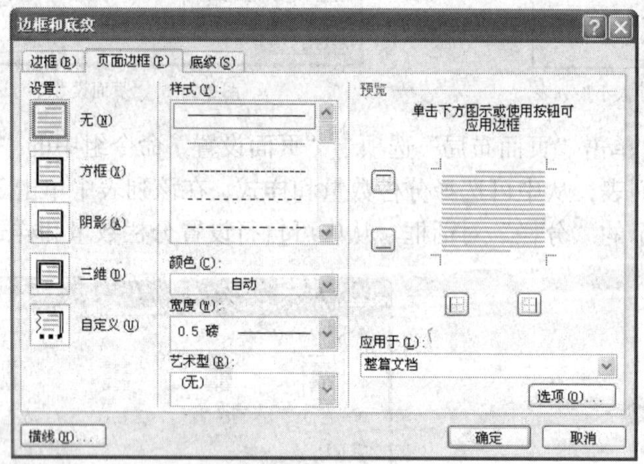

图 2-248 “边框和底纹”对话框

【操作练习 2-9】 制作奖状

制作一张奖状，如图 2-249 所示。

说 明

① 该奖状纸张设置为“B5”纸，“横向”打印，页面边框设置为“艺术型”。

② 奖状头部插入“上凸带形”形状图形，“奖状”二字用文本框输入，字体设置为“隶书、80 号字”。

③ 奖状正文部分用文本框输入，字体设置为“黑体、小一号字”。

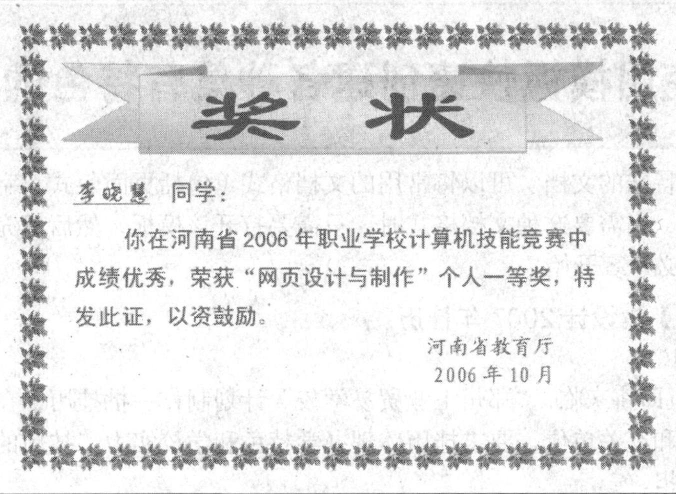

奖状

李晓慧 同学：

你在河南省2006年职业学校计算机技能竞赛中成绩优秀，荣获“网页设计与制作”个人一等奖，特发此证，以资鼓励。

河南省教育厅
2006年10月

图2-249 奖状

【操作练习2-10】 制作生活小册子

生活小册子《川味家常菜》，如图2-250所示。

说 明

① 《川味家常菜》是一本小册子，纸张大小自定义为“高15厘米、宽15厘米”。

② 页脚处输入“川味家常菜”，页眉输入菜品的类别。

③ 版面中的符号“☆”和“⊙”是通过插入选项卡中的“符号”命令组中的“符号”命令插入的。

④ 版面分为两栏并加了分隔线。

☆☆☆ 蔬菜豆腐类 ☆☆☆

泡菜肉末

⊙⊙⊙⊙⊙⊙⊙⊙⊙⊙⊙⊙⊙⊙⊙⊙⊙⊙⊙⊙

【材料】◆四川泡菜300克◆肉馅80克◆干辣椒4个◆辣椒2个

【调料】◆植物油◆盐◆米酒◆香油◆鸡精

做法

1. 泡菜沥干，切成细末；干辣椒、辣椒洗净擦干切小丁。

2. 锅内倒油烧热，先放入干辣椒爆香，再倒入肉馅炒香。

3. 加入泡菜末、辣椒丁拌炒均匀后加入盐、米酒、香油、鸡精快速拌炒入味，即可盛起。

贴心小提示

泡菜肉末吃的是猪中独特的酸甜味以及泡菜的脆度在爆炒时易留心，要快速炒匀才能保持泡菜的鲜脆度。

川味豆鱼

⊙⊙⊙⊙⊙⊙⊙⊙⊙⊙⊙⊙⊙⊙⊙⊙⊙⊙⊙⊙

【材料】◆豆腐皮2张◆胡萝卜50克◆豆芽菜30克

【调料】◆植物油◆蒜末◆姜末◆芝麻酱◆醋◆酱油膏◆白糖◆香油◆红油◆冷开水

做法

1. 胡萝卜去皮，洗净切成丝，豆芽菜洗净，均放入滚水中烫熟，捞起、沥干。

2. 豆腐皮洗净，对切一般摊开，放入烫过的胡萝卜丝，包卷成长条状，即做成豆鱼。

3. 锅内倒油烧热，放入包好的豆鱼煎至酥黄，捞出切段，盛入盘中。

4. 蒜末、姜末放碗中加芝麻酱、醋、酱油膏、白糖、香油、红油，冷开水拌匀，淋在煎好的豆鱼上面即可。

川味家常菜

图2-250 《川味家常菜》样式

2.7 使用模板快速创建各种具有特色的文档

模板是一种特殊的文档。可以将常用的文档格式（包括页面版式、字体、边距、样式等）制作成模板，当需要这种文档格式时，只需要打开该模板，然后填充所需要的文本和信息即可，而不必从零开始。

【案例 2-14】 设计 2007 年挂历

【情景模拟】

2007 年元旦即将来临，“郑州工业贸易学校”计划制作一批挂历，在元旦期间作为新年祝福送给老师和有关单位，要求挂历体现办学特色和学校实力。挂历的制作与设计由办公室秘书小王承担。

【案例分析】

由于要求挂历能体现办学特色和学校实力，因此计划用反映学校各方面办学成果的照片作为主要图片，也可配有必要的文字说明。在 Word 2007 中，已提供了 2007 年月历模板，因此，只需要将该模板打开，填入合适的照片和文字说明即可。

【案例展示】

根据要求和分析，小刘设计的 2007 年挂历如图 2-251 所示。

图 2-251 2007 年挂历

【操作步骤】

① 打开中文版 Word 2007 的工作界面，单击“Office 按钮”，在弹出的菜单中单击“新建”命令，弹出如图 2-252 所示的“新建文档”窗口。

② 在该窗口中左侧的模板列表中单击“Microsoft Office Online”下的“日历”选项，计算机将从 Microsoft Office 的网站上搜索日历模板，此时屏幕显示如图 2-253 所示。

③ 搜索完毕，屏幕显示所有的日历选项，如图 2-254 所示。

④ 在上图中单击“2007 年日历”，计算机进入再一次的搜索，最后将搜索得到的“2007 年日历”结果显示在屏幕上，如图 2-255 所示。

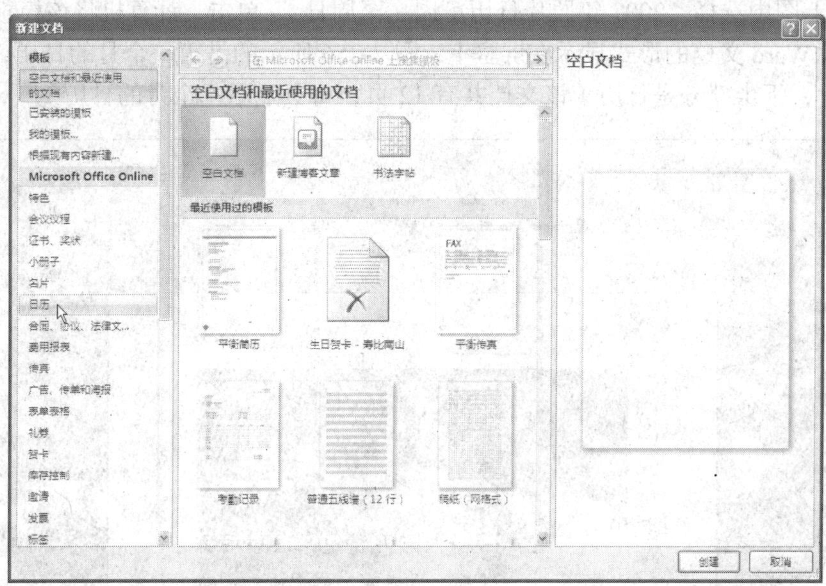

图 2-252　“新建文档”窗口

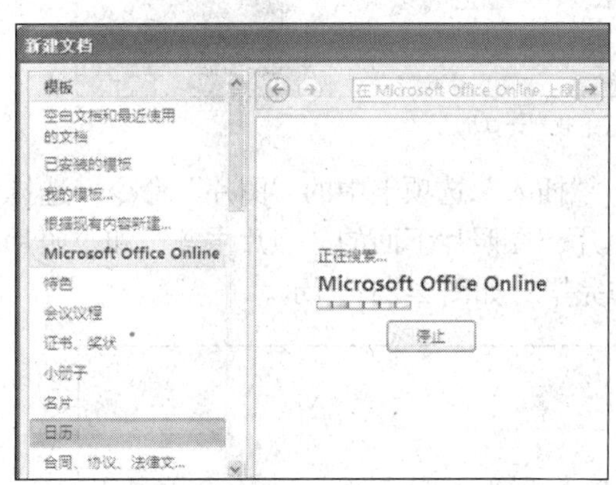

图 2-253　在 Office 的网站上搜索日历模板

图 2-254　搜索到的日历选项

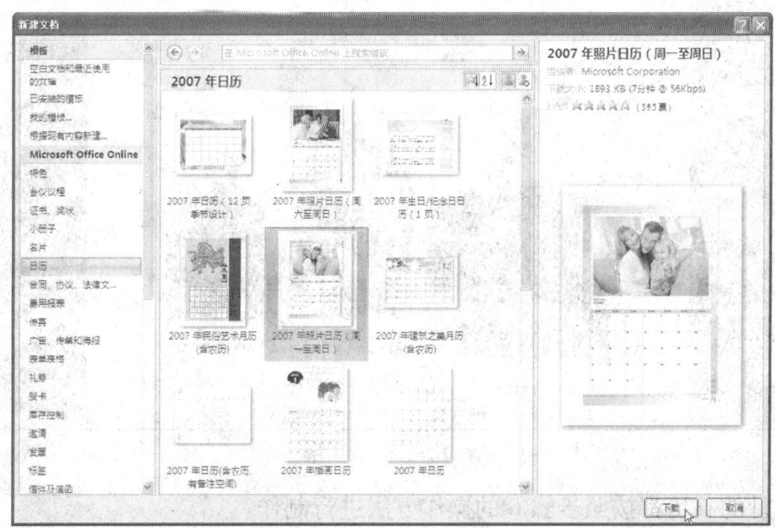

图 2-255　搜索到的所有的 2007 年日历样式

⑤ 在上图中选择“2007 年照片日历（周一至周日）”单击，计算机将该模板下载到计算机上，以 Word 文档的形式显示在屏幕上，图 2-256 所示的是第一个月的日历，其中上半部分是照片，下半部分是日历（该文档共有 12 页，每页显示一个月的日历）。

图 2-256　将其中一个样式下载到计算机上

⑥ 在图 2-265 中的照片处单击，然后单击 “插入”选项卡中的“图片”命令，选择一张合适的照片插在照片处，替换原模板中的照片，在照片下面的“照片主题”和“照片标题”处输入相关的内容，第一个月的日历制作完毕，如图 2-257 所示。

图 2-257　更换照片

⑦ 每个月的日历都按照步骤⑥的操作方法进行制作。

最终完成的挂历设计如图 2-251 所示。

【知识解析】

本节通过制作挂历的案例介绍了在 Word 2007 中使用模板创建具有特色的文档的方法。Word 2007 已经内置了一些常用文档的模板，而且假如用户的计算机已连接到 Internet，则可通过访问“Microsoft Office”网站，得到更多的文档模板，用户也可以创建自己的模板，以满足特定的需要。

1. 创建模板

创建模板的方法有 3 种，从空白模板开始创建、基于现有的文档创建和基于现有的模板创建新模板。

（1）从空白模板开始

① 单击“Office 按钮”→“新建”，打开“新建文档”对话框。

② 单击“空白文档”图标，然后单击“创建”按钮，打开一个空白文档。

③ 根据需要，设置页面的大小和方向、页边距、样式以及其他格式。还可以根据希望出现在基于该模板创建的所有新文档中的内容，添加相应的说明文字和图形。

④ 单击“Office 按钮”→“另存为”命令。

⑤ 在“另存为”对话框中，单击“受信任模板”。

⑥ 指定新模板的文件名，在“保存类型”列表中选择“Word 模板”，单击“保存”按钮。

⑦ 关闭该模板。

（2）基于现有的文档创建模板

① 单击“Office 按钮”→“打开”命令，打所需文档。

② 根据需要对该文档的格式进行相应的更改。

③ 单击“Office 按钮”→“另存为”命令。

④ 在“另存为”对话框中，单击“受信任模板”。

⑤ 指定新模板的文件名，在“保存类型”列表中选择“Word 模板”，单击“保存”按钮。

⑥ 关闭该模板。

（3）基于现有的模板创建新模板

① 单击“Office 按钮”→“新建”命令，打开“新建文档”对话框。

② 在“模板”列表下，单击“根据现有内容新建”，弹出“根据现有内容新建”对话框。

③ 在模板列表中单击与要创建的模板相似的模板，然后单击“新建”命令。

④ 根据需要对模板进行相应的更改。

⑤ 单击“Microsoft Office 按钮”→“另存为”命令。

⑥ 在“另存为”对话框中，单击“受信任模板”。

⑦ 指定新模板的文件名，在“保存类型”列表中选择“Word 模板”，单击“保存”按钮。

⑧ 关闭该模板。

2. 使用模板

Word 2007 提供的模板分为三类：Word 2007 内置的模板、自己创建的模板和“Microsoft Office”网站提供的可供下载的模板。使用这些模板创建新文件的方法类似。

（1）使用 Word 2007 内置的模板创建文档

① 单击“Office 按钮”→“新建”，打开“新建文档”对话框。

② 单击“已安装的模板”，在对话框中选择需要的模板，单击“创建”按钮，如图 2-258 所示。

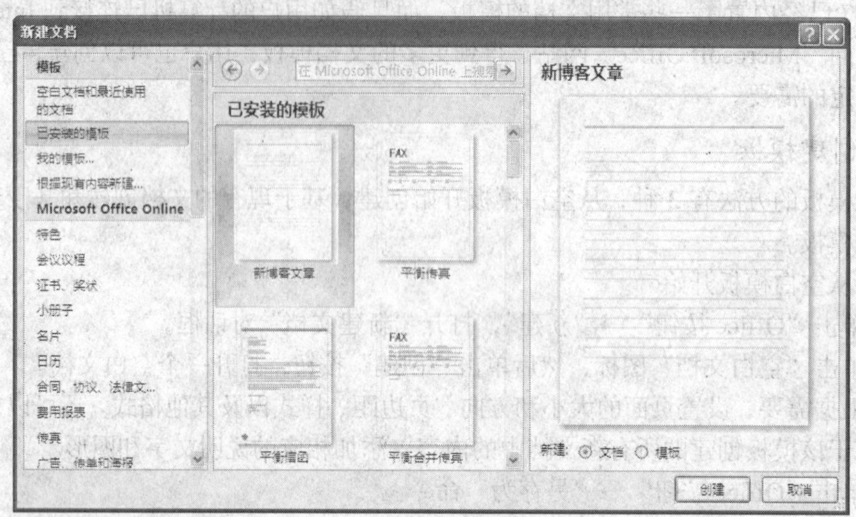

图 2-258 使用 Word 2007 内置的模板创建文档

③ 此时模板出现 Word 2007 窗口上，可根据需要填入文档内容。

（2）使用自己创建或原来从“Microsoft Office”网站上下载的模板

① 单击“Office 按钮”→“新建”命令，打开“新建文档”对话框。

② 单击“我的模板”，打开“新建”对话框，在对话框中选择需要的模板，单击“确定”按钮，如图 2-259 所示。

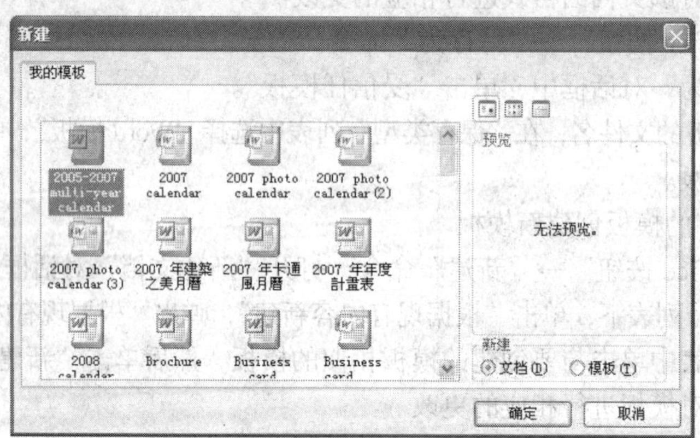

图 2-259 “新建”对话框

③ 此时模板出现在 Word 2007 窗口上，可根据需要填入文档内容。

（3）使用“Microsoft Office”网站上下载的模板

① 单击“Microsoft Office 按钮”→“新建”命令，打开“新建文档”对话框。

② 在“Microsoft Office Online”下的列表中选择所需的模板名称，计算机将从网站上搜索相应的模板，并将其显示出来。

③ 选择所需的模板，单击“下载”按钮，计算机下载该模板，并将模板显示在 Word 2007 窗口。

④ 根据需要在模板中填入文档内容。

使用网上提供的模板

① 若要从“Microsoft Office”网站上下载模板，必须先将计算机连入Internet。

② 若已经将网站上提供的模板下载，则该模板就保存在Word 2007中，使用时可直接单击“Office按钮”→“新建”→“我的模板”命令，然后选择该模板。

【操作练习2-11】 制作获奖证书

制作一张获奖证书，如图2-260所示。

说 明

使用“Microsoft Office”网站提供的可供下载的“证书”模板制作。

郑州工业贸易学校

在河南省职业学校计算机技能竞赛中

荣获“网站规划与设计”

团体一等奖

河南省教育厅

2007年10月

图2-260 获奖证书样式

【操作练习2-12】 制作试卷

制作一份标准试卷，如图2-261所示。

准考证号： 考生姓名：

密封线内答题无效

“海燕杯”办公自动化知识竞赛试题

题号	第一题	第二题	第三题	第四题	第五题	总分
分数						

批卷人	审阅人	分数

一、填空题（20分）

1.计算机的硬件系统由 ______、______、______、______ 和 ______ 五大部分组成。

2.负责计算机运算工作的是 ______ ，负责控制计算机工作的是 ______ 。

3.我们日常工作中制作的各类文档，保存在电脑的 ______ 中 。

4.显示器属于计算机的 ______ 设备。

5.应用软件可分为 ______ 软件和 ______ 软件两大类。

6.当前最具代表性的办公软件是 ______ 。

7.通常所说的Office办公软件，主有 ______、______、______ 等软件组成，其最新的版本是 ______ 。

8.在Word中，可以插入的图片包括 ______ 和 ______ 两种形式。

批卷人	审阅人	分数

二、选择题（20分）

1.以下设备中，（　）不属于外存储设备。

A.硬盘　B.光驱　C.软驱　D.内存

2.WindowsXP属于（　）软件。

A.基本输入输出系统　B.数据库管理系统

C.操作系统　D.网络管理系统

3.鼠标和键盘属于（　）。

A.输入设备　B.输出设备　C.存储设备　D.显示设备

4.计算机热启动时应同时按下（　）。

A.Ctrl+Alt+Esc　B.Ctrl+Esc+Delete

C.Ctrl+Alt+Shift　D.Ctrl+Alt+Delete

第1页　共3页

图2-261　试卷样式

第 3 章 Excel 2007 的使用

Excel 2007 是一个专门用来制作电子表格的应用软件，人们在办公中经常会使用 Excel 2007 来处理一些比较复杂的报表和烦琐的数据计算。本章将通过案例介绍 Excel 2007 的基本操作，以及在实际的工作中使用 Excel 2007 处理和制作表格的方法。

学习目标

- 熟练掌握 Excel 的工作界面和基本操作方法
- 熟练掌握电子表格的建立和数据录入方法
- 熟练掌握电子表格中数据计算和统计分析的方法
- 掌握美化电子表格的方法
- 掌握创建电子表格图表和使用图表分析数据的方法

3.1 认识 Excel 2007 的界面

【案例 3-1】 了解 Excel 2007 的工作界面

【情景模拟】

金迪电子科技有限公司需要制作一批表格，其中许多表格都要进行数据的计算和统计，还要制作相应的图表。因此要求新来的办公室秘书小王尽快熟悉电子表格制作软件 Excel 2007 的使用方法。小王遇到的首要问题是怎样启动和退出 Excel 2007，并了解 Excel 2007 的工作界面。

【案例分析】

Excel 2007 是美国 Microsoft 公司最新推出的 Office 2007 的一个组件，当计算机已经正确地安装了 Office 2007 以后，Excel 2007 就可以使用了。Excel 2007 的启动和退出的方式与 Word 2007 类似，Excel 2007 的工作界面和基本操作方法与 Word 2007 也有相似之处，

但也有自己特有的选项和操作。

【知识解析】

正确启动了 Excel 2007 以后，在屏幕上会出现 Excel 2007 的工作界面，如图 3-1 所示。

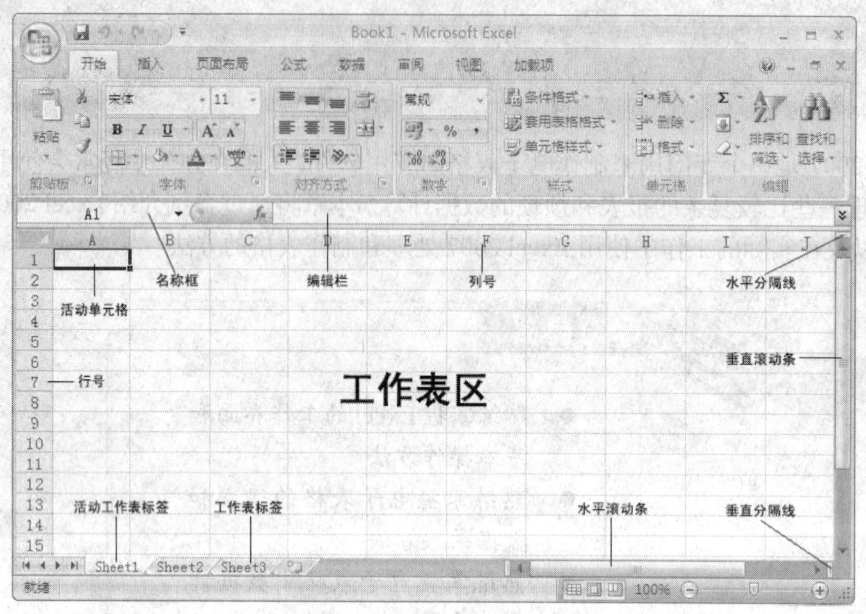

图 3-1 Excel 2007 的工作界面

在 Excel 2007 的工作界面中，快速访问工具栏、功能区、选项卡、命令组、命令按钮和显示比例等与 Word 2007 相应部分的作用和操作方法完全相同，这里只对 Excel 2007 中特有的组成部分进行介绍。由于 Excel 2007 是专门的电子表格制作软件，因此在 Excel 2007 的操作中，还有一些与表格操作相关的术语和概念。

1. 工作簿、工作表和单元格

在 Excel 2007 中，工作簿是计算和存储数据的文件，用来保存表格中的所有数据，通常所说的 Excel 文件就是指工作簿。

工作簿由若干张工作表组成，默认情况下包含三张工作表，需要时可以添加或删除工作表。启动 Excel 2007 后，我们所看到的 Excel 2007 界面就是一张工作表，对表格的所有计算和处理都是在工作表中进行的。

工作表中由行和列交汇所构成的方格称为单元格，单元格是 Excel 2007 的基本存储单元。将鼠标指针移到任一个单元格内单击，此单元格就成为活动单元格（该单元格用粗黑线框起来），只有在活动单元格中才可以输入或编辑数据。

2. 单元格和单元格区域的表示方法

在 Excel 2007 的工作表中，最上面的“A，B，C…”表示列号，而最左边的“1，2，3 …”表示行号，每个单元格的位置由它所在的行号和列号表示。如 B3 表示第 2（B）列第 3 行的单元格，当用鼠标在某个单元格上单击，该单元格成为活动单元格时，其名称会出现在 Excel 2007 界面左上角的名称框中，如图 3-2 所示。

有时在制作表格时需要选择一个单元格区域，表示单元格区域的方法是：用该区域左上角和右下角的单元格地址来表示，中间用冒号（：）分隔，如图 3-3 所示。

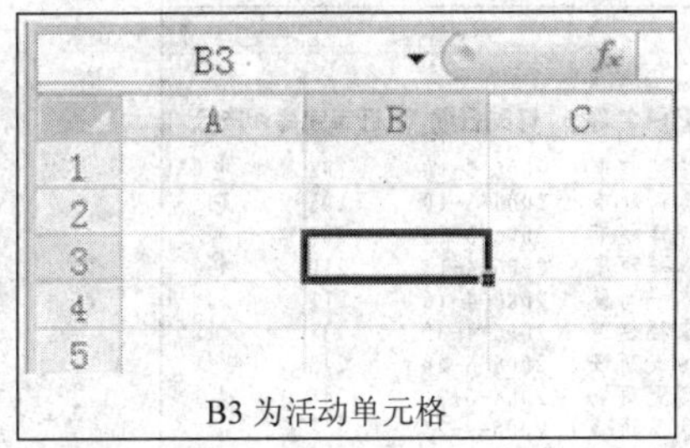

B3 为活动单元格

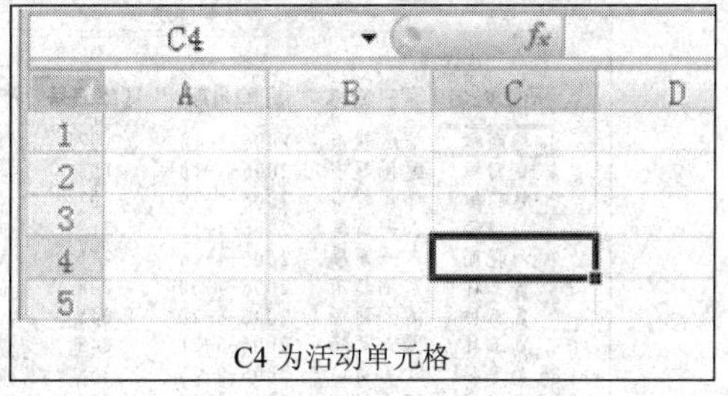

C4 为活动单元格

图 3-2　活动单元格

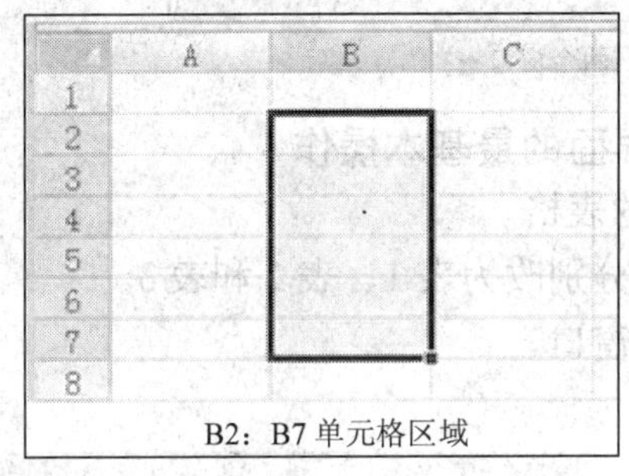

B2：B7 单元格区域

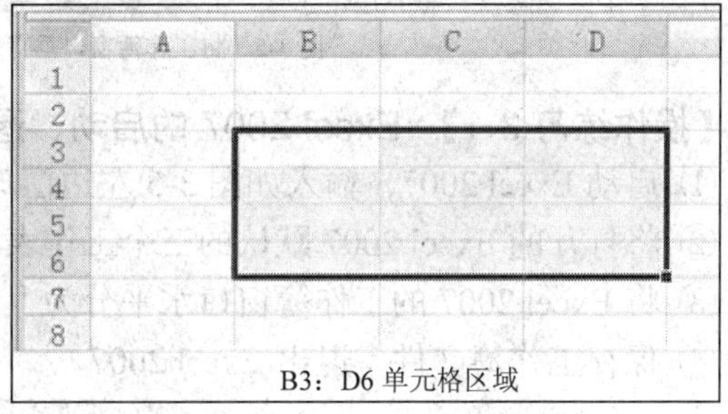

B3：D6 单元格区域

图 3-3　单元格区域

3. 名称框和编辑栏

名称框用于显示当前活动单元格的名称，编辑栏将活动单元格的内容显示出来，并允许在此进行输入和修改。编辑栏前面的各按钮的含义如下。

取消按钮×：用鼠标单击此按钮，将取消数据的输入或编辑工作。

输入按钮✓：用鼠标单击此按钮，将输入或修改后的数据保存在当前活动单元格中，并结束数据的输入或编辑工作。

插入函数按钮fx：用鼠标单击此按钮，将引导用户输入一个函数，具体使用方法将在后面介绍。

名称框和编辑栏的使用如图 3-4 所示。

D3　× ✓ fx　讲师

	A	B	C	D	E	F
1	姓名	性别	出生日期	职称	职务	基本工资
2	李明	男	1968-10-1	副教授	系主任	1875.0
3	王晓萍	女	1975-8-18	讲师		1450.0
4	张伟	男	1960-11-5	教授		2800.0

图 3-4　名称框和编辑栏的使用

4. 工作表标签

Excel 2007 界面中的工作表标签用来显示工作表的名称。单击某一工作表标签可以进行工作表之间的切换；双击工作表标签可对工作表的名称进行修改，正在使用的工作表称为活动（或当前）工作表。

5. 水平（或垂直）分割线

移动水平（或垂直）分割线可以把工作簿窗口从水平（或垂直）方向划分为两个窗口。图 3-5 所示是将工作簿窗口垂直划分为左右两个窗口。

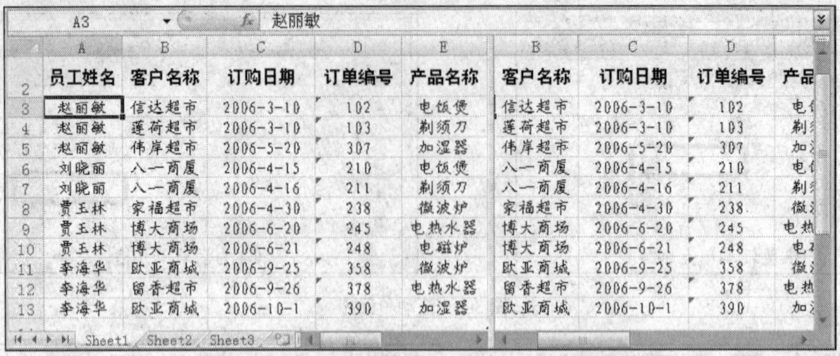

A3 fx 赵丽敏

	A	B	C	D	E	B	C	D	
2	员工姓名	客户名称	订购日期	订单编号	产品名称	客户名称	订购日期	订单编号	产品
3	赵丽敏	信达超市	2006-3-10	102	电饭煲	信达超市	2006-3-10	102	电
4	赵丽敏	莲荷超市	2006-3-10	103	剃须刀	莲荷超市	2006-3-10	103	剃
5	赵丽敏	伟岸超市	2006-5-20	307	加湿器	伟岸超市	2006-5-20	307	加
6	刘晓丽	八一商厦	2006-4-15	210	电饭煲	八一商厦	2006-4-15	210	电
7	刘晓丽	八一商厦	2006-4-16	211	剃须刀	八一商厦	2006-4-16	211	剃
8	贯玉林	家福超市	2006-4-30	238	微波炉	家福超市	2006-4-30	238	微
9	贯玉林	博大商场	2006-6-20	245	电热水器	博大商场	2006-6-20	245	电热
10	贯玉林	博大商场	2006-6-21	248	电磁炉	博大商场	2006-6-21	248	电
11	李海华	欧亚商城	2006-9-25	358	微波炉	欧亚商城	2006-9-25	358	微
12	李海华	留香超市	2006-9-26	378	电热水器	留香超市	2006-9-26	378	电热
13	李海华	欧亚商城	2006-10-1	390	加湿器	欧亚商城	2006-10-1	390	加

Sheet1 Sheet2 Sheet3

图 3-5 将工作簿窗口垂直划分为左右两个窗口

【操作练习 3-1】 Excel 2007 的启动、退出及界面的最基本操作

① 启动 Excel 2007，输入如图 3-5 左边窗口所示的表格。

② 将打开的 Excel 2007 默认的三个工作表的名称分别改为表 1、表 2 和表 3。

③ 将 Excel 2007 的工作簿窗口水平分为上下两个窗口。

④ 保存工作簿文件，退出 Excel 2007。

3.2 Excel 2007 的基本操作

【案例 3-2】 销售业绩统计表

【情景模拟】

金迪电子科技有限公司为了鼓励销售人员努力工作，将每年的销售业绩与年终考评和奖励挂钩，现要求制作出销售人员业绩统计表，销售部秘书小李承担了此项任务。

【案例分析】

“销售业绩统计表”应包括以下选项：员工姓名、客户名称、订购日期、订单编号、产品名称、单价、订购数量和金额。要求表格清晰、规范，字体、字号设置合理，并表明制表日期。

【案例展示】

根据要求和分析，设计制作的表格如图 3-6 所示。

销售业绩统计表

员工姓名	客户名称	订购日期	订单编号	产品名称	单价	订购数量	金额
赵丽敏	信达超市	2006-3-10	102	电饭煲	180	50	9000
赵丽敏	莲荷超市	2006-3-10	103	剃须刀	245	100	24500
赵丽敏	伟岸超市	2006-5-20	307	加湿器	375	30	11250
刘晓丽	八一商厦	2006-4-15	210	电饭煲	180	30	5400
刘晓丽	八一商厦	2006-4-16	211	剃须刀	245	50	12250
贯玉林	家福超市	2006-4-30	238	微波炉	465	30	13950
贯玉林	博大商场	2006-6-20	245	电热水器	850	30	25500
贯玉林	博大商场	2006-6-21	248	电磁炉	350	50	17500
李海华	欧亚商城	2006-9-25	358	微波炉	465	20	9300
李海华	留香超市	2006-9-26	378	电热水器	850	30	25500
李海华	欧亚商城	2006-10-1	390	加湿器	375	40	15000

制表日期： 2006年12月30日

图 3-6 销售业绩统计表展示

【操作步骤】

① 单击“开始”→“所有程序”→“Microsoft Office”→“Microsoft Office Excel 2007”命令，打开Excel 2007的工作界面。

② 用鼠标单击A1单元格，输入表格的标题“销售业绩统计表”。

③ 在A2到H2的单元格区域中依次输入表头内容，如图3-7所示。

④ 在A3到H13的单元格区域中输入表的具体内容。

	A	B	C	D	E	F	G	H
1	销售业绩统计表							
2	员工姓名	客户名称	订购日期	订单编号	产品名称	单价	订购数量	金额
3	赵丽敏	信达超市	2006-3-10	102	电饭煲	180	50	9000
4	赵丽敏	莲荷超市	2006-3-10	103	剃须刀	245	100	24500
5	赵丽敏	伟岸超市	2006-5-20	307	加湿器	375	30	11250
6	刘晓丽	八一商厦	2006-4-15	210	电饭煲	180	30	5400
7	刘晓丽	八一商厦	2006-4-16	211	剃须刀	245	50	12250
8	贾玉林	家福超市	2006-4-30	238	微波炉	465	30	13950
9	贾玉林	博大商场	2006-6-20	245	电热水器	850	30	25500
10	贾玉林	博大商场	2006-6-21	248	电磁炉	350	50	17500
11	李海华	欧亚商城	2006-9-25	358	微波炉	465	20	9300
12	李海华	留香超市	2006-9-26	378	电热水器	850	30	25500
13	李海华	欧亚商城	2006-10-1	390	加湿器	375	40	15000
14								

图3-7 输入销售业绩统计表的内容

在工作表中输入数据时应注意

① 表名、表头和“员工姓名”、“客户名称”、“产品名称”的内容是文字（也称文本型数据），输入时直接输入即可；“订单编号”的内容虽然由数字符号组成，但它是不能进行计算的字符串，也是文本型数据，输入时应先输入一个单引号（′），再输入各数字符号。例如要在D3单元格中输入订单编号102，应在该单元格中输入“′102”。文本型数据自动左对齐。

② “单价”、“订购数量”和“金额”的内容是数字（也称数值型数据），输入时直接输入数字即可，数值型数据自动右对齐。

③ “订购日期”内容是一个日期（也称日期型数据），常用的输入格式是“年-月-日”，日期型数据自动右对齐。

④ 某一单元格中的数据输入完后，按Tab键可将光标移到同一行的下一个单元格；按回车键可将光标移到同一列的下一个单元格；按方向键可将光标任意移动。

⑤ 在A1单元格中单击并拖曳鼠标到H1单元格（称为选中A1:H1单元格区域），此时A1:H1单元格区域反白显示。

⑥ 单击“开始”选项卡→“对齐方式”命令组→“合并后居中”命令按钮 合并后居中，该命令将A1:H1单元格区域合并为一个单元格，并使其中的内容居中显示。再将字体和字号设置为黑体和18号字，如图3-8所示。

	A	B	C	D	E	F	G	H
1	销售业绩统计表							
2	员工姓名	客户名称	订购日期	订单编号	产品名称	单价	订购数量	金额
3	赵丽敏	信达超市	2006-3-10	102	电饭煲	180	50	9000
4	赵丽敏	莲荷超市	2006-3-10	103	剃须刀	245	100	24500
5	赵丽敏	伟岸超市	2006-5-20	307	加湿器	375	30	11250

图3-8 设置表名的格式

⑦ 选中 A2:H2 单元格区域，将表头的字体设置为黑体，12 号字，如图 3-9 所示。

	A	B	C	D	E	F	G	H
1	销售业绩统计表							
2	员工姓名	客户名称	订购日期	订单编号	产品名称	单价	订购数量	金额
3	赵丽敏	信达超市	2006-3-10	102	电饭煲	180	50	9000
4	赵丽敏	莲荷超市	2006-3-10	103	剃须刀	245	100	24500
5	赵丽敏	伟岸超市	2006-5-20	307	加湿器	375	30	11250

图 3-9　设置表头的格式

⑧ 选中 A3:H13 单元格区域，将工作表内容的字体设置为楷体；然后将鼠标放在第 2 行和第 3 行的行号之间，当鼠标指针变成✛形状时，向下拖曳鼠标，使表头和表的内容之间空开一定的距离，如图 3-10 所示。

	A	B	C	D	E	F	G	H
1	销售业绩统计表							
2	员工姓名	客户名称	订购日期	订单编号	产品名称	单价	订购数量	金额
3	赵丽敏	信达超市	2006-3-10	102	电饭煲	180	50	9000
4	赵丽敏	莲荷超市	2006-3-10	103	剃须刀	245	100	24500
5	赵丽敏	伟岸超市	2006-5-20	307	加湿器	375	30	11250
6	刘晓丽	八一商厦	2006-4-15	210	电饭煲	180	30	5400
7	刘晓丽	八一商厦	2006-4-16	211	剃须刀	245	50	12250
8	贯玉林	家福超市	2006-4-30	238	微波炉	465	30	13950
9	贯玉林	博大商场	2006-6-20	245	电热水器	850	30	25500
10	贯玉林	博大商场	2006-6-21	248	电磁炉	350	50	17500
11	李海华	欧亚商城	2006-9-25	358	微波炉	465	20	9300
12	李海华	留香超市	2006-9-26	378	电热水器	850	30	25500
13	李海华	欧亚商城	2006-10-1	390	加湿器	375	40	15000

图 3-10　设置表的内容的字体

⑨ 选中 A2:H13 单元格区域，单击“开始”选项卡→“对齐方式”命令组→“居中”命令按钮☰，将表格中的内容居中显示；然后将鼠标放在列号之间，当鼠标指针变成✛形状时，向左或向右拖曳鼠标，使各列的宽度变得更合适一些，如图 3-11 所示。

	A	B	C	D	E	F	G	H
1	销售业绩统计表							
2	员工姓名	客户名称	订购日期	订单编号	产品名称	单价	订购数量	金额
3	赵丽敏	信达超市	2006-3-10	102	电饭煲	180	50	9000
4	赵丽敏	莲荷超市	2006-3-10	103	剃须刀	245	100	24500
5	赵丽敏	伟岸超市	2006-5-20	307	加湿器	375	30	11250
6	刘晓丽	八一商厦	2006-4-15	210	电饭煲	180	30	5400
7	刘晓丽	八一商厦	2006-4-16	211	剃须刀	245	50	12250
8	贯玉林	家福超市	2006-4-30	238	微波炉	465	30	13950
9	贯玉林	博大商场	2006-6-20	245	电热水器	850	30	25500
10	贯玉林	博大商场	2006-6-21	248	电磁炉	350	50	17500
11	李海华	欧亚商城	2006-9-25	358	微波炉	465	20	9300
12	李海华	留香超市	2006-9-26	378	电热水器	850	30	25500
13	李海华	欧亚商城	2006-10-1	390	加湿器	375	40	15000

图 3-11　使表中各列的宽度合适

⑩ 选中 A2:H13 单元格区域，单击“开始”选项卡→“字体”命令组→“所有框线”命令按钮田，将表格加上框线，如图 3-12 所示。

⑪ 将 E14:F14 单元格区域“合并后居中”，并在该单元格内输入“制表日期:”；将 G14:H14 单元格区域“合并后居中”，并在该单元格内输入“2006 年 12 月 30 日”，如图 3-13 所示。

	A	B	C	D	E	F	G	H
1	销售业绩统计表							
2	员工姓名	客户名称	订购日期	订单编号	产品名称	单价	订购数量	金额
3	赵丽敏	信达超市	2006-3-10	102	电饭煲	180	50	9000
4	赵丽敏	莲荷超市	2006-3-10	103	剃须刀	245	100	24500
5	赵丽敏	伟岸超市	2006-5-20	307	加湿器	375	30	11250
6	刘晓丽	八一商厦	2006-4-15	210	电饭煲	180	30	5400
7	刘晓丽	八一商厦	2006-4-16	211	剃须刀	245	50	12250
8	贾玉林	家福超市	2006-4-30	238	微波炉	465	30	13950
9	贾玉林	博大商场	2006-6-20	245	电热水器	850	30	25500
10	贾玉林	博大商场	2006-6-21	248	电磁炉	350	50	17500
11	李海华	欧亚商城	2006-9-25	358	微波炉	465	20	9300
12	李海华	留香超市	2006-9-26	378	电热水器	850	30	25500
13	李海华	欧亚商城	2006-10-1	390	加湿器	375	40	15000

图 3-12 将表格加上框线

12	李海华	留香超市	2006-9-26	378	电热水器	850	30	25500
13	李海华	欧亚商城	2006-10-1	390	加湿器	375	40	15000
14						制表日期：	2006年12月30日	

图 3-13 输入制表日期

⑫ 到此，“销售业绩统计表”制作完成，单击 Excel 2007 界面左上角的“Office”按钮，在弹出的菜单中单击“打印”→“打印预览”命令，可以看到如本案例展示图 3-6 所示的结果。

【知识解析】

本节通过案例介绍了 Excel 2007 最基本的操作，包括单元格的选择，数据的输入，数据的修改和编辑，字体、字号的设置，表格框线的设置，对齐方式的设置，以及单元格的插入和删除等。下面将对相关知识作进一步的介绍。

1. 单元格的选择

（1）选择独立的单元格

选择独立的单元格有以下两种常用方法。

① 使用鼠标在要选择的单元格上单击，即选择了该单元格，并使其成为活动单元格。

② 在名称框中输入要选择的单元格的名称，然后按回车键，也选择了该单元格。

（2）选择整行和整列

① 在工作表的行号上单击要选择的行的行号，就可以选定该行。

② 在工作表的列号上单击要选择的列的列号，就可以选定该列。

选择整行和整列的效果如图 3-14 所示。

	A	B	C	D
1				销售业绩
2	员工姓名	客户名称	订购日期	订单编号
3	赵丽敏	信达超市	2006-3-10	102
4	赵丽敏	莲荷超市	2006-3-10	103
5	赵丽敏	伟岸超市	2006-5-20	307
6	刘晓丽	八一商厦	2006-4-15	210
7	刘晓丽	八一商厦	2006-4-16	211
8	贾玉林	家福超市	2006-4-30	238
9	贾玉林	博大商场	2006-6-20	245

选择一行单元格

	A	B	C	D
1				销售业绩
2	员工姓名	客户名称	订购日期	订单编号
3	赵丽敏	信达超市	2006-3-10	102
4	赵丽敏	莲荷超市	2006-3-10	103
5	赵丽敏	伟岸超市	2006-5-20	307
6	刘晓丽	八一商厦	2006-4-15	210
7	刘晓丽	八一商厦	2006-4-16	211
8	贾玉林	家福超市	2006-4-30	238
9	贾玉林	博大商场	2006-6-20	245

选择一列单元格

图 3-14 选择整行或整列单元格

（3）选择单元格区域

① 选择连续的单元格区域：将鼠标指针指向该区域的第一个单元格，按下鼠标左键拖曳至最后一个单元格，松开鼠标即完成选择。

② 选择不连续的单元格区域：按住 Ctrl 键后选择每一个单元格区域，松开鼠标即完成选择。

选择单元格区域的效果如图 3-15 所示。

	A	B	C	D
2	员工姓名	客户名称	订购日期	订单编号
3	赵丽敏	信达超市	2006-3-10	102
4	赵丽敏	莲荷超市	2006-3-10	103
5	赵丽敏	伟岸超市	2006-5-20	307
6	刘晓丽	八一商厦	2006-4-15	210
7	刘晓丽	八一商厦	2006-4-16	211
8	贯玉林	家福超市	2006-4-30	238
9	贯玉林	博大商场	2006-6-20	245
10	贯玉林	博大商场	2006-6-21	248

选择连续的单元格区域

	A	B	C	D
2	员工姓名	客户名称	订购日期	订单编号
3	赵丽敏	信达超市	2006-3-10	102
4	赵丽敏	莲荷超市	2006-3-10	103
5	赵丽敏	伟岸超市	2006-5-20	307
6	刘晓丽	八一商厦	2006-4-15	210
7	刘晓丽	八一商厦	2006-4-16	211
8	贯玉林	家福超市	2006-4-30	238
9	贯玉林	博大商场	2006-6-20	245
10	贯玉林	博大商场	2006-6-21	248

选择不连续的单元格区域

图 3-15 选择连续或不连续的单元格区域

（4）选择整个工作表

若要选择整个工作表，只需单击工作表左上角的“选择整个工作表”按钮，如图 3-16 所示。

选择整个工作表按钮

	A	B	C	D	E	F
2	员工姓名	客户名称	订购日期	订单编号	产品名称	单价
3	赵丽敏	信达超市	2006-3-10	102	电饭煲	180
4	赵丽敏	莲荷超市	2006-3-10	103	剃须刀	245
5	赵丽敏	伟岸超市	2006-5-20	307	加湿器	375
6	刘晓丽	八一商厦	2006-4-15	210	电饭煲	180
7	刘晓丽	八一商厦	2006-4-16	211	剃须刀	245

图 3-16 选择整个工作表

选择后的单元格区域反白显示。如果要取消选择，用鼠标单击工作表中的任一个单元格即可。

2. 向工作表中输入数据

Excel 工作表中的数据包括文本、数字、日期和时间等。向工作表中输入数据，是要把数据输入到工作表的单元格中。

（1）输入文本

文本型数据包括汉字、英文字母、数字、空格以及其他键盘能键入的符号。

输入文本时，首先单击要输入文本的单元格（使其成为活动单元格），然后直接由键盘输入文本。

输入由数字组成的字符串（如邮政编码、电话号码、产品编号）时，应先输入单引号（'），再输入数字符号，例如要在某单元格中输入邮政编码 450007，则应输入“'450007”。否则 Excel 2007 会把数字字符串理解成数字型数据。

文本型数据在单元格里左对齐。

（2）输入数字

数字是可用于计算的数据，输入数字时有以下规则。

① 数字中可以包括逗号，如“1,450,500”。

② 负数既可以用在数字的前面加一个减号表示，也可以用圆括号“( )”将数字括起来，如（28）和–28都表示同一个数“–28”。

③ 当数值的长度超过单元格的宽度时，Excel 2007 将采用科学计数法来表示输入的数字，例如输入“1234567890000”时，Excel 2007 会在单元格中用“1.23457E+12”显示该数字，但在编辑栏中可以显示全部数字。

④ 默认情况下输入的数字靠右对齐。

（3）输入日期

在Excel 2007中，如果输入的数据格式符合Excel 2007规定的日期格式，则认为输入的数据是一个日期。例如输入“2007-9-15”、“2007年9月15日”、“二○○七年九月十五日”等都表示同一个日期。

（4）输入时间

Excel 2007中时间可以采用12小时制式和24小时制式进行表示，小时与分钟或秒之间用冒号（:）分开。若按12小时制式输入时间，Excel 2007将插入的时间当作上午时间，例如输入“3:50:30”，会被视为“3:50:30 AM”。如果要特别表示上午或下午，只需在时间后留一个空格，并输入“AM（表示上午）”和“PM（表示下午）”。例如“3:50:30 PM”、“15:50:30”、“下午3点50分30秒”等都表示同一个时间。

插入当前日期或时间

① 如果要在单元格中插入当前日期，可以按Ctrl+;(分号)键。

② 如果要在单元格中插入当前时间，可以按Ctrl+Shift+;(分号)键。

③ 日期和时间格式的数据在单元格中右对齐。

④ 如果输入的日期或时间是Excel 2007不能识别的格式，则输入的内容被看成是文本，并在单元格中左对齐。

（5）快速输入数据

在使用Excel 2007制作表格时，有时会遇到要输入大量相同数据或有规律数据的情况，这时利用Excel 2007提供的快速方法进行输入，既可以提高输入速度，又可以降低出错概率。快速输入数据方法有以下几种情况。

① 同时在多个单元格中输入相同的数据。

在工作表中有时一些单元格的内容是相同的，可以同时在这些单元格中输入数据以提高输入效率。例如要建立一个课程表，其中有一些课程名是相同的，同时输入相同课程名的步骤如下：

- 选定要输入相同内容的单元格区域，并在活动单元格中输入内容，如图3-17所示；
- 按下Ctrl+Enter键，则多个单元格中输入了相同的内容，如图3-18所示。

② 输入日期和时间序列。

日期和时间序列包括：一月、二月、……十二月，星期一、星期二、……、星期日，第1季度、第2季度、第3季度、第4季度，以及日期增量等。

输入日期和时间序列的方法是：先输入第一个日期或时间数据，将鼠标指向该数据右下角的填充柄**+**，向需要的方向拖曳鼠标，松开鼠标后，会在选择区域的右下角出现“自

动填充选项”按钮，单击该按钮，在弹出的下拉菜单中选择填充方式，即可填充所需的数据。自动填充工作日的过程如图 3-19 所示。

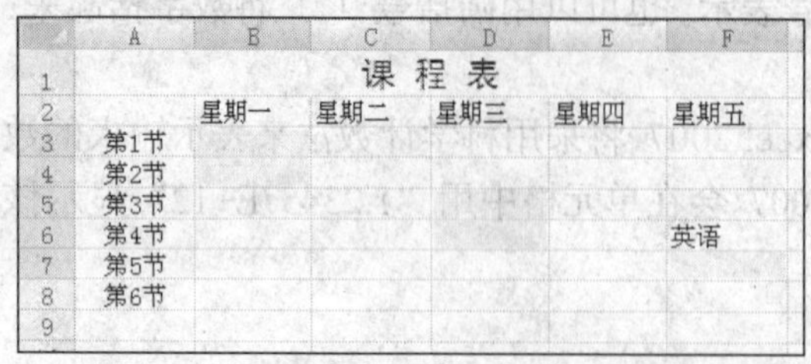

图 3-17 选定要输入相同内容的单元格区域

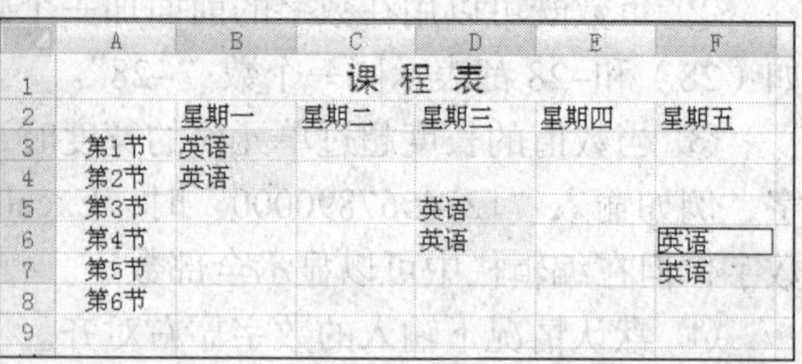

图 3-18 在多个单元格中输入相同的内容

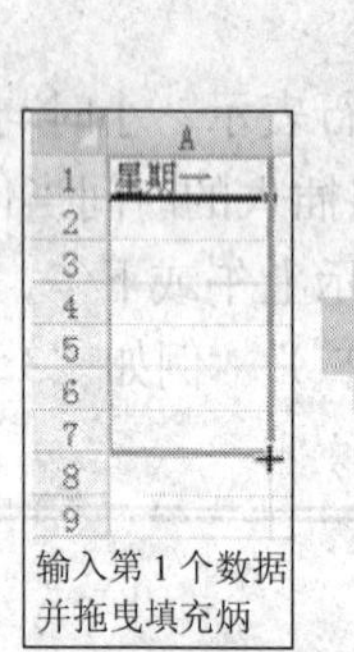

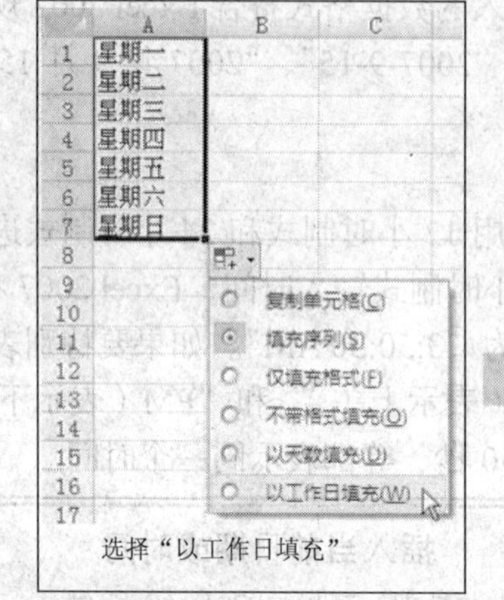

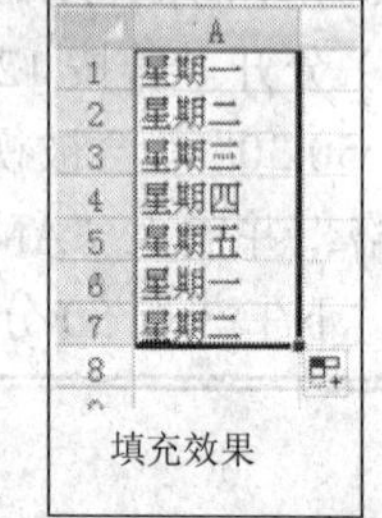

图 3-19 输入日期序列

除了星期序列，Excel 2007 还可以填充的其他日期和序列，如图 3-20 所示。

	A	B	C	D	E	F	G	H	I	J	K
1	星期日	Sunday	Sun	1月	一月	子	January	Jan	2007-5-1	2007年	第1季度
2	星期一	Monday	Mon	2月	二月	丑	February	Feb	2007-5-2	2008年	第2季度
3	星期二	Tuesday	Tue	3月	三月	寅	March	Mar	2007-5-3	2009年	第3季度
4	星期三	Wednesday	Wed	4月	四月	卯	April	Apr	2007-5-4	2010年	第4季度
5	星期四	Thursday	Thu	5月	五月	辰	May	May	2007-5-5	2011年	第1季度
6	星期五	Friday	Fri	6月	六月	巳	June	Jun	2007-5-6	2012年	第2季度
7	星期六	Saturday	Sat	7月	七月	午	July	Jul	2007-5-7	2013年	第3季度
8	星期日	Sunday	Sun	8月	八月	未	August	Aug	2007-5-8	2014年	第4季度
9	星期一	Monday	Mon	9月	九月	申	September	Sep	2007-5-9	2015年	第1季度
10	星期二	Tuesday	Tue	10月	十月	酉	October	Oct	2007-5-10	2016年	第2季度
11	星期三	Wednesday	Wed	11月	十一月	戌	November	Nov	2007-5-11	2017年	第3季度
12	星期四	Thursday	Thu	12月	十二月	亥	December	Dec	2007-5-12	2018年	第4季度

图 3-20 Excel 2007 可以填充的日期和时间序列

③ 输入等差（或等比）序列。

输入等差（或等比）序列的步骤是：

- 先输入第一个数，将鼠标指向该数据右下角的填充柄 +，向需要的方向拖曳鼠标；
- 单击“自动填充选项”按钮，在弹出的下拉菜单中选择“填充序列”选项；
- 单击“开始”选项卡→“编辑”命令组→“填充”命令按钮→“系列”命令，打开“序列”对话框；
- 在“序列”对话框中，选择序列类型和步长后，单击“确定”按钮；
- 此时的序列为所需要的序列。

输入等差（或等比）序列的过程如图 3-21 所示。

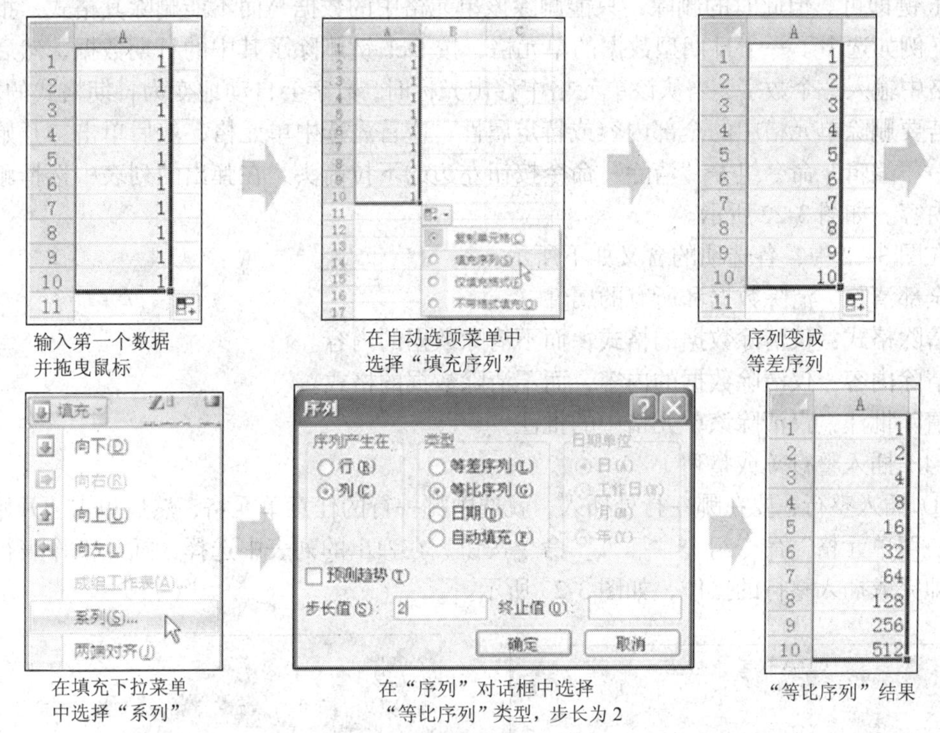

图 3-21　输入等差（或等比）序列的过程

3. 数据的编辑修改

数据的编辑修改是指对单元格中的数据进行替换、修改、删除、复制和移动等操作。

（1）替换数据

单击要替换数据的单元格（使之成为活动单元格），在单元格中直接输入新数据。这样原单元格中的内容就消失了，替换为新输入的内容。

（2）修改数据

如果单元格中的数据大部分不需要修改，就不需要用替换的方法，而只需要做一点小的调整即可。常用的操作步骤如下。

① 单击需要修改数据的单元格（使之成为活动单元格）。

② 单击编辑栏，此时光标变成一条竖线，可以用方向键移动它，进行常规的编辑操作，例如删除和添加字符等。

③ 修改完毕，单击编辑栏中左侧的 ✓ 按钮，将修改后的数据保存在活动单元格（按“Enter”键也有同样的功能）；如果按 × 按钮，则取消所作的修改，维持原来的数据（按“Esc”键也有同样的功能）。

> **在单元格中直接修改数据**
>
> 双击需要修改数据的单元格，或者先单击单元格，然后按 F2 键，可以在该单元格中直接修改数据。

（3）删除数据

要删除单元格（或单元格区域）中的数据，只需选中该单元格（或单元格区域），然后按 Del 键即可。但此时的删除，只能删除该单元格中的数据，而不能删除其格式、批注等属性。例如选中了一个日期型数据的单元格，按 Del 键删除了其中的日期数据，然后在此单元格中输入一个数字，当从该单元格中移出光标时，数字会自动地变为日期格式的数据。

若要删除单元格中的全部内容或特定属性，应首先选中单元格，然后单击“开始”选项卡→“编辑”命令组→“清除”命令按钮左边的下拉箭头，在弹出的列表中选择删除的具体内容。如图 3-22 所示。

在图 3-22 中，各选项的含义如下所示。

全部清除：清除数据和所有的属性。

清除格式：仅清除数据的格式，而不清除数据的内容。

清除内容：仅清除数据的内容，而不清除数据的格式。

清除批注：仅清除该单元格中的批注。

（4）插入整行（或整列）

① 插入整行：要在哪一行处插入，就选中哪一行的任意单元格，然后单击“开始”选项卡→“单元格”命令组→“插入”命令按钮，在弹出的列表中选择“插入工作表行”命令，即完成插入整行的操作，如图 3-23 所示。

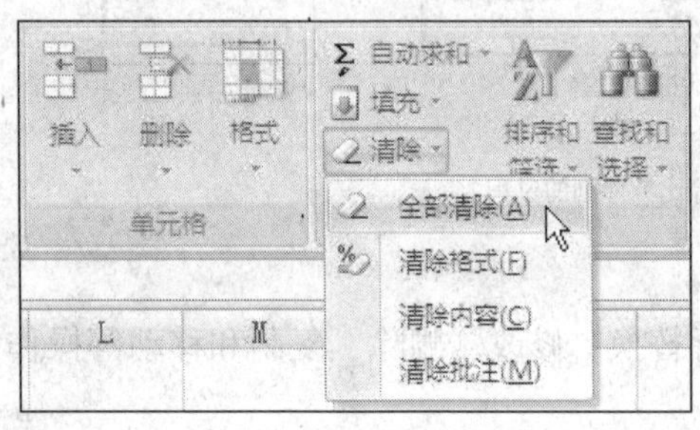

图 3-22 选择删除的具体内容

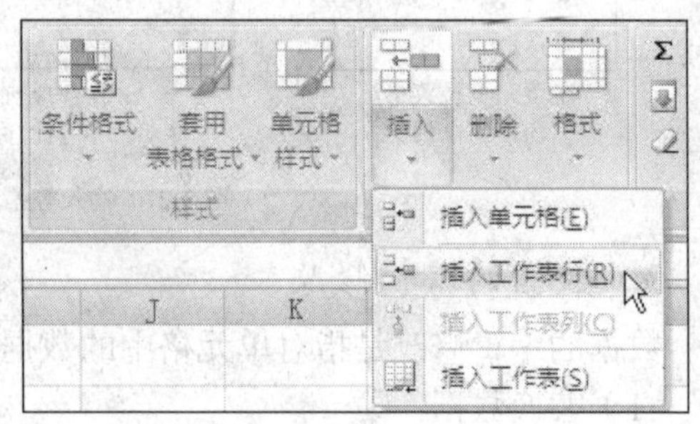

图 3-23 插入整行

② 插入整列：要在哪一列处插入，就选中哪一列的任意单元格，然后单击“开始”选项卡→“单元格”命令组→“插入”命令按钮，在弹出的列表中选择“插入工作表列”命令，即完成插入整列的操作。

插入多行或多列

在插入整行（或整列）时，若选中多行（或多列）单元格，然后单击“插入工作表行（插入工作表列）”命令，则会插入多行（列）单元格，选中几行（列），就插入几行（列）。

（5）删除整行（或整列）

选中要删除的行（或列）上的任意单元格，然后单击“开始”选项卡→“单元格”命令组→“删除”命令按钮，在弹出的列表中选择“删除工作表行（或删除工作表列）”命令，即完成删除整行（或列）的操作。

若选中多行（或多列）单元格，然后单击“删除工作表行（删除工作表列）”命令，则会删除多行（列）单元格，选中几行（列），就删除几行（列）。

删除和清除的区别

删除整行（或整列）是将该行（或列）的数据及其单元格全部删除，而选中整行（或整列）后按 Del 键，仅清除其中的数据，而不能删除单元格。

（6）复制数据

在工作表中输入数据时，如果要多次输入相同的数据，则可以进行复制操作。复制数据的方法如下。

① 选中要复制的单元格或单元格区域（称源数据区）。

② 单击“开始”选项卡→“剪贴板”命令组→“复制”命令按钮，或者单击右键，在弹出的快捷菜单中单击“复制”命令，此时源数据区用虚线括起来。

③ 将鼠标放在目标单元格上单击，然后单击“开始”选项卡→“剪贴板”命令组→“粘贴”命令按钮，或者单击右键，在弹出的快捷菜单中单击“粘贴”命令，完成复制。

复制数据的情况如图 3-24 所示。

源数据区　　目的数据区

	A	B	C	D	E
1	赵丽敏	信达超市	2006-3-10		
2	赵丽敏	莲荷超市	2006-3-10		
3	赵丽敏	伟岸超市	2006-5-20	赵丽敏	信达超市
4	刘晓丽	八一商厦	2006-4-15	赵丽敏	莲荷超市
5	刘晓丽	八一商厦	2006-4-16	赵丽敏	伟岸超市
6	贾玉林	家福超市	2006-4-30		

图 3-24　复制数据

（7）移动数据

移动数据的方法与复制数据的方法类似，只不过将所有的“复制”命令改为“粘贴”命令。移动数据操作完成后，源数据区的数据移到目的数据区。

快速移动或复制数据的方法

快速移动数据：选中源数据区，将鼠标放在所选区域的边框上，当指针变为四方向箭头形状时，拖动鼠标至目的地，松开鼠标后即移动数据的操作。

快速复制数据：选中源数据区，将鼠标放在所选区域的边框上，当指针变为四方向箭头形状时，按住 Ctrl 键拖动鼠标至目的地，松开鼠标即完成复制操作。

4. 设置表格的字体、字号、边框和对齐方式

表格中的数据确定以后，下一步的操作就是设置表格的字体、字号、边框和对齐方式了，从而使表格更加美观。这些设置是在 Excel 2007 的“开始”选项卡的“字体”和“对齐方式”命令组中，如图 3-25 所示。

（1）设置表格的字体、字号、字的颜色和填充背景

这部分操作与 Word 2007 类似，此处不再赘述。

（2）设置单元格的对齐方式

在制作表格时，需要不同的对齐方式。如表格的标题需要对整个工作表居中显示，而表中数据，又可能希望相对于单元格居中显示。这就要设置单元格的对齐方式。

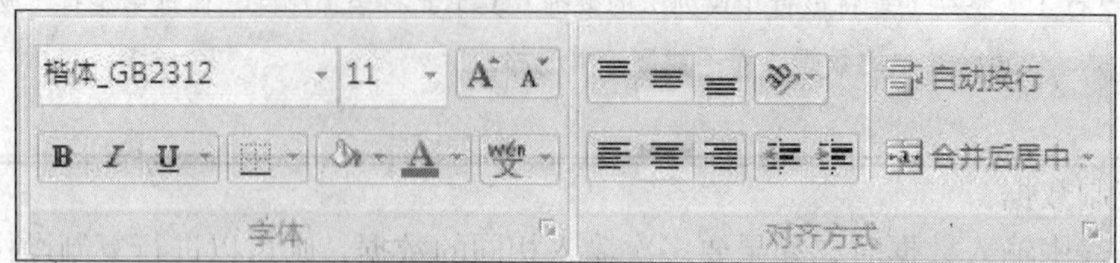

图 3-25 “字体”和“对齐方式”命令组

① 合并后居中：选中需要进行“合并后居中”操作的所有单元格，然后单击“开始”选项卡中“对齐方式”命令组中的“合并后居中”命令，即完成此操作。

② 对齐方式分为以下 6 种情况。

顶端对齐：沿单元格顶端对齐数据。

垂直居中：使数据在单元格中上下居中。

底端对齐：沿单元格底端对齐数据。

左对齐：使单元格中的数据左对齐。

居中对齐：使单元格中的数据居中对齐。

右对齐：使单元格中的数据右对齐。

③ 旋转数据的角度：单击此按钮，会弹出一个快捷菜单，如图 3-26 所示，从中可选择旋转数据的方式，通常用于标记较窄的列。图 3-27 所示的是将部分数据顺时针旋转。

逆时针角度(O)
顺时针角度(L)
竖排文字(V)
向上旋转文字(U)
向下旋转文字(D)
设置单元格对齐方式(M)

图 3-26 旋转数据快捷菜单

	A	B	C	D	E
1	订单统计表				
2	客户名称	订购日期	产品名称	单价	订购数量
3	信达超市	2006-3-10	电饭煲	180	50
4	莲荷超市	2006-3-10	剃须刀	245	100
5	伟岸超市	2006-5-20	加湿器	375	30
6	八一商厦	2006-4-15	电饭煲	180	30
7	八一商厦	2006-4-16	剃须刀	245	50
8	家福超市	2006-4-30	微波炉	465	30
9	博大商场	2006-6-20	电热水器	350	30
10	博大商场	2006-6-21	电磁炉	350	50

图 3-27 顺时针旋转部分数据

④ 减少或增加缩进量：用于减少或增加边框与单元格数据之间的边距。

（3）设置表格的边框

选中要设置表格边框的单元格区域，单击“开始”选项卡→“字体”命令组→“边框”命令按钮，打开“边框”列表，如图 3-28 所示。从中可选择所需要的边框，也可以根据需要自己绘制边框。

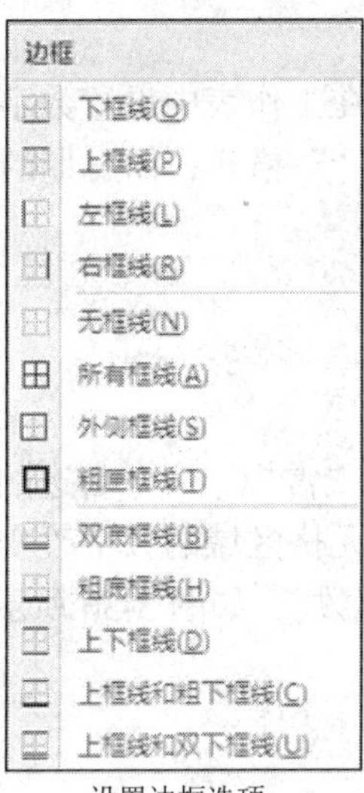

设置边框选项

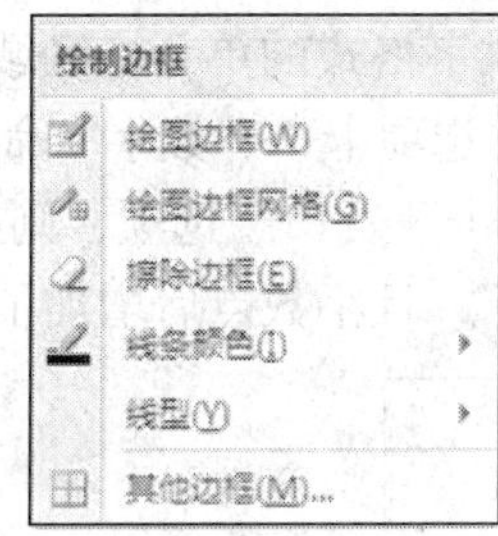

绘制边框

图 3-28 设置表格的边框

图 3-29 至图 3-34 所示是选择不同的边框绘制的表格效果。

订单统计表

客户名称	订购日期	产品名称	单价	订购数量
信达超市	2006-3-10	电饭煲	180	50
莲荷超市	2006-3-10	剃须刀	245	100
伟岸超市	2006-5-20	加湿器	375	30
八一商厦	2006-4-15	电饭煲	180	30
八一商厦	2006-4-16	剃须刀	245	50
家福超市	2006-4-30	微波炉	465	30
博大商场	2006-6-20	电热水器	850	30
博大商场	2006-6-21	电磁炉	350	50

图 3-29 不加任何框线的表格

订单统计表

客户名称	订购日期	产品名称	单价	订购数量
信达超市	2006-3-10	电饭煲	180	50
莲荷超市	2006-3-10	剃须刀	245	100
伟岸超市	2006-5-20	加湿器	375	30
八一商厦	2006-4-15	电饭煲	180	30
八一商厦	2006-4-16	剃须刀	245	50
家福超市	2006-4-30	微波炉	465	30
博大商场	2006-6-20	电热水器	850	30
博大商场	2006-6-21	电磁炉	350	50

图 3-30 仅加外侧框线的表格

订单统计表

客户名称	订购日期	产品名称	单价	订购数量
信达超市	2006-3-10	电饭煲	180	50
莲荷超市	2006-3-10	剃须刀	245	100
伟岸超市	2006-5-20	加湿器	375	30
八一商厦	2006-4-15	电饭煲	180	30
八一商厦	2006-4-16	剃须刀	245	50
家福超市	2006-4-30	微波炉	465	30
博大商场	2006-6-20	电热水器	850	30
博大商场	2006-6-21	电磁炉	350	50

图 3-31 加了所有框线的表格

订单统计表

客户名称	订购日期	产品名称	单价	订购数量
信达超市	2006-3-10	电饭煲	180	50
莲荷超市	2006-3-10	剃须刀	245	100
伟岸超市	2006-5-20	加湿器	375	30
八一商厦	2006-4-15	电饭煲	180	30
八一商厦	2006-4-16	剃须刀	245	50
家福超市	2006-4-30	微波炉	465	30
博大商场	2006-6-20	电热水器	850	30
博大商场	2006-6-21	电磁炉	350	50

图 3-32 加了上框线和粗下框线的表格

订单统计表

客户名称	订购日期	产品名称	单价	订购数量
信达超市	2006-3-10	电饭煲	180	50
莲荷超市	2006-3-10	剃须刀	245	100
伟岸超市	2006-5-20	加湿器	375	30
八一商厦	2006-4-15	电饭煲	180	30
八一商厦	2006-4-16	剃须刀	245	50
家福超市	2006-4-30	微波炉	465	30
博大商场	2006-6-20	电热水器	850	30
博大商场	2006-6-21	电磁炉	350	50

图 3-33 自由绘制的竖线边框

订单统计表

客户名称	订购日期	产品名称	单价	订购数量
信达超市	2006-3-10	电饭煲	180	50
莲荷超市	2006-3-10	剃须刀	245	100
伟岸超市	2006-5-20	加湿器	375	30
八一商厦	2006-4-15	电饭煲	180	30
八一商厦	2006-4-16	剃须刀	245	50
家福超市	2006-4-30	微波炉	465	30
博大商场	2006-6-20	电热水器	850	30
博大商场	2006-6-21	电磁炉	350	50

图 3-34 自由绘制的横线边框

5．设置数字和日期的格式

Excel 2007 所处理的数据以数字居多，因此在工作表中设置数字的格式很重要，例如在表示金额的数据中常常用“货币”格式或“会计”格式；而日期的表示又有长日期和短日期之分。

（1）设置数字的格式

设置数字格式的操作步骤是：

① 选定要设置数字格式的单元格区域；

② 单击“开始”选项卡→“数字”命令组→“常规”命令右边的下拉按钮，弹出如图 3-35 所示的菜单，单击“货币”选项，则所选单元格区域的数字改变为货币格式（前面都添加了一个币符“￥”，且小数点后增加了两位小数），如图 3-36 所示。

图 3-35　选择货币格式

	A	B	C	D	E
1	订单统计表				
2	客户名称	订购日期	产品名称	单价	订购数量
3	信达超市	2006-3-10	电饭煲	￥180.00	50
4	莲荷超市	2006-3-10	剃须刀	￥245.00	100
5	伟岸超市	2006-5-20	加湿器	￥375.00	30
6	八一商厦	2006-4-15	电饭煲	￥180.00	30
7	八一商厦	2006-4-16	剃须刀	￥245.00	50
8	家福超市	2006-4-30	微波炉	￥465.00	30
9	博大商场	2006-6-20	电热水器	￥850.00	30
10	博大商场	2006-6-21	电磁炉	￥350.00	50

图 3-36　表中的数据变成了货币数据格式

（2）设置日期的格式

设置日期格式的操作步骤如下。

① 选定要设置日期格式的单元格区域。

② 单击“开始”选项卡→“数字”命令组→“常规”命令右边的下拉按钮，在弹出的如图 3-35 所示的菜单中，单击“长日期”选项，则所选单元格区域的数字改变为长日期，如图 3-37 所示。

	A	B	C	D	E
1	订单统计表				
2	客户名称	订购日期	产品名称	单价	订购数量
3	信达超市	2006年3月10日	电饭煲	￥180.00	50
4	莲荷超市	2006年3月10日	剃须刀	￥245.00	100
5	伟岸超市	2006年5月20日	加湿器	￥375.00	30
6	八一商厦	2006年4月15日	电饭煲	￥180.00	30
7	八一商厦	2006年4月16日	剃须刀	￥245.00	50
8	家福超市	2006年4月30日	微波炉	￥465.00	30
9	博大商场	2006年6月20日	电热水器	￥850.00	30
10	博大商场	2006年6月21日	电磁炉	￥350.00	50

图 3-37　日期变为长日期

> **"数字"命令组中按钮的含义**
>
> 在"数字"命令组里有一组按钮，各按钮的含义如下所示。
>
> ：选择不同国家的货币格式；%：将数字显示为百分比；,：显示数字时使用千位分隔符；：增加数字的小数位数；：减少数字的小数位数。

6. 设置表格的列宽和行高

在 Excel 2007 中，默认的单元格宽度是"8.38"字符宽，如果输入的文字超过了默认的宽度，则单元格中的内容就会溢出到右边的单元格内。或者由于单元格的宽度太小，无法以规定的格式将数字显示出来。这时就需要改变单元格的宽度，行高一般会随着输入数据的格式发生变化，但有时也需要调整单元格的行高，以得到更好的表格效果。

改变选定区域的行高和列宽有两种方法。

（1）使用"格式"命令

操作步骤如下。

① 选定要改变行高（或列宽）的单元格区域。

② 单击"开始"选项卡→"单元格"命令组→"格式"命令，弹出如图 3-38 所示的菜单，单击"行高（或列宽）"选项，弹出的"行高（或列宽）"对话框，如图 3-39 所示，输入所需的数值。

③ 单击"确定"按钮。

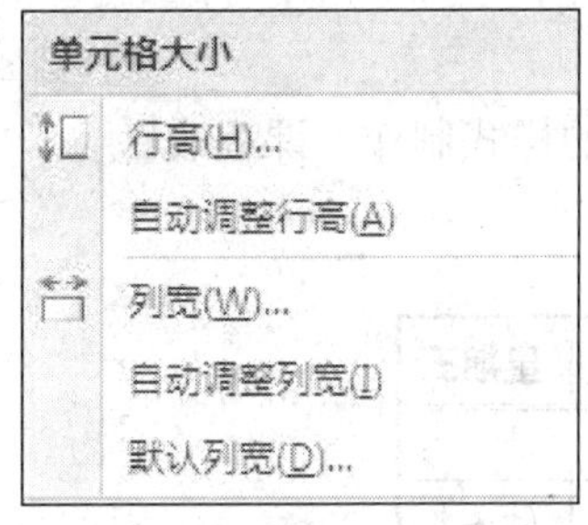

图 3-38 设置行高（或列宽）的菜单

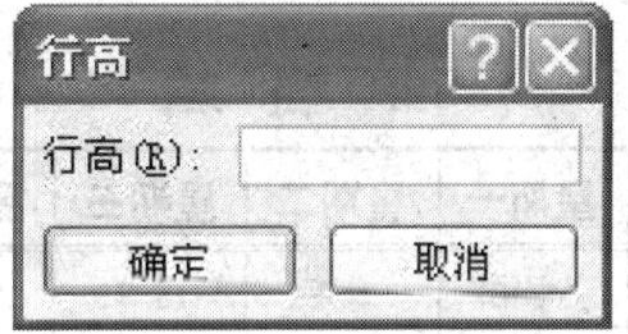

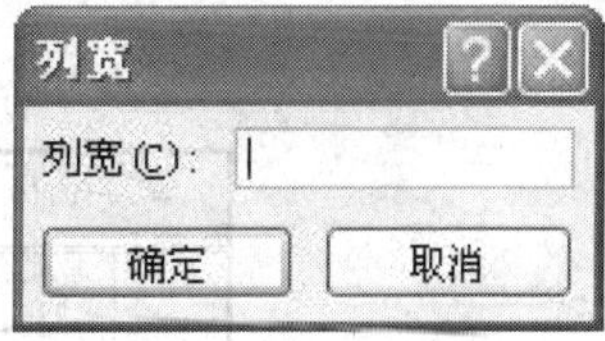

图 3-39 "行高（或列宽）"对话框

> **自动调整列宽**
>
> 若选择"开始"→"单元格"→"格式"→"自动调整列宽（自动调整行高）"命令，则可根据表格中的内容自动调整列宽（或行高），从而使表格既可以完全显示表格中的内容，而又不改变字体的大小。

（2）使用鼠标改变行高和列宽

直接使用鼠标拖曳可以更方便地改变单元格的行高和列宽，操作步骤如下。

① 将鼠标指针指向要改变行高（或列宽）的工作表的行（或列）编号之间的格线上。

② 当鼠标指针变成✚形状时，按住鼠标左键拖动，将行高（或列宽）拖到合适的高（或宽）度。

【操作练习 3-2】 制作“客户基本情况表”

金迪电子科技有限公司为了了解客户的基本情况，更好地开展业务，要求了解所有客户的基本情况，设计制作“客户基本情况表”。表格的数据和样式如图 3-40 所示。

客户基本信息表

客户名称	联系人姓名	性别	出生日期	通信地址	邮编	联系电话	Email地址
信达超市	李佩民	男	1965-5-18	郑州市建设西路30号	450523	13603712345	lipm65@126.com
莲荷超市	刘晓萍	女	1970-10-24	郑州市纬四路105号	430027	13812368745	liuxp@yahoo.com.cn
伟岸超市	贾维奇	男	1976-4-13	郑州市北临路5号	431008	13687560988	wacsjwq@163.com
家福超市	张晓南	男	1968-11-16	郑州市经三路16号	430125	13158646598	zhangxn@sohu.com
博大商场	马奋菲	女	1969-10-2	郑州市汝河路47号	451021	13034579687	fenfeim@163.com
欧亚商城	彦桂敏	女	1971-12-30	郑州市淮河路68号	450003	13643098900	guimin@126.com
诚信超市	魏新宇	男	1973-8-15	郑州市前进路88号	464012	13845800976	wxy1973@sina.com
万林商场	史广勉	男	1970-2-19	郑州市商都路60号	465072	13567543213	shiguangm@sohu.com

制表人：李平　　　　制表日期：2007年4月22日

图 3-40　客户基本信息表样式

说　明

① 出生日期是日期型数据，邮编和联系电话是文本型数据（数字字符串）。
② 制表日期应填入制表时的日期。
③ 表头加一个淡蓝色的背景。

【操作练习 3-3】 制作“课程表”

“课程表”是每一个学校必备的教学管理文件，按图 3-41 的样式制作“课程表”。

课　程　表

		星期一	星期二	星期三	星期四	星期五
上午	第1节	英语	数学	语文	计算机	计算机
	第2节	英语	数学	语文	计算机	计算机
	第3节	数学	语文	英语	数学	英语
	第4节	数学	语文	英语	数学	英语
下午	第5节	计算机	自习	体育	语文	政治
	第6节	计算机	自习	体育	语文	政治

图 3-41　课程表样式

说　明

① “课程表”中的星期、节次可以用序列方式输入。
② 课程名可以用“同时在多个单元格中输入相同数据”的方法输入。
③ 表中的边框线可以用鼠标绘制边框的方式来绘制。

3.3 工作表的操作和数据的统计计算

【案例 3-3】 建立职工工资表

【情景模拟】

金迪电子科技有限公司职工较多，工资需要用计算机进行管理，要求将一年的工资表放在一个文件（工作簿）里，这个文件有 12 个工作表，每张工作表里放一个月的工资表。现要求建立"金迪电子科技有限公司 2007 年度职工工资表"，由财务部小刘承担此项任务。

【案例分析】

"职工工资表"应包括应发工资、扣除部分和实发工资。应发工资包括编号、姓名、基本工资、职务工资、效益工资和地方补贴；扣除部分包括水费、电费、天然气和个人所得税（个人所得税=（应发工资–1600）×0.05）；实发工资=应发工资–扣除部分。除了对每一个人的工资进行计算和统计外，还应计算出每个月所有职工的工资总和。

由于每个月的工资表的编号、姓名、职务和应发工资部分基本相同，故在建立工资表时，这一部分可以仅输入一次，然后利用"向多个工作表中同时输入数据"的技巧使多个表都具有这一部分数据。

【案例展示】

根据要求，设计制作的表格如图 3-42 所示。

金迪电子科技有限公司2007年工资表

编号	姓名	职务	基本工资	职务工资	效益工资	地方补贴	应发工资	水电费	天然气	个人所得税	扣除总计	实发工资
0001	赵丽敏	部门经理	1200.0	600.0	360.0	800.0	2960.0	25.8	78.8	68.0	172.6	2787.4
0002	张卫华	技术主管	1100.0	550.0	360.0	800.0	2810.0	34.6	85.0	60.5	180.1	2629.9
0003	王大为	工程师	1050.0	500.0	360.0	800.0	2710.0	43.4	87.5	55.5	186.4	2523.6
0004	刘晓丽	销售主管	1100.0	550.0	360.0	800.0	2810.0	12.5	56.4	60.5	129.4	2680.6
0005	李晓萍	工程师	1050.0	500.0	360.0	800.0	2710.0	42.4	65.3	55.5	163.2	2546.8
0006	贾玉林	高工	1300.0	600.0	360.0	800.0	3060.0	34.5	45.6	73.0	153.1	2906.9
0007	黄越山	工程师	1050.0	500.0	360.0	800.0	2710.0	32.1	34.7	55.5	122.3	2587.7
0008	章华亭	高工	1300.0	600.0	360.0	800.0	3060.0	37.0	45.6	73.0	155.6	2904.4
0009	李海华	部门经理	1200.0	600.0	480.0	800.0	3080.0	34.7	56.8	74.0	165.5	2914.5
0010	司敏学	销售主管	1100.0	660.0	480.0	800.0	2930.0	33.2	87.6	66.5	187.3	2742.7
0011	刘　东	技术主管	1100.0	550.0	480.0	800.0	2930.0	31.2	74.3	66.5	172.0	2758.0
0012	金东亮	工程师	1050.0	500.0	480.0	800.0	2830.0	30.8	64.6	61.5	156.9	2673.1
0013	刘赞扬	高工	1300.0	600.0	480.0	800.0	3180.0	25.4	56.9	79.0	161.3	3018.7
0014	杨瑞华	工程师	1050.0	500.0	480.0	800.0	2830.0	45.2	71.2	61.5	177.9	2652.1
0015	贾宏均	5级技工	950.0	450.0	480.0	800.0	2680.0	15.8	80.0	54.0	149.8	2530.2
0016	吴乃明	高工	1300.0	600.0	480.0	800.0	3180.0	16.6	72.5	79.0	168.1	3011.9
0017	郭达勇	部门经理	1200.0	600.0	420.0	800.0	3020.0	45.3	65.4	71.0	181.7	2838.3
0018	刘裕华	销售主管	1100.0	550.0	420.0	800.0	2870.0	23.5	53.1	63.5	140.1	2729.9
0019	周三林	技术主管	1100.0	550.0	420.0	800.0	2870.0	56.3	54.4	63.5	174.2	2695.8
0020	赵世南	4级技工	950.0	400.0	420.0	800.0	2570.0	27.7	62.8	48.5	139.0	2431.0

应发工资合计： 57800.0　扣除合计： 3236.5　实发工资合计： 54563.5

一月 二月 三月 四月 五月 六月 七月 八月 九月 十月 十一月 十二月

图 3-42 表格展示

【操作步骤】

① 单击"开始"→"所有程序"→"Microsoft Office" →"Microsoft Office Excel 2007"命令，打开 Excel 2007 的工作界面。

② 此时工作簿文件有 3 张工作表，工作表名分别为 Sheet1、Sheet2、Sheet3，用鼠标单击最后一个标签，即插入一张新的工作表（Sheet4），如图 3-43 所示。

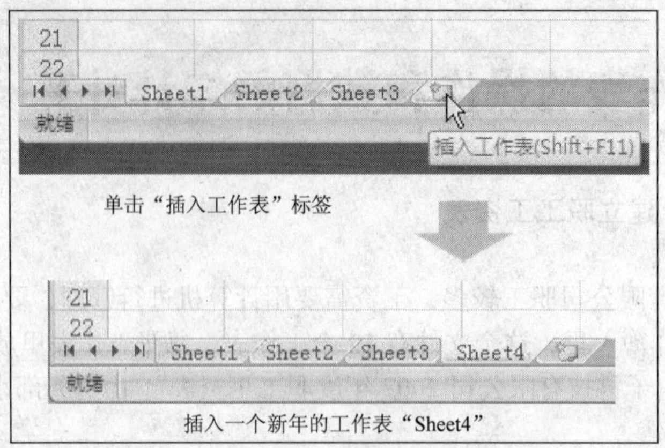

图 3-43　插入一张新的工作表

③ 用同样的方法，插入 Sheet5 ~ Sheet12 工作表，如图 3-44 所示。

图 3-44　插入多张工作表

④ 双击“Sheet1”，然后输入新的表名“一月”，双击“Sheet2”，输入新的表名“二月”，用同样的方法，将“Sheet3” ~ “Sheet12”改为“三月”至“十二月”，如图 3-45 所示。

22
23
一月 二月 三月 四月 五月 六月 七月 八月 九月 十月 十一月 十二月
就绪

图 3-45　将表名改为“一月”至“十二月”

⑤ 选择“一月”工作表，按照案例输入原始数据，并适当调整格式，如图 3-46 所示。

	A	B	C	D	E	F	G	H	I	J	K	L	M
1	金迪电子科技有限公司2007年工资表												
2	编号	姓名	职务	基本工资	职务工资	效益工资	地方补贴	应发工资	水电费	天然气	个人所得税	扣除总计	实发工资
3	0001	赵丽敏	部门经理	1200	600	360	800		25.8	78.8			
4	0002	张卫华	技术主管	1100	550	360	800		34.6	85.0			
5	0003	王大为	工程师	1050	500	360	800		43.4	87.5			
6	0004	刘晓丽	销售主管	1100	550	360	800		12.5	56.4			
7	0005	李晓萍	工程师	1050	500	360	800		42.4	65.3			
8	0006	贯玉林	高工	1300	600	360	800		34.5	45.6			
9	0007	黄越山	工程师	1050	500	360	800		32.1	34.7			
10	0008	章华亭	高工	1300	600	360	800		37.0	45.6			
11	0009	李海华	部门经理	1200	600	480	800		34.7	56.8			
12	0010	司敏学	销售主管	1100	550	480	800		33.2	87.6			
13	0011	刘　东	技术主管	1100	550	480	800		31.2	74.3			
14	0012	金东亮	工程师	1050	500	480	800		30.8	64.6			
15	0013	刘赞杨	高工	1300	600	480	800		25.4	56.9			
16	0014	杨瑞华	工程师	1050	500	480	800		45.2	71.2			
17	0015	贯宏均	5级技工	950	450	480	800		15.8	80.0			
18	0016	吴乃明	高工	1300	600	480	800		16.6	72.5			
19	0017	郭达勇	部门经理	1200	600	420	800		45.3	65.4			
20	0018	刘裕华	销售主管	1100	550	420	800		23.5	53.1			
21	0019	周三林	技术主管	1100	550	420	800		56.3	54.4			
22	0020	赵世南	4级技工	950	400	420	800		27.7	62.8			
23													

图 3-46　在“一月”工作表中输入原始数据

向多个工作表中同时输入相同的数据

由于每个月的工资表中有许多数据（如编号、姓名、职务、基本工资、职务工资、地方补贴等）都是相同的，所以可以向多个工作表中同时输入相同的数据，操作方法是：按住 Ctrl 键，单击要输入相同数据的工作表标签（选中要输入相同数据的工作表），然后输入数据，这样所有被选中的工作表中都输入了相同的数据。

当各工作表中所需要的相同数据输入完毕后，一定要单击任一个工作表标签，既是确认输入，又是解除同时输入，以后再进行的操作，仅对当前工作表有效。

⑥ 下面要计算每个职工的应发工资（应发工资=基本工资+职务工资+效益工资+地方补贴）。单击 H3 单元格，在编辑栏中输入“=D3+E3+F3+G3”，如图 3-47 所示。

ASIN　=D3+E3+F3+G3

	A	B	C	D	E	F	G	H
1				金迪电子科技有限公司2007年				
2	编号	姓名	职务	基本工资	职务工资	效益工资	地方补贴	应发工资
3	0001	赵丽敏	部门经理	1200	600	360	800	3+F3+G3
4	0002	张卫华	技术主管	1100	550	360	800	

图 3-47　在编辑栏中输入“=D3+E3+F3+G3”

⑦ 单击确认按钮✓（或按回车键），可计算出第 1 位职工的应发工资（在 H3 单元格中显示 2960 元）。再选中 H3 单元格，拖动 H3 单元格右下角的填充柄 **+**，向下方拖曳鼠标至最后一个记录，这样使每一个记录的“应发工资”都计算出来，如图 3-48 所示。

H3　=D3+E3+F3+G3

金迪电子科技有限公司2007年工资表

	A	B	C	D	E	F	G	H	I	J	K	L	M
2	编号	姓名	职务	基本工资	职务工资	效益工资	地方补贴	应发工资	水电费	天然气	个人所得税	扣除总计	实发工资
3	0001	赵丽敏	部门经理	1200	600	360	800	2960	25.8	78.8			
4	0002	张卫华	技术主管	1100	550	360	800	2810	34.6	85.0			
5	0003	王大为	工程师	1050	500	360	800	2710	43.4	87.5			
6	0004	刘晓丽	销售主管	1100	550	360	800	2810	12.5	56.4			
7	0005	李晓萍	工程师	1050	500	360	800	2710	42.4	65.3			
8	0006	贾玉林	高工	1300	600	360	800	3060	34.5	45.6			
9	0007	黄越山	工程师	1050	500	360	800	2710	32.1	34.7			
10	0008	章华亭	高工	1300	600	360	800	3060	37.0	45.6			
11	0009	李海华	部门经理	1200	600	480	800	3080	34.7	56.8			
12	0010	司敏学	销售主管	1100	550	480	800	2930	33.2	87.6			
13	0011	刘　东	技术主管	1100	550	480	800	2930	31.2	74.3			
14	0012	金东亮	工程师	1050	500	480	800	2830	30.8	64.6			
15	0013	刘赞杨	高工	1300	600	480	800	3180	25.4	56.9			
16	0014	杨瑞华	工程师	1050	500	480	800	2830	45.2	71.2			
17	0015	贾宏均	5级技工	950	450	480	800	2680	15.8	80.0			
18	0016	吴乃明	高工	1300	600	480	800	3180	16.6	72.5			
19	0017	郭达勇	部门经理	1200	600	420	800	3020	45.3	65.4			
20	0018	刘裕华	销售主管	1100	550	420	800	2870	23.5	53.1			
21	0019	周三林	技术主管	1100	550	420	800	2870	56.3	54.4			
22	0020	赵世南	4级技工	950	400	420	800	2570	27.7	62.8			

图 3-48　计算出每个职工的“应发工资”

⑧ 下面要计算每个职工的个人所得税（个人所得税=（应发工资-1600）×0.05）。单击 K3 单元格，在编辑栏中输入“=（H3-1600）*0.05”，单击确认按钮✓（或按回车键）后，再选中 K3 单元格，拖动 H3 单元格右下角的填充柄 **+**，向下方拖曳鼠标至最后一个记录，这样每一个记录的“个人所得税”都计算出来了，如图 3-49 所示。

⑨ 用同样的方法，计算每一个人的“扣除总计”和“实发工资”。其中：

扣除总计（L3）=水电费（I3）+天然气（J3）+个人所得税（K3）

实发工资（M3）=应发工资（H3）−扣除总计（L3）

计算并填入了“扣除总计”和“实发工资”的工资表如图 3-50 所示。

K3 =(H3-1600)*0.05

	A	B	C	D	E	F	G	H	I	J	K	L	M
1	金迪电子科技有限公司2007年工资表												
2	编号	姓名	职务	基本工资	职务工资	效益工资	地方补贴	应发工资	水电费	天然气	个人所得稅	扣除总计	实发工资
3	0001	赵丽敏	部门经理	1200	600	360	800	2960	25.8	78.8	68.0		
4	0002	张卫华	技术主管	1100	550	360	800	2810	34.6	85.0	60.5		
5	0003	王大为	工程师	1050	500	360	800	2710	43.4	87.5	55.5		
6	0004	刘晓丽	销售主管	1100	550	360	800	2810	12.5	56.4	60.5		
7	0005	李晓萍	工程师	1050	500	360	800	2710	42.4	65.3	55.5		
8	0006	贯玉林	高工	1300	600	360	800	3060	34.5	45.6	73.0		
9	0007	黄越山	工程师	1050	500	360	800	2710	32.1	34.7	55.5		
10	0008	章华亭	高工	1300	600	360	800	3060	37.0	45.6	73.0		
11	0009	李海华	部门经理	1200	600	480	800	3080	34.7	56.8	74.0		
12	0010	司敏学	销售主管	1100	550	480	800	2930	33.2	87.6	66.5		
13	0011	刘　东	技术主管	1100	550	480	800	2930	31.2	74.3	66.5		
14	0012	金东亮	工程师	1050	500	480	800	2830	30.8	64.6	61.5		
15	0013	刘赞杨	高工	1300	600	480	800	3180	25.4	56.9	79.0		
16	0014	杨瑞华	工程师	1050	500	480	800	2830	45.2	71.2	61.5		
17	0015	贯宏均	5级技工	950	450	480	800	2680	15.8	80.0	54.0		
18	0016	吴乃明	高工	1300	600	480	800	3180	16.6	72.5	79.0		
19	0017	郭达勇	部门经理	1200	600	420	800	3020	45.3	65.4	71.0		
20	0018	刘裕华	销售主管	1100	550	420	800	2870	23.5	53.1	63.5		
21	0019	周三林	技术主管	1100	550	420	800	2870	56.3	54.4	63.5		
22	0020	赵世南	4级技工	950	400	420	800	2570	27.7	62.8	48.5		

图 3-49　计算出每个职工的“个人所得税”

M3 =H3-L3

	A	B	C	D	E	F	G	H	I	J	K	L	M
1	金迪电子科技有限公司2007年工资表												
2	编号	姓名	职务	基本工资	职务工资	效益工资	地方补贴	应发工资	水电费	天然气	个人所得稅	扣除总计	实发工资
3	0001	赵丽敏	部门经理	1200	600	360	800	2960	25.8	78.8	68.0	172.6	2787.4
4	0002	张卫华	技术主管	1100	550	360	800	2810	34.6	85.0	60.5	180.1	2629.9
5	0003	王大为	工程师	1050	500	360	800	2710	43.4	87.5	55.5	186.4	2523.6
6	0004	刘晓丽	销售主管	1100	550	360	800	2810	12.5	56.4	60.5	129.4	2680.6
7	0005	李晓萍	工程师	1050	500	360	800	2710	42.4	65.3	55.5	163.2	2546.8
8	0006	贯玉林	高工	1300	600	360	800	3060	34.5	45.6	73.0	153.1	2906.9
9	0007	黄越山	工程师	1050	500	360	800	2710	32.1	34.7	55.5	122.3	2587.7
10	0008	章华亭	高工	1300	600	360	800	3060	37.0	45.6	73.0	155.6	2904.4
11	0009	李海华	部门经理	1200	600	480	800	3080	34.7	56.8	74.0	165.5	2914.5
12	0010	司敏学	销售主管	1100	550	480	800	2930	33.2	87.6	66.5	187.3	2742.7
13	0011	刘　东	技术主管	1100	550	480	800	2930	31.2	74.3	66.5	172.0	2758.0
14	0012	金东亮	工程师	1050	500	480	800	2830	30.8	64.6	61.5	156.9	2673.1
15	0013	刘赞杨	高工	1300	600	480	800	3180	25.4	56.9	79.0	161.3	3018.7
16	0014	杨瑞华	工程师	1050	500	480	800	2830	45.2	71.2	61.5	177.9	2652.1
17	0015	贯宏均	5级技工	950	450	480	800	2680	15.8	80.0	54.0	149.8	2530.2
18	0016	吴乃明	高工	1300	600	480	800	3180	16.6	72.5	79.0	168.1	3011.9
19	0017	郭达勇	部门经理	1200	600	420	800	3020	45.3	65.4	71.0	181.7	2838.3
20	0018	刘裕华	销售主管	1100	550	420	800	2870	23.5	53.1	63.5	140.1	2729.9
21	0019	周三林	技术主管	1100	550	420	800	2870	56.3	54.4	63.5	174.2	2695.8
22	0020	赵世南	4级技工	950	400	420	800	2570	27.7	62.8	48.5	139.0	2431.0

图 3-50　计算出每个职工的“扣除总计”和“实发工资”

⑩ 选中所有的数字型数据，然后单击“开始”选项卡→“数字”命令组→“增加小数位数”命令按钮，可以使所有的数据都保留一位小数。再选中除标题以外的所有数据，“居中”显示。

⑪ 按照案例给出的要求和上一节介绍的方法，调整列宽和行高，并加上边框线（注意表头和数据之间的边框线是粗线），如图 3-51 所示。

⑫ 下面要计算“应发工资合计”。操作方法是：单击 D24 单元格（使之成为活动单元格，该单元格用来显示应发工资合计），然后单击 “开始”选项卡→“编辑”命令组→“求和”命令按钮Σ，如图 3-52 所示。

⑬ 在命令菜单中单击“求和”命令，然后将鼠标放在“应发工资”（H3:H22）列上拖曳，此时在编辑栏中自动出现“=SUM（H3:H22）”，当然也可以直接在编辑栏中输入“=SUM（H3:H22）”，如图 3-53 所示。

	A	B	C	D	E	F	G	H	I	J	K	L	M
1	金迪电子科技有限公司2007年工资表												
2	编号	姓名	职务	基本工资	职务工资	效益工资	地方补贴	应发工资	水电费	天然气	个人所得税	扣除总计	实发工资
3	0001	赵丽敏	部门经理	1200.0	600.0	360.0	800.0	2960.0	25.8	78.8	68.0	172.6	**2787.4**
4	0002	张卫华	技术主管	1100.0	550.0	360.0	800.0	2810.0	34.6	85.0	60.5	180.1	**2629.9**
5	0003	王大为	工程师	1050.0	500.0	360.0	800.0	2710.0	43.4	87.5	55.5	186.4	**2523.6**
6	0004	刘晓丽	销售主管	1100.0	550.0	360.0	800.0	2810.0	12.5	56.4	60.5	129.4	**2680.6**
7	0005	李晓萍	工程师	1050.0	500.0	360.0	800.0	2710.0	42.4	65.3	55.5	163.2	**2546.8**
8	0006	贯玉林	高工	1300.0	600.0	360.0	800.0	3060.0	34.5	45.6	73.0	153.1	**2906.9**
9	0007	黄越山	工程师	1050.0	500.0	360.0	800.0	2710.0	32.1	34.7	55.5	122.3	**2587.7**
10	0008	章华亭	高工	1300.0	600.0	360.0	800.0	3060.0	37.0	45.6	73.0	155.6	**2904.4**
11	0009	李海华	部门经理	1200.0	600.0	480.0	800.0	3080.0	34.7	56.8	74.0	165.5	**2914.5**
12	0010	司敏学	销售主管	1100.0	550.0	480.0	800.0	2930.0	33.2	87.6	66.5	187.3	**2742.7**
13	0011	刘　东	技术主管	1100.0	550.0	480.0	800.0	2930.0	31.2	74.3	66.5	172.0	**2758.0**
14	0012	金东亮	工程师	1050.0	500.0	480.0	800.0	2830.0	30.8	64.6	61.5	156.9	**2673.1**
15	0013	刘赞杨	高工	1300.0	600.0	480.0	800.0	3180.0	25.4	56.9	79.0	161.3	**3018.7**
16	0014	杨瑞华	工程师	1050.0	500.0	480.0	800.0	2830.0	45.2	71.2	61.5	177.9	**2652.1**
17	0015	贯宏均	5级技工	950.0	450.0	480.0	800.0	2680.0	15.8	80.0	54.0	149.8	**2530.2**
18	0016	吴乃明	高工	1300.0	600.0	480.0	800.0	3180.0	16.6	72.5	79.0	168.1	**3011.9**
19	0017	郭达勇	部门经理	1200.0	600.0	420.0	800.0	3020.0	45.3	65.4	71.0	181.7	**2838.3**
20	0018	刘裕华	销售主管	1100.0	550.0	420.0	800.0	2870.0	23.5	53.1	63.5	140.1	**2729.9**
21	0019	周三林	技术主管	1100.0	550.0	420.0	800.0	2870.0	56.3	54.4	63.5	174.2	**2695.8**
22	0020	赵世南	4级技工	950.0	400.0	420.0	800.0	2570.0	27.7	62.8	48.5	139.0	**2431.0**

图 3-51　给工资表加上边框线

Σ 求和(S)
平均值(A)
计数(C)
最大值(M)
最小值(I)
其他函数(F)...

图 3-52　“求和”命令菜单

ASIN　=SUM(H3:H22)

	A	B	C	D	E	F	G	H	I
1	金迪电子科技有限公司2007年工资								
2	编号	姓名	职务	基本工资	职务工资	效益工资	地方补贴	应发工资	水电费
3	0001	赵丽敏	部门经理	1200.0	600.0	360.0	800.0	2960.0	25.8
4	0002	张卫华	技术主管	1100.0	550.0	360.0	800.0	2810.0	34.6
5	0003	王大为	工程师	1050.0	500.0	360.0	800.0	2710.0	43.4
6	0004	刘晓丽	销售主管	1100.0	550.0	360.0	800.0	2810.0	12.5
7	0005	李晓萍	工程师	1050.0	500.0	360.0	800.0	2710.0	42.4
8	0006	贯玉林	高工	1300.0	600.0	360.0	800.0	3060.0	34.5
9	0007	黄越山	工程师	1050.0	500.0	360.0	800.0	2710.0	32.1
10	0008	章华亭	高工	1300.0	600.0	360.0	800.0	3060.0	37.0
11	0009	李海华	部门经理	1200.0	600.0	480.0	800.0	3080.0	34.7
12	0010	司敏学	销售主管	1100.0	550.0	480.0	800.0	2930.0	33.2
13	0011	刘　东	技术主管	1100.0	550.0	480.0	800.0	2930.0	31.2
14	0012	金东亮	工程师	1050.0	500.0	480.0	800.0	2830.0	30.8
15	0013	刘赞杨	高工	1300.0	600.0	480.0	800.0	3180.0	25.4
16	0014	杨瑞华	工程师	1050.0	500.0	480.0	800.0	2830.0	45.2
17	0015	贯宏均	5级技工	950.0	450.0	480.0	800.0	2680.0	15.8
18	0016	吴乃明	高工	1300.0	600.0	480.0	800.0	3180.0	16.6
19	0017	郭达勇	部门经理	1200.0	600.0	420.0	800.0	3020.0	45.3
20	0018	刘裕华	销售主管	1100.0	550.0	420.0	800.0	2870.0	23.5
21	0019	周三林	技术主管	1100.0	550.0	420.0	800.0	2870.0	56.3
22	0020	赵世南	4级技工	950.0	400.0	420.0	800.0	2570.0	27.7
23									
24				=SUM(H3:H22)					
25				SUM(number1, [number2], ...)					

图 3-53　用鼠标拖动求和

⑭ 再一次单击“自动求和”命令按钮Σ，或按下回车键，则在 H24 单元格中就存放了“应发工资合计”的结果。用同样的方法，分别计算“扣除合计”和“实发工资合计”并将结果放入 G24 和 L24 单元格，并在每一个求和数据的前面加上表示该数据意义的文字，如图 3-54 所示。

21	0019	周三林	技术主管	1100.0	550.0	420.0	800.0	2870.0	56.3	54.4	63.5	174.2	**2695.8**
22	0020	赵世南	4级技工	950.0	400.0	420.0	800.0	2570.0	27.7	62.8	48.5	139.0	**2431.0**
23													
24		**应发工资合计**:		57800.0		**扣除合计**:		3236.5			**实发工资合计**:	54563.5	
25													

图 3-54　计算出的工资统计结果

⑮ 到此一月份的工资表制作完成，单击二月至十二月份的工资表标签，进行同样的操作，可将二月至十二月份工作表制作完成。最终效果如本案例展示图 3-42 所示。

⑯ 十二个月的工资表都制作完成后，可将其保存为一个工作簿文件“2007 年工资表”。到此，本案例的要求就完成了。

小技巧

由于每个月的工资表中有许多数据是相同的，所以除了可以利用“向多个工作表中同时输入数据”的方法向多个工作表中同时输入相同的数据，还可以将一月份的工资表数据复制到其他月份的工资表中，然后进行修改即可。

【知识解析】

1．工作表的基本操作

在 Excel 2007 界面的工作表标签栏中，可以看到工作簿中默认有三个工作表“Sheet1”、“Sheet2”和“Sheet3”，一个工作表就相当于一本工作簿中的一页，可以将彼此相关的一些工作表放在一个工作簿中。

（1）切换工作表

虽然一个工作簿有多个工作表组成，但在同一个工作簿窗口中只能显示一个工作表。用户可以通过切换工作表的方式来使用其他工作表。切换工作表的基本操作方法如下。

① 用鼠标单击某个工作表标签，则该工作表被激活，成为当前工作表。

② 如果所需的工作表标签没有显示在工作簿上，可单击底部的标签方向键，如图 3-55 所示。

案例2（工资表）

金迪电子科技有限公司2007年工资表

编号	姓名	职务	基本工资	职务工资	效益工资	地方补贴	应发工资	水电费	天然气
0001	赵丽敏	部门经理	1200.0	600.0	360.0	800.0	2960.0	25.8	78.8
0002	张卫华	技术主管	1100.0	550.0	360.0	800.0	2810.0	34.6	85.0
0003	王大为	工程师	1050.0	500.0	360.0	800.0	2710.0	43.4	87.5
0004	刘晓丽	销售主管	1100.0	550.0	360.0	800.0	2810.0	12.5	56.4
0005	李晓萍	工程师	1050.0	500.0	360.0	800.0	2710.0	42.4	65.3
0006	贯玉林	高工	1300.0	600.0	360.0	800.0	3060.0	34.5	45.6
0007	黄越山	工程师	1050.0	500.0	360.0	800.0	2710.0	32.1	34.7
0008	章华亭	高工	1300.0	600.0	360.0	800.0	3060.0	37.0	45.6
0009	李海华	部门经理	1200.0	600.0	480.0	800.0	3080.0	34.7	56.8
0010	司敏学	销售主管	1100.0	550.0	480.0	800.0	2930.0	33.2	87.6
0011	刘　东	技术主管	1100.0	550.0	480.0	800.0	2930.0	31.2	74.3
0012	金东亮	工程师	1050.0	500.0	480.0	800.0	2830.0	30.8	64.6

一月　二月　三月　四月　五月　六月　七月　八月

切换到上一个工作表

切换到第一个工作表

切换到最后一个工作表

切换到下一个工作表

当前工作表的滚动条

图 3-55　工作表底部的标签方向键

（2）选中工作表

在对工作表操作前，需要先选中工作表。在 Excel 2007 中选中工作表的方法有以下几种。

① 单击某个工作表标签可选中单张工作表。

② 先单击第一张工作表标签，然后按住“Shift”键单击另一张工作表的标签，可选中这两张工作表之间的所有工作表。

③ 先单击第一张工作表标签，然后按住“Ctrl”键单击其他工作表的标签，可选中所单击的所有工作表。

④ 鼠标右键单击任意工作表标签，在弹出的快捷菜单中单击“选定全部工作表”命令，

可选中工作簿中的所有工作表。

选中后的工作表标签为白色显示。

（3）移动或复制工作表

在 Excel 2007 中，既可以将工作表移动或复制到同一个工作簿中，也可以移动或复制到不同的工作簿中。操作方法如下。

① 如果工作簿的移动或复制是在同一个工作簿中进行，打开该工作簿即可，如果移动或复制是在不同的工作簿中进行，则需打开源工作簿和目标工作簿。

② 在源工作簿中选中需要移动或复制的工作表，右键单击工作表标签，弹出如图 3-56 所示的快捷菜单。单击其中的“移动或复制工作表”选项，打开如图 3-57 所示的“移动或复制工作表”对话框。

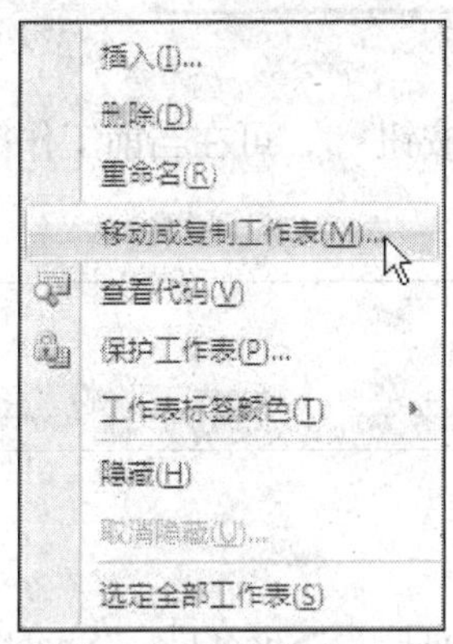

图 3-56 选中“移动或复制的工作表”命令

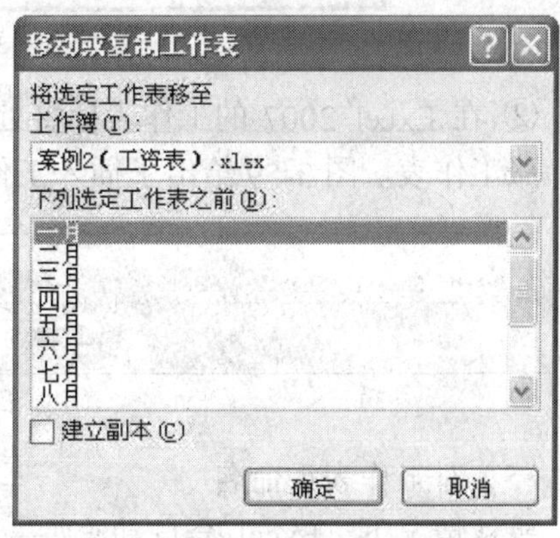

图 3-57 “移动或复制的工作表”对话框

③ 在“移动或复制工作表”对话框中，选择要复制或移动的目标工作簿和要将工作表插到目标工作簿所需位置之前的工作表，如果选中“建立副本”前面的复选框进行的是复制操作，清除该复选框进行的是移动操作。

④ 各种设置完成后，单击“确定”按钮，完成“移动或复制工作表”的操作。

使用鼠标拖动移动或复制工作表

移动工作表：将鼠标指向要移动的工作表标签，按下左键拖动鼠标，此时鼠标指针变为形状，同时在标签栏上会有一个小三角形▼，当小三角形符号移动到所需位置时，松开鼠标左键即可。

复制工作表：按住 Ctrl 键进行与移动工作表同样的操作即可。

跨工作簿的移动或复制操作方法类似。

（4）添加工作表

在通常情况下，工作簿有三张工作表，用户可根据需要添加工作表。添加工作表有下面两种方法。

① 选中一张或多张工作表，在任一个工作表标签上单击右键，在弹出的快捷菜单中单击“插入”选项，打开如图 3-58 所示的“插入”对话框，在“插入”对话框的“常用”选项卡中选择“工作表”选项，单击“确定”按钮。插入的工作表与选中的工作表的数量相同。

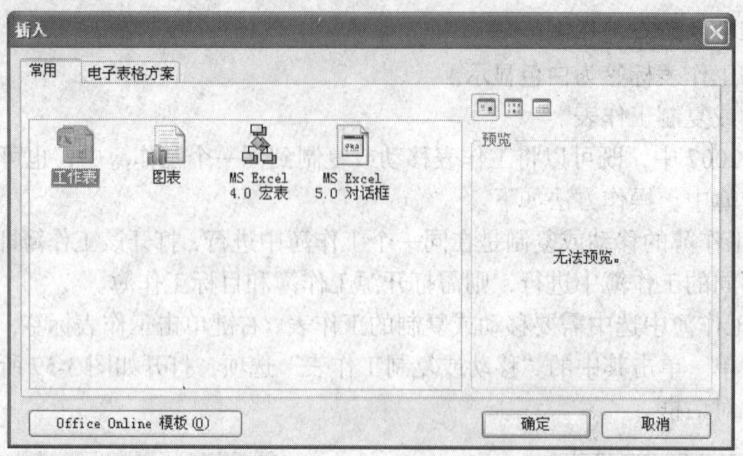

图 3-58 “插入”对话框

② 在 Excel 2007 的工作表标签处单击“插入工作表”按钮，可在当前工作簿中插入一张工作表。图 3-59 给出了插入工作表的过程。

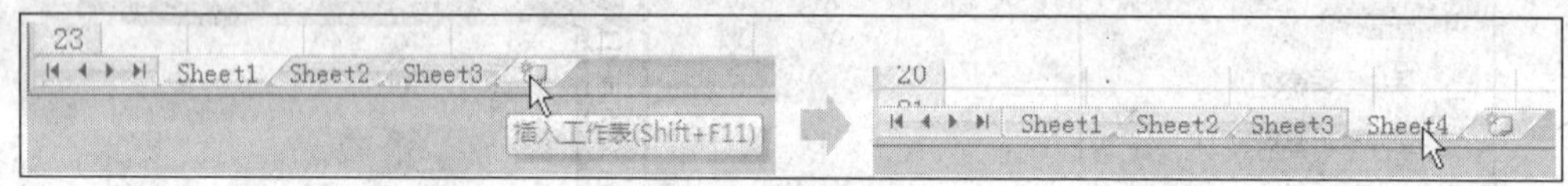

图 3-59 插入工作表的过程

（5）对工作表重命名

默认情况下，Excel 会自动给每一个工作表取名为“Sheet1”、“Sheet2”、“Sheet3”…，如果需要，可以对工作表重新命名，有以下两种操作方法。

① 双击要重新命名的工作表标签，然后输入新的名称。

② 在需要重新命名的工作表标签上单击右键，在弹出的快捷菜单中单击“重命名”命令，然后输入新的名称。

（6）删除工作表

删除工作表有以下两种方法。

① 在需要删除工作表的标签上单击右键，在弹出的快捷菜单中单击“删除”选项。

② 选中需要删除的工作表，单击“开始”选项卡→“单元格”命令组→“删除”命令按钮→“删除工作表”选项，如图 3-60 所示。这时弹出如图 3-61 所示的提示对话框，若单击“删除”按钮，可删除选定的工作表，其中的所有数据将丢失，单击“取消”按钮，可取消本次删除命令。

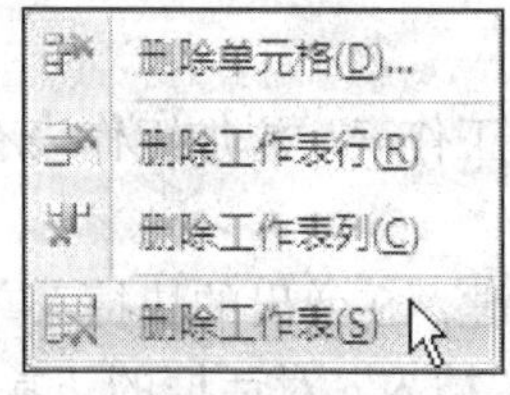

图 3-60 选择“删除工作表”

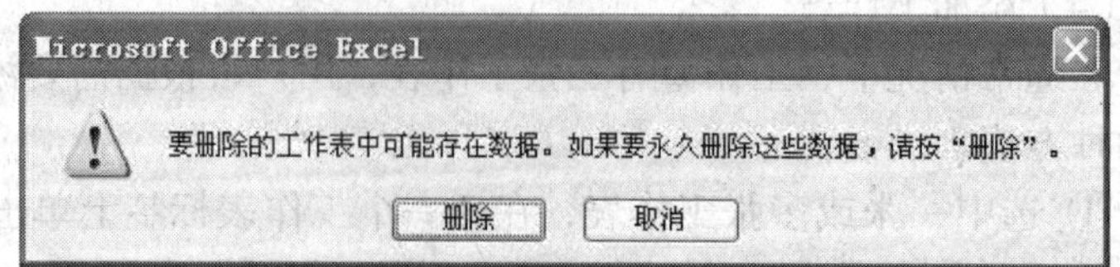

图 3-61 提示对话框

（7）隐藏工作表

如果当前工作簿中有许多工作表，可以将暂时不用的工作表隐藏起来，操作方法是：

在需要隐藏的工作表标签上单击右键，在弹出的快捷菜单中单击“隐藏”命令，如图3-62所示。工作表隐藏后，其对应的工作表标签将消失，因此无法对该工作表进行任何操作。

如果要重新显示被隐藏的工作表，在任意工作表标签上单击右键，在弹出的快捷菜单中单击“取消隐藏”选项，如图3-63所示，这时屏幕会弹出如图3-64所示的“取消隐藏”对话框，在对话框中选中要取消隐藏的工作表名称，并单击“确定”按钮即可。

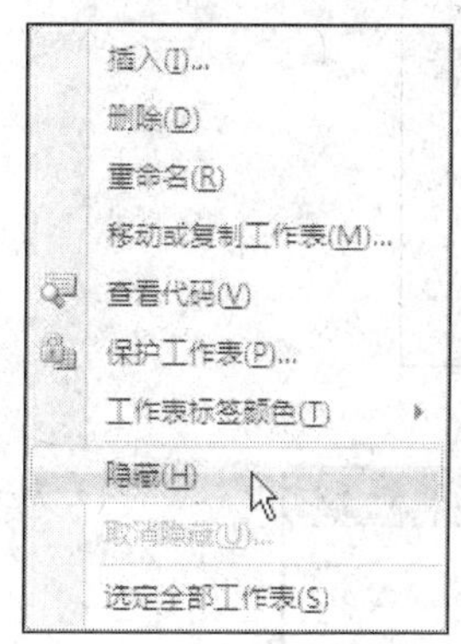

图3-62 单击“隐藏”选项

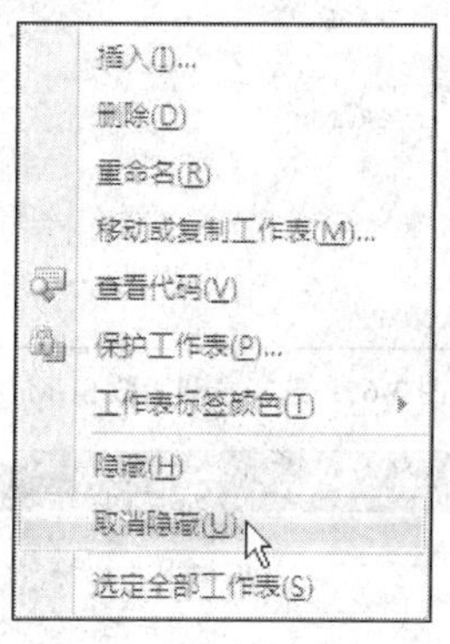

图3-63 单击“取消隐藏”

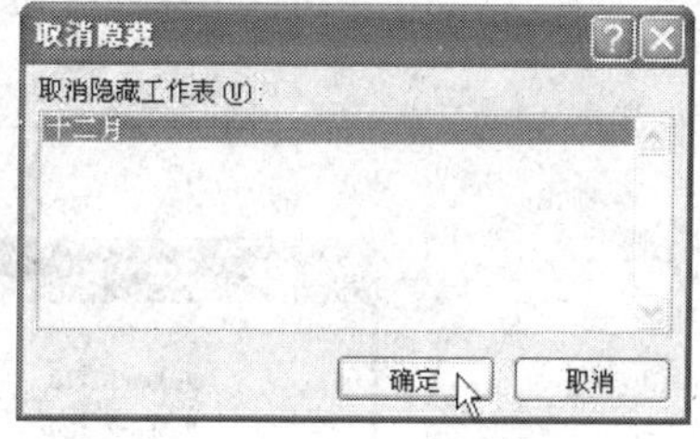

图3-64 “取消隐藏”对话框

2. 公式和函数

用Excel制作的表格往往需要有数据的计算和统计，如求工资的总和，求平均工资，求学生考试成绩的最高分、最低分等。Excel 2007具有非常强的计算和统计功能，从简单的四则运算，到复杂的财务计算、统计分析，都能轻松解决。

（1）公式

在Excel 2007中，所有的计算都可以靠“公式”来完成，Excel 2007的公式就是对工作表中的数值进行计算的表达式，它以“=”开头，并由一些数值和运算符号组成，这里所说的数值，不仅包括普通的常数，还包括单元格名称及Excel函数，而运算符号不仅包括算术运算符（加减乘除），还包括比较运算符和文本运算符。

只要看到最前面有一个“=”号，那这个单元格中的内容肯定是公式，同样，如果要在一个单元格中创建公式，一定不要忘了以“=”号开始。

（2）函数

函数是Excel 2007中已经定义好的计算公式，Excel 2007提供了大量的、实用的函数，基本满足了财务、统计及各管理部门日常统计和计算工作的需要。

一个函数由两部分组成，函数的名称和函数的参数。函数名称表明函数的功能，函数的参数是函数参与运算的数值及范围和条件。如SUM是求和的函数，SUM（10，20，30）的意思是将括号中的3个数求和，SUM（A3:D3）是将A3:D3单元格区域中的数值求和。

单击Excel 2007中的“公式”选项卡，可以看到Excel 2007的函数库提供的所有函数。单击任意一个函数类型，就打开该类型的所有函数，将鼠标放置在某函数上，可出现该函数的相关说明，单击鼠标左键，即选择了该函数，图3-65表明选择了求和函数SUM。这时会弹出要求用户输入该函数参数的对话框，如图3-66所示，在对话框中输入相关数据，单击“确定”按钮，就会在单元格中得到该函数的运行结果。图3-66所示的是求4个数（10、20、30、40）的和。

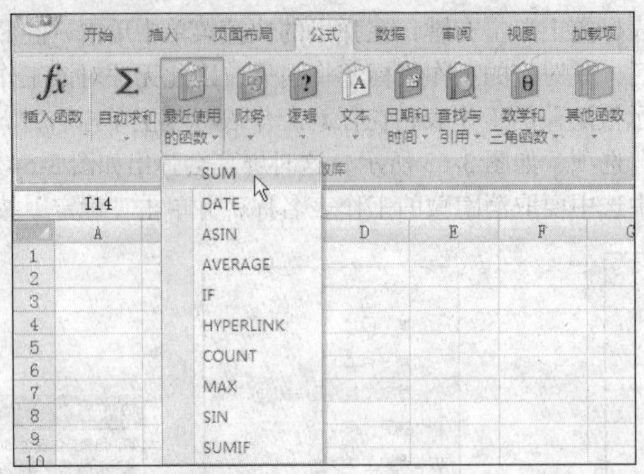

图 3-65　选择求和函数 SUM

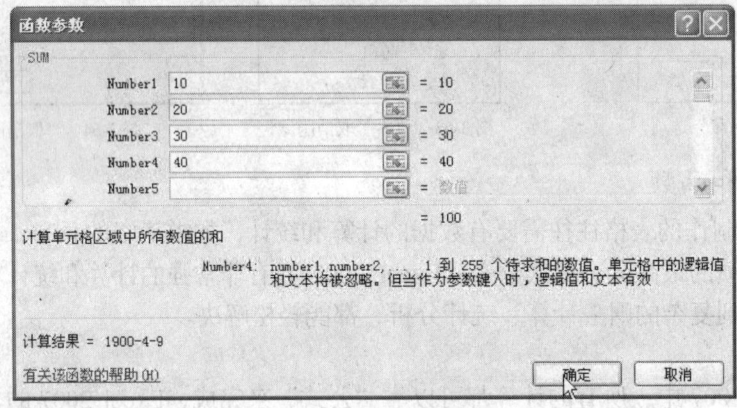

图 3-66　求 4 个数的和

（3）输入及编辑公式

输入公式的方法如下。

① 单击将要输入公式的单元格，该单元格将存放公式的计算结果。

② 输入一个“=”号，然后在其后输入公式。

③ 公式输入完后，单击回车键，该公式的计算结果会出现在选定的单元格中。

说　明

在单元格中输入的公式会同时出现在编辑栏中，输完公式后单击确认按钮✓，即完成公式的输入。图 3-67 所示是在 C3 单元格中输入公式，确认后即可在该单元格中出现公式的运算结果。

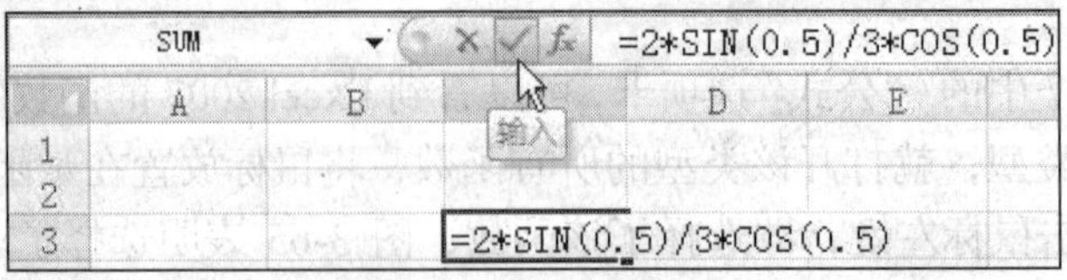

图 3-67　单击确认按钮

如果要编辑和修改公式，只需在编辑栏中修改即可，要删除公式，也可在编辑栏中进行。

（4）公式的复制

与数据的复制一样，单元格中的公式也是可以复制的，单击输入有公式的单元格，鼠标指向其右下角的填充柄 **+**，按住左键拖动，可把该公式的格式复制到所选择的单元格里。

3. 常用函数的使用

在日常的统计和计算工作中，用的最多的还是如求和、求平均和求最大最小值等计算，Excel 2007 为这些常用的计算设置了最方便的操作方法。

（1）求和（SUM）

对工作表某些单元格中数据求和的步骤如下。

① 选择准备放求和结果的单元格，如图 3-69 中的 G3 单元格。

② 单击“开始”选项卡→“编辑”命令组→“自动求和”按钮 Σ→“求和”命令 Σ。如图 3-68 所示。

	A	B	C	D	E	F	G
1	学生高考成绩统计表						
2	考号	姓名	语文	数学	外语	综合	总分
3	11011502	李　萌	124	110	130	230	
4	12012303	刘南灵	115	108	125	225	
5	13011748	张宏兵	118	118	127	241	
6	11092354	孔利利	132	128	130	245	

图 3-68　选择准备放求和结果的单元格（G3）

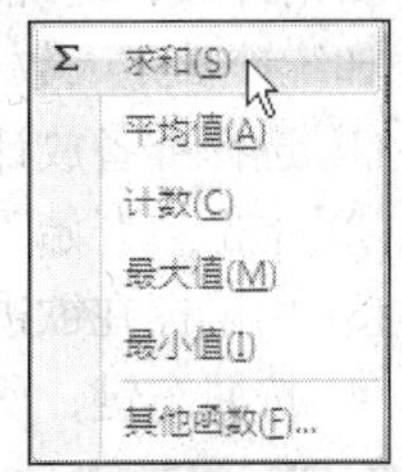

图 3-69　单击“求和”命令

③ 用鼠标在要进行求和计算的单元格上拖动，如图 3-70 所示。

	A	B	C	D	E	F	G	H	I
1	学生高考成绩统计表								
2	考号	姓名	语文	数学	外语	综合	总分		
3	11011502	李　萌	124	110	130		=SUM(C3:F3)		
4	12012303	刘南灵	115	108	125	225	SUM(number1, [number2], ...)		
5	13011748	张宏兵	118	118	127	241			
6	11092354	孔利利	132	128	130	245			

图 3-70　在要进行求和的单元格上拖动

④ 按回车键，求和结果出现在 G3 单元格中，如图 3-71 所示。

	A	B	C	D	E	F	G
1	学生高考成绩统计表						
2	考号	姓名	语文	数学	外语	综合	总分
3	11011502	李　萌	124	110	130	230	594
4	12012303	刘南灵	115	108	125	225	
5	13011748	张宏兵	118	118	127	241	
6	11092354	孔利利	132	128	130	245	

图 3-71　求和结果出现在 G3 单元格中

⑤ 鼠标指向 G3 单元格右下角的填充柄 **+**，向下拖动，可将公式复制到 G 列的所有单元格中，即求出所有学生的总分，如图 3-72 所示。

（2）求平均（AVERAGE）

求平均与求和的操作方法类似。

① 选择准备显示平均结果的单元格。

② 单击“开始”选项卡→“编辑”命令组→“自动求和”按钮 Σ→“平均值”命令。

③ 用鼠标在欲进行求平均的单元格上拖动。

④ 按回车键，所求平均结果出现在单元格中。

（3）计数（COUNT）

	A	B	C	D	E	F	G
1	学生高考成绩统计表						
2	考号	姓名	语文	数学	外语	综合	总分
3	11011502	李　萌	124	110	130	230	594
4	12012303	刘南灵	115	108	125	225	573
5	13011748	张宏兵	118	118	127	241	604
6	11092354	孔利利	132	128	130	245	635
7	14115066	秦利霞	123	138	138	238	637
8	12011507	刘　萍	116	124	136	234	610
9	11011504	贾建军	124	129	126	239	618
10	11011509	孟庆玲	112	120	120	238	590
11	11011510	魏承俊	110	112	114	220	556
12	10115123	范玉敏	130	124	135	246	635

图 3-72　求出所有学生的总分

所谓计数，是统计所选单元格的个数。在日常的工作中，计数也是经常要做的操作之一，如统计学生人数，统计课程门数等。计数的操作步骤如下。

① 选择准备放计数结果的单元格。

② 单击“开始”选项卡→“编辑”命令组→“自动求和”按钮Σ→“计数”命令。

③ 用鼠标在欲进行计数统计的单元格上拖动。

④ 按回车键，所求的计数结果出现在单元格中。

提　示

计数操作只能统计出含有数字的单元格的个数，所以在进行人数统计时，不能选择“姓名”列，而要选择与这些单元格个数相等的其他数字区域。

（4）求最大值（MAX）或最小值（MIN）

求最大值（MAX）或最小值（MIN）也是常用的操作，如求学生考试的最高分、最低分等。求最大（或最小）值的操作步骤如下。

① 选择准备显示最大（或最小）值结果的单元格。

② 单击“开始”选项卡→“编辑”命令组→“自动求和”按钮Σ→“最大值（或最小值）”命令。

③ 用鼠标在欲进行求最大（或最小）值的单元格上拖动。

④ 按回车键，所求最大（或最小）值结果出现在这个单元格中。

（5）根据条件确定单元格的取值（IF 函数）

有时我们需要根据条件来确定单元格的取值，如根据学生的高考成绩确定是否录取，这时需要用到条件函数（IF）。操作步骤如下。

① 选择准备存放结果的单元格，如图 3-73 中 H3 单元格。

	A	B	C	D	E	F	G	H
1	学生高考成绩统计表							
2	考号	姓名	语文	数学	外语	综合	总分	是否录取
3	11011502	李　萌	124	110	130	230	594	
4	12012303	刘南灵	115	108	125	225	573	
5	13011748	张宏兵	118	118	127	241	604	
6	11092354	孔利利	132	128	130	245	635	

图 3-73　选择准备存放结果的单元格

② 单击“开始”选项卡→“编辑”命令组→“自动求和”按钮Σ→“其他函数”命令，弹出“插入函数”对话框，如图 3-74 所示。

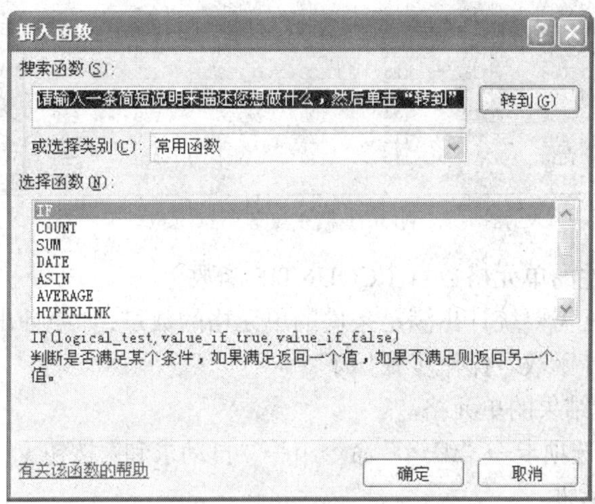

图 3-74　“插入函数”对话框

③ 在“选择类别”中选择“常用函数”，在“选择函数”中选择“IF”，单击“确定”按钮后，打开 IF 函数的“函数参数”对话框，如图 3-75 所示。

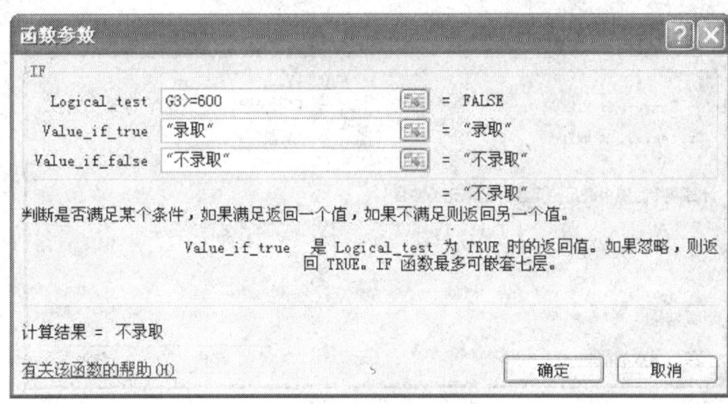

图 3-75　“函数参数”对话框

④ 在 Logical_test 中输入判定条件“G3>=600”，意为总分大于或等于 600 分；在 Value_IF_true 中输入条件为真时的值“录取”；在 Value_IF_False 中输入条件为假时的值“不录取”，如图 3-75 所示。

⑤ 单击“确定”按钮，此时根据判断在 H3 单元格中填为“录取”，如图 3-76 所示。

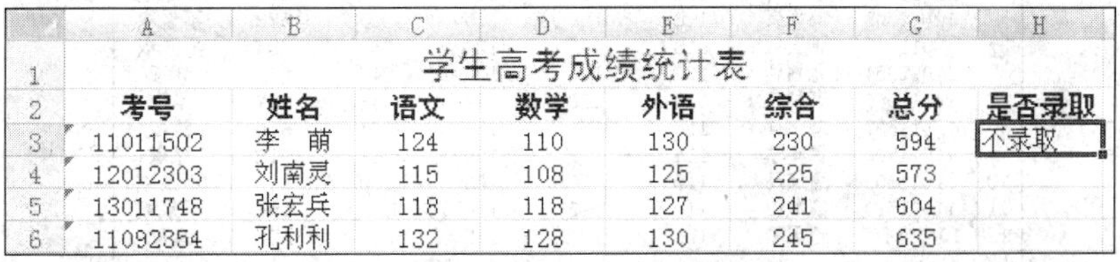

	A	B	C	D	E	F	G	H
1	学生高考成绩统计表							
2	考号	姓名	语文	数学	外语	综合	总分	是否录取
3	11011502	李　萌	124	110	130	230	594	不录取
4	12012303	刘南灵	115	108	125	225	573	
5	13011748	张宏兵	118	118	127	241	604	
6	11092354	孔利利	132	128	130	245	635	

图 3-76　在第一个“是否录取”列中填入数据

⑥ 鼠标指向 H3 单元格右下角的填充柄＋，向下拖动，可将公式复制到 H 列的其他行，在其中显示录取或不录取，如图 3-77 所示。

	A	B	C	D	E	F	G	H
1	学生高考成绩统计表							
2	考号	姓名	语文	数学	外语	综合	总分	是否录取
3	11011502	李 萌	124	110	130	230	594	不录取
4	12012303	刘南灵	115	108	125	225	573	不录取
5	13011748	张宏兵	118	118	127	241	604	录取
6	11092354	孔利利	132	128	130	245	635	录取
7	14115066	秦利霞	123	138	138	238	637	录取
8	12011507	刘 萍	116	124	136	234	610	录取
9	11011504	贾建军	124	129	126	239	618	录取
10	11011509	孟庆玲	112	120	120	238	590	不录取
11	11011510	魏承俊	110	112	114	220	556	不录取
12	10115123	范玉敏	130	124	135	246	635	录取

图 3-77　利用填充柄 **+** 填充“是否录取”列

（6）统计满足条件的单元格数目（COUNTIF 函数）

在工作中我们经常需要统计出满足条件的单元格的数量，如统计出本高校录取的人数，这就需要用到条件统计函数。操作步骤如下。

① 选择准备存放结果的单元格。

② 单击“开始”选项卡→“编辑”命令组→“自动求和”按钮 Σ →“其他函数”命令，弹出“插入函数”对话框。

③ 在“选择类别”中选择“统计”，在“选择函数”中选择“COUNTIF”，单击“确定”后，打开“COUNTIF”函数的“函数参数”对话框，在 Range 中输入统计范围“H3:H12”，在 Criteria 中输入条件“录取”，如图 3-78 所示。

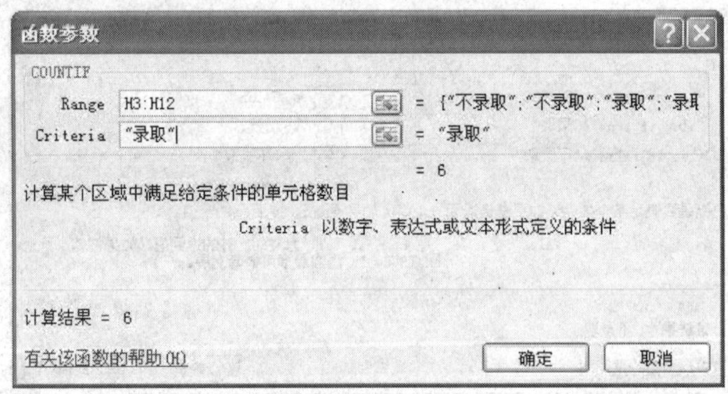

图 3-78　“COUNTIF”函数的“函数参数”对话框

④ 单击“确定”按钮后，即可统计出在 H3:H12 单元格区域内值为“录取”的单元格的数量，如图 3-79 中 E14 单元格中的数字 5。

	A	B	C	D	E	F	G	H
1	学生模拟高考成绩统计表							
2	考号	姓名	语文	数学	外语	综合	总分	是否录取
3	11011502	李 萌	124	110	130	230	594	不录取
4	12012303	刘南灵	115	108	125	225	573	不录取
5	13011748	张宏兵	118	108	127	231	584	不录取
6	11092354	孔利利	132	128	130	245	635	录取
7	14115066	秦利霞	123	138	138	238	637	录取
8	12011507	刘 萍	116	124	136	234	610	录取
9	11011504	贾建军	124	129	126	239	618	录取
10	11011509	孟庆玲	112	120	120	238	590	不录取
11	11011510	魏承俊	110	112	114	220	556	不录取
12	101115123	范玉敏	130	124	135	246	635	录取
13								
14				录取人数	5			

图 3-79　统计出“录取人数”

（7）表格中数据的排序

在工作中我们经常需要按表格中的数据进行排序，如按学生的考试总分从高到低排序。对表格进行排序的操作步骤如下。

① 打开需要进行排序操作的工作表（如“学生模拟高考成绩统计表”）。

② 单击作为排序依据的列中的任意单元格（如“总分”列）。

③ 单击“开始”选项卡→“编辑”命令组→“排序和筛选”按钮，弹出如图 3-80 所示的菜单。

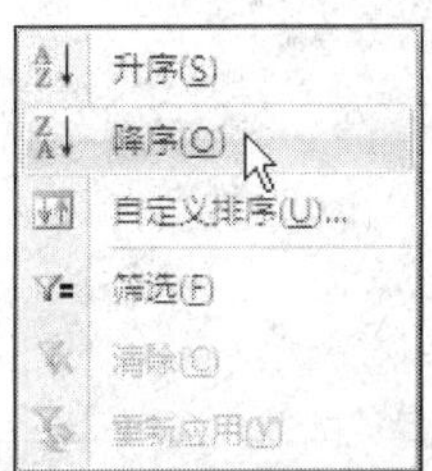

图 3-80 “排序和筛选”菜单

④ 单击菜单中的“降序”选项，即可得到如图 3-81 所示的排序结果。

	A	B	C	D	E	F	G	H
1	学生模拟高考成绩统计表							
2	考号	姓名	语文	数学	外语	综合	总分	是否录取
3	14115066	秦利霞	123	138	138	238	637	录取
4	11092354	孔利利	132	128	130	245	635	录取
5	101115123	范玉敏	130	124	135	246	635	录取
6	11011504	贾建军	124	129	126	239	618	录取
7	12011507	刘　萍	116	124	136	234	610	录取
8	11011502	李　萌	124	110	130	230	594	不录取
9	11011509	孟庆玲	112	120	120	238	590	不录取
10	13011748	张宏兵	118	108	127	231	584	不录取
11	12012303	刘南灵	115	108	125	225	573	不录取
12	11011510	魏承俊	110	112	114	220	556	不录取

图 3-81 按总分降序排序

（8）表格数据的筛选

在工作中还需要对表格中的数据进行筛选，如将被录取的学生筛选出来。对表格进行筛选的操作步骤如下。

① 打开需要进行排序操作的工作表（如“学生模拟高考成绩统计表”）。

② 单击作为筛选依据的列的任意单元格（如“是否录取”列）

③ 单击“开始”选项卡→“编辑”命令组→“排序和筛选”按钮，在弹出的菜单中单击“筛选”选项，“模拟高考成绩统计表”变为如图 3-82 所示。其中在表头文字的右边出现了一个下拉箭头按钮。

	A	B	C	D	E	F	G	H
1	学生模拟高考成绩统计表							
2	考号	姓名	语文	数学	外语	综合	总分	是否录
3	101115123	范玉敏	130	124	135	246	635	录取
4	11011502	李　萌	124	110	130	230	594	不录取
5	11011504	贾建军	124	129	126	239	618	录取
6	11011509	孟庆玲	112	120	120	238	590	不录取
7	11011510	魏承俊	110	112	114	220	556	不录取
8	11092354	孔利利	132	128	130	245	635	录取
9	12011507	刘　萍	116	124	136	234	610	录取
10	12012303	刘南灵	115	108	125	225	573	不录取
11	13011748	张宏兵	118	108	127	231	584	不录取
12	14115066	秦利霞	123	138	138	238	637	录取

图 3-82 选择了“筛选”以后的界面

④ 单击“是否录取”后的下拉箭头按钮，弹出文本筛选的选择菜单，如图 3-83 所示。

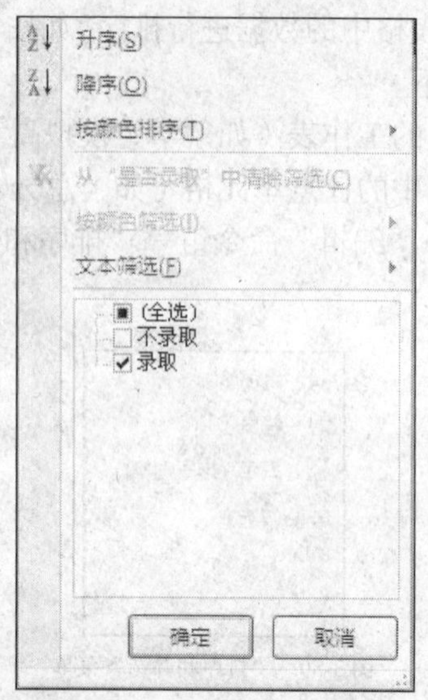

图 3-83　文本筛选的选择菜单

⑤ 仅选择“录取”多选框，单击“确定”按钮，即可以将“录取”的记录筛选出来，如图 3-84 所示。

	A	B	C	D	E	F	G	H
1	学生模拟高考成绩统计表							
2	考号	姓名	语文	数学	外语	综合	总分	是否录
3	101115123	范玉敏	130	124	135	246	635	录取
5	11011504	贾建军	124	129	126	239	618	录取
8	11092354	孔利利	132	128	130	245	635	录取
9	12011507	刘　萍	116	124	136	234	610	录取
12	14115066	秦利霞	123	138	138	238	637	录取

图 3-84　将“录取”的记录筛选出来

【操作练习 3-4】　制作“学生模拟高考成绩统计表”

郑州 120 中学为迎接即将到来的 2007 年高考，进行了一次模拟考试，现给出的各科原始成绩如图 3-85 所示。

	A	B	C	D	E	F	G
1	学生模拟高考成绩统计表						
2	考号	姓名	语文	数学	外语	综合	总分
3	410102100	李　萌	124	110	130	230	
4	410102101	刘南灵	102	108	109	215	
5	410102102	张宏兵	118	118	127	241	
6	410102103	孔利利	132	128	130	245	
7	410102104	秦利霞	123	108	90	238	
8	410102105	刘　萍	116	124	136	234	
9	410102106	贾建军	124	129	126	239	
10	410102107	孟庆玲	112	120	120	238	
11	410102108	魏承俊	98	112	114	180	
12	410102109	范玉敏	130	124	135	246	

图 3-85　各科原始成绩

① 统计出每个学生的总分，并给出评价（600 分以上为优秀，其余为一般）；求出全部考生的总平均分、最高分和最低分，以及 600 分以上的学生人数和 550 分以下的学生人数。统计后的工作表如图 3-86 所示。

② 对工作表按总分从高到低进行排序，排序后的结果如图 3-87 所示。

	A	B	C	D	E	F	G	H
1	学生模拟高考成绩统计表							
2	考号	姓名	语文	数学	外语	综合	总分	评价
3	410102100	李　萌	124	110	130	230	594	一般
4	410102101	刘南灵	102	108	109	215	534	一般
5	410102102	张宏兵	118	108	127	231	584	一般
6	410102103	孔利利	132	128	130	225	615	优秀
7	410102104	秦利霞	123	108	90	238	559	一般
8	410102105	刘　萍	116	124	136	234	610	优秀
9	410102106	贾建军	124	129	126	239	618	优秀
10	410102107	孟庆玲	112	120	120	238	590	一般
11	410102108	魏承俊	98	112	114	180	504	一般
12	410102109	范玉敏	130	124	135	236	625	优秀
13								
14	参加考试总人数:	10			总平均分:	583.3		
15	600分以上:	4			最高分:	625		
16	550分以下:	2			最低分:	504		

图 3-86　学生模拟高考成绩统计表

	A	B	C	D	E	F	G	H
1	学生模拟高考成绩统计表							
2	考号	姓名	语文	数学	外语	综合	总分	评价
3	410102109	范玉敏	130	124	135	236	625	优秀
4	410102106	贾建军	124	129	126	239	618	优秀
5	410102103	孔利利	132	128	130	225	615	优秀
6	410102105	刘　萍	116	124	136	234	610	优秀
7	410102100	李　萌	124	110	130	230	594	一般
8	410102107	孟庆玲	112	120	120	238	590	一般
9	410102102	张宏兵	118	108	127	231	584	一般
10	410102104	秦利霞	123	108	90	238	559	一般
11	410102101	刘南灵	102	108	109	215	534	一般
12	410102108	魏承俊	98	112	114	180	504	一般

图 3-87　按总分从高到低进行排序

③ 筛选出评价为优秀的学生，筛选后的表格如图 3-88 所示。

	A	B	C	D	E	F	G	H
1	学生模拟高考成绩统计表							
2	考号	姓名	语文	数学	外语	综合	总分	评价
3	410102109	范玉敏	130	124	135	236	625	优秀
4	410102106	贾建军	124	129	126	239	618	优秀
5	410102103	孔利利	132	128	130	225	615	优秀
6	410102105	刘　萍	116	124	136	234	610	优秀

图 3-88　筛选出评价为优秀的学生

3.4 图表的制作

【案例 3-4】 销售利润分析图表

【情景模拟】

温馨家电超市是一家以经营各种家电为主的大型超市，在 2007 年里，超市取得了较好的效益，为了进一步发展公司的业务，开拓市场，需要分析各种商品的市场需求和所获利润。公司财务部已将 2007 年各商品的利润制成了表格的形式，如图 3-89 所示。

	A	B	C	D	E	F
1	温馨家电超市2007年销售利润表					
2	商品名称	一季度	二季度	三季度	四季度	合计
3	电视机	178300	89760	147800	198700	614560
4	电冰箱	23090	128400	58900	32400	242790
5	洗衣机	78600	78800	56400	58800	272600
6	空调	102300	247600	135600	45820	531320
7	合　计	382290	544560	398700	335720	1661270

图 3-89　2007 年各商品的利润表格

但这种表格不直观，总经理要求能用图表的形式更清晰直观地表明商品的利润情况，以便进一步调整经营战略，获得更大的利润。财务部小刘承担此项任务。

【案例分析】

已有的“销售利润表”已将各商品每个季度的利润和全年总利润用数据表示出来，因此只需在该工作表的基础上将图表制作出来即可。制作的图表应有 4 个。

① 同一商品不同季度的利润比较图表：主要用来分析同一商品在不同季度的利润情况。

② 同一季度不同商品的利润比较图表：主要用来分析同一季度里不同商品的利润情况。

③ 各商品 2007 全年利润情况图表：主要用来分析不同商品全年的利润情况。

④ 2007 年各季度利润情况图表：主要用来分析不同季度的利润情况

Excel 2007 提供了非常方便快捷的制作图表的工具和方法。

【案例展示】

根据要求和分析，设计制作的图表如图 3-90 所示。

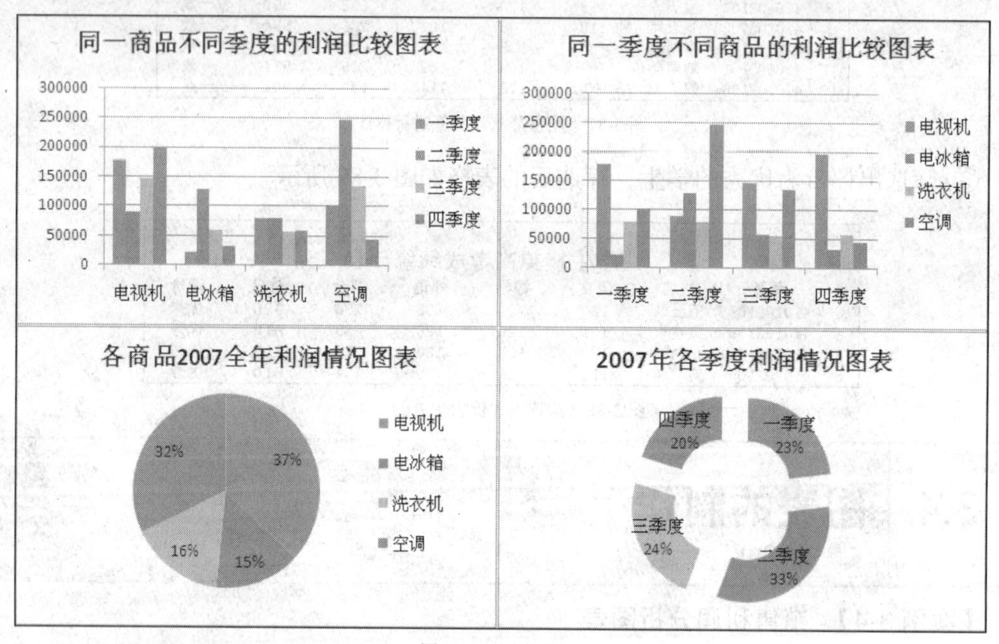

图 3-90　图表展示

【操作步骤】

1. 制作同一商品不同季度的利润比较图表

① 打开已经制作好的“温馨家电超市 2007 年销售利润表”工作表，如图 3-89 所示。

② 单击“插入”选项卡→“图表”命令组→“柱状图”选项，在弹出的菜单中单击第一个“二维柱形图”图形，如图 3-91 所示。这时在屏幕上出现如图 3-92 所示的矩形方框（这是将来放图表的地方）。同时在屏幕的上方出现图表工具的设计选项卡，如图 3-93 所示。

③ 选择“图表样式”命令组中的第二个样式，然后单击“数据”命令组中的“选择数据”选项，弹出“选择数据源”对话框，如图 3-94 所示。

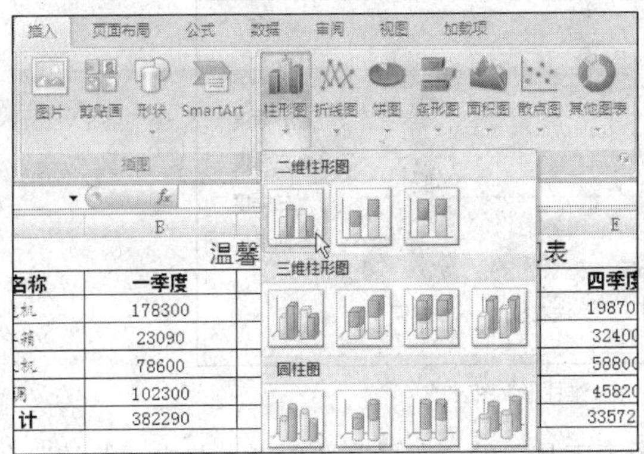

图 3-91 选择二维柱形图

图 3-92 选择图表以后出现的方框

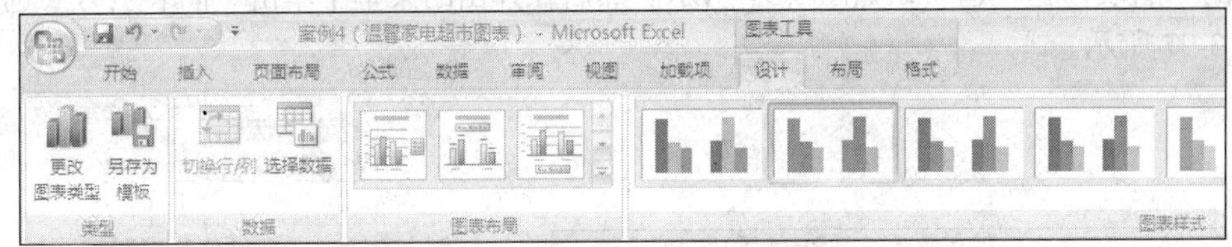

图 3-93 图表工具的“设计”选项卡

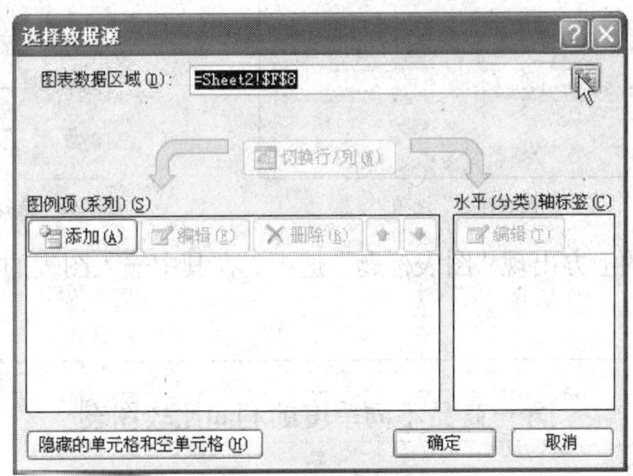

图 3-94 “选择数据源”对话框

④ 单击“图表数据区域”文本框后的按钮[图标]，然后在“温馨家电超市2007年销售利润表”工作表上拖动，选中如图3-95所示的虚线部分（注意：没有选合计）。

	A	B	C	D	E	F
1	温馨家电超市2007年销售利润表					
2	商品名称	一季度	二季度	三季度	四季度	合计
3	电视机	178300	89760	147800	198700	614560
4	电冰箱	23090	128400	58900	32400	242790
5	洗衣机	78600	78800	56400	58800	272600
6	空调	102300	247600	135600	45820	531320
7	合　计	382290	544560	398700	335720	1661270

图 3-95 选择“图表数据区域”

⑤ 再一次单击“图表数据区域”文本框后的按钮[图标]，然后单击“确定”按钮，这时“二维柱形”图表出现在屏幕上，如图3-96所示，可以看出，这是同一商品在不同季度利润的比较图表。

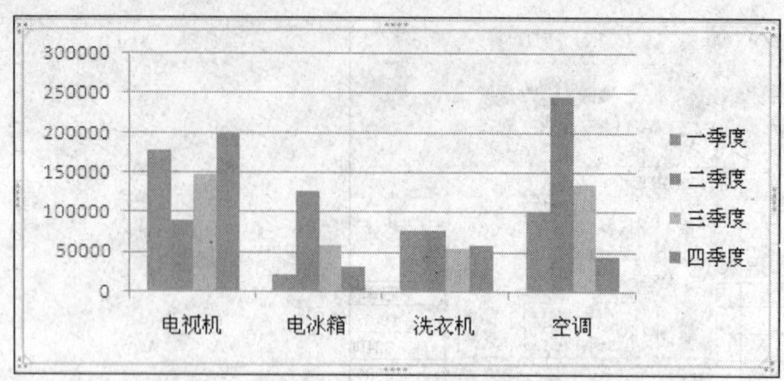

图 3-96 “二维柱形”图表

⑥ 现要在图表上加上标题，单击“图表工具”的“布局”选项卡，单击“标签”命令组中的“图表标题”选项，如图 3-97 所示。然后在弹出的菜单中单击“图表上方”选项，如图 3-97 所示。

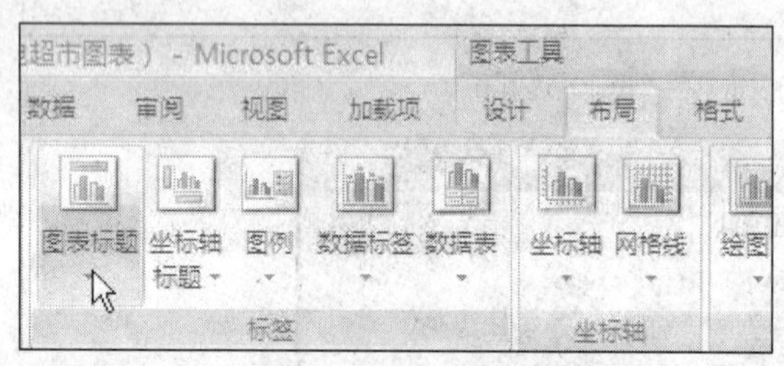

图 3-97 单击“图表标题”选项

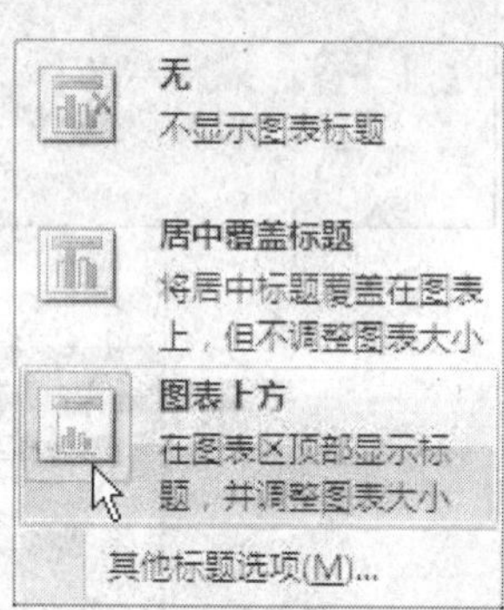

图 3-98 选择在图表上方显示标题

⑦ 这时在图表的上方出现“图表标题”选框，在其中输入图表的标题即可，如图 3-99 所示。

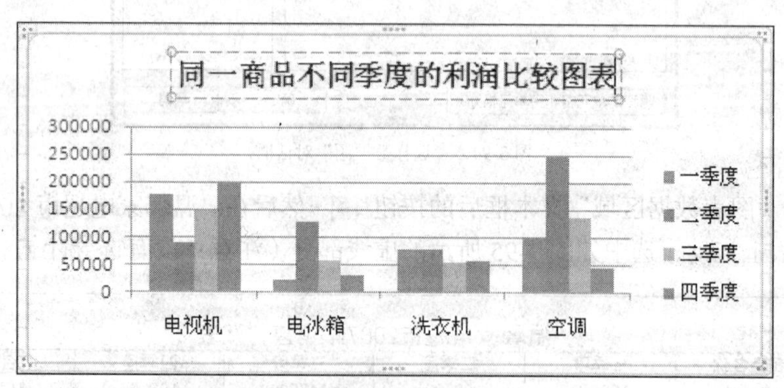

图 3-99 在图表上方输入标题

到此，同一商品不同季度的利润比较图表制作完毕。

提　　示

如果修改工作表中的数据，图表中的图形会自动地随之变化。

2. 制作同一季度不同商品的利润比较图表

① 选择已经制作好的“同一商品不同季度的利润比较图表”。

② 单击“图表工具”的“设计”选项卡，再单击“数据”命令组中的“切换行/列”选项（这一步的操作使得图表上的行列坐标相互交换），如图3-100所示。

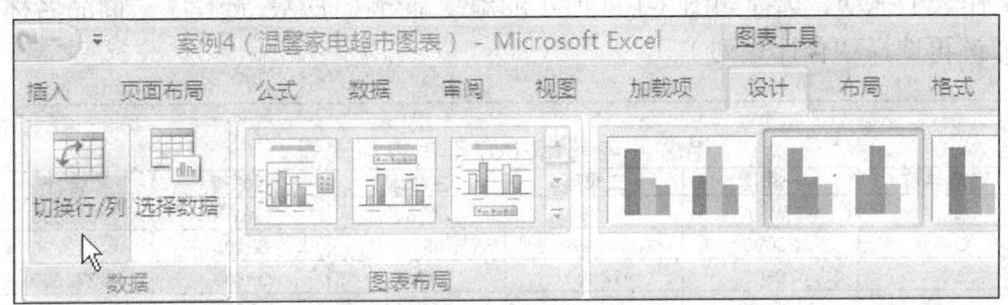

图3-100 切换图表上的行列坐标

③ 单击“切换行/列”选项后，图表中的行列坐标相互交换，再将图表的标题改为“同一季度不同商品的利润比较图表”，行列坐标相互交换后的图表如图3-101所示。

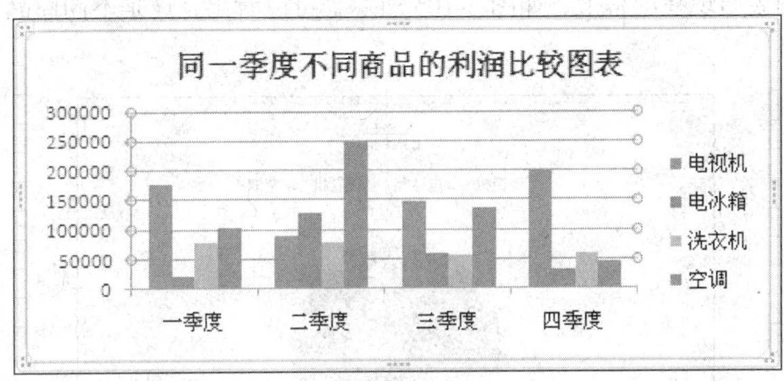

图3-101 行列坐标切换后的图表

3. 制作各商品全年利润情况图表

① 打开已经制作好的“温馨家电超市2007年销售利润表”工作表。

② 单击“插入”选项卡→“图表”命令组→“饼图”选项，在弹出的菜单中单击第一个“二维饼形”图形，如图3-102所示。这时在屏幕上出现如图3-92所示的矩形方框（这是将来放图表的地方）。同时在屏幕的上方出现“图表工具”的“设计”选项卡，如图3-103所示。

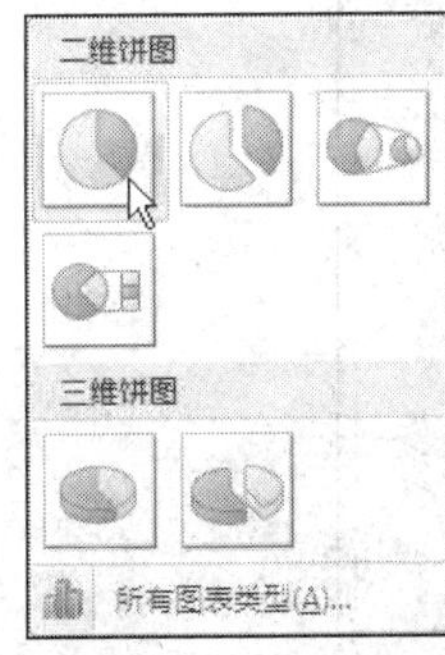

图3-102 选择“二维饼图”

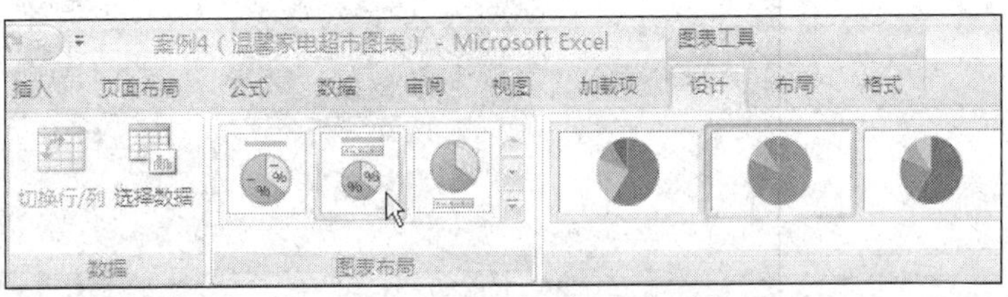

图3-103 图表工具的设计选项卡

③ 在“设计”选项卡中的“图表样式”命令组中选择第二个图表样式，在“图表布局”命令组选择“布局2”，然后单击“数据”命令组中的“选择数据”选项，弹出“选择数据源”对话框。

④ 单击“图表数据区域”文本框后的按钮，然后在“温馨家电超市2007年销售利润表”工作表上拖动，选择如图3-104所示的虚线部分（注意：选择了“商品名称”列后，按住Ctrl键再选择“合计”列）。

A	B	C	D	E	F
温馨家电超市2007年销售利润表					
商品名称	一季度	二季度	三季度	四季度	合计
电视机	178300	89760	147800	198700	614560
电冰箱	23090	128400	58900	32400	242790
洗衣机	78600	78800	56400	58800	272600
空调	102300	247600	135600	45820	531320
合　计	382290	544560	398700	335720	1661270

图3-104　鼠标在工作表上拖动选择数据源

⑤ 再一次单击“图表数据区域”文本框后的按钮，然后单击“确定”按钮，这时“二维饼形”图表出现在屏幕上，如图3-105所示，可以看出，这是不同商品全年利润的比较图表。

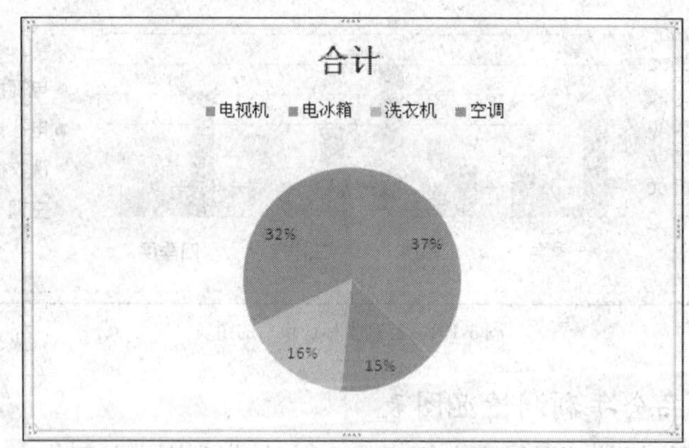

图3-105　“二维饼形”图表

⑥ 将标题改为“各商品2007全年利润情况图表”，将图解符移到图表的右边，修改后的图表如图3-106所示。

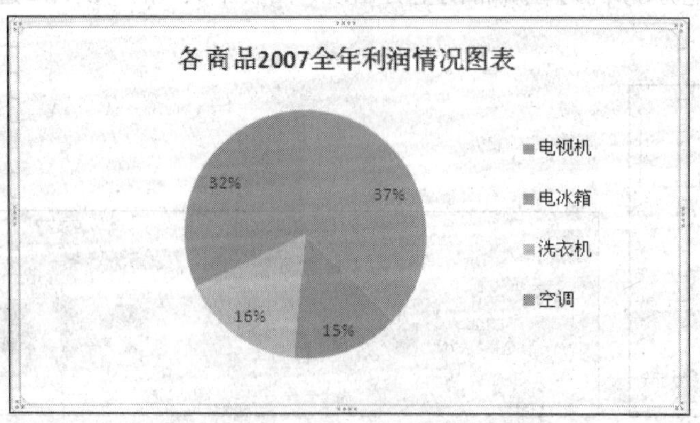

图3-106　给“二维饼形”图标加上标题

4. 制作全年各季度利润情况图表

① 打开已经制作好的“温馨家电超市 2007 年销售利润表”工作表。

② 单击“插入”选项卡→“图表”命令组→“其他图表”选项，在弹出的菜单中单击“圆环图”中的第二个图形，如图 3-107 所示。

图 3-107 单击 “圆环图”中的第二个图形

③ 这时在屏幕的上方出现图表工具的“设计”选项卡，在“图表样式”命令组中选择第二个图表样式，在“图表布局”命令组选择“布局 1”，如图 3-108 所示。

图 3-108 在“图表布局”命令组选择“布局 1”

④ 单击“数据”命令组中的“选择数据”选项，在弹出“选择数据源”对话框中，单击“图表数据区域”文本框后的按钮，然后在“温馨家电超市 2007 年销售利润表”工作表上拖动，选择如图 3-109 所示的虚线部分（注意：选择了“商品名称”列后，按住 Ctrl 键再选择“合计”列）。

A	B	C	D	E	F
温馨家电超市2007年销售利润表					
商品名称	一季度	二季度	三季度	四季度	合计
电视机	178300	89760	147800	198700	614560
电冰箱	23090	128400	58900	32400	242790
洗衣机	78600	78800	56400	58800	272600
空调	102300	247600	135600	45820	531320
合 计	382290	544560	398700	335720	1661270

图 3-109 选择数据源（第一行和最后一行）

⑤ 再一次单击“图表数据区域”文本框后的按钮，再单击“确定”按钮。将图表的标题改为“2007 年各季度利润情况图表”，最后的图表如图 3-110 所示。

图 3-110　制作好的“圆环图”图表

到此，本案例所需的所有图表全部完成。

【知识解析】

图表是一种以图形来表示表格中数据的方式，与工作表相比，图表不仅能够直观地表现出数据值，还能更形象地反映出数据的对比关系。

1. 图表的类型

Excel 2007 的图表有多种类型，主要有：柱形图、条形图、折线图、饼图、散点图、股价图、曲面图、圆环图、气泡图和雷达图等，而每一种类型的图表又有多种不同的表现形式。

（1）柱状图

柱状图用来显示一段时期内数据的变化或者描述各项之间的比较，它采用分类项水平组织和数据垂直组织，这样可以强调数据随时间变化。如图 3-111 所示。

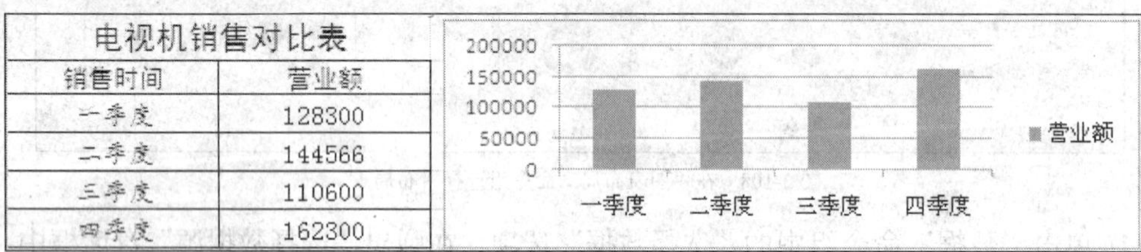

电视机销售对比表	
销售时间	营业额
一季度	128300
二季度	144566
三季度	110600
四季度	162300

图 3-111　“柱状图”强调数据随时间的变化

（2）条形图

条形图描述了各项之间的差别情况，它采用分类项垂直组织和数据水平组织，从而突出数值的比较，而淡化数据随时间的变化。如图 3-112 所示。

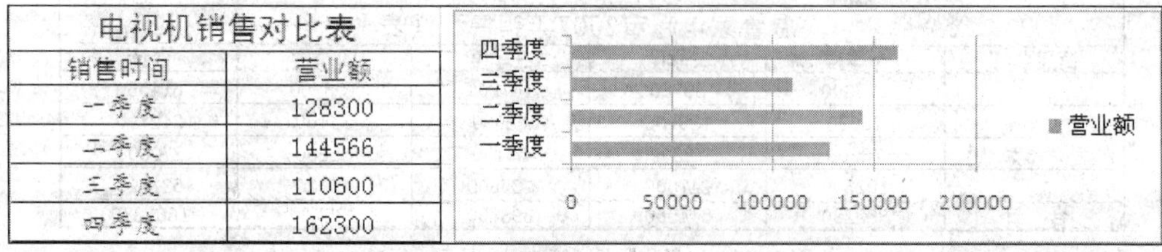

电视机销售对比表	
销售时间	营业额
一季度	128300
二季度	144566
三季度	110600
四季度	162300

图 3-112　“条形图”描述了各项之间的差别

（3）饼图

饼图显示数据系列中每一项占该系列数值总和的比例关系，如图 3-113 所示。

学生高考成绩统计表	
上线情况	人数
一本线	58
二本线	125
大专线	23
不上线	17

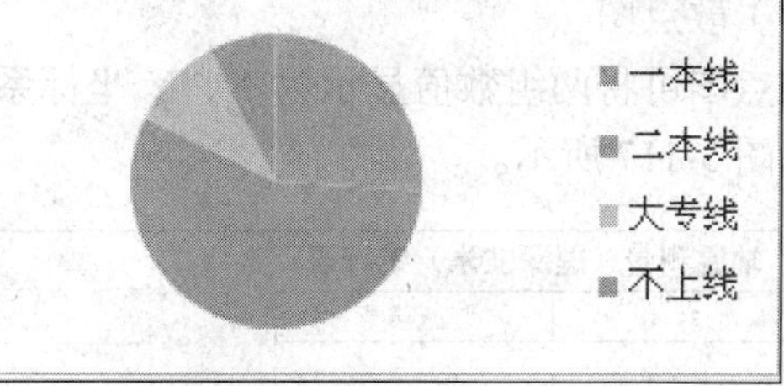

图 3-113 “饼图”显示数据占该系列数值总和的比例

（4）折线图

折线图以等间隔显示数据的变化趋势，如图 3-114 所示。

郑州市冬季气温统计表	
年份	平均气温
2001年	-0.5
2002年	0.7
2003年	1.2
2004年	2.1
2005年	2.3
2006年	3.2
2007年	4.3

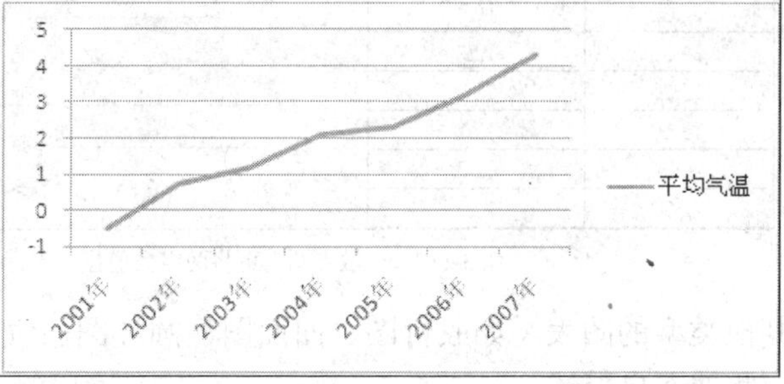

图 3-114 “折线图”显示数据的变化趋势

（5）面积图

面积图强调幅度随时间的变化，如图 3-115 所示。

郑州市冬季气温统计表	
年份	平均气温
2001年	-0.5
2002年	0.7
2003年	1.2
2004年	2.1
2005年	2.3
2006年	3.2
2007年	4.3

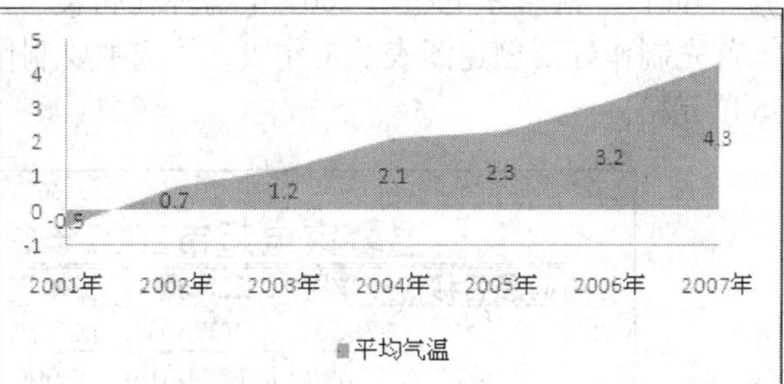

图 3-115 “面积图”强调幅度随时间的变化

（6）圆环图

饼图也用来显示部分与整体的关系，但圆环图可以含有多个数据系列，如图 3-116 所示。

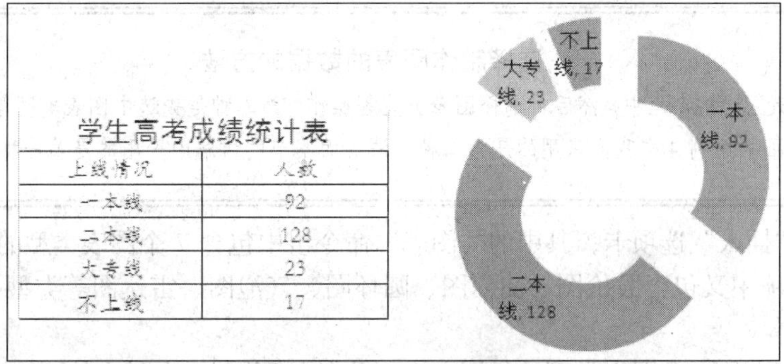

学生高考成绩统计表	
上线情况	人数
一本线	92
二本线	128
大专线	23
不上线	17

图 3-116 饼图用来显示部分与整体的关系

（7）散点图

散点图可将两组数值显示为 X、Y 坐标系中的一个系列，它可以按不等间距显示出数据，如图 3-117 所示。

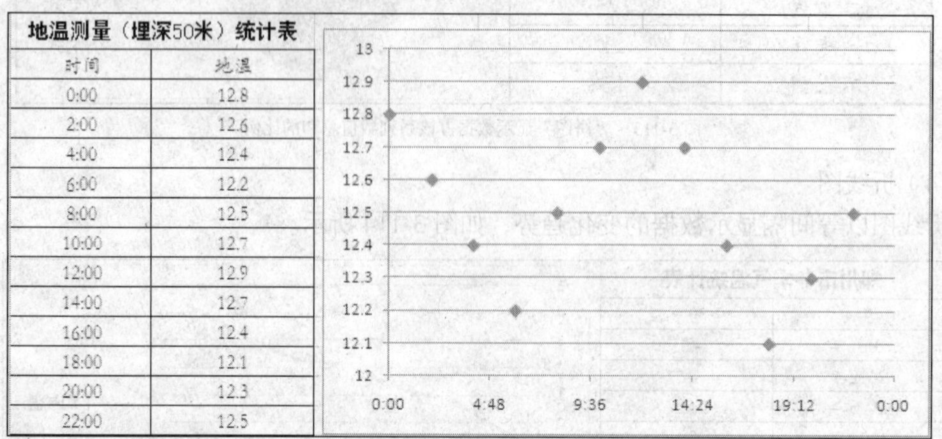

地温测量（埋深50米）统计表

时间	地温
0:00	12.8
2:00	12.6
4:00	12.4
6:00	12.2
8:00	12.5
10:00	12.7
12:00	12.9
14:00	12.7
16:00	12.4
18:00	12.1
20:00	12.3
22:00	12.5

图 3-117 “散点图”可将两组数值显示坐标系中的一个系列

其他类型的图表（如股价图、曲面图、圆环图、气泡图、雷达图等）都有自己特殊的用途，此处不再赘述。

2. 创建图表

在 Excel 2007 中，创建图表非常简单，不管是创建何种类型的图表，其方法都是大致相同的。下面以“温馨家电超市 2007 年销售利润表”为例说明创建图表的一般操作步骤。

① 首先制作好要创建图表的工作表，并选中要制作图表的数据，如图 3-118 所示中的 A2：E6 单元格。

	A	B	C	D	E	F
1	温馨家电超市2007年销售利润表					
2	商品名称	一季度	二季度	三季度	四季度	合计
3	电视机	178300	89760	147800	198700	614560
4	电冰箱	23090	128400	58900	32400	242790
5	洗衣机	78600	78800	56400	58800	272600
6	空调	102300	247600	135600	45820	531320
7	合　计	382290	544560	398700	335720	1661270

图 3-118 选中要制作图表的数据

选择制作图表的数据的方法

一种是先将数据选中，然后再选择图表类型等操作；第二种是先选中图表类型等，然后再选择数据。在前面的案例 4 中我们采用的是第二种方法，而本节的讲解中采用的是第一种方法。

② 单击“插入”选项卡，其中的“图表”命令组中包含 7 个图表类型的选项，“其他图表”类型选项中又包含股价图、曲面图、圆环图、气泡图、雷达图等类型，如图 3-119 所示。

③ 单击其中的一个图表类型（如图 3-119 中的柱形图），在弹出的下拉列表中选择并

单击其中一个类型（如堆积圆柱图），如图 3-120 所示。

图 3-119 “图表”命令组

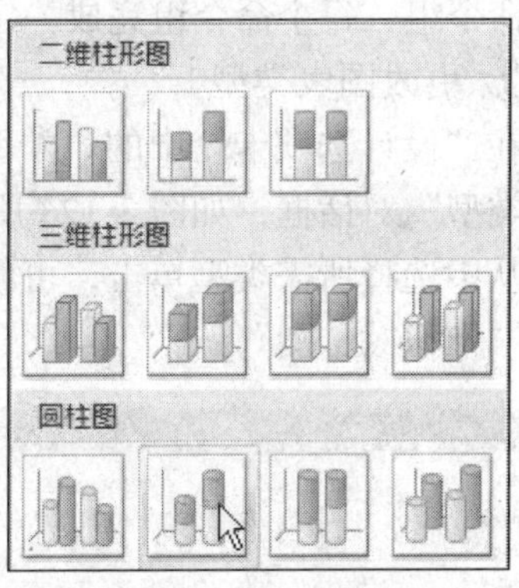

图 3-120 选择一个图表类型

④ 这时即建立起与所选数据、图表类型相匹配的图表，如图 3-121 所示。

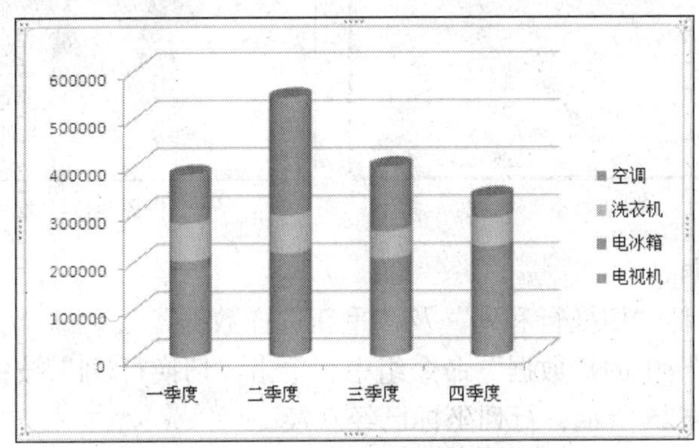

图 3-121 建立起与所选数据、图表类型相匹配的图表

3. 编辑图表

图表建立好以后，如果想修改图表，必须激活图表，这时在标题栏处出现“图表工具”，包括三个与图表操作有关的选项卡：“设计选项卡”、“布局选项卡”和“格式选项卡”。利用这三个选项卡，可以非常方便地对图表进行编辑修改。

（1）对图表进行重新设计

单击激活图表，选择“图表工具”的“设计”选项卡，如图 3-122 所示。

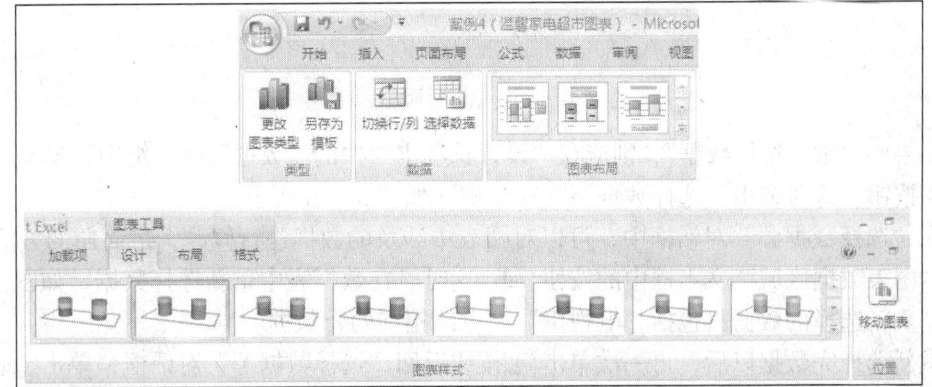

图 3-122 “图表工具”的“设计”选项卡

在“设计选项卡”中，包括“类型”、“数据”、“图表布局”、“图表样式”和“位置”六个命令组，每个命令组完成一定的设计功能。

① 更改图表类型。

在“设计选项卡”中的“类型”命令组中，单击“更该图表类型”按钮，弹出“更该图表类型”对话框，如图 3-123 所示。

从中选择所需类型单击，可使图表更改为新的类型，如图 3-124 所示，图表类型更改成了“堆积棱锥图”。

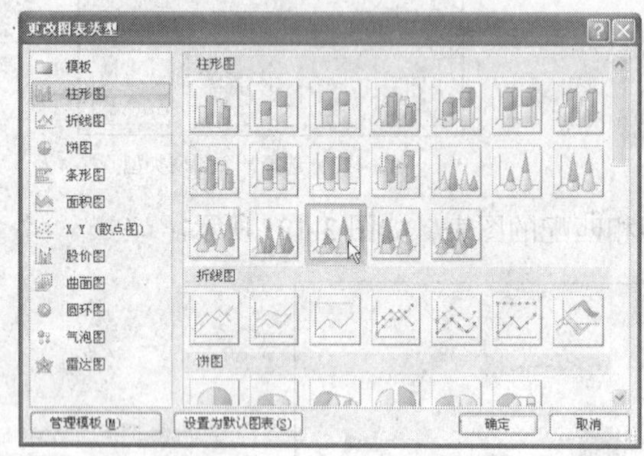

图 3-123 “更该图表类型”对话框

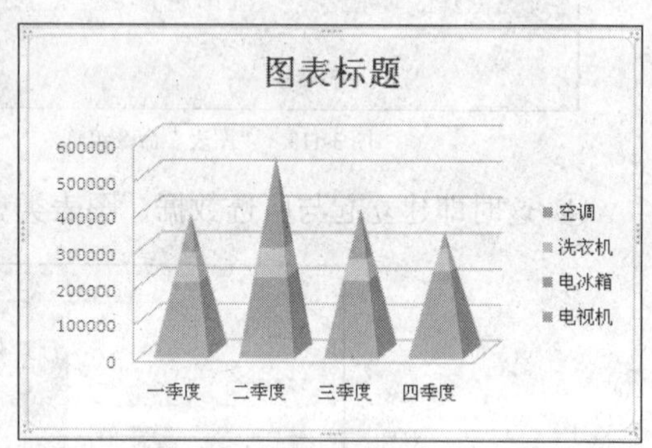

图 3-124 堆积棱锥图

② 更改图表数据。

更改图表数据包括“切换行和列”及“重新选择数据”。

在“设计选项卡”中的“数据”命令组中，单击“切换行/列”按钮，可使原图表的行列坐标互换，如图 3-125 所示，行列坐标已经互换。

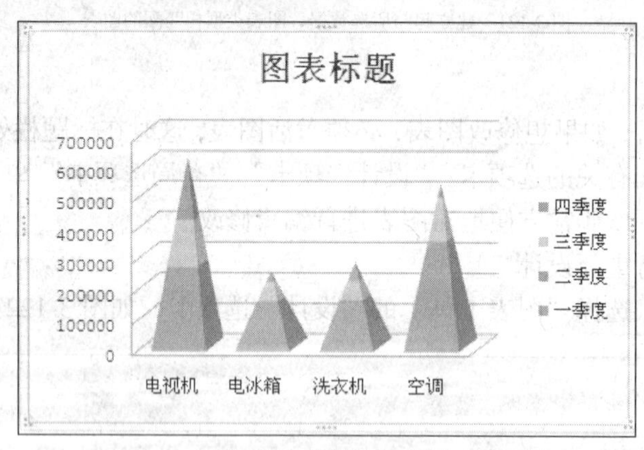

图 3-125 行列坐标互换

如果要“重新选择数据”，则应在“设计选项卡”中的“数据”命令组中，单击“选择数据”按钮，这时弹出“选择数据源”对话框，如图 3-126 所示。

在“选择数据源”对话框中，可以对图表中涉及的数据进行修改，最简便的方法是：单击“图表数据区域”文本框中的按钮，这时可在数据表中重新选择数据，如图 3-127 所示，重新选择的数据只包括“电视机”、“电冰箱”两行数据。

重新选择完数据以后，再一次单击按钮返回“选择数据源”对话框，单击“确定”按钮，此时的图表已经更改为新数据的图表了，如图 3-128 所示。

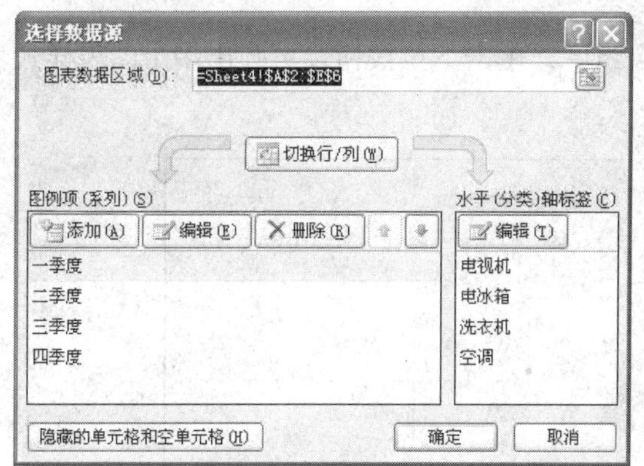

图 3-126 “选择数据源”对话框

选择数据源

=Sheet4!$A$2:$E$4

温馨家电超市2007年销售利润表

商品名称	一季度	二季度	三季度	四季度	合计
电视机	178300	89760	147800	198700	614560
电冰箱	23090	128400	58900	32400	242790
洗衣机	78600	78800	56400	58800	272600
空调	102300	247600	135600	45820	531320
合 计	382290	544560	398700	335720	1661270

图 3-127 重新选择数据

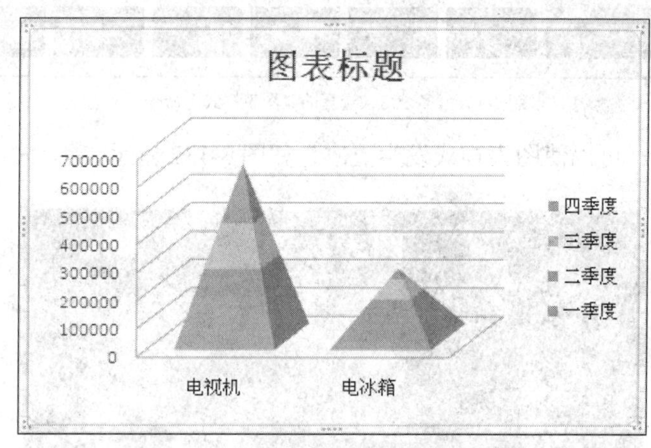

图 3-128 图表更改为只包括两组数据的图表

③ 改变图表布局。

改变图表布局是指改变图表的标题、图例、坐标、数据等的显示位置和形状，Excel 2007中提供了一些图表布局的样式，可以非常方便的进行选择。

在“设计选项卡”中的“数据”命令组中，单击“图表布局”按钮中的下拉箭头，弹出“图表布局”样式的选项，如图 3-129 所示。单击所需样式，即改变了图表布局，如图 3-130 所示。

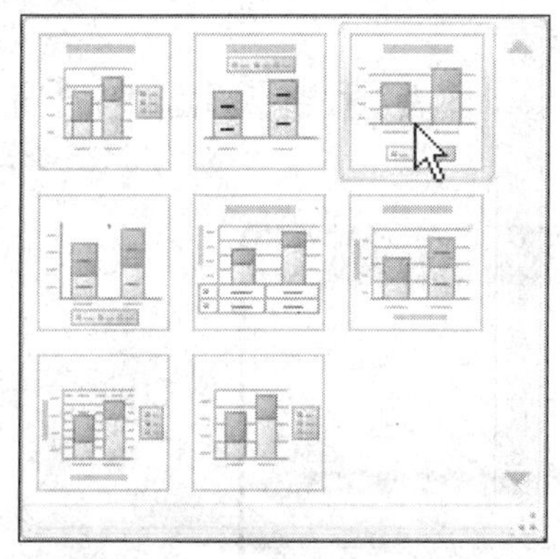

图 3-129 “图表布局”样式

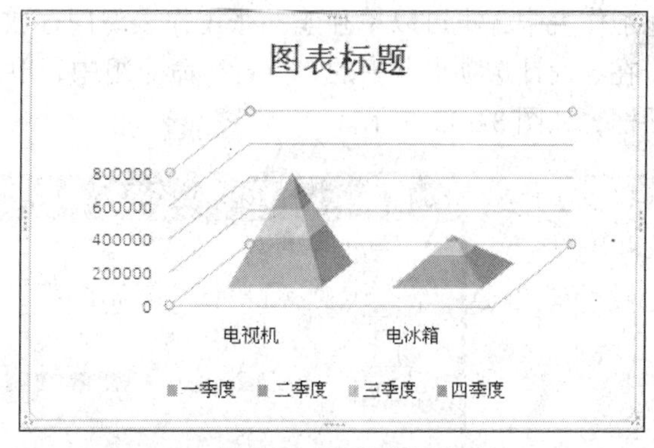

图 3-130 改变了图表布局

④ 改变图表样式。

在“设计选项卡”中的“图表样式”命令组中，单击下拉按钮，可弹出多个图表样式被选择，如图 3-131 所示。

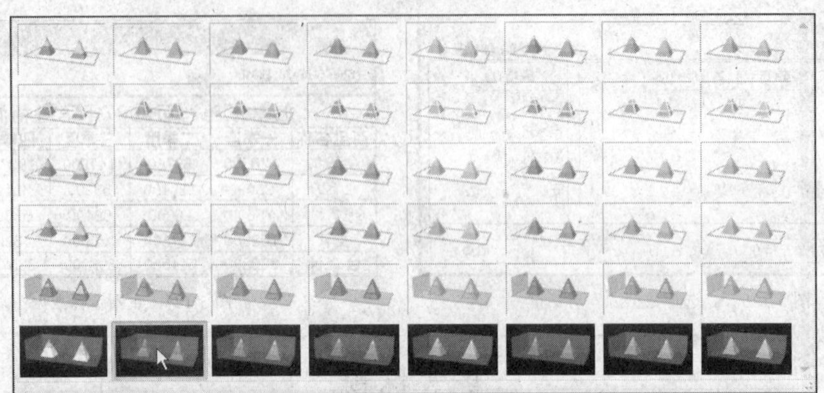

图 3-131 多个可被选择的“图表样式”命令

单击所选样式，可以使图表样式发生更改，如图 3-132 所示。

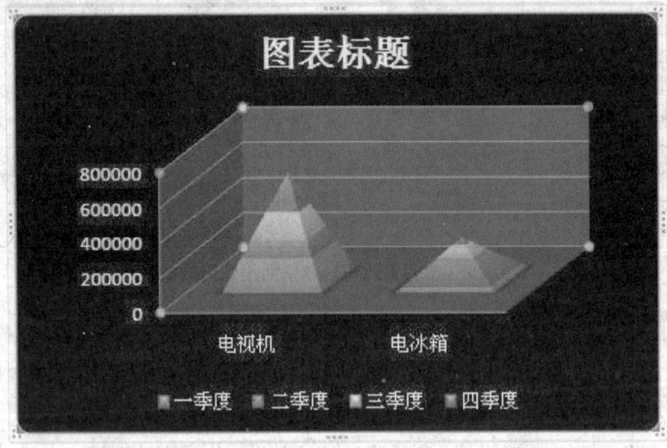

图 3-132 更改后的图表样式

⑤ 确定图表存放的位置。

图表制作完成后，默认的存放位置是当前工作表。根据需要，可将图表放在工作簿的其他工作表中，也可以单独建一张工作表专门存放图表。

在“设计选项卡”中的“位置”命令组中，单击“移动图表”按钮，弹出“移动图表”对话框，如图 3-133 所示。

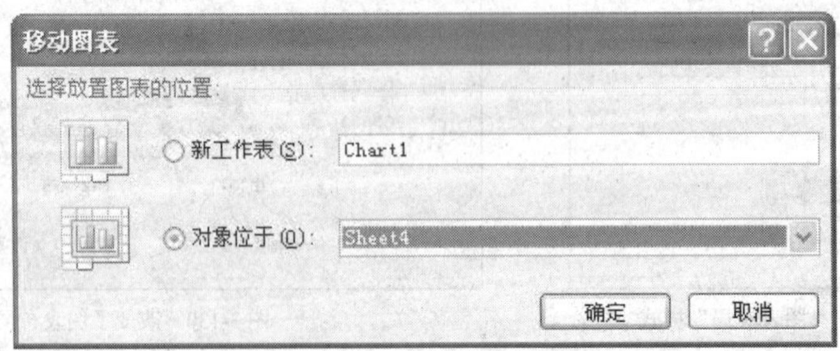

图 3-133 “移动图表”对话框

在“移动图表”对话框中，若选择第一项“新工作表”，则将制作的图表放在一个新的工作表中，该工作表仅包含该图表，如图 3-134 所示。

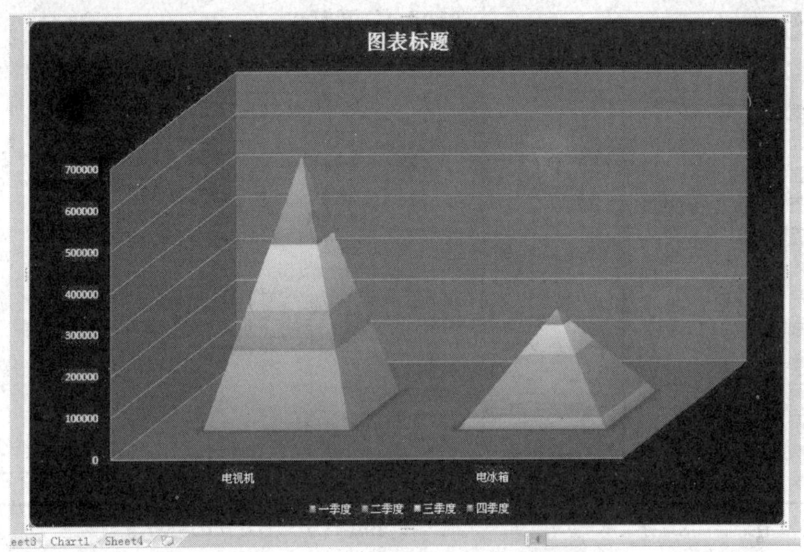

图 3-134 将制作的图表放在一个新的工作表中

若选择第二项“对象位于”，并在后面的下拉菜单中选择已有的工作表名，则将图表放在该工作簿的其他工作表中。

（2）对图表的布局进行调整

图表布局的调整包括对图表中各元素的位置、坐标轴及背景进行调整。

单击激活图表，选择“图表工具”的“布局”选项卡，则出现七个命令组，如图 3-135 所示。

图 3-135 “图表工具”的“布局”选项卡

在“布局”选项卡中，包括“当前所选内容”、“插入”、“标签”、“坐标轴”、“背景”、“分析”和“属性”七个命令组，每个命令组完成一定的功能。

① 对所选内容进行调整。

在“当前所选内容”命令组中，单击“背景墙”后面的下拉按钮，弹出选择菜单，如图 3-136 所示，从中选择要调整的内容（如“背景墙”），然后单击“设置所选内容格式”选项，弹出“设置背景墙格式”对话框，如图 3-137 所示，从中可以设置所选内容（背景墙）的各种效果。

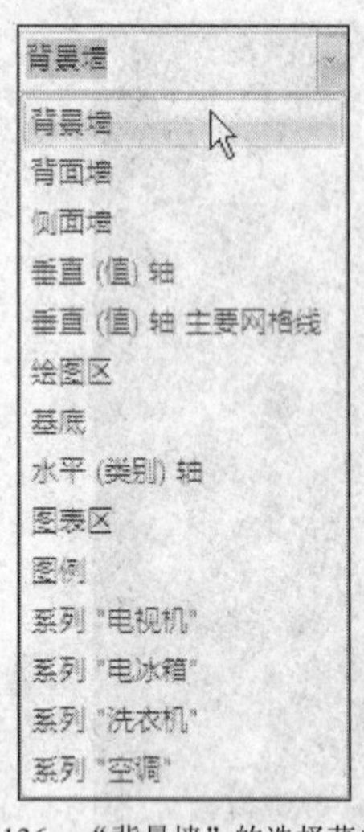

图 3-136 “背景墙”的选择菜单

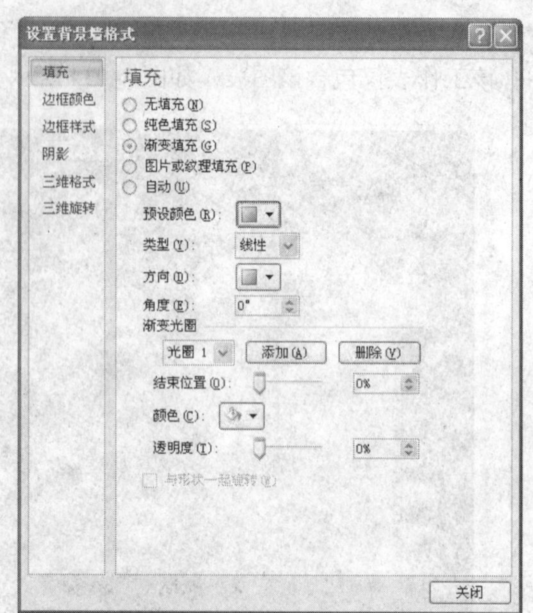

图 3-137 “设置背景墙格式”对话框

图 3-138 是重新设置了“背景墙”、“基底”及各系列图示格式后的效果。

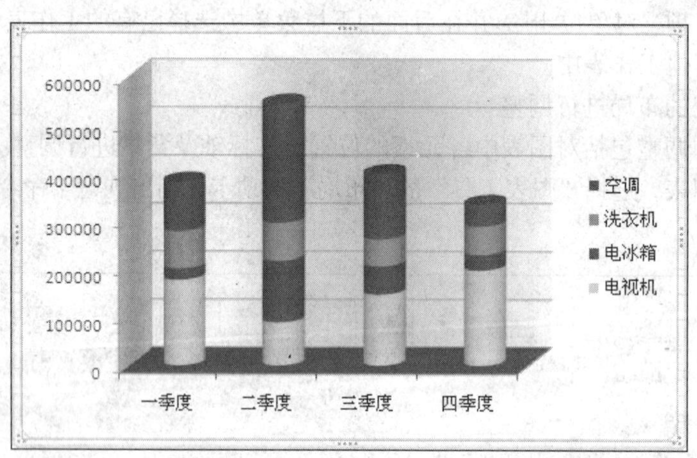

图 3-138 重设了“背景墙”、“基底”及各图示格式后的效果

② 插入图片、形状、文本框。

在“布局”选项卡中的“插入”命令组中，有“图片”、“形状”和“文本框”三个按钮，可以在图表中插入相应的对象。

③ 设置图表中各元素的位置。

在“布局”选项卡中的“标签”命令组中，有“图表标题”、“坐标轴标题”、“图例”、“数据标签”和“数据表”五个选项，可以设置或改变图表中各元素的位置和内容。

- 设置图表标题：选中图表，单击“图表工具”中的“图表标题”按钮，可为图表添加标题。
- 设置坐标轴标题：单击“图表工具”中的“坐标轴标题”按钮，则可以选择并添加横/纵坐标标题。
- 设置图例位置：单击“图表工具”中的“图例”按钮，可以设置图例在图表中的

位置。

- 设置数据标签：单击“图表工具”中的“数据标签”按钮，可以将数据添加到图表上。
- 在图表中添加数据表：单击“图表工具”中的“数据表”按钮，可以将数据表添加到图表上。

图 3-139 设置了图表标题和图例位置，图 3-140 设置了数据表在图表里。

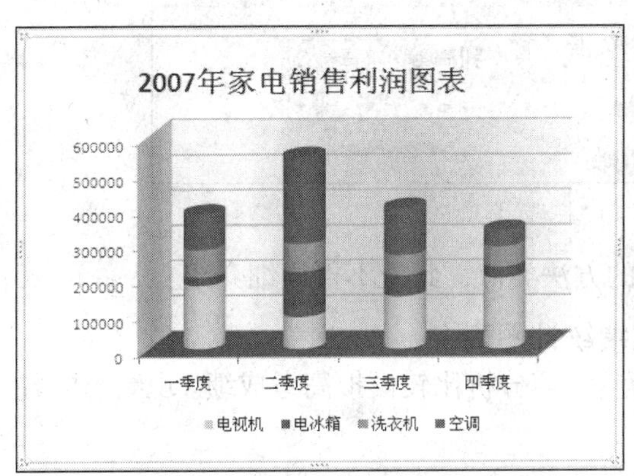

图 3-139 设置了图表标题和图例位置

图 3-140 设置将数据表放在图表里

④ 设置图表中的坐标轴。

在“布局”选项卡中的“坐标轴”命令组中，有“坐标轴”和“网格线”两个选项，可以设置或改变图表中坐标轴的格式和样式。如图 3-141 所示的是改变了网格线的效果。

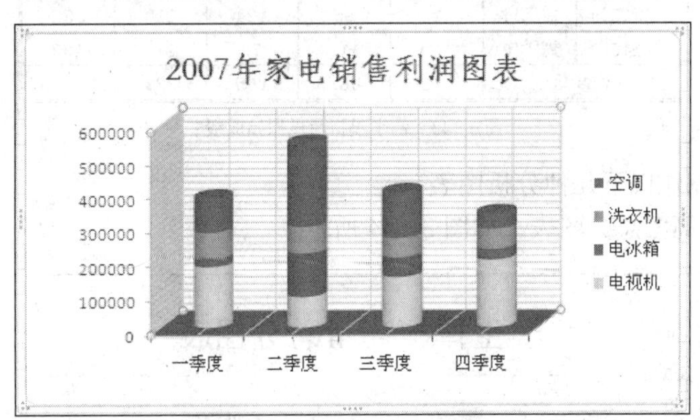

图 3-141 改变了网格线的效果

⑤ 设置图表的坐标轴背景。

在“布局”选项卡中的“背景”命令组中，有“绘图区”、“图表背景墙”、“图表基底”、和“三维旋转”四个选项，可以设置或改变图表中背景的色彩和样式。

⑥ 添加图表的分析曲线。

在“布局”选项卡中的“分析”命令组中，有“趋势线”、“折线”、“涨/跌柱线”和“误差线”四个选项，可以将这些分析曲线添加到图表中。

4. 对图表的格式进行调整

图表格式的调整包括对图表中各元素的形状样式、文本的形状样式、各元素的排列和大小进行设置和调整。

单击激活图表，选择“图表工具”的“样式”选项卡，则出现 5 个命令组，如图 3-142 所示。

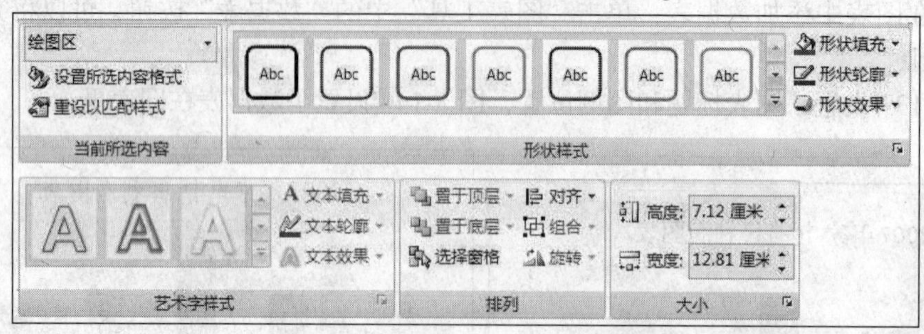

图 3-142 “图表工具”的“样式”选项卡

对图表中各元素格式进行调整与前面介绍的方法类似，此处不再详细介绍。

【操作练习 3-5】 制作学生模拟高考成绩统计图表

郑州 120 中学为迎接即将到来的 2007 年高考，需分析比较模拟高考成绩。现给出的各科原始成绩如图 3-143 所示。

学生模拟高考成绩统计表						
考号	**姓名**	**语文**	**数学**	**外语**	**综合**	**总分**
101115123	范玉敏	130	124	100	246	**600**
11011502	李 萌	124	110	130	230	**594**
11011504	贾建军	124	98	105	239	**566**
11011509	孟庆玲	112	90	120	210	**532**
11011510	魏承俊	100	112	70	210	**492**
平均值		**118**	**106.8**	**105**	**227**	**556.8**

图 3-143 高考模拟考试原始成绩

请根据要求制作以下几种分析图表。

① 学生模拟高考总分图表，如图 3-144 所示。

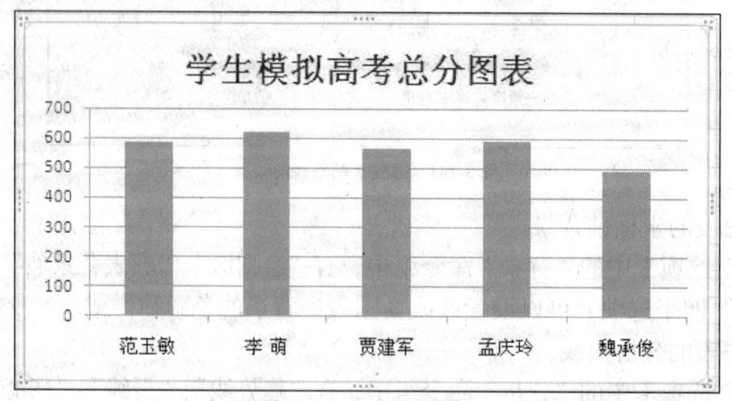

图 3-144 学生模拟高考总分图表

② 语数外三科成绩对比图表，如图 3-145 所示。

③ 全班各科平均成绩图表，如图 3-146 所示。

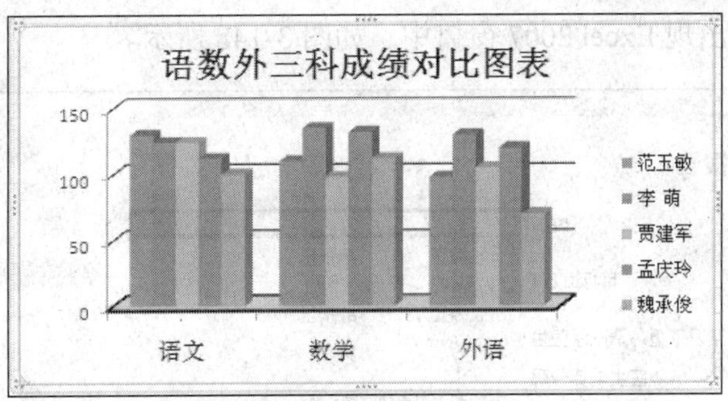

图 3-145 语数外三科成绩对比图表

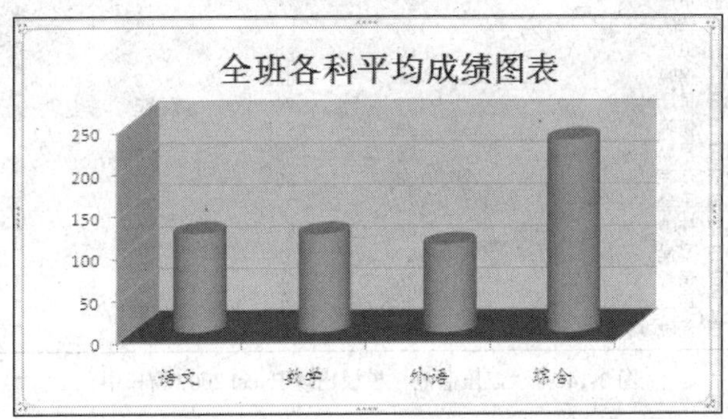

图 3-146 全班各科平均成绩图表

要求：请先制作出表格，再根据要求制作出图表。

【知识拓展】 使用 Excel 2007 模板

为了方便用户制作各种电子表格，Excel 2007 已将许多常用的电子表格格式制作成模板，当需要这种电子表格格式时，只需要打开该模板，填充所需要的数据和信息即可。

Excel 2007 提供的模板分为三类：Excel 2007 内置的模板、自己创建的模板和“Microsoft Office”网站提供的可供下载的模板。

1. 使用 Excel 2007 内置的模板创建电子表格

① 单击“Microsoft Office”按钮→“新建”，打开“新建工作簿”对话框。

② 单击“已安装的模板”，在对话框中选择需要的模板（如“血压监测”模板），单击“创建”按钮，如图 3-147 所示。

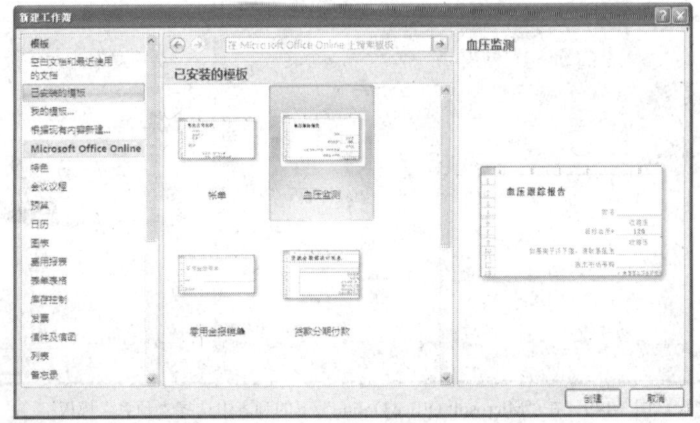

图 3-147 选择“血压监测”模板

③ 此时该模板出现 Excel 2007 窗口中，如图 3-148 所示。

血压跟踪报告

姓名

	收缩压	舒张压
目标血压*	120	80
	收缩压	舒张压
如果高于以下值，请联系医生		
医生电话号码		

* 美国国立卫生研究院标准

日期	时间	收缩压	舒张压	心率	注释
2006年11月1日	早晨	129	79	72	
2006年11月1日	傍晚	133	80	75	
2006年11月2日	早晨	142	86	70	
2006年11月2日	傍晚	141	84	68	
2006年11月3日	早晨	137	84	70	
2006年11月3日	傍晚	139	83	72	
2006年11月4日	早晨	140	85	78	
2006年11月4日	傍晚	138	85	69	
2006年11月5日	早晨	135	79	75	
2006年11月5日	傍晚	136	81	72	
2006年11月6日	早晨	137	83	69	
2006年11月6日	傍晚	138	85	66	
2006年11月7日	早晨	135	80	67	
2006年11月7日	傍晚	142	85	72	

图 3-148 “血压监测”模板出现 Excel 2007 窗口中

④ 根据需要填入数据，另存为一个文件即可。

2. 使用“Microsoft Office”网站上下载的电子表格模板

① 单击“Microsoft Office”按钮→“新建”，打开“新建工作簿”对话框，如图 3-149 所示。

② 在“Microsoft Office Online”下的列表中选择所需的模板名称（如“预算”模板），计算机将从 Microsoft Office 的网站上搜索与该模板名称相应的模板，并将搜索结果显示出来。

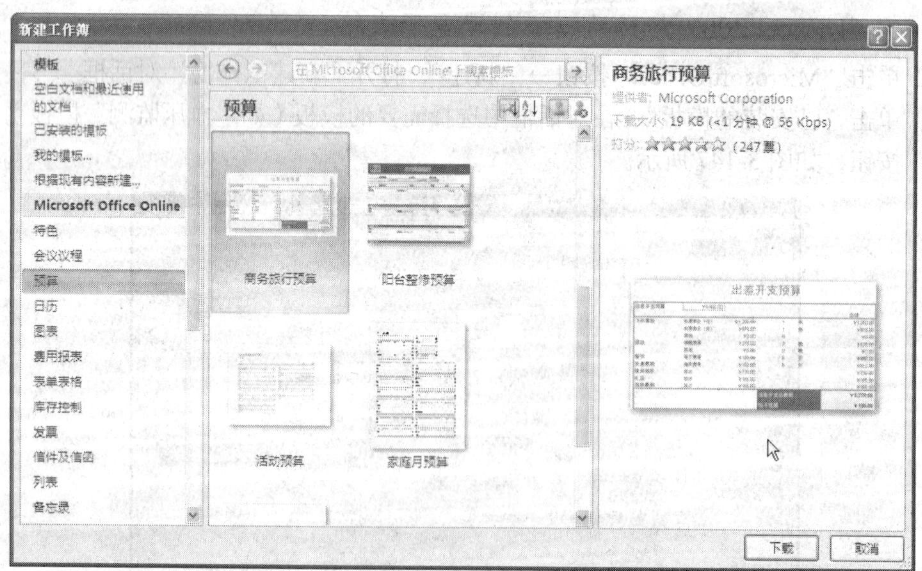

图 3-149 在“Microsoft Office Online”下的列表中选择“预算”模板

③ 选择所需的模板（如“商务旅行预算”模板），单击“下载”按钮，计算机继续搜索，并将模板显示在 Excel 2007 窗口，如图 3-150 所示。

	A	B	C	D	E	F	G	H
1				出差开支预算				
2								
3								
4		出差开支预算	￥5,900.00					
5								总计
6		飞机票价	机票单价（往）	￥1,200.00		1	张	￥1,200.00
7			机票单价（返）	￥875.00		1	张	￥875.00
8			其他	￥0.00		0		￥0.00
9		酒店	每晚费用	￥275.00		3	晚	￥825.00
10			其他	￥0.00		0	晚	￥0.00
11		餐饮	每天费用	￥148.00		6	天	￥888.00
12		交通费用	每天费用	￥152.00		6	天	￥912.00
13		休闲娱乐	总计	￥730.00				￥730.00
14		礼品	总计	￥185.00				￥185.00
15		其他费用	总计	￥155.00				￥155.00
16					出差开支总费用			￥5,770.00
17					低于预算			￥130.00
18								

图 3-150　“商务旅行预算”模板

④ 将表格中的数据修改成自己需要的数据即可。

从“Microsoft Office”网站上下载 Excel 2007 的模板

① 若要从“Microsoft Office”网站上下载 Excel 2007 的模板，必须先将计算机连至 Internet。

② 下载的模板将保存在 Excel 2007 中，使用时可直接单击“Office 按钮”→“新建”→“空白文档和最近使用过的文档”，然后选择该模板。

【操作练习 3-6】　从网上下载 Excel 模板

① 下载元素周期表，如图 3-151 所示。

族 / 周期	IA 1	IIA 2	IIIB 3	IVB 4	VB 5	VIB 6	VIIB 7	VIII 8	9	10	IB 11	IIB 12	IIIA 13	IVA 14	VA 15	VIA 16	VIIA 17	O 18	电子层	0 族电子数
1	1 H 氢																	2 He 氦	K	2
2	3 Li 锂	4 Be 铍											5 B 硼	6 C 碳	7 N 氮	8 O 氧	9 F 氟	10 Ne 氖	L K	8 2
3	11 Na 钠	12 Mg 镁											13 Al 铝	14 Si 硅	15 P 磷	16 S 硫	17 Cl 氯	18 Ar 氩	M L K	8 8 2
4	19 K 钾	20 Ca 钙	21 Sc 钪	22 Ti 钛	23 V 钒	24 Cr 铬	25 Mn 锰	26 Fe 铁	27 Co 钴	28 Ni 镍	29 Cu 铜	30 Zn 锌	31 Ga 镓	32 Ge 锗	33 As 砷	34 Se 硒	35 Br 溴	36 Kr 氪	N M L K	8 18 8 2
5	37 Rb 铷	38 Sr 锶	39 Y 钇	40 Zr 锆	41 Nb 铌	42 Mo 钼	43 Tc 锝	44 Ru 钌	45 Rh 铑	46 Pd 钯	47 Ag 银	48 Cd 镉	49 In 铟	50 Sn 锡	51 Sb 锑	52 Te 碲	53 I 碘	54 Xe 氙	O N M L K	8 18 18 8 2
6	55 Cs 铯	56 Ba 钡	57-71 镧系	72 Hf 铪	73 Ta 钽	74 W 钨	75 Re 铼	76 Os 锇	77 Ir 铱	78 Pt 铂	79 Au 金	80 Hg 汞	81 Tl 铊	82 Pb 铅	83 Bi 铋	84 Po 钋	85 At 砹	86 Rn 氡	P O N M L K	8 18 32 18 8 2
7	87 Fr 钫	88 Ra 镭	89-103 锕系	104 Rf 𬬻	105 Db Db	106 Sg Sg	107 Bh Bh	108 Hs Hs	109 Mt Mt				113 Uut	114 Uuq	115 Uup	116 Uuh	117 Uus	118 Uuo		

镧系	57 La 镧	58 Ce 铈	59 Pr 镨	60 Nd 钕	61 Pm 钷	62 Sm 钐	63 Eu 铕	64 Gd 钆	65 Tb 铽	66 Dy 镝	67 Ho 钬	68 Er 铒	69 Tm 铥	70 Yb 镱	71 Lu 镥
锕系	89 Ac 锕	90 Th 钍	91 Pa 镤	92 U 铀	93 Np 镎	94 Pu 钚	95 Am 镅	96 Cm 锔	97 Bk 锫	98 Cf 锎	99 Es 锿	100 Fm 镄	101 Md 钔	102 No 锘	103 Lr 铹

图 3-151　元素周期表

② 下载 2008 日历，如图 3-152 所示。

2008

1月

一	二	三	四	五	六	日
	1	2	3	4	5	6
7	8	9	10	11	12	13
14	15	16	17	18	19	20
21	22	23	24	25	26	27
28	29	30	31			

2月

一	二	三	四	五	六	日
				1	2	3
4	5	6	7	8	9	10
11	12	13	14	15	16	17
18	19	20	21	22	23	24
25	26	27	28	29		

3月

一	二	三	四	五	六	日
					1	2
3	4	5	6	7	8	9
10	11	12	13	14	15	16
17	18	19	20	21	22	23
24	25	26	27	28	29	30
31						

4月

一	二	三	四	五	六	日
	1	2	3	4	5	6
7	8	9	10	11	12	13
14	15	16	17	18	19	20
21	22	23	24	25	26	27
28	29	30				

5月

一	二	三	四	五	六	日
			1	2	3	4
5	6	7	8	9	10	11
12	13	14	15	16	17	18
19	20	21	22	23	24	25
26	27	28	29	30	31	

6月

一	二	三	四	五	六	日
						1
2	3	4	5	6	7	8
9	10	11	12	13	14	15
16	17	18	19	20	21	22
23	24	25	26	27	28	29
30						

7月

一	二	三	四	五	六	日
	1	2	3	4	5	6
7	8	9	10	11	12	13
14	15	16	17	18	19	20
21	22	23	24	25	26	27
28	29	30	31			

8月

一	二	三	四	五	六	日
				1	2	3
4	5	6	7	8	9	10
11	12	13	14	15	16	17
18	19	20	21	22	23	24
25	26	27	28	29	30	31

9月

一	二	三	四	五	六	日
1	2	3	4	5	6	7
8	9	10	11	12	13	14
15	16	17	18	19	20	21
22	23	24	25	26	27	28
29	30					

10月

一	二	三	四	五	六	日
		1	2	3	4	5
6	7	8	9	10	11	12
13	14	15	16	17	18	19
20	21	22	23	24	25	26
27	28	29	30	31		

11月

一	二	三	四	五	六	日
					1	2
3	4	5	6	7	8	9
10	11	12	13	14	15	16
17	18	19	20	21	22	23
24	25	26	27	28	29	30

12月

一	二	三	四	五	六	日
1	2	3	4	5	6	7
8	9	10	11	12	13	14
15	16	17	18	19	20	21
22	23	24	25	26	27	28
29	30	31				

图 3-152 2008 年日历

第4章 PowerPoint 2007的使用

PowerPoint 2007也是Office 2007的一个组件，是专门用来制作演示文稿的应用软件。使用PowerPoint 2007能够制作出包含文字、图片、表格、图形、声音和视频的演示文稿，可用于企业介绍、产品展示、专家报告和职工培训等各种场合，是自动化办公的得力工具之一。本章将通过案例介绍PowerPoint 2007的使用，使大家能够轻松掌握电子演示文稿的创建、设计、制作和播放的方法。

- 熟练掌握PowerPoint 2007的工作界面
- 熟练掌握创建演示文稿的方法
- 熟练掌握向演示文稿中添加各种对象的方法
- 掌握演示文稿中动画的设计方法
- 掌握播放演示文稿的方法

4.1 PowerPoint 2007的界面及基本操作

【案例4-1】 创建介绍公司概况的演示文稿

【情景模拟】

金迪电子科技公司每年对招聘进来的新员工都要进行培训，第一课的内容是向新员工介绍本公司的基本情况，以帮助他们尽快了解公司的发展历程、企业文化、经营理念等基本情况，从而使员工能够更快、更好地投入工作。培训部要求秘书小王制作一组内容是介绍公司基本情况并能够在大屏幕上播放的幻灯片，用其来配合培训工作。

【案例分析】

要求制作的是一组能够在大屏幕上播放的幻灯片，这样一组幻灯片在PowerPoint 2007中称为演示文稿。要介绍公司概况，至少有4张幻灯片组成，第1张是本组幻灯片的封面，第 2 张是企业概述，第 3 张介绍企业文化，第 4 张说明经营理念。需要注意的是：演示文稿中的内容，应该是演讲者讲话的主题和核心，而不是所说的每一句话都要显示在演示文稿中。

【案例展示】

根据要求所制作的演示文稿（包含 4 张幻灯片）如图 4-1 所示。

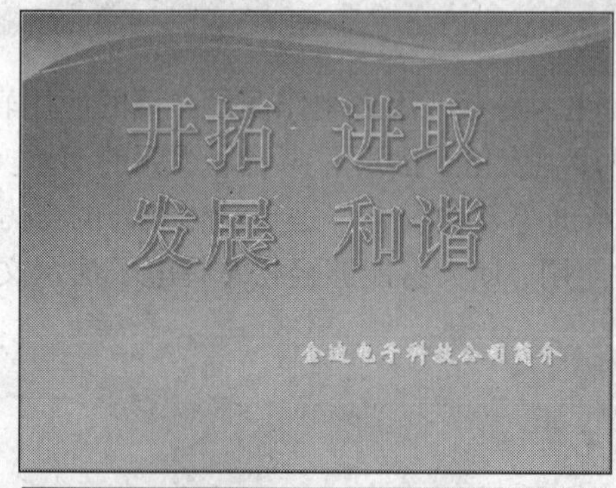

图 4-1 “介绍公司概况”演示文稿展示

【制作步骤】

① 单击“开始”→“所有程序”→“Microsoft Office” →“Microsoft Office PowerPoint 2007”命令，打开 PowerPoint 2007 的工作界面，如图 4-2 所示。

图 4-2 PowerPoint 2007 的工作界面

说 明

可以看出，PowerPoint 2007的工作界面与Word 2007、Excel 2007类似，也是由标题栏、功能区、选项卡、命令组、图形化的命令按钮、工作区、状态栏组成，其操作方法也类似。所不同的是：PowerPoint 2007的选项卡由“开始”、“插入”、“设计”、“动画”、“幻灯片放映”、“审阅”、“视图”、“加载项”8个选项卡组成，而工作区由两部分组成，一部分是幻灯片浏览区（工作区左小半部分），一部分是幻灯片编辑区（工作区右大半部分）。

② 单击“设计”选项卡中“主题”命令组中的下拉按钮，在弹出“主题”列表中选择“流畅”主题样式，如图4-3所示。

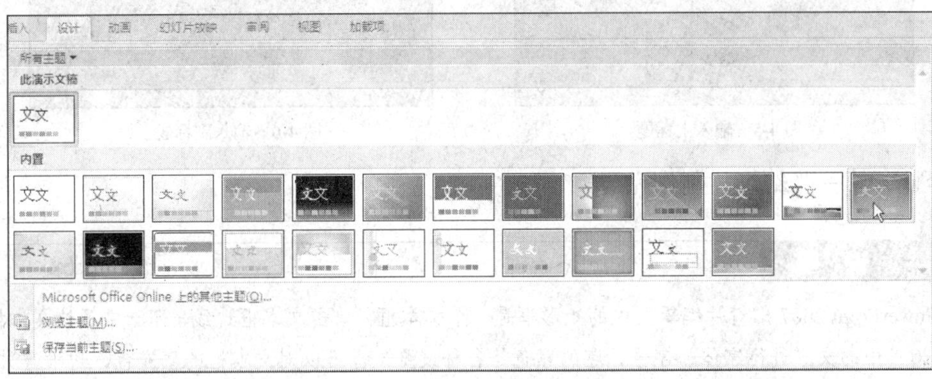

图4-3 “设计”选项卡中“主题”命令组

则幻灯片的背景变为如图4-4所示的样式。

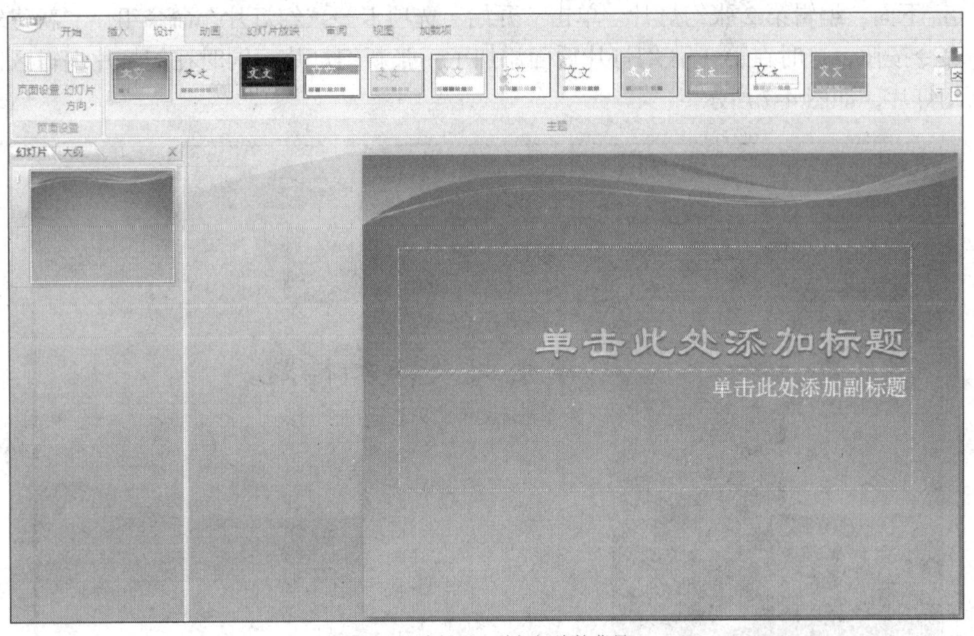

图4-4 选择了一种幻灯片的背景

③ 在编辑区上边的矩形框（内有文字“单击此处添加标题”）中单击，输入文字“开拓 进取 发展 和谐”，并在“开始”选项卡中将字体设置为“华文中宋”，字号设置为“96”，

如图 4-5 所示。

④ 再单击矩形框边线（即选中该文本框），此时在标题栏上出现“绘图工具”，单击其“格式”选项卡，利用其“艺术字样式”命令组中的“文本填充”、“文本轮廓”将字体改变为“红字黄边”。同样的方法，在下面的矩形框（内有文字“单击此处添加副标题”）内输入“金迪电子科技公司简介 ”，设置字体为“华文新魏、32 号字、黄字白边”，效果如图 4-6 所示。

图 4-5 输入主标题

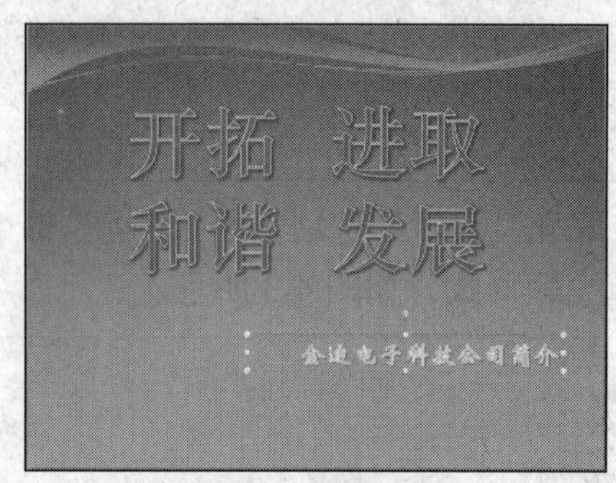

图 4-6 输入副标题

至此，第一张幻灯片制作完成。

说 明

PowerPoint 2007 幻灯片编辑区中的矩形框是一个文本框，单击文本框边线，即选中了该文本框，可以对其中的文本进行字体、字号、字的颜色等各种设置，也可以对文本框的填充色、边框等进行设置，其设置方法与 Word 2007 类似。

⑤ 下面，编辑第 2 张幻灯片。单击“开始”选项卡→“幻灯片”命令组→“新建幻灯片”命令按钮，这时在第 1 张幻灯片后面添加了一张新幻灯片，同时在幻灯片编辑区也出现新幻灯片，如图 4-7 所示。

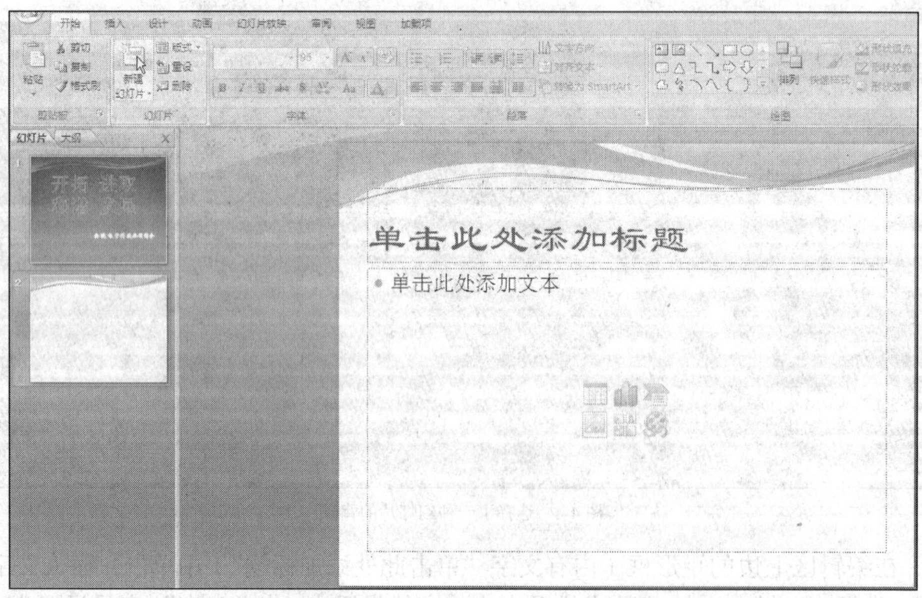

图 4-7 添加一张新幻灯片

⑥ 新幻灯片的背景样式是由第 1 张幻灯片所选的主题确定的。在上边的矩形文本框内输入文字“企业概述”，选中文本，将字体设置为“隶书、60 号字、青绿色、加阴影”。在下边的矩形文本框中输入该幻灯片的正文，并将字体设置为“华文隶书、32 号字、深红色、加阴影”。

⑦ 用同样的方法，添加并编辑第 3、4 张幻灯片。第 3 张幻灯片的正文字体设置为“隶书、48 号字、红色、加阴影”，项目符号要保留；第 4 张幻灯片的正文字体设置为“隶书、36 号字、深红色、加阴影”，取消项目符号。

第 2、3、4 张幻灯片的最终结果如案例展示（见图 4-1）中所示。

至此，案例 1 所要求的演示文稿制作完毕。单击界面右下角的“幻灯片放映”按钮，则可以全屏播放演示文稿。单击“Office 按钮”→“保存”命令，可将该演示文稿保存到磁盘上（其含义和操作与 Word、Excel 类似）。

【知识解析】

本节通过案例介绍了 PowerPoint 2007 最常用、最基本的操作，所使用的工具和命令主要是“开始”选项卡和“设计”选项卡中的命令，下面对本节案例用到的操作、命令和工具作进一步的说明。

1. PowerPoint 2007 的工作界面

PowerPoint 2007 的工作界面与 Word 2007、Excel 2007 类似，也是由标题栏、功能区、选项卡、命令组、图形化的命令按钮、工作区、状态栏组成，其操作方法也类似。

PowerPoint 2007 的工作界面由 8 个选项卡组成，包括了制作演示文稿的所有操作命令，这些命令的含义和操作将在以后介绍。

PowerPoint 2007 的工作区有三种常用的显示方式。

（1）普通视图

普通视图是默认的视图方式，通过启动 PowerPoint 2007 进入的工作界面即是普通视图方式。普通视图将工作区分为三部分：左边是幻灯片浏览窗格，每张幻灯片都以缩略图的方式整齐地排在该窗格中，可以方便地观看设计更改的效果，也可以方便的重新排列、添加或删除幻灯片；右边是幻灯片编辑区，是 PowerPoint 中编辑幻灯片的区域，在该窗格中不仅可以显示幻灯片，还可以添加文本，插入图片、表格、图表、文本框、音频、视频、动画及超链接等对象，幻灯片编辑区的下面是备注编辑区，用于添加与幻灯片内容相关的备注内容。普通视图方式如图 4-8 所示。

（2）浏览视图

单击窗口右下角的“幻灯片浏览”按钮，演示文稿就切换到幻灯片浏览视图方式，如图 4-9 所示。幻灯片浏览视图将演示文稿的所有幻灯片缩小放在屏幕上，可以方便地查看演示文稿的整体效果，还可以方便地插入、删除幻灯片及重新排列幻灯片的显示顺序。

（3）放映视图

单击 PowerPoint 2007 窗口右下角的“幻灯片放映”按钮，演示文稿就切换到幻灯片放映视图方式。幻灯片放映视图是专门用来播放幻灯片的，我们在幻灯片中加入的动画、音频、视频以及特效必须在幻灯片放映视图下才能播放出来。

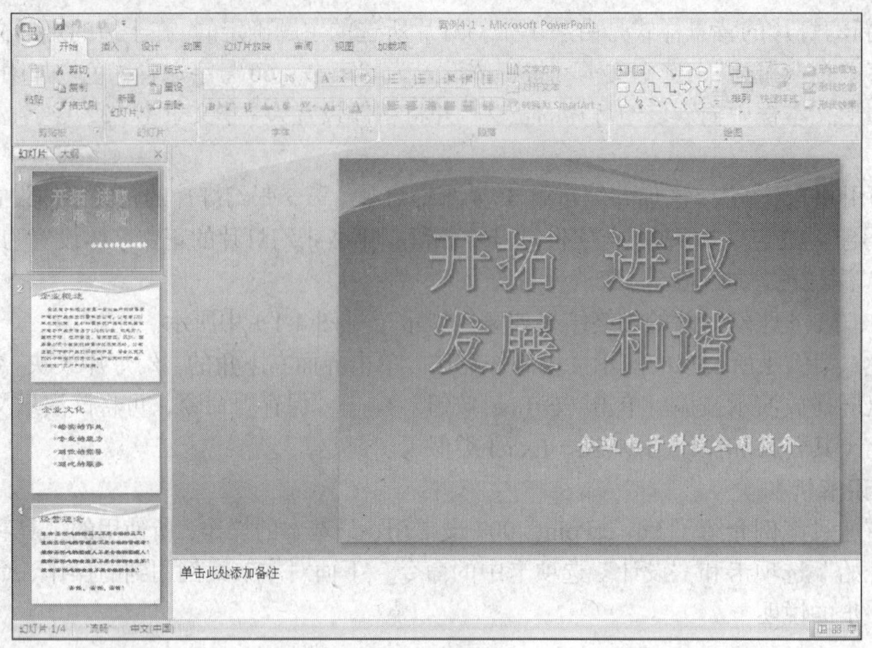

图 4-8　普通视图方式

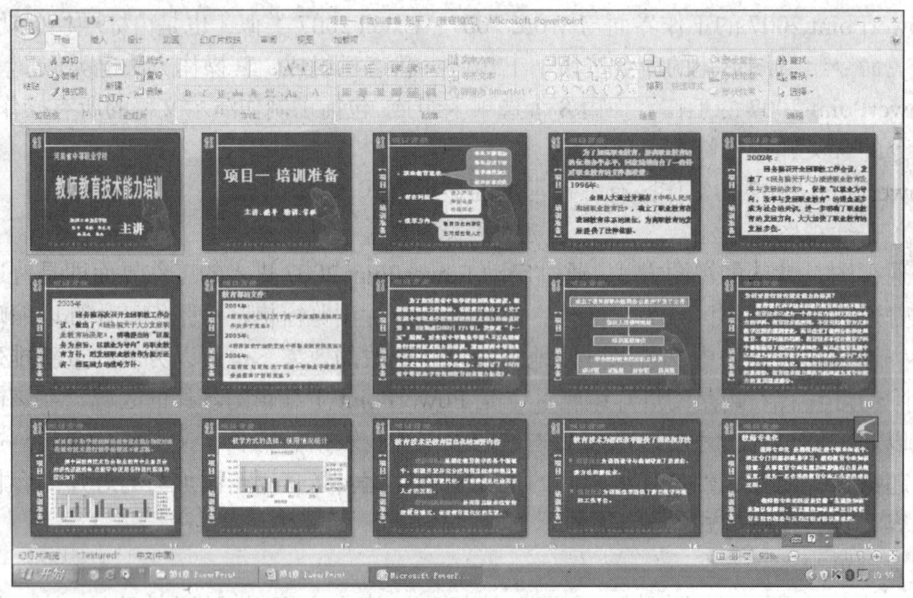

图 4-9　幻灯片浏览视图方式

2. 创建演示文稿

当启动了 PowerPoint 2007 之后，会自动创建名为“演示文稿 1”的空白演示文稿，在空白演示文稿中可以插入幻灯片，输入文本，插入图片、剪贴画、表格、声音和视频等各种对象，从而创建一份图文并茂的演示文稿。如案例 4-1 就是从创建空白演示文稿开始的。

PowerPoint 2007 还为我们提供了许多制作演示文稿的方法，可以帮助我们快速制作出具有专业水平的演示文稿。

单击 PowerPoint 2007 主界面左上角的“Office 按钮” →“新建”命令，弹出“新建演示文稿”对话框，如图 4-10 所示。

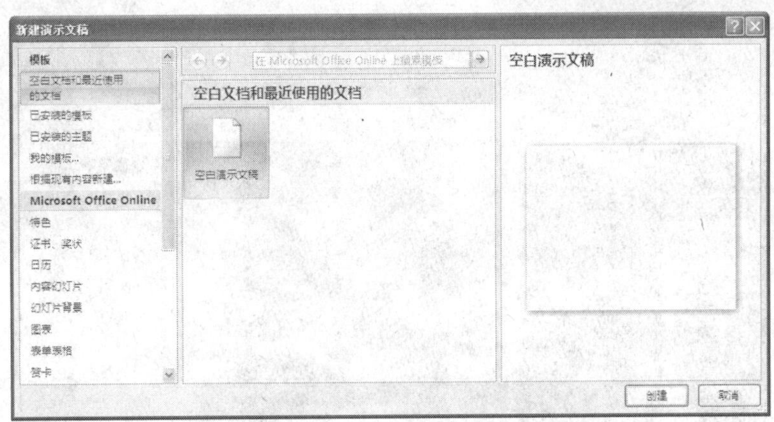

图 4-10 “新建演示文稿”对话框

在“新建演示文稿”对话框中，除了提供空白演示文稿以外，还提供了多种创建演示文稿的方法。

(1) 利用“已安装的模板”创建演示文稿

PowerPoint 2007 中已经安装了一些演示文稿的模板，利用这些模板，可以很容易地创建出包含内容和格式的演示文稿。

单击“新建演示文稿”对话框中左边的“已安装的模板”选项，弹出如图 4-11 所示的对话框。

图 4-11 “已安装的模板”选项

在图 4-11 所示的对话框中，有一些已安装的模板，选择一个自己需要的模板（如“现代型相册”），单击 “创建”按钮，将模板调入窗口，如图 4-12 所示，用户就可以根据需要编辑和更改演示文稿内幻灯片的内容了。

什么是模板？

PowerPoint 2007 的模板是根据一个主题设计的包含格式和内容的演示文稿，将模板调出，根据自己的需要更改其中的文字和图片等内容，可以快速创建出颇具专业水平的演示文稿。

图 4-12 “现代型相册”模板

（2）利用“已安装的主题”创建演示文稿

主题是一组格式选项，包括主题颜色、主题字体和主题背景效果。PowerPoint 2007 提供的主题效果可以帮助用户轻松制作出美观的演示文稿。

单击“新建演示文稿”对话框中的“已安装的主题”选项，弹出如图 4-13 所示的对话框。

图 4-13 “已安装的主题”选项

在该对话框中，有一些已安装的主题，选择一个自己喜欢的主题（如“凸显”），单击“创建”按钮，将主题调入窗口，如图 4-14 所示。这时幻灯片的背景已经设置好了，用户可以根据需要输入演示文稿幻灯片的内容。

（3）使用“Microsoft Office”网站上下载的模板

如果你的计算机已与 Internet 相连，则可以从“Microsoft Office”网站上下载演示文稿模板来创建演示文稿。

首先在“新建演示文稿”对话框中的“Microsoft Office Online”下的列表中选择所需要的模板类型（如“演示文稿”→“商务”），计算机将从 Microsoft Office 的网站上搜索与该模板名称相应的模板，并将搜索结果显示出来，如图 4-15 所示。

图 4-14 将选择的主题调入窗口

图 4-15 选择“公司背景演讲”模板

选择所需的模板（如“公司背景演讲”），单击“下载”按钮，计算机继续搜索，并将搜索到的模板显示在 PowerPoint 2007 窗口，如图 4-16 所示。

图 4-16 将“公司背景演讲”模板显示在窗口中

可以看出，“公司背景”模板除了已给出演示文稿的背景颜色和图案以外，还给出了每一张幻灯片的具体内容提示，用户可以根据自己的需要在模板中进行修改，从而快速地得到一份美观实用的演示文稿。

从“Microsoft Office”网站上下载演示文稿模板

“Microsoft Office”网站提供的演示文稿模板内容非常丰富，几乎包括了演示文稿可能用到的各个方面,利用这些模板，可以方便快捷地制作出高水平的演示文稿。当从“Microsoft Office”网站下载了某个演示文稿模板后，这个模板就放到了“我的模板”里，单击“新建演示文稿”对话框中的“我的模板”选项，即可找到该模板。

3. 保存演示文稿

创建了演示文稿以后，要将文稿保存到磁盘上。保存演示文稿分为以下几种情况。

（1）保存新的演示文稿

若要保存新创建的演示文稿，则单击“快速访问工具栏”上的“保存”按钮或单击“Office 按钮”→“保存”命令，弹出“另存为”对话框，在其中输入演示文稿的文件名及保存位置，然后单击“保存”按钮即可。

（2）将修改后的演示文稿保存在原文件名中

若对已有的演示文稿进行修改后需要重新保存，单击“快速访问工具栏”上的“保存”按钮或单击“Office 按钮”→“保存”命令，则修改后的演示文稿保存在原来的文件名中。

（3）将修改后的演示文稿另存到其他文件名中

若需要对修改后的演示文稿重新命名（即原来的演示文稿仍保留），则需将鼠标放在“Office 按钮”→“另存为”命令上，这时弹出“保存文档副本”菜单，如图 4-17 所示，单击“PowerPoint 演示文稿（T）”，在弹出的“另存为”对话框中输入文件名及保存位置，单击“保存”按钮即可。

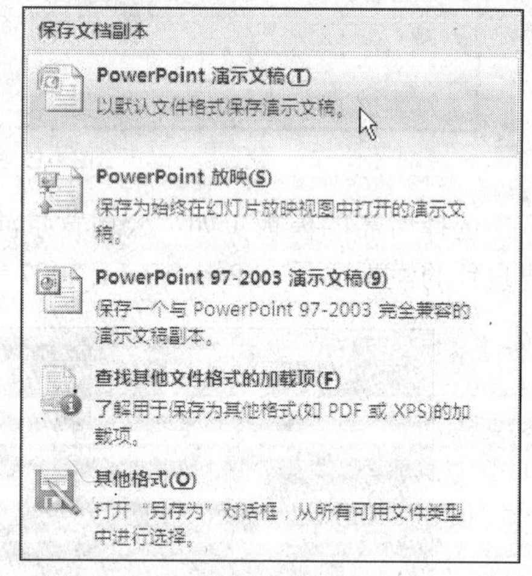

图 4-17 选择保存文档的方式

（4）将演示文稿保存为可以直接放映的文件

若需要将演示文稿直接保存为可以直接放映的文件，则要在“保存文档副本”菜单中单击第 2 项“PowerPoint 放映”，然后在弹出的“另存为”对话框中输入文件名及保存位置，单击“保存”按钮即可。

（5）将演示文稿保存为“PowerPoint 97-2003”格式

若希望在 PowerPoint 2007 中创建的演示文稿能够在 PowerPoint 97-2003 软件中编辑和播放，则要在“保存文档副本”菜单中单击第 3 项“PowerPoint 97-2003 演示文稿（9）”，然后在弹出“另存为”对话框中输入文件名及保存位置，单击“保存”按钮即可。

说 明

① 若将演示文稿保存为可以直接放映的文件，则双击该演示文稿文件名就可以直接播放，而无需启动“PowerPoint 2007”软件。而保存为其他形式的演示文稿文件则必须先启动 PowerPoint 2007，然而后才能播放。

② 用 PowerPoint 2007 创建的演示文稿必须保存为“兼容模式”（即选择“PowerPoint 97-2003 演示文稿”）才能在 PowerPoint 2003 中编辑和播放。

4. 放映演示文稿

当创建了演示文稿以后，若要查看播放效果，只需单击 PowerPoint 2007 窗口右下角的“幻灯片放映”按钮即可。在播放过程中，单击鼠标即可以播放下一张，直到播放完毕。

5. 在演示文稿中输入文字

在演示文稿中输入文字的方法有两种，一种是将文字直接输入到占位符中，另一种是利用文本框输入文字。

（1）在占位符中输入文字

当选定演示文稿中的一张幻灯片时，在幻灯片上会出现虚线矩形框，其中还会有一些提示性的文字（如“单击此处添加标题”），这些提示性的文字称之为“占位符”。用户可以在“占位符”上单击，然后用实际需要的内容去替换“占位符”中的文本。输入完毕后，单击幻灯片的空白区域即可结束文本的输入，“占位符”的虚线边框将消失。

（2）使用文本框添加文字

使用“占位符”输入文字虽然方便，但并不灵活。当需要在“占位符”以外的地方输入文字时，可以利用文本框输入。操作方法如下。

单击“开始”选项卡→“绘图”命令组中的“文本框”按钮，然后在幻灯片上拖出一个矩形框，其中会有一个闪烁的插入点，这时即可以输入文本了，输入完毕后，单击文本框以外的区域结束文本的输入。

6. 设置文字的格式

文字的格式包括字体、字号、字的颜色、段落格式、项目符号和编号等，是利用“开始”选项卡中的“字体”和“段落”命令组中的命令进行设置，其设置方法与在 Word 2007 中的设置文字格式的方法类似，只不过幻灯片中的文字是在文本框中，因此在设置格式前应单击文本框的边线（即选中文本框）或选中其中的文字后再进行设置。

7. 设置文本框的样式

由于演示文稿中的文字都是通过文本框输入和编辑的，所以在幻灯片中要经常进行设置文本框样式的操作。在 PowerPoint 2007 的“开始”选项卡的“绘图”命令组中，提供了设置文本框样式的命令，如图 4-18 所示。

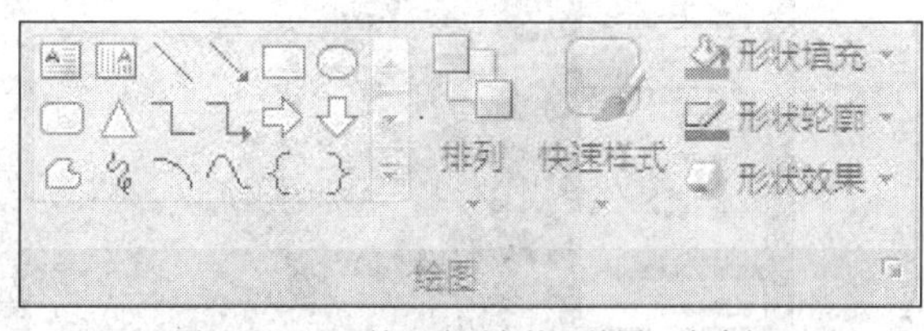

图 4-18 “开始”选项卡的“绘图”命令组

选择要设置样式的文本框，单击“绘图”命令组中的“快速样式”命令按钮，弹出样式列表，当鼠标在列表上的某样式处停留时，文本框就会呈现所选择的样式，如图 4-19 所示，单击鼠标，即可确定所选样式。

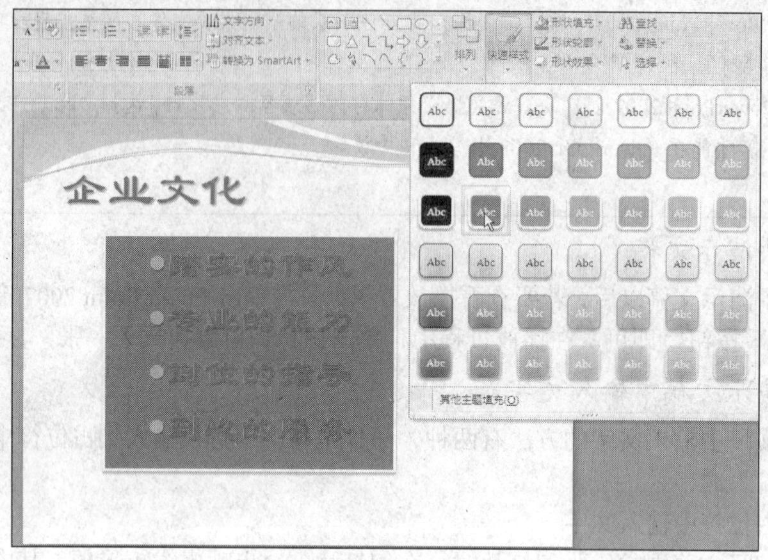

图 4-19 “快速样式”的列表

使用“绘图”命令组中的“形状填充”、“形状轮廓”和“形状效果”，可以很方便地更改文本框的样式。

8. 设置或改变幻灯片的背景主题

恰当的选择幻灯片的背景主题可以美化幻灯片的效果。除了可以在新建演示文稿时从“已安装的主题”中选择和创建背景主题，还可以利用“设计”选项卡的“主题”命令组来设置或改变幻灯片的背景主题。

打开演示文稿，单击“设计”选项卡，在“主题”命令组中选择某个主题，单击鼠标后，幻灯片的主题即变为所选的主题，如图 4-20 所示。

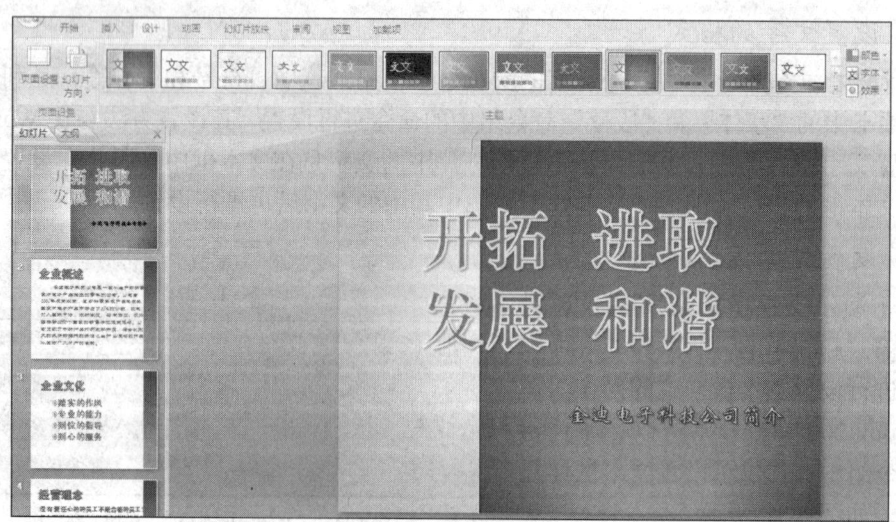

图 4-20 在“主题”命令组中选择某个主题

单击“设计”选项卡→“背景”命令组→“背景样式”命令按钮，弹出如图 4-21 所示的背景样式列表，从中选择某一图案，可对背景作进一步的修改。单击背景样式列表（见图 4-21）中的“设置背景格式”选项，弹出“设置背景格式”对话框，如图 4-22 所示，从中可进一步调整背景的色彩和图案。

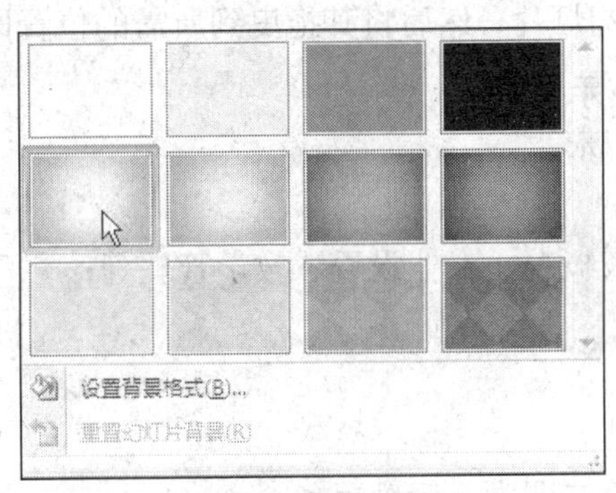

图 4-21　背景样式列表

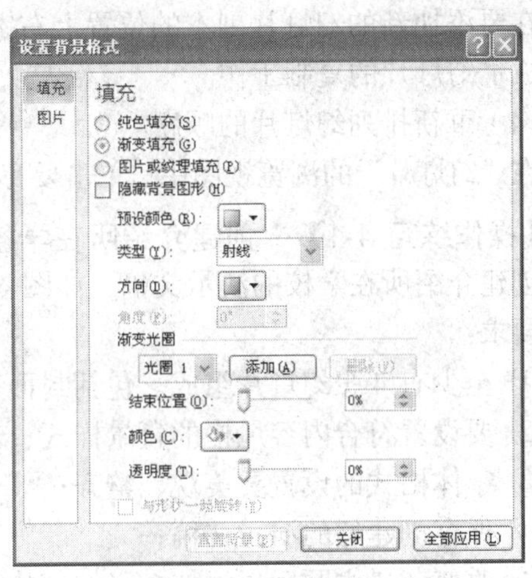

图 4-22　“设置背景格式”对话框

9. 幻灯片的添加、删除、复制和重排

（1）添加幻灯片

单击“开始”选项卡→“幻灯片”命令组→“新建幻灯片”命令按钮，或在幻灯片的缩略图上单击右键，弹出如图 4-23 所示的快捷菜单，从中选择“新建幻灯片”命令，可在当前幻灯片之后添加一张新幻灯片。若单击“新建幻灯片”命令按钮右边的下拉按钮，则首先弹出一个如图 4-24 所示的格式列表，从中可选择新添加的幻灯片的编辑格式。

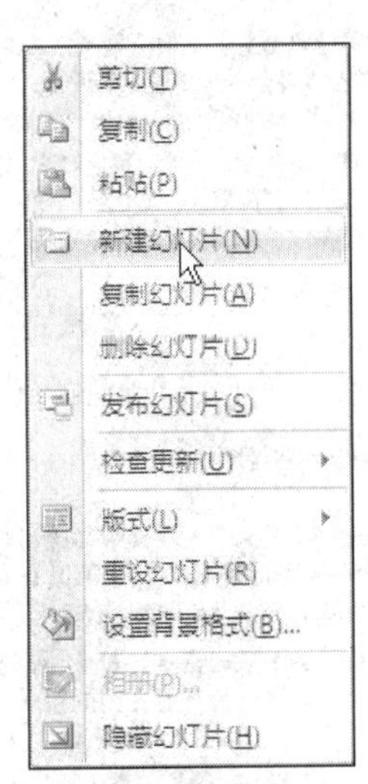

图 4-23　选择“新建幻灯片”

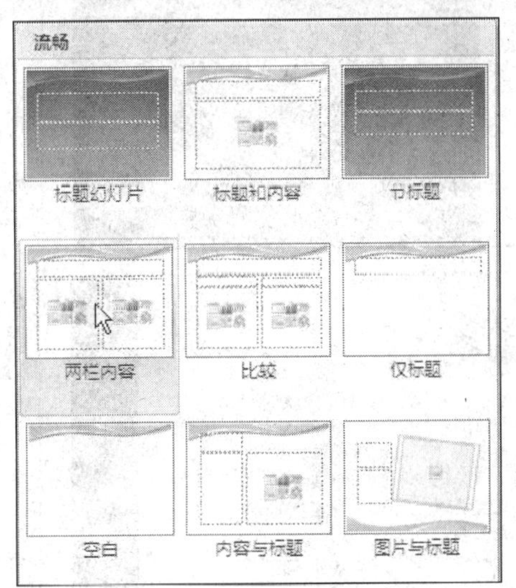

图 4-24　幻灯片的格式列表

（2）删除幻灯片

单击“开始”选项卡→“幻灯片”命令组→“删除”命令按钮，或在要删除的幻灯片的缩略图上单击右键，然后在快捷菜单上单击“删除幻灯片”，即可以将选择的幻灯片删除。

（3）复制幻灯片

如果希望创建两个内容和布局都类似的幻灯片，则可以先创建一张，然后复制该幻灯片，再在复制的幻灯片上进行修改。

在要复制的幻灯片的缩略图上单击右键，然后在快捷菜单上单击“复制”命令，再将鼠标在要添加新的幻灯片副本的位置上右键单击，然后在快捷菜单上单击“粘贴”命令，即完成了幻灯片的复制工作。

（4）重新排列幻灯片的顺序

在“幻灯片”的浏览视图中，单击要移动的幻灯片，然后将其拖曳到所需的位置即可。

【操作练习 4-1】　创建介绍所在学校的演示文稿

创建介绍所在学校的演示文稿，如图 4-25 所示。

要求：

① 至少有 4 张幻灯片组成。包括封面、学校概况、专业设置、教学管理等；

② 要设置符合内容风格的背景样式；

③ 字体格式的设置要美观、整齐；

④ 保存创建好的演示文稿；

⑤ 改变背景主题后再添加 2 张幻灯片，如第二课堂、后勤服务；

⑥ 将添加了新幻灯片的演示文稿保存起来；

⑦ 图 4-25 所示仅为参考案例，可设置自己学校的内容。

郑州工业贸易学校

培养高素质技能型人才的摇篮

学校概况

郑州工业贸易学校创建于1956年，原名为郑州地质学校，隶属于国家地质部。1995年更名为郑州工业贸易学校，2001年，划归河南省教育厅直接管理。

学校开设有20多个专业，面向全国招生，在校生3000余人。各类专业除开设普通中专班外，部分专业还开设了“3+2”高职班。专业建设已形成了工、经、文、管相结合，校级、省部级、国家级重点专业协调发展，适应市场经济需要，行业优势明显，具有学校特色的工科类专业群及经贸文管类专业群。

专业设置

- 地质类专业
  - 环境保护与监测
  - 水文工程地质
  - 地形测量
  - 宝玉石鉴定与营销
- 计算机与电类专业
  - 网络建设与管理
  - 电脑美术设计
  - 家电维修
  - 汽车电子技术
- 经贸类专业
  - 会计电算化
  - 物业管理
  - 电子商务
  - 物流管理
- 文秘类专业
  - 涉外英语
  - 涉外汉语
  - 办公自动化
  - 档案管理

师资及教学管理

学校共有正式职工380人，其中高级讲师教师57人，讲师89人，助讲43人，全部具有本科以上学历，其中具有研究生学历的占53%。

为了更好地对学生实施管理，每个班都配有专职班主任，学校的学生公寓有专门的管理人员，学生食堂卫生、方便、饭菜物美价廉。

为了活跃学生的业余生活，学校在课余时间开设第二课堂，有篮球队、排球队、足球队、书画社、合唱队、舞蹈队，经常组织各种文体比赛和活动。

图 4-25　介绍学校的演示文稿参考样式

4.2　插入图片、图形、图表、声音、影片等对象

【案例 4-2】　开封假日旅游公司的旅游宣传

【情景模拟】

河南省开封假日旅游公司是一家专门经营开封市旅游的公司，为了拓宽本公司的业务，宣传历史名城开封的旅游资源，公司决定在全国所有的省会城市进行开封旅游的大型宣传活动，需要制作宣传开封旅游资源的演示文稿，公司策划部小贾承担设计制作演示文稿的任务。

【案例分析】

演示文稿既要宣传开封的旅游资源，又要介绍公司业务，为了吸引人的眼球，应将演示文稿做得图文并茂，能够充分展示开封古老、神秘、迷人的魅力。因此在设计演示文稿时，除了有精心设计的文字以外，还应合理地插入图片、图形、图表等对象。

【案例展示】

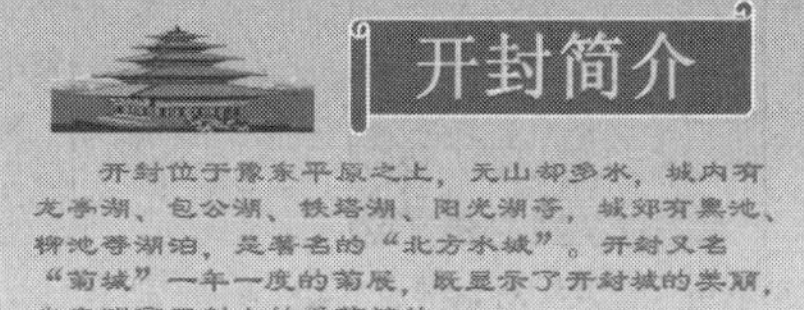

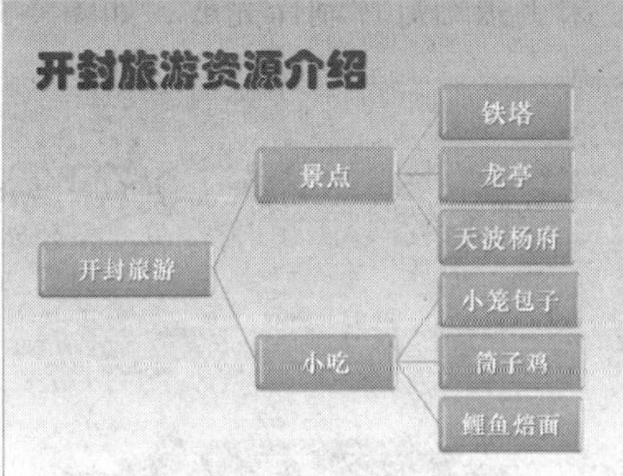

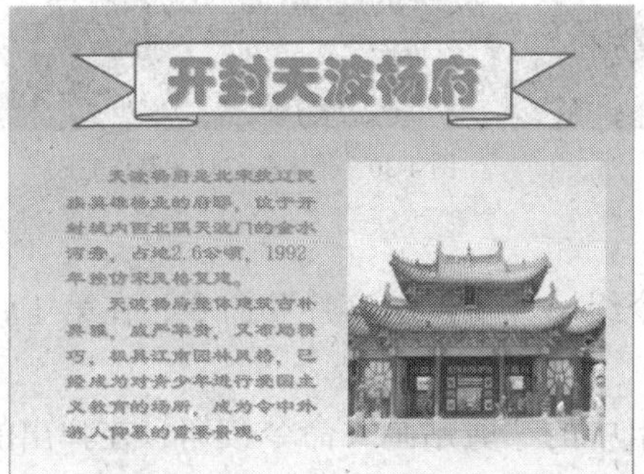

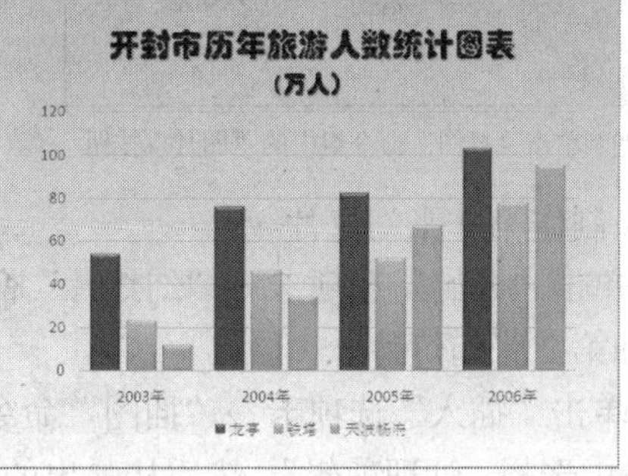

图 4-26　“旅游宣传”演示文稿展示

【制作步骤】

（1）制作第 1 张幻灯片

① 单击“开始”→“所有程序”→“Microsoft Office” →“Microsoft Office PowerPoint 2007”命令，打开中文版 PowerPoint 2007 的工作界面。

② 单击“背景”对话框启动器，如图 4-27 所示，打开“设置背景格式”对话框，在对话框中设置填充为“渐变填充”，“预设颜色”为第 4 项（雨后初晴），如图 4-28 所示，这时背景呈现从蓝到白的渐变色。

图 4-27 单击“背景”对话框启动器

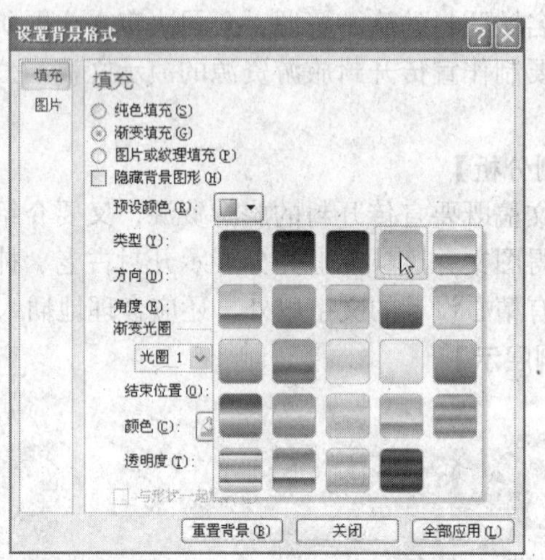

图 4-28 “设置背景格式”对话框

③ 插入文本框，输入标题和副标题，并设置字体、字号和字的颜色。

④ 单击“插入”选项卡→“插图”命令组中→“图片”按钮（图 4-29），在弹出的“插入图片”对话框中选择合适图片（开封龙亭），单击“插入”按钮，即将图片插入幻灯片中，拖动图片边框，将图片调整到合适大小。至此，第 1 张幻灯片制作完成，如图 4-30 所示。

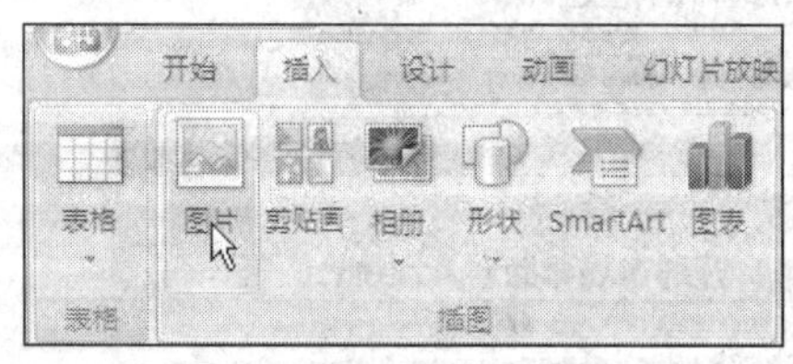

图 4-29 单击“插图”命令组中的“图片”按钮

图 4-30 第 1 张幻灯片制作完成

（2）制作第 2 张幻灯片

① 单击“开始”选项卡→“幻灯片”命令组→“新建幻灯片”命令，在第 1 张幻灯片后面添加第 2 张幻灯片。

② 单击“插入”选项卡→“插图”命令组中的“剪贴画”命令按钮，在弹出的“剪贴画”窗格中选择“管理剪辑”，然后从弹出的“Microsoft 剪辑管理器”对话框中选择“Office

收藏集"→"地点"→"地标"→第2张"剪贴画"，右键单击，在弹出的快捷菜单中单击"复制"命令，然后关闭该窗口，如图4-31所示。

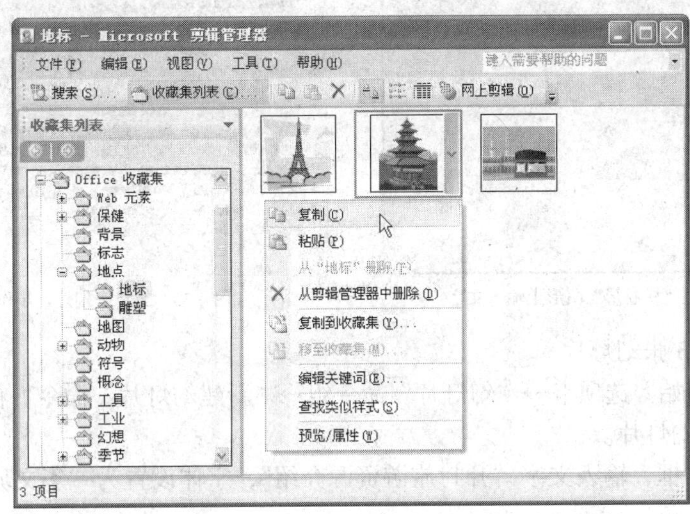

图4-31 "Microsoft 剪辑管理器"对话框

③ 在幻灯片编辑区单击右键，在弹出的快捷菜单中单击"粘贴"命令，即将该剪贴画粘贴在幻灯片中，如图4-32所示。

④ 单击"开始"选项卡→"插图"命令组中的"形状"命令按钮，在弹出的图形列表中单击"星与旗帜"中的"横卷形"图形，如图4-33所示。

图4-32 将剪贴画粘贴在幻灯片中

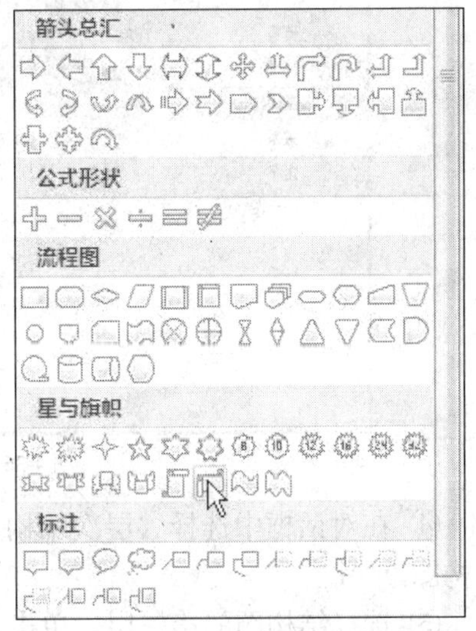

图4-33 选择"横卷形"图形

⑤ 这时鼠标变为十形状，拖曳鼠标，可在幻灯片上画出图形，在图形上右键单击，在弹出的快捷菜单上单击"编辑文字"选项，可在图形中输入文本"开封简介"，如图4-34所示。

⑥ 单击图形的边框（选中该图形），在绘图工具的"格式"选项卡中设置图形的填充颜色、边框颜色，以及文字的字体格式。再利用文本框输入简介的具体内容，设置好字体格式，第2张幻灯片制作完成，如图4-35所示。

图 4-34　在“横卷形”图形上输入文字

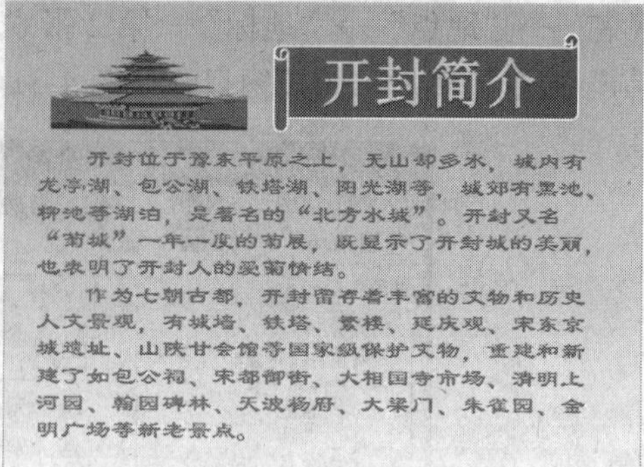

图 4-35　第 2 张幻灯片制作完成

（3）制作第 3 张幻灯片

① 单击“开始”选项卡→“幻灯片”命令组→“新建幻灯片”命令，在第 2 张幻灯片后面添加第 3 张幻灯片。

② 插入文本框，输入文字“开封旅游资源介绍”，字体设置为“华文琥珀、48 号字、深蓝色”，放左上角。

③ 单击“开始”选项卡→“插图”命令组中的“SmartArt”命令按钮，弹出“选择 SmartArt 图形”对话框，如图 4-36 所示。

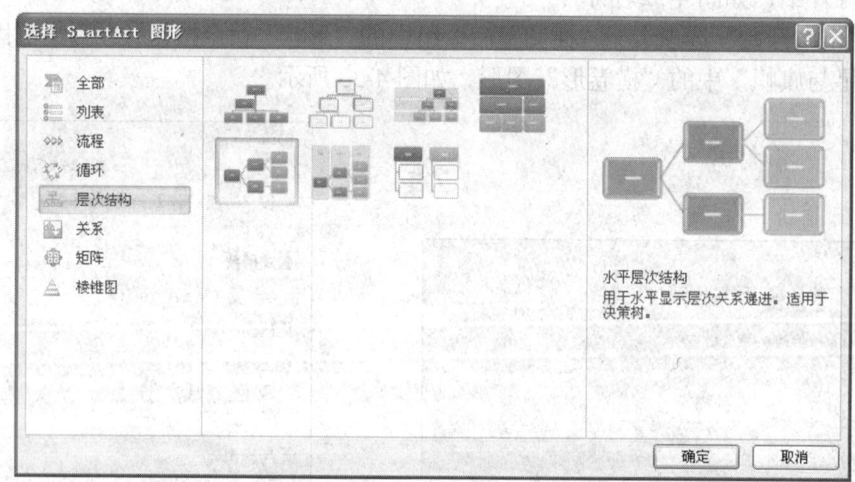

图 4-36　“选择 SmartArt 图形”对话框

④ 在对话框中选择“层次结构”中的“水平层次结构”，在幻灯片中插入一水平层次结构图。

⑤ 选择结构图的第二层，单击“SmartArt 工具”→“设计”选项卡→“创建图形”命令组中的“添加形状”命令按钮，在弹出的菜单中单击“在下方添加形状”选项，则在第三层中增加了文本框，如图 4-37 所示。

⑥ 在结构图的文本框中输入所需要的文字。然后选择结构图的外边框，单击“SmartArt 工具”→“格式”选项卡→命令组中的某个格式按钮，则该结构图更改为如图 4-38 所示的样式。

至此，第 3 张幻灯片制作完成。

（4）制作第 4、5 张幻灯片

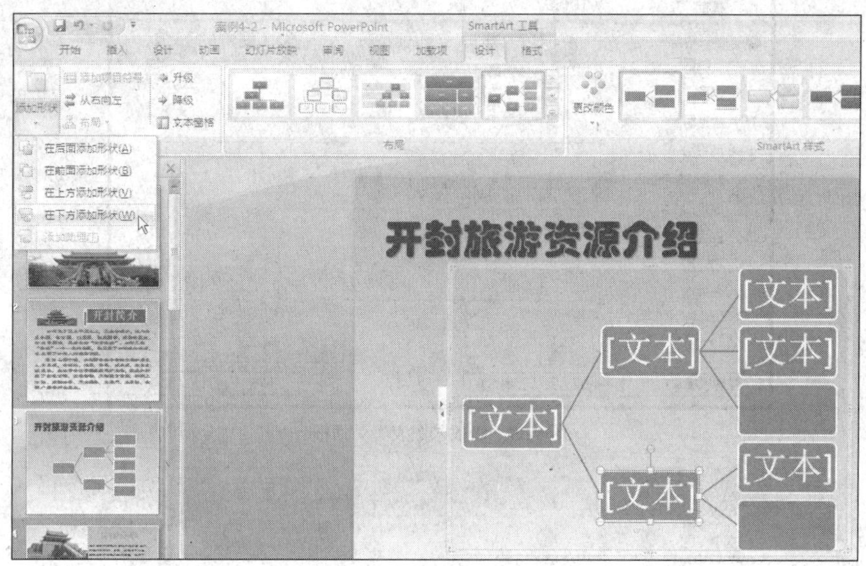

图 4-37　在第三层添加文本框

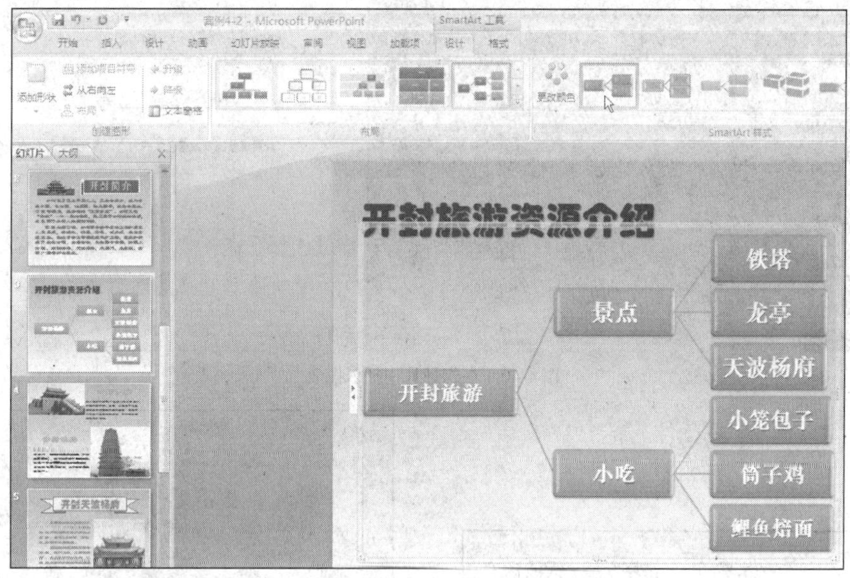

图 4-38　选择一种“SmartArt 样式”

第 4、5 张幻灯片的制作方法与第 1、2 张的制作方法类似，主要使用了添加文本框、添加图片和添加形状及向形状中添加文字等操作，此处不再赘述。

（5）制作第 6 张幻灯片

① 先在第 5 张幻灯片后插入一张新幻灯片，单击“开始”选项卡→“插图”命令组中的“图表”命令按钮，弹出 “插入图表”对话框，如图 4-39 所示。

② 在对话框中选择“柱状图”中的一种样式，然后单击“确定”按钮，这时弹出 Excel 2007 的界面（与 PowerPoint 同时显示在桌面上），如图 4-40 所示。

③ 在 Excel 电子表格中输入相应的数据，如图 4-41 所示。然后关闭 Excel 窗口，则在幻灯片中出现根据与 Excel 表中的数据相符合的图表，如图 4-42 所示。

图 4-39 “插入图表”对话框

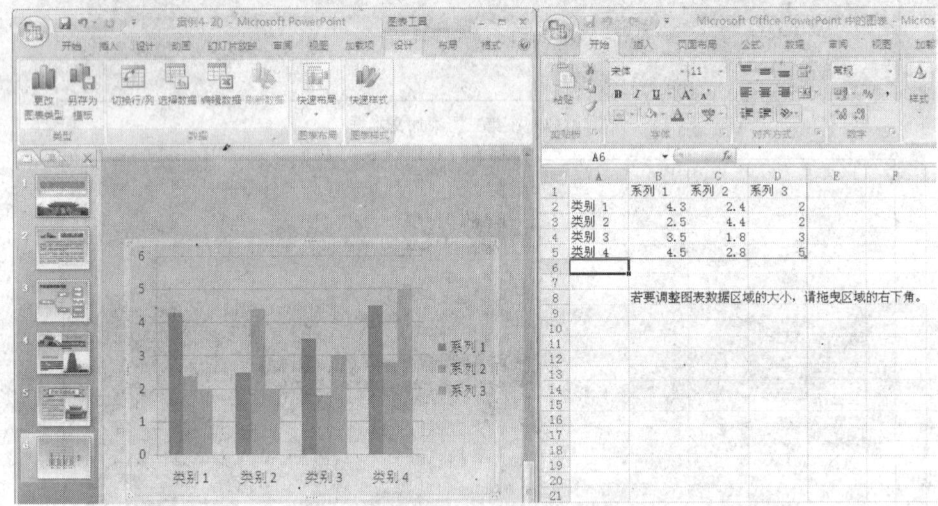

图 4-40 在幻灯片中插入图表

	A	B	C	D
1		龙亭	铁塔	天波杨府
2	2003年	54	23	12
3	2004年	76	46	34
4	2005年	82	52	56
5	2006年	103	78	75
6				

图 4-41 在 Excel 电子表格中输入数据

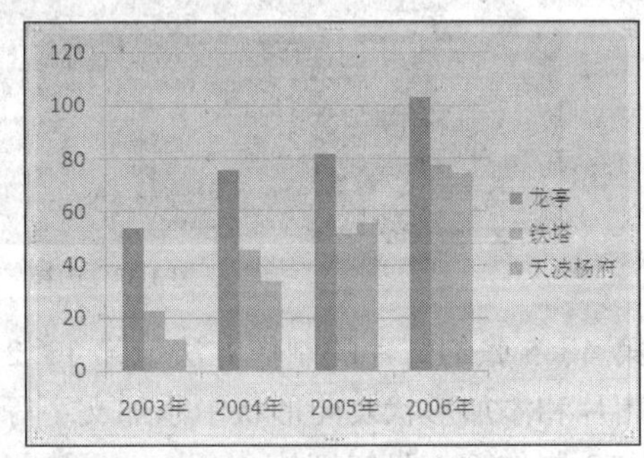

图 4-42 幻灯片中出现与电子表格相符合的图表

④ 单击图标的边框（选中图表，此时出现图表工具），然后单击“图表工具”→“设计”选项卡→“图表布局”命令组中的下拉箭头，在出现的列表中选择“布局 3”，如图 4-43 所示。这时的图表形式如图 4-44 所示。

⑤ 选中图表，单击“图表工具”→“设计”选项卡→“图表样式”命令组中的下拉箭头，出现“图表样式”的列表，如图 4-45 所示。

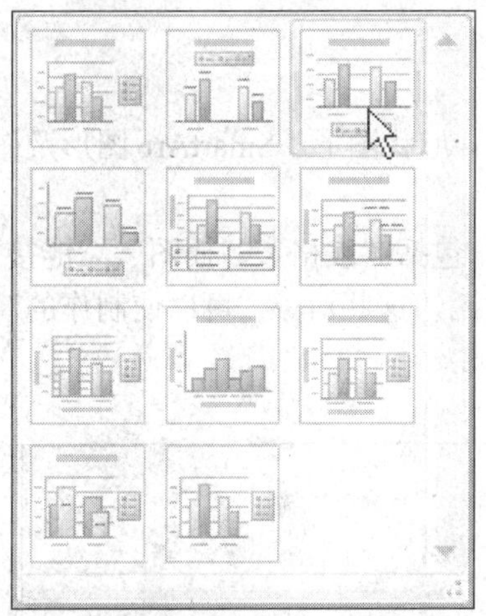

图 4-43 “图表布局”列表

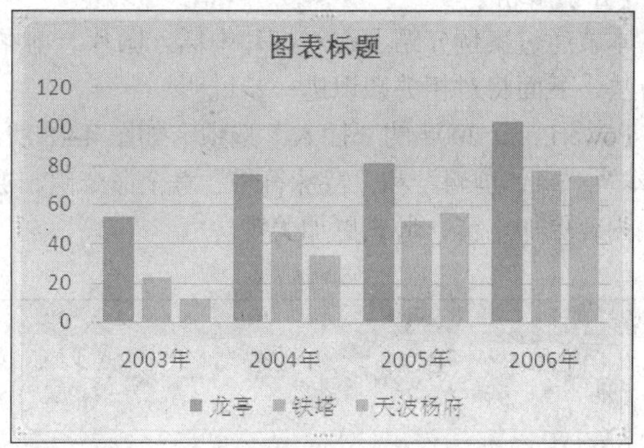

图 4-44 与所选“图表布局”相符合的图表形式

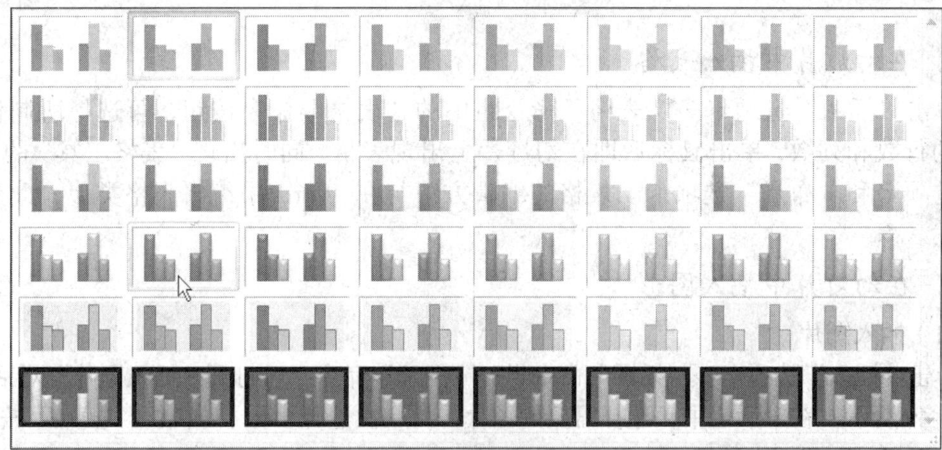

图 4-45 “图表样式”列表

⑥ 在“样式 6”上单击鼠标（见图 4-45），图表变成如图 4-46 所示的有立体感的样式。

⑦ 在“图表标题”处单击鼠标，输入“开封市历年旅游人数统计图表（万人）”，并设置字体及字体颜色。还可以选中其中的色块，设置不同的颜色，如图 4-47 所示。

第 6 张幻灯片制作完毕。

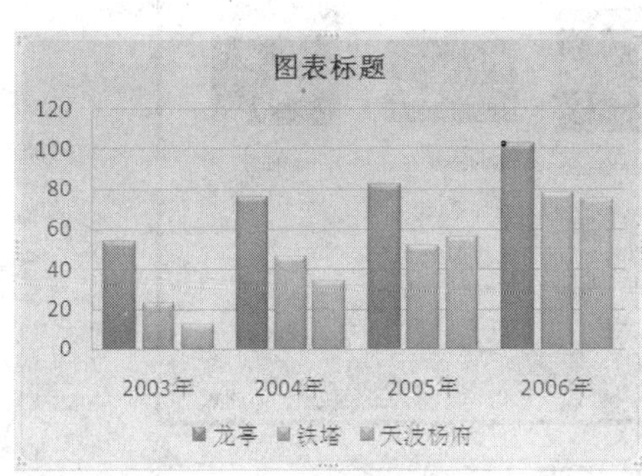

图 4-46 图表有立体感

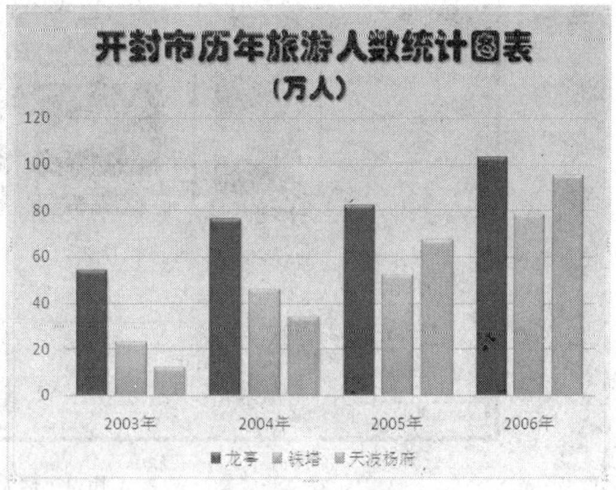

图 4-47 第 6 张幻灯片制作完成

至此，“开封旅游宣传”的演示文稿全部制作完毕。

【知识解析】

本节通过案例介绍了在幻灯片中插入图片、剪贴画、形状图形、SmartArt 图形及图表的方法，下面将对相关知识进一步说明。

PowerPoint 2007 的“插入”选项卡如图 4-48 所示。包括“表格”、“插图”、“链接”、“文本”、“媒体剪辑”和“特殊符号”六个命令组，通过插入这些对象，可以使制作的演示文稿内容更加丰富，形式更加美观。

图 4-48 “插入”选项卡

1. 在幻灯片中插入表格

单击“插入”选项卡→“表格”命令组中的“表格”命令按钮，可选择所制作的表格的行数和列数，单击鼠标后即在幻灯片上出现表格，同时出现“表格工具”的“设计”选项卡和“布局”选项卡。表格的编辑方法与在 Word 中编辑表格类似，此处不再赘述。

2. 在幻灯片中插入图形

（1）插入图片

单击“插入”选项卡→“插图”命令组→“图片”命令，可打开“插入图片”对话框，如图 4-49 所示。在对话框中，选择需要的图片（可一次选择多张），单击 “插入”按钮，即可将选择的图片插入幻灯片中。

图 4-49 “插入图片”对话框

（2）插入剪贴画

单击“插入”选项卡→“插图”命令组→“剪贴画”命令，可在幻灯片中插入剪贴画，其方法与在 Word 2007 中的操作方法类似，此处不再赘述。

（3）插入相册

如果要展示个人照片或工作照片，可以创建一个 PowerPoint 相册，然后在其中添加引人注目的幻灯片切换效果、丰富的背景和主题、特定版式以及其他效果等。“插入相册”操作可以在幻灯片中根据一组图片快速创建一个相册演示文稿。

单击“插入”选项卡→“插图”命令组→“相册”→“插入相册”命令，弹出“相册”对话框，如图 4-50 所示。

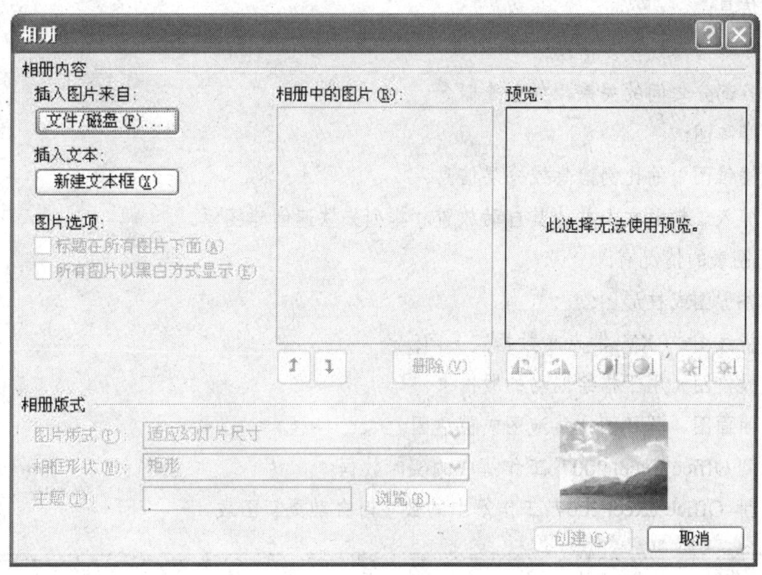

图 4-50　“相册”对话框

单击其中的“文件/磁盘（F）”按钮，则可从弹出的对话框中选择和插入多张图片，在“相册”对话框中设置相册的版式（即设置一张幻灯片中包含几张图片），然后单击“创建”按钮，即可快速创建一个 PowerPoint 相册。

（4）插入形状

单击“插入”选项卡→“插图”命令组→“形状”命令，可在幻灯片中绘制一个形状图形，其方法与在 Word 2007 中的操作方法类似，此处不再赘述。

（5）插入 SmartArt 图形

SmartArt 图形实际上是一些结构图，可以直观地表示信息的流向或层次结构。

单击“插入”选项卡→“插图”命令组→“SmartArt”命令，可在幻灯片中插入一个 SmartArt 图形，其方法与在 Word 2007 中的操作方法类似，此处不再赘述。

（6）插入图表

图表可以更直观地表示和比较数据。

单击“插入”选项卡→“插图”命令组→“图表”命令，可在幻灯片中插入一个图表，同时弹出 Excel 表格供其输入数据，输入的数据会直接影响图表的形状。

SmartArt 图形与图表的区别

SmartArt 图形是信息和观点的可视表示形式，而图表是数值或数据的可视图示。一般来说，SmartArt 图形是为文本设计的，而图表是为数字设计的。

适合使用 SmartArt 图形的情况有：

- 创建组织结构图；
- 显示层次结构，如决策树；
- 演示过程或工作流程中的各个步骤或阶段；
- 显示过程、程序或其他事件的流程；
- 列表信息；
- 显示循环信息或重复信息；
- 显示各部分之间的关系，如重叠概念；
- 创建矩阵图；
- 显示棱锥图中的比例信息或分层信息；
- 通过键入或粘贴文本并使其自动放置和排列来快速创建图示。

适合使用图表的情况有：

- 创建条形图或柱形图；
- 创建折线图或 XY 散点（数据点）图；
- 创建股价图（用于描绘波动的股价）；
- 创建曲面图、圆环图、气泡图或雷达图；
- 链接到 Office Excel 2007 工作簿中的实时数据；
- 当更新 Office Excel 2007 工作簿中的数字时自动更新图表。

3. 在幻灯片中插入各种文本

（1）插入文本框

单击“插入”选项卡→“文本”命令组→“文本框”命令，可在幻灯片中绘制一个（横排或竖排）文本框，然后在文本框中输入或编辑文字。

（2）插入幻灯片的页眉、页脚、日期、时间和编号

单击“插入”选项卡→“文本”命令组→“页眉和页脚”（或“日期和时间”、“幻灯片编号”），弹出“页眉和页脚”对话框，如图 4-51 所示，从中可以设置幻灯片的日期、时间、页眉、页脚和编号。

（3）插入艺术字

单击“插入”选项卡→“文本”命令组→“艺术字”，会弹出艺术字样式列表，如图 4-52 所示。单击其中一个样式，在幻灯片中出现如图 4-53 所示的文本框，这时可将文本框中的内容改为所需要的内容。单击艺术字的边框，还可以在“格式”选项卡中编辑或修改艺术字的颜色、样式等。

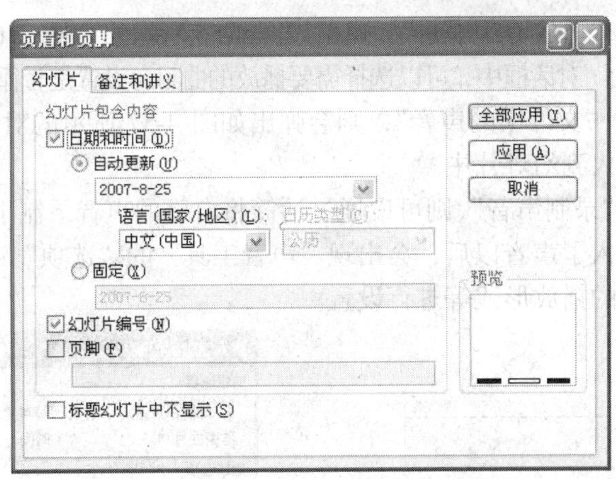

图4-51 “页眉和页脚”对话框

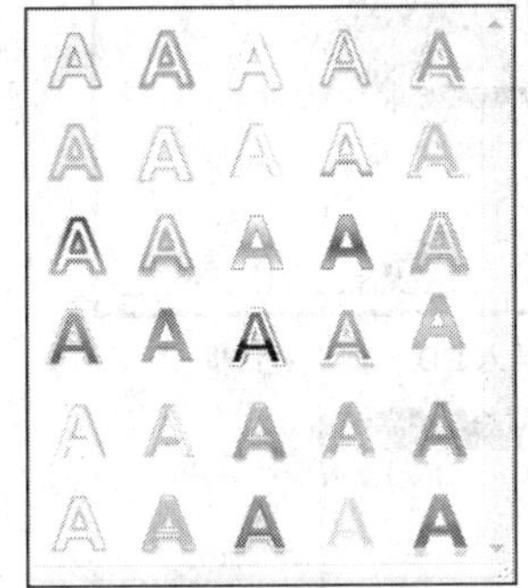

图4-52 艺术字样式列表

图4-53 艺术字文本框

（4）插入其他对象

单击“插入”选项卡→“文本”命令组→“对象”，会弹出“插入对象”对话框，如图4-54所示。在对话框中可选择插入所需的对象。如插入一个公式，或插入一个由PhotoShop编辑的图像。

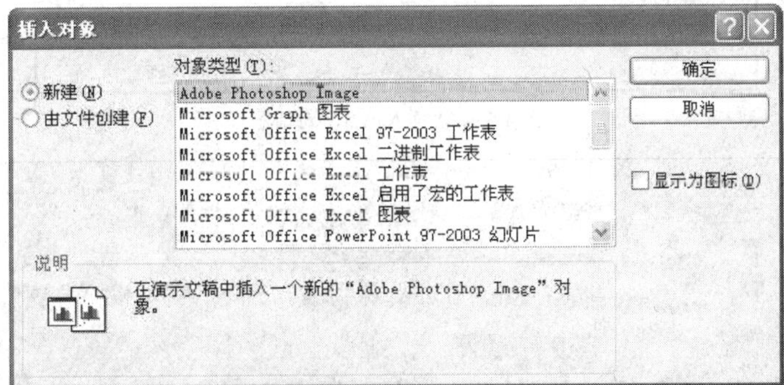

图4-54 “插入对象”对话框

4. 在幻灯片中插入媒体剪辑

PowerPoint中的媒体剪辑主要指声音和影片，在幻灯片中根据需要加入声音或影片，可以增强演示文稿的功能和播放效果。

（1）插入声音

单击“插入”选项卡→“媒体剪辑”命令组→“声音”命令，弹出如图4-55所示的列表，从中选择第 3 项“播放 CD 乐曲”，弹出如图 4-56 所示的“插入 CD 乐曲”对话框。

在“插入 CD 乐曲”对话框中，可以选择需要播放的曲目，设置是否循环播放和音量等参数。

如果单击第 1 项“文件中的声音”，则会弹出如图 4-57 所示的对话框，从中可以选择声音文件，并将其插入到幻灯片中。

如果单击第 4 项“录制声音”，则可以通过话筒将自己的声音录制下来并插入幻灯片中。

当在幻灯片中插入了声音以后，会出现“声音工具”的“选项”选项卡，如图 4-58 所示，从中可以对声音的播放形式等进行设置。

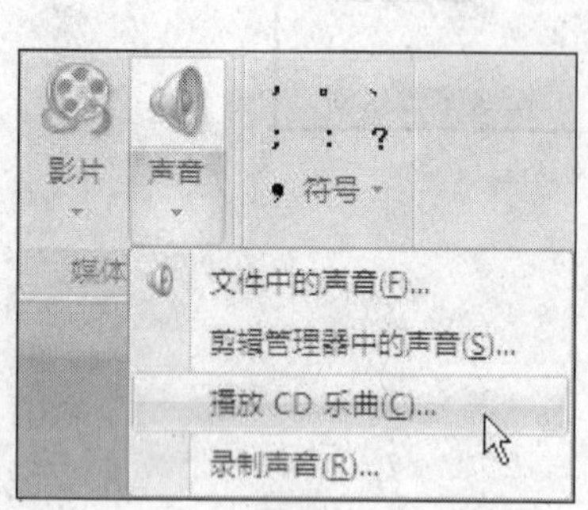

图 4-55 “声音”命令列表

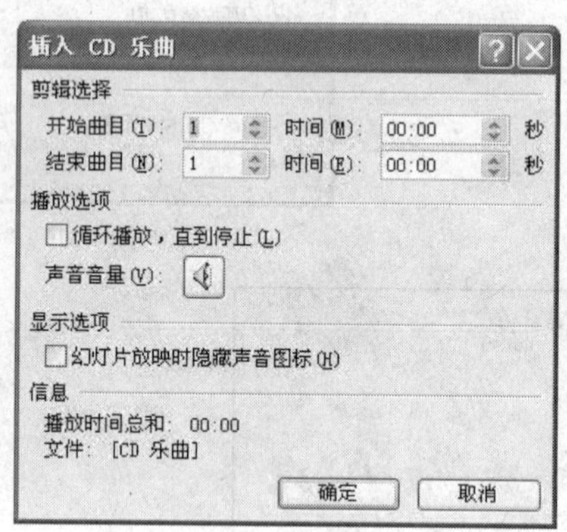

图 4-56 “插入 CD 乐曲”对话框

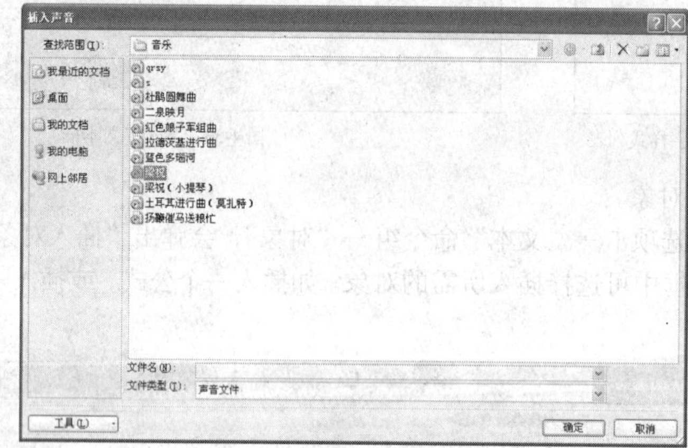

图 4-57 “插入声音”对话框

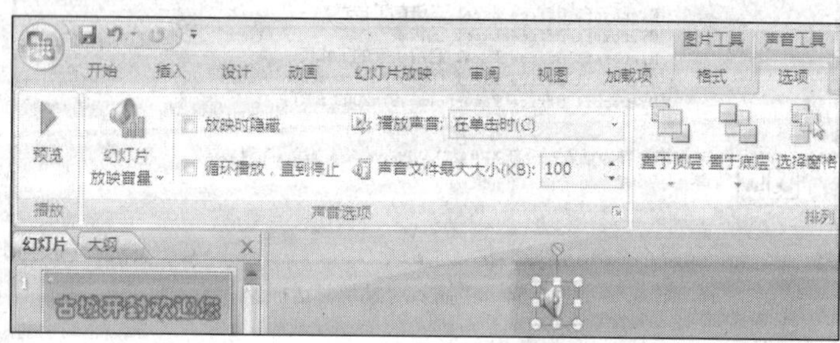

图 4-58 “声音工具”的“选项”选项卡

（2）插入影片

单击“插入”选项卡→“媒体剪辑”命令组→“影片”→“文件中的影片”命令，弹出“插入影片”对话框，从中可以选择视频文件，并将其插入到幻灯片中。

当在幻灯片中插入了视频以后，会出现“影片工具”的“选项”选项卡，如图 4-59 所示，从中可以对影片的播放形式等进行设置，如图 4-59 所示。

图 4-59 “影片工具”的“选项”选项卡

【操作练习 4-2】 创建介绍所在城市的演示文稿

要求：

① 至少有 5 ~ 6 张幻灯片组成：包括封面、城市概况、城市交通、城市风光等；

② 要适当的插入剪贴画、图片、图表、SmartArt 图、声音、影片等对象；

③ 为幻灯片加上日期、编号和页脚等；

④ 所需的资料可上网查询；

⑤ 因内容较多，可以小组为单位制作，小组内再分工合作；

⑥ 图 4-60 所示仅为参考案例，可设置自己学校所在的城市内容。

	2003年	2004年	2005年	2006年
第一产业	4.6	5.7	7	6.6
第二产业	20.2	18.5	18.7	18.5
第三产业	10	14	13.9	13.2

图 4-60 “介绍所在城市演示文稿”参考样式

4.3 动画效果、幻灯片切换效果和放映方式的设置

【案例 4-3】 制作“脑筋急转弯”的演示文稿

【情景模拟】

元旦快要到了，为了使辛苦一年的职工能够在节日期间放松心情，增进大家的凝聚力，金迪物流有限公司的工会和团委决定联合举办职工元旦联欢会，其中有一个项目为“脑筋急转弯”，要求用演示文稿的方式将题目显示出来，等职工回答完以后再将正确答案公布（显示）出来。制作演示文稿的任务由工会秘书小贾承担。

【案例分析】

“脑筋急转弯”演示文稿是在联欢会上的游艺活动时使用的，为了引起大家的兴趣，该演示文稿应有表现力并且轻松活泼。这就需要构成幻灯片的元素都能够动起来（比如文字以不同的方式出现，并伴有不同的声音），特别是答案应单击鼠标后才出现，这就要用到演示文稿的动画效果。

【案例展示】

根据分析，设计制作的“脑筋急转弯”演示文稿如图 4-61 所示。

图 4-61 “脑筋急转弯”演示文稿展示

【制作步骤】

（1）制作第1张幻灯片

希望第1张幻灯片中各元素出现的顺序是：右下角剪贴画→左上角剪贴画→标题文字，并采用不同的出现形式，而且希望播放幻灯片时各元素自动（无需单击鼠标）出现。

① 单击“开始”→“所有程序”→“Microsoft Office”→“Microsoft Office PowerPoint 2007”命令，打开中文版PowerPoint 2007的工作界面。

② 单击“设计”选项卡，在“背景”命令组中选中并单击一个主题（本案例选择的是“绿色圆圈设计模板”），然后将各元素（两个剪贴画、一个文本）插入到如图4-62所示位置。

③ 选中右下角剪贴画，单击“动画”选项卡→“动画”命令组→“自定义动画”命令按钮，在窗口的右边弹出“自定义动画”对话框，单击对话框中的添加效果按钮，从弹出的下拉菜单中单击“进入”→“飞入”选项，即给该剪贴画添加了“飞入”的动画效果，如图4-63所示。

图4-62 插入剪贴画和文本

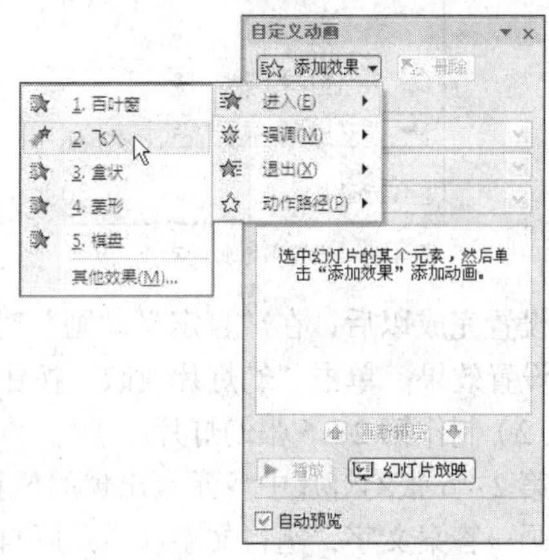

图4-63 选择“进入”→“飞入”选项

④ 这时“自定义动画”对话框变为如图4-64所示的形式。

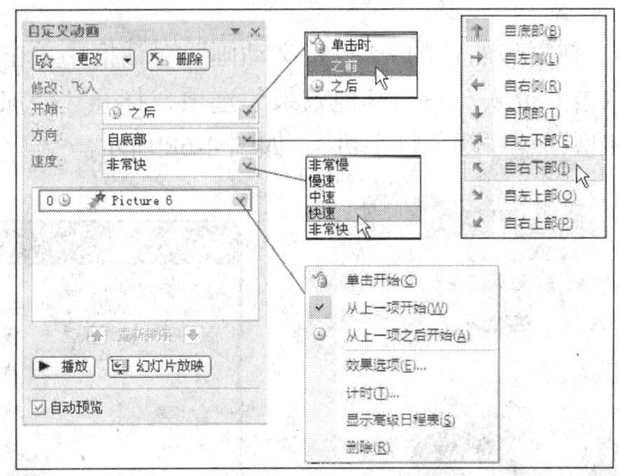

图4-64 “自定义动画”对话框各项的含义

在图4-64所示的“自定义动画”对话框中，可对动画的各种参数进行设置。在本案例中，设置右下角的动画开始的时间是单击鼠标“之前”（即紧接着上一项之后开始）；设置动画的方向来自“右下部”；设置动画的速度为“快速”。

⑤ 用与③、④步骤同样的方法设置左上角的动画。动画效果“飞入”，开始时间为“之前”，动画方向为“自左上部”，速度为“快速”。如图 4-65 所示。

⑥ 设置标题文字的动画。动画效果为“菱形”，开始时间为“之前”，方向为“缩小”，速度为“快速”。设置对话框如图 4-66 所示。

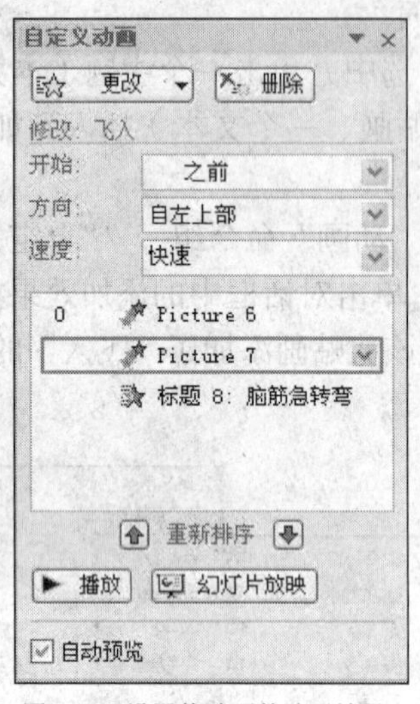

图 4-65 设置剪贴画的动画效果

图 4-66 设置标题文字的动画效果

设置完成以后，在“自定义动画”对话框中单击“播放”按钮，可查看当前幻灯片动画的设置效果。单击“幻灯片放映”按钮，可从当前幻灯片开始全屏放映演示文稿。

（2）制作第 2 ~ 6 张幻灯片

第 2 ~ 6 张幻灯片中各元素出现的位置和顺序都是一样的，出现的顺序为：题目文字→剪贴画→答案文字，题目文字和剪贴画自动出现，而答案文字要求单击鼠标时才出现。

① 单击“开始”选项卡→“幻灯片”命令组→ “新建幻灯片”命令按钮，在第 1 张幻灯片之后添加一张新幻灯片，然后将各元素（一个剪贴画、两个文本）插入到如图 4-67 所示位置。

② 选中题目文字，在窗口右边的 “自定义动画”对话框中单击“添加效果”按钮，从弹出的下拉菜单中单击“进入”→“其他效果”选项，打开“添加进入效果”对话框，在对话框中单击“温和型”→“颜色打字机”，如图 4-68 所示。

图 4-67 在幻灯片中插入文本和剪贴画

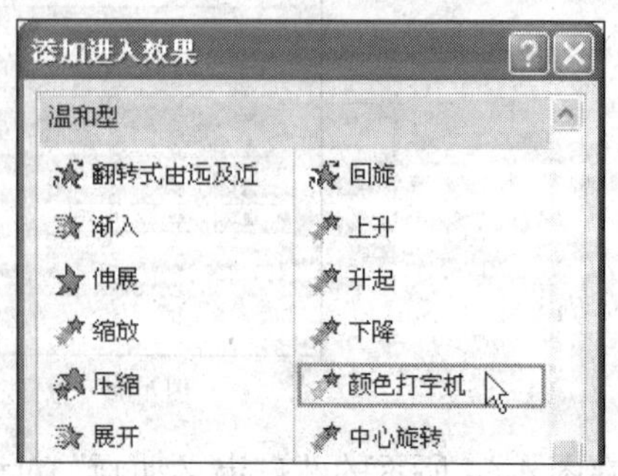

图 4-68 “添加进入效果”对话框

③ 在对话框中选择“温和型”→“颜色打字机”，单击“确定”按钮，即将题目文字设置为“颜色打字机”效果，然后在“自定义动画”对话框中设置开始时间为“之前”，速度为“非常快”。

④ 在幻灯片中选择剪贴画，然后选择“自定义动画”对话框中的“添加效果”→“进入”→“其他效果”→“玩具风车”，单击“确定”按钮，即将剪贴画设置为“玩具风车”效果，然后在“自定义动画”对话框中设置开始时间为“之前”，速度为“快速”。

⑤ 在幻灯片中选择答案文字，然后选择“自定义动画”对话框中的“添加效果”→“进入”→“其他效果”→“空翻”，单击“确定”按钮，即将剪贴画设置为“空翻”效果，然后在“自定义动画”对话框中设置开始时间为“单击时”，速度为“快速”。

设置动画开始时间为“单击时”

若设置动画的开始时间为“单击时”，则必须单击鼠标才能够出现动画，在本案例中，答案文字出现的时间必须是人能够控制的，因此应设置为单击“鼠标”时才出现。

第2～6张幻灯片的设置完全一样，此处不再赘述。

（3）设置幻灯片的切换效果

幻灯片的切换效果是指切换幻灯片时出现的特殊效果。在演示文稿中增加切换效果，可以使幻灯片过渡衔接得更加贴切与自然。设置幻灯片切换效果的操作是在“动画”选项卡的“切换到此幻灯片”命令组中进行的。

① 打开已制作好的演示文稿，单击“动画”选项卡，在“切换到此幻灯片”命令组中选择一种切换效果（如“从全黑切出”），如图4-69所示。

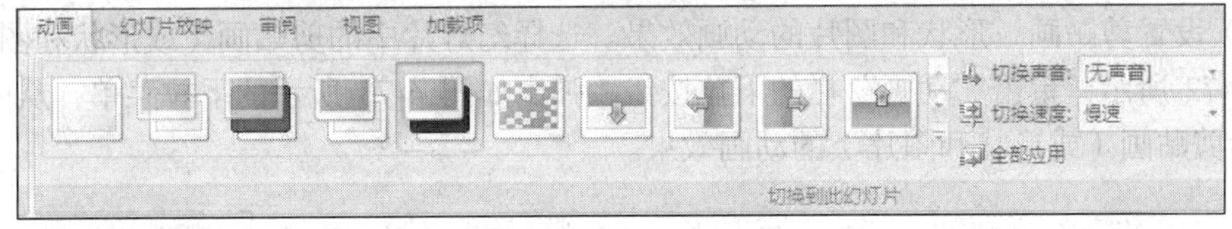

图4-69 “动画”选项卡

② 单击“切换声音”的下拉按钮，可从下拉菜单中选择切换时的声音；单击“切换速度”的下拉按钮，可从下拉菜单中选择切换的速度。

③ 如果单击“全部应用”，则将幻灯片过渡的设置应用到所有的幻灯片中，否则仅对当前幻灯片有效。

至此，“脑筋急转弯”演示文稿制作完毕，单击PowerPoint 2007窗口右下角的“幻灯片放映”按钮，即可以播放演示文稿。

【知识解析】

本节通过案例介绍了在幻灯片中设置动画、幻灯片切换效果及放映幻灯片的一般方法，下面将对相关知识作进一步说明。

在PowerPoint 2007中设置动画和的幻灯片切换效果是在“动画”选项卡中进行。“动画”选项卡包括三个命令组，其中“预览”命令组用于预览当前幻灯片所设置的动画和预览效果；“动画”命令组用于设置对象的动画效果；“切换到此幻灯片”命令组用于设置幻灯片的切换效果。

1．设置动画

先选择幻灯片上的一个对象（文字、剪贴画、图形、SmartArt 图形或图表），单击“动画”选项卡，可在其“动画”命令组中设置动画效果。

（1）用预置的动画效果设置动画

选择幻灯片上的一个对象后，单击 “动画”命令组中的“动画”栏的下拉按钮，弹出预置的动画效果，从中可选择设置对象的动画效果，不同的对象预置的动画效果是不同的。

① 设置文本的动画效果。选择幻灯片中的文本（见图 4-70），单击“动画”栏的下拉按钮，弹出如图 4-71 所示的下拉菜单，从中可选择设置文本的动画效果。

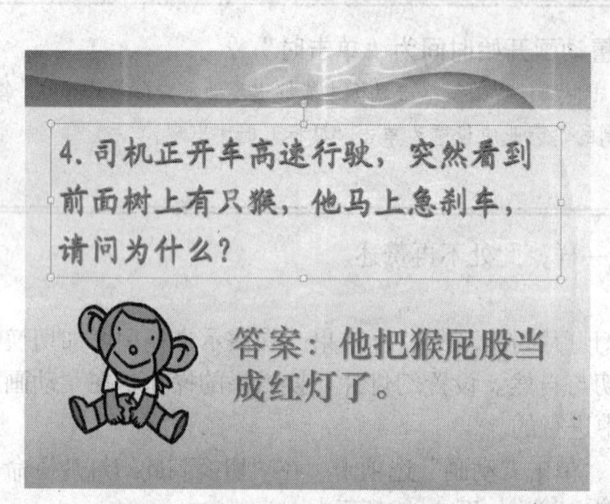

图 4-70　选择幻灯片中的文本

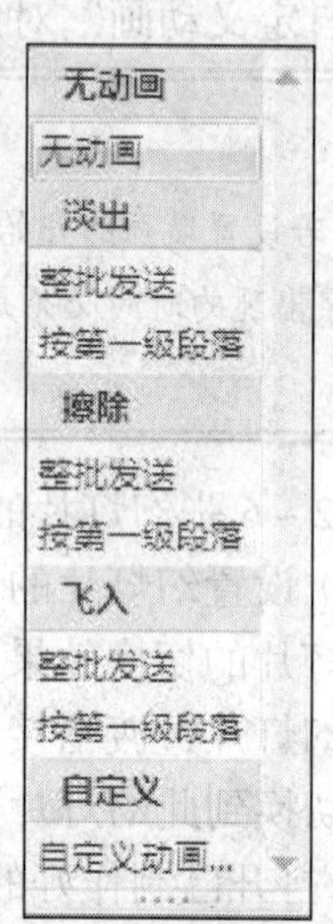

图 4-71　动画效果下拉菜单

② 设置剪贴画、形状和图片的动画效果。选择幻灯片中的剪贴画（或形状和图片），如图 4-72 所示，单击“动画”栏的下拉按钮，弹出如图 4-73 所示的下拉菜单，从中可选择设置剪贴画（或形状和图片）的动画效果。

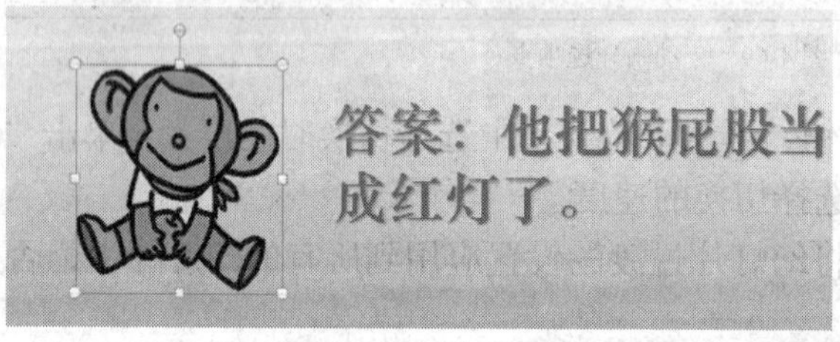

图 4-72　选择幻灯片中的剪贴画

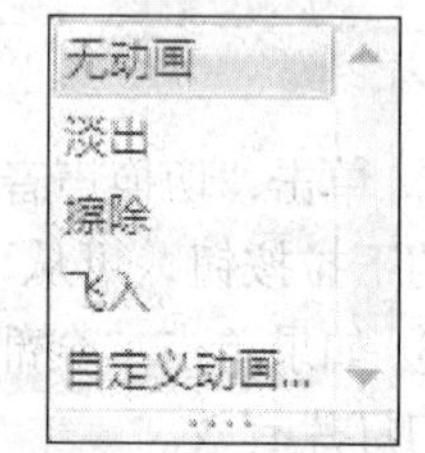

图 4-73　设置剪贴画动画效果

③ 设置 SmartArt 图形的动画效果。选择幻灯片中的 SmartArt 图形（见图 4-74），单击“动画”栏的下拉按钮，弹出如图 4-75 所示的下拉菜单，从中可选择设置 SmartArt 图形的动画效果。

在设置 SmartArt 图形的动画效果时，有多种方式，如整批发送、逐个按分支发送、逐个按级别发送等，巧妙地应用可以得到意想不到的动画效果。

④ 设置图表的动画效果。选择幻灯片中的图表（见图 4-76），单击“动画”栏的下拉按钮，弹出如图 4-77 所示的下拉菜单，从中可选择设置图表的动画效果。

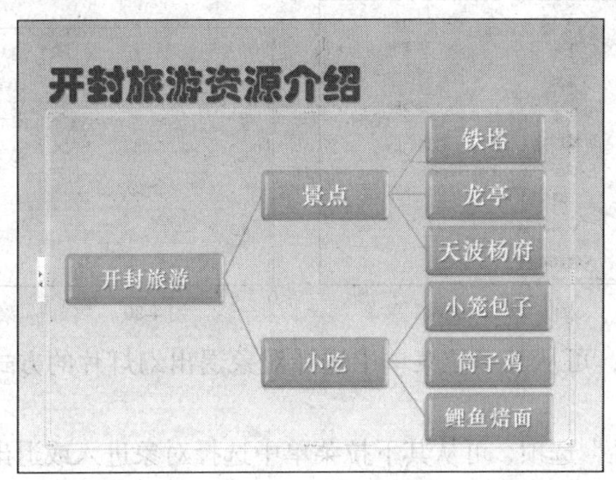

图4-74 选择幻灯片中的SmartArt图形

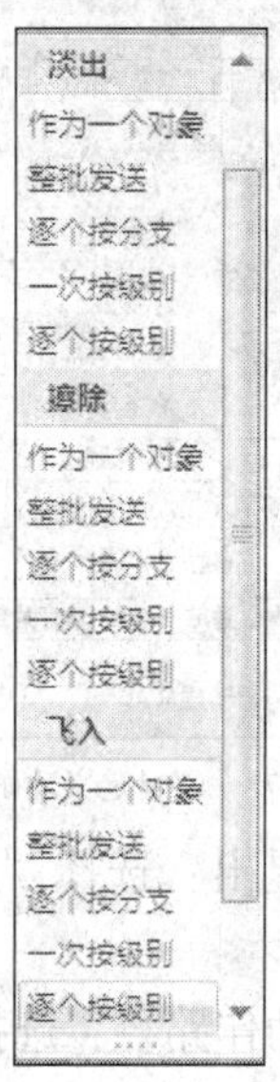

图4-75 设置SmartArt图形的动画效果

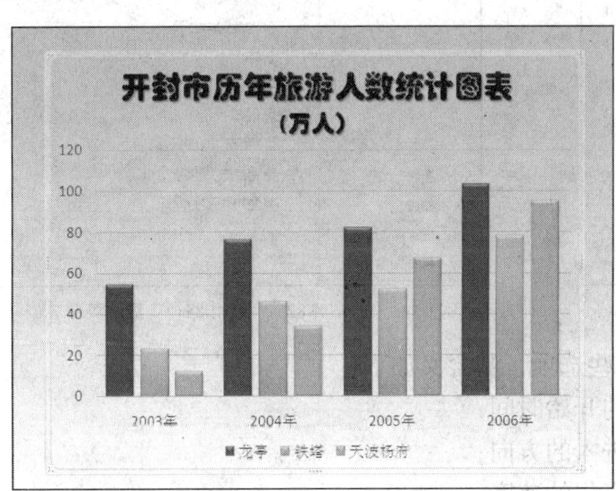

图4-76 选择幻灯片中的图表

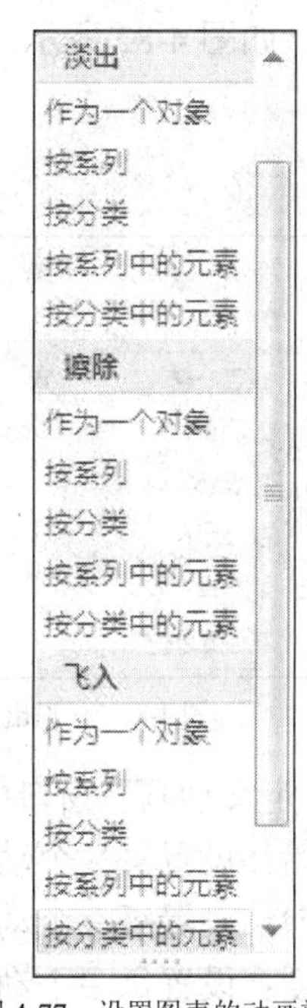

图4-77 设置图表的动画效果

(2)用“自定义动画”设置动画效果

选择幻灯片上的一个对象后，单击“动画”命令组中的“自定义动画”按钮，弹出“自定义动画”窗口，如图4-78所示，从中可以随心所欲地设置对象的各种效果。

单击“自定义动画”窗口中的“添加效果”按钮，弹出的下拉菜单包括以下4个选项。

① 进入：选择“进入”选项，可从其下拉菜单中选择对象进入幻灯片的方式，如图4-79所示。

② 强调：选择“强调”选项，可从其下拉菜单中选择突出显示对象的方式,如图 4-80所示。

图 4-78 “自定义动画”窗口

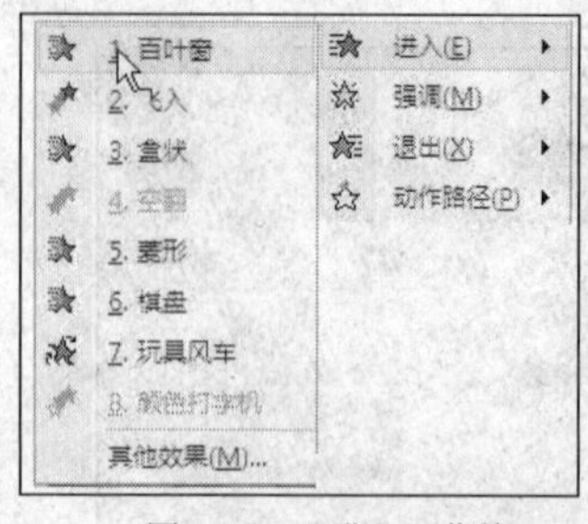

图 4-79 “进入”菜单

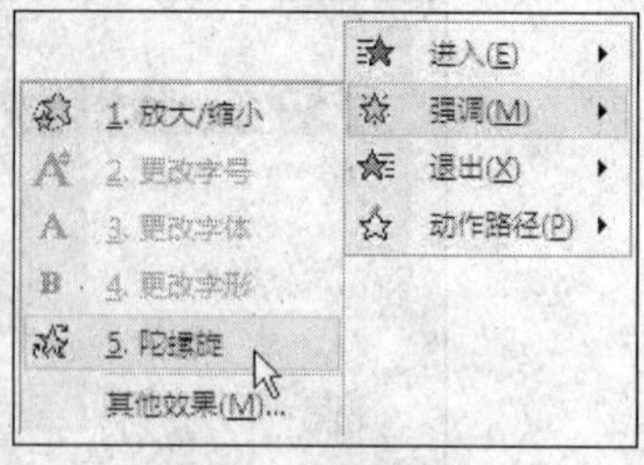

图 4-80 “强调”菜单

③ 退出：选择“退出”选项，可从其下拉菜单中选择对象退出幻灯片的方式，如图 4-81 所示。

④ 动作路径：选择“动作路径”选项，可从其下拉菜单中选择对象进入或退出幻灯片的路径，除了可以选择规定好的路径以外，还可以自定义路径，使对象的进入和退出更加个性化。如图 4-82 所示。

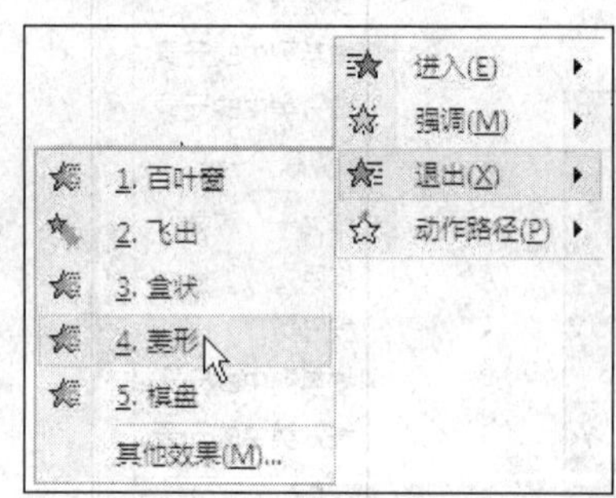

图 4-81 “退出”菜单

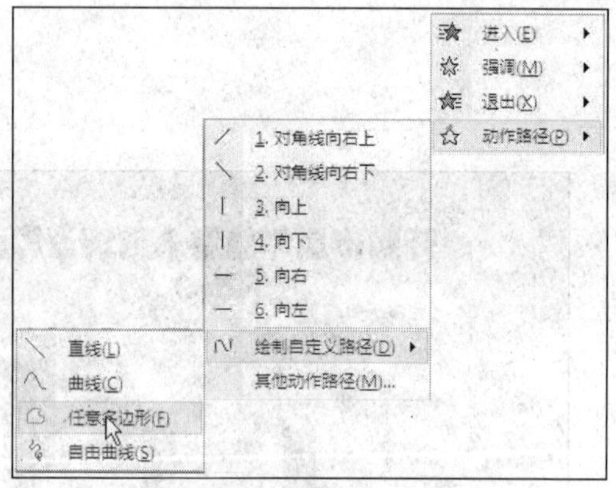

图 4-82 “动作路径”级联菜单

“自定义动画”窗口中还有一些选项，其含义如下：

开始：设置每一个动画对象的开始时间；

方向：设置每一个动画对象进入的方向；

速度：设置每一个动画对象变化的速度；

重新排序：重新排列动画出现的次序；

“删除”按钮：删除当前设置的动画效果；

“播放”按钮：查看当前设置的动画效果；

“更改”按钮：当选择已设置了动画的对象后，“添加效果”按钮自动变为“更改”按钮，单击它可以修改动画效果；

“幻灯片放映”按钮：单击它可以从当前幻灯片开始播放演示文稿。

2. 设置幻灯片的切换方式

幻灯片的切换方式对文稿的播放效果有一定影响。PowerPoint 2007 预置了一些非常精彩的切换方式，可以直接应用到演示文稿中。

单击“动画”选项卡→“切换到此幻灯片”命令组中幻灯片切换方式的下拉按钮，弹出预置的幻灯片切换方式的列表，如图 4-83 所示。在列表中单击一种方式，即把该切换方式添加到幻灯片上了，图 4-83 所示的列表中包含有几十个切换方式，应该可以满足演示文稿的需要。

如果希望在切换幻灯片时配合有声音，要单击“切换声音”的下拉按钮，弹出声音列表如图 4-84 所示，从中可选择切换时的声音。

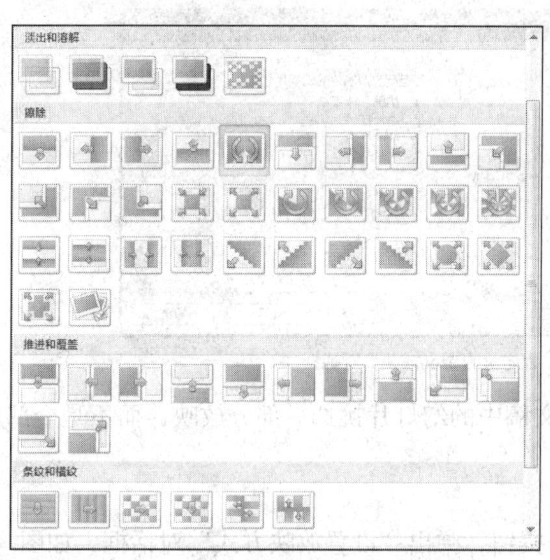

图 4-83　切换方式列表

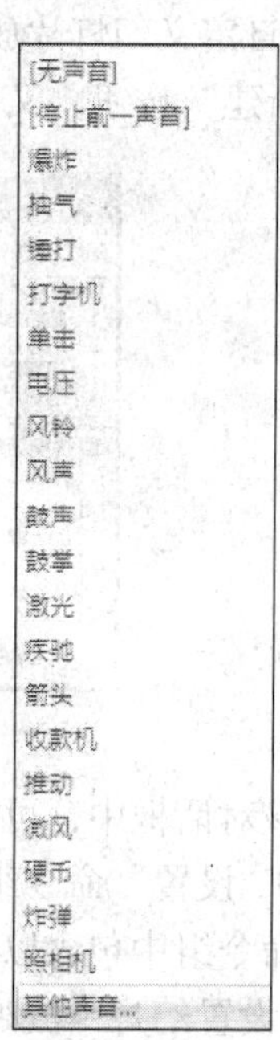

图 4-84　声音列表

单击“切换速度”的下拉按钮，弹出一速度列表（包括慢速、中速和快速），从中可选择切换时的速度。

在“换片方式”栏里，若选择“单击鼠标时”，则只有单击鼠标时才切换到下一张幻灯片，若选择“在此之后自动设置动画效果”并输入一个时间（秒），则经过特定秒数后自动切换到下一张幻灯片。

3. 设置幻灯片的放映方式

放映幻灯片最简单的方式是将第 1 张幻灯片设置为当前幻灯片，然后单击 PowerPoint 窗口右下角的“幻灯片放映”按钮。但若对放映有更高的要求，则要使用“幻灯片放映”选项卡中的命令。

PowerPoint 2007 中的“幻灯片放映”选项卡如图 4-85 所示。

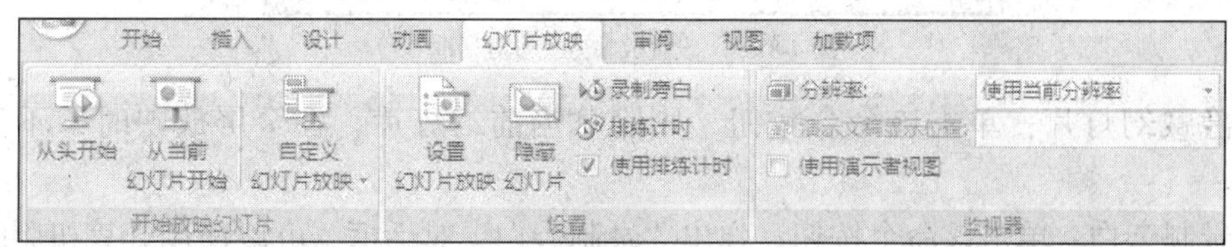

图 4-85　“幻灯片放映”选项卡

“幻灯片放映”选项卡包含以下三个命令组。

（1）“开始放映幻灯片”命令组

该命令组中包含以下三个命令。

① 从头开始：单击该命令按钮，则不论当前位置在哪一张幻灯片，都从第一张幻灯片开始放映演示文稿。

② 从当前幻灯片开始：单击该命令按钮，则从当前幻灯片开始放映演示文稿，与单击“幻灯片放映”按钮 相同。

③ 自定义幻灯片放映：单击该命令按钮，则首先弹出“自定义放映”对话框，单击其中的“新建”按钮，又弹出“定义自定义放映”对话框，如图4-86所示。

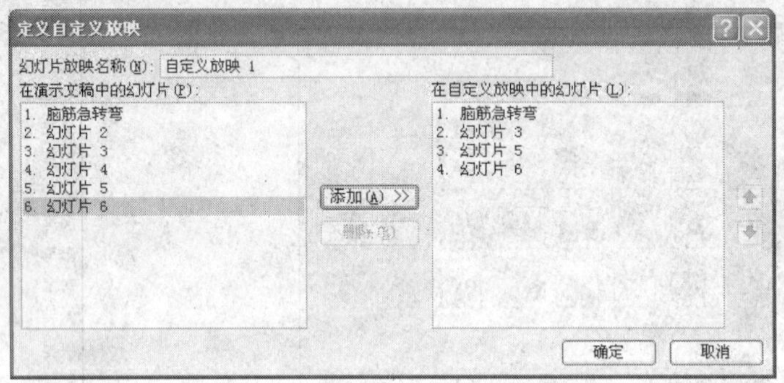

图4-86 “定义自定义放映”对话框

在该对话框中，可以对当前演示文稿中的幻灯片挑选一部分放映，而不是全部放映。

（2）“设置”命令组

该命令组中包含以下四个命令。

① 设置幻灯片放映：单击该命令按钮，弹出“设置放映方式”对话框，如图4-87所示。在该对话框中可以对幻灯片的放映进行高级设置。

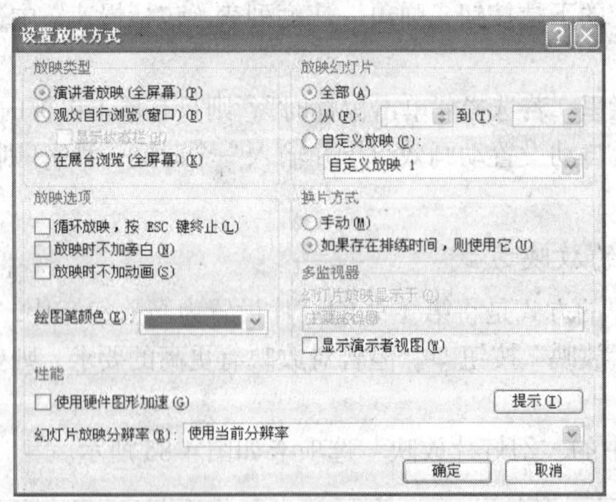

图4-87 “设置放映方式”对话框

② 隐藏幻灯片：单击该命令按钮，则隐藏当前幻灯片，在全屏放映时，不显示此幻灯片；

③ 录制旁白：单击该命令按钮，弹出“录制旁白”对话框，可以使用计算机附带的麦克风录制旁白，播放演示文稿时，录制的旁白可一起播放；

④ 排练计时：单击该命令按钮，进入全屏幕放映，计算机可以自动的将每张幻灯片所

用的时间记录下来，供以后自动放映计时使用，这就像对用演示文稿的演练。

（3）监视器

该命令组主要用来对计算机的显示器等进行设置。

【操作练习 4-3】 创建“看图学习英语单词”的演示文稿

对于初学英语的孩子，记住英语单词是非常重要的。英语老师往往采用采用看图识字的方法帮助学生学习记忆英语单词。使用 PowerPoint 制作“看图学英语单词”的动画演示文稿，比传统的图板更方便和有趣。当老师单击鼠标时，即出现一张图片，再单击一次鼠标，出现与图片相对应的英语单词。

要求：

① 至少有 6 张幻灯片组成，一张封面、5 张正文幻灯片；

② 所需的图片和剪贴画资料可利用 Office 网上剪辑得到；

③ 单击鼠标时，先出现一张图片，再单击一次鼠标，出现与图片相对应的英语单词；

④ 要设置幻灯片之间的切换效果和声音；

⑤ 图 4-88 所示仅为参考案例，可设置自己所选择的图片和单词。

图 4-88 “看图学英文单词”演示文稿参考样示

【知识拓展】 设计幻灯片母板、插入超链接和动作

1. 设计幻灯片母板

所谓母板是记录演示文稿中所有幻灯片布局信息的资料。在 PowerPoint 2007 中，每一个演示文稿中都包含有三个母板：幻灯片母板、讲义母板、备注母板。幻灯片母板中包含了文本和对象在幻灯片上的放置位置、占位符的大小、文本样式、背景、颜色主题、效果和动画；讲义母板包括对页眉和页脚占位符的位置、大小和格式的设置；备注母板包括了对备注格式的设置。

> **什么是占位符**
>
> 占位符是一种带有虚线边缘的框，绝大部分幻灯片版式中都有这种框。在这些框内可以放置标题及正文，或者是图表、表格和图片等对象。

设计幻灯片母板的方法包含以下几个步骤。

① 单击“视图”选项卡→“演示文稿视图”命令组→“幻灯片母板”命令按钮，如图 4-89 所示。

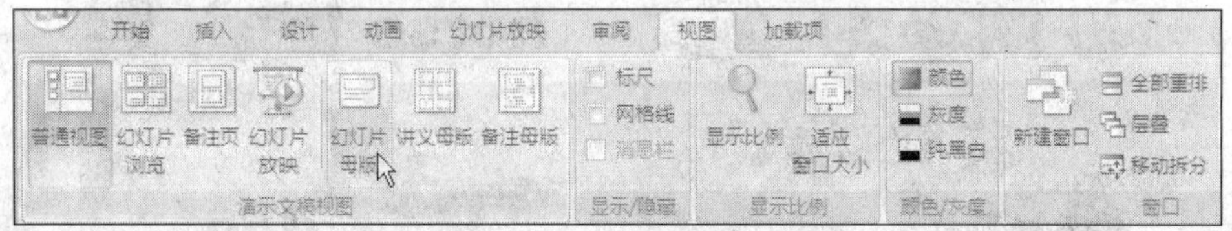

图 4-89 单击“幻灯片母板”命令按钮

② 此时出现“幻灯片母板”的选项卡，并弹出一张幻灯片母板，从中可以插入或设计各种对象和效果（与设计一般幻灯片的方法一样）。如图 4-90 所示，在幻灯片母板上设计了背景，插入了图形和剪贴画，并设置了动画效果。

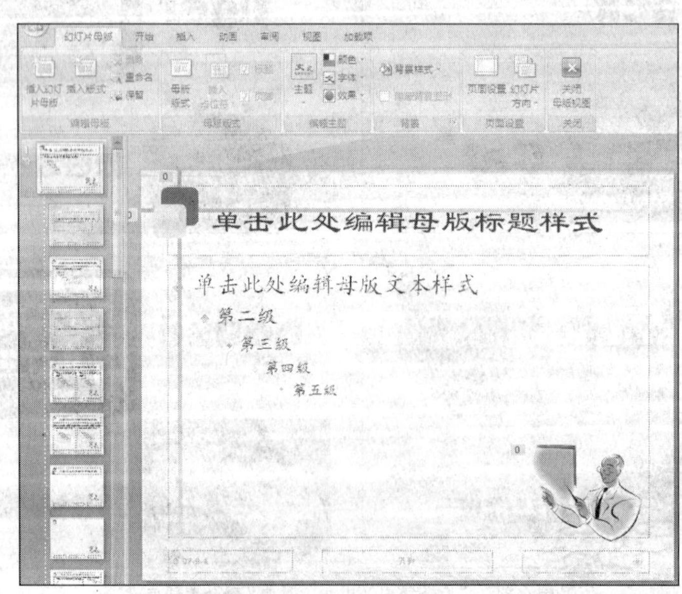

图 4-90 设计幻灯片母板的样式

③ 单击“关闭母板视图”按钮，即可完成对母板的编辑，返回到幻灯片编辑状态。此时再添加新的幻灯片，其背景都是与母版相同的背景。

说 明

如果打开了一个已经存在的演示文稿，也可以用创建的幻灯片母板改变该演示文稿原来的幻灯片背景。

2. 插入超链接

在 PowerPoint 2007 中，超链接是从一张幻灯片到同一演示文稿中的另一张幻灯片的连接，或是从一张幻灯片到不同演示文稿中的另一张幻灯片、电子邮件地址、网页或文件的连接。可以从文本或一个对象（如图片、图形、形状）创建链接。

（1）创建链接到相同演示文稿中的幻灯片的超链接

① 首先选择要用作超链接的文本或对象。

② 单击“插入”选项卡→“链接”命令组→ “超链接”，弹出如图 4-91 所示的“插入超链接”对话框。

③ 在“链接到”下，单击“本文档中的位置”。

④ 在“请选中文档中的位置”下，选择要用作超链接目标的幻灯片，然后单击“确定”按钮。

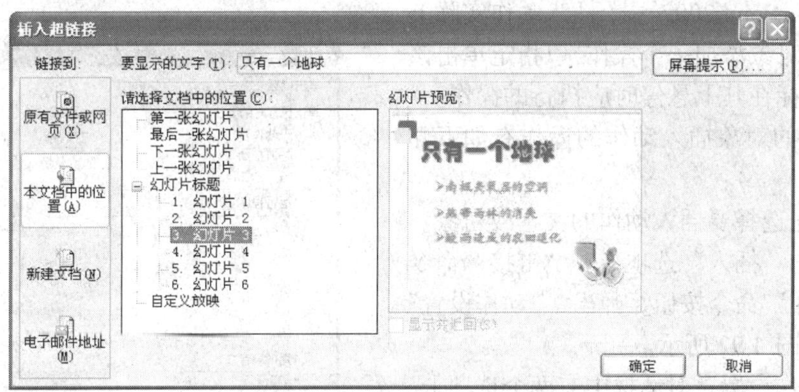

图 4-91 “插入超链接”对话框

说 明

如果在文本和某张幻灯片中间建立了超链接，则文本就出现下划线，放映幻灯片时，当鼠标指向文本时，就变成了一只小手☝，单击鼠标，就可以转到所链接的那张幻灯片了。

（2）创建连接到不同演示文稿中的幻灯片的超链接

① 在“插入超链接”对话框的“链接到”下，单击“原有文件或网页”。

② 找到包含要链接到的幻灯片的演示文稿，再单击“书签”按钮，弹出“在文档中选择位置”对话框。

③ 从中单击要链接到的幻灯片的标题，单击“确定”按钮即可。

（3）创建连接到电子邮件地址的超链接

① 在“插入超链接”对话框的“链接到”下，单击“电子邮件地址”。

② 在“电子邮件地址”框中，键入要链接到的电子邮件地址，或在“最近用过的电子邮件地址”框中，单击电子邮件地址。

③ 在“主题”框中，键入电子邮件的主题，单击“确定”按钮即可。

（4）创建连接到网站上的页面或文件的超链接

① 在“插入超链接”对话框的“链接到”下，单击“原有文件或网页”。

② 在“地址”栏里输入网址，或单击“浏览 Web” 的按钮，找到并选择要链接到的页面或文件，然后单击“确定”按钮。

（5）创建到新文件的链接

① 在“插入超链接”对话框的“链接到”下，单击“新建文档”。

② 在“新建文档名称”框中，键入要创建并链接到的文件的名称。

③ 如果在不同的位置创建文档，请在“完整路径”下单击“更改”，浏览到要创建文件的位置，然后单击“确定”按钮。

（6）删除超链接

如果要删除超链接，选中建立超链接的文本（或对象），单击“插入超链接”对话框中的“删除链接”命令按钮即可。

3. 插入动作

在 PowerPoint 2007 中，插入动作实际上是为所选的对象添加一个操作，以指定单击该对象或者鼠标在其上悬停时应执行的操作。

为所选的对象插入动作的操作有如下几个步骤。

① 首先选择要插入动作的文本或对象。

② 单击“插入”选项卡→“链接”命令组→ “动作”命令按钮，弹出 “动作设置”对话框，如图 4-92 所示。

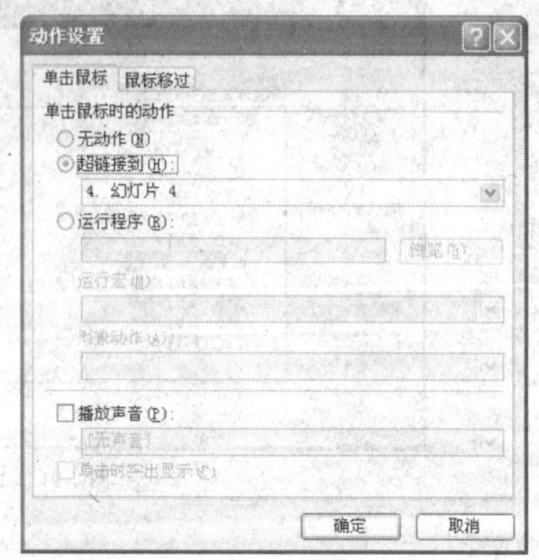

图 4-92 “动作设置”对话框

在“动作设置”对话框中有两个选项卡，“单击鼠标”选项卡是设置单击鼠标时要作的动作，“鼠标移过”是设置鼠标经过对象时要做的动作。

说 明

插入超链接与插入动作的功能非常相似，只是“插入动作”可以设置鼠标经过时（并不单击）应做什么。

【操作练习 4-4】 创建“爱护我们的地球”演示文稿

地球是我们人类共同的家园，假如地球没有了，我们该生活在哪里？当天空不再蔚蓝，草不再绿，整个世界一片沙漠的时候，一切都晚了。爱护地球，保护环境，人人有责。请以“爱护地球，保护环境”为主题创建演讲用演示文稿。

要求：

① 至少有 6 张幻灯片组成：一张封面、5 张正文幻灯片；

② 所需的图片和剪贴画资料可利用 Office 网上剪辑得到；

③ 要求设计一个幻灯片母板，母板中插入的有剪贴画和形状，并设置有动画，这样就使每一张幻灯片都具有同样的背景；

④ 要求“主题”幻灯片和后面的幻灯片有链接，当单击某一主题时，转向相应的幻灯片显示，每一个主题演讲完后，应能返回“主题”幻灯片；

⑤ 要设置幻灯片之间的切换效果和声音；

⑥ 图 4-93 仅为参考案例，可设置自己的内容和格式。

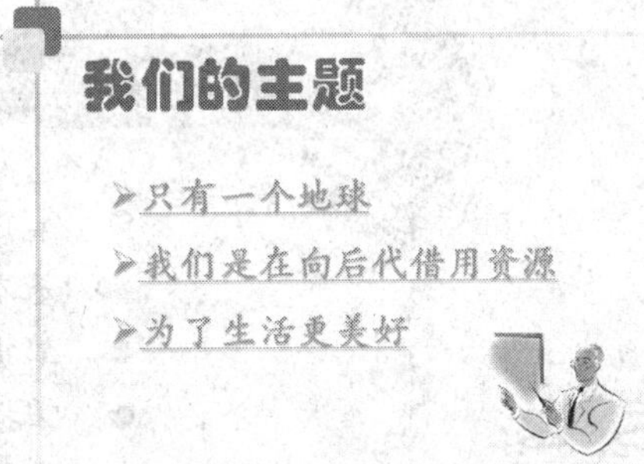

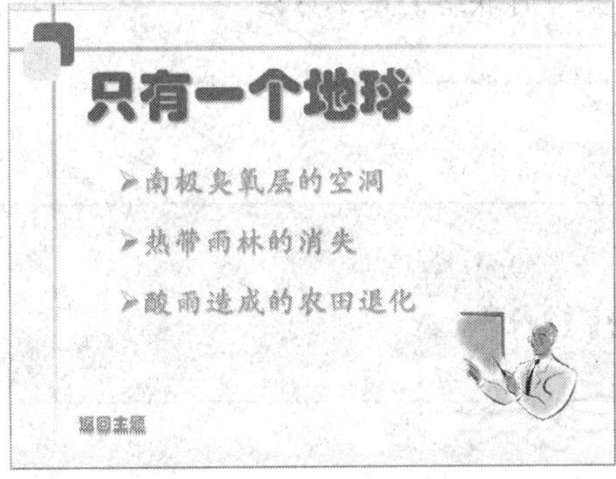

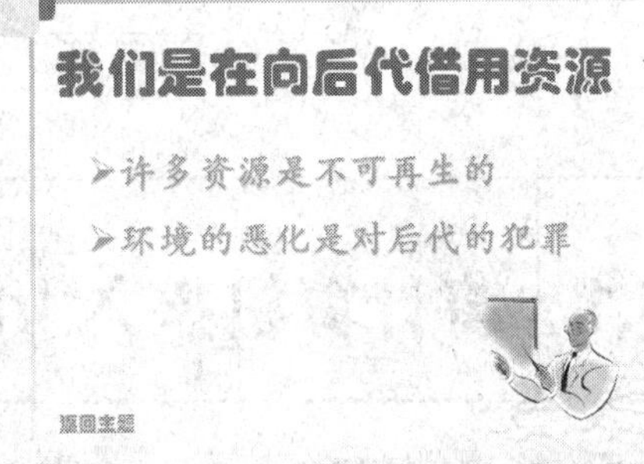

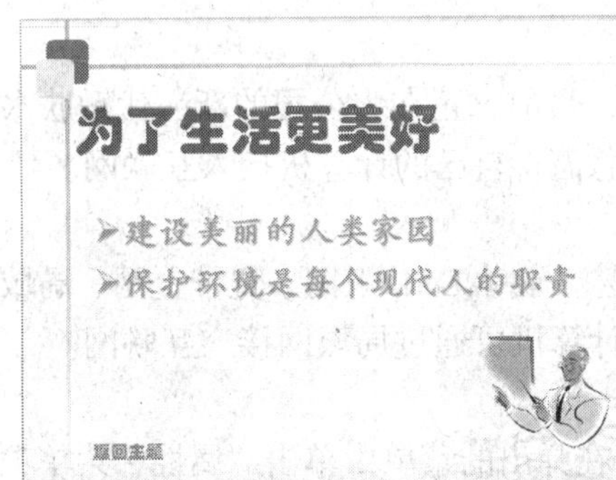

图 4-93 “爱护我们的地球”演示文稿参考样式

第 5 章　Internet 的使用

Internet 是世界上最大的互联网络，它包含了丰富多彩的信息并提供方便快捷的服务。现在 Internet 已经普及到各行各业和普通家庭中，成为现代办公和日常生活不可缺少的工具。本章将介绍如何将计算机接入 Internet；如何从网上搜索及保存信息；如何收发电子邮件；如何下载各种文件以及如何使用 Internet 进行网上即时联络。

- 掌握将计算机接入 Internet 的基本方法
- 掌握搜索信息的基本方法
- 掌握收发电子邮件的基本方法
- 掌握下载文件的基本方法
- 掌握网上即时联络的基本方法

5.1　将计算机接入 Internet

【案例 5-1】　计算机与 Internet 连接

【情境模拟】

小李是旗正化妆品公司的一名产品推销员，目前，正在为公司的新一代嫩肤水做宣传工作。由于大量的宣传工作需要在网上进行，急需将自己的计算机接入互联网。

【案例分析】

将计算机接入 Internet 的方法很多，有拨号上网、ADSL 上网、宽带上网、局域网上网和无线上网等，公司已有局域网，因此小李的计算机可通过局域网接入互联网。

【操作步骤】

① 在桌面上右键单击“网上邻居”图标，在弹出的菜单中单击“属性”菜单项，出现图 5-1 所示的“网络连接”窗口。

② 双击“本地连接”图标，打开“本地连接属性”对话框，如图 5-2 所示。

③ 在“常规”选项卡中双击“Internet 协议（TCP/IP）”选项，打开“Internet 协议（TCP/IP）

属性”对话框，如图 5-3 所示。

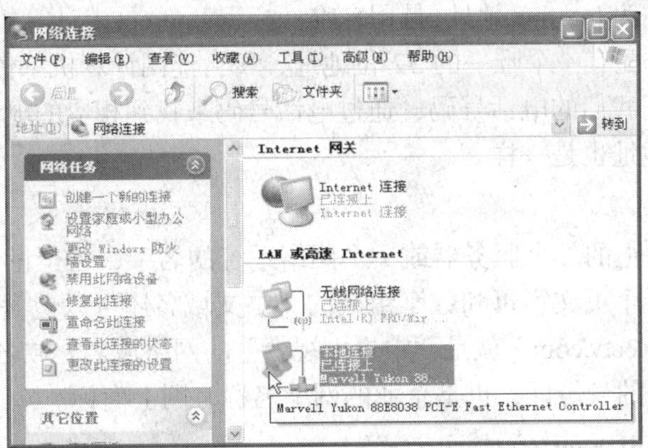

图 5-1 “网络连接”窗口

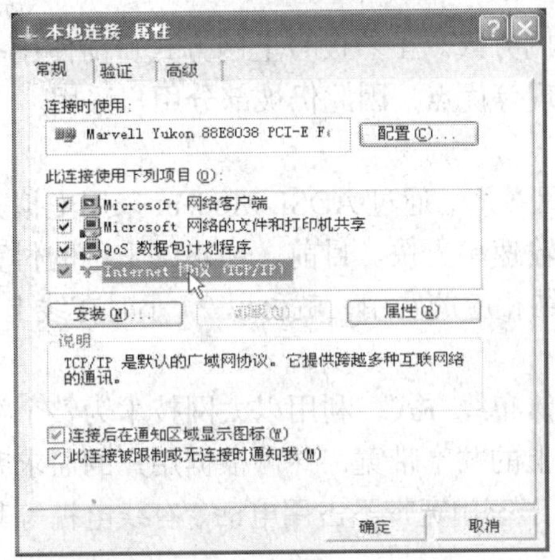

图 5-2 “本地连接属性”对话框

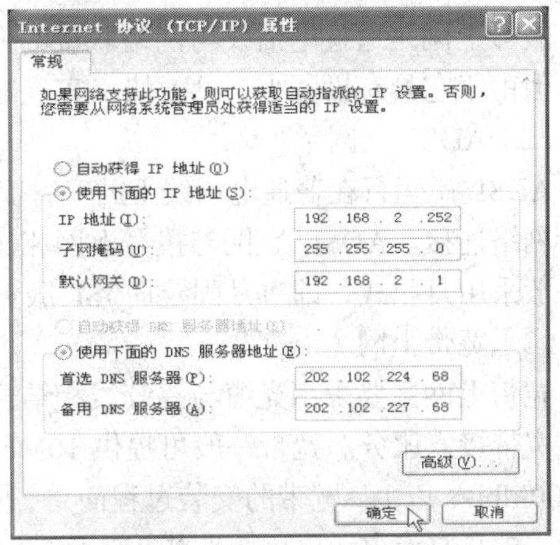

图 5-3 Internet 协议(TCP/IP)属性

④ 在对话框中填写公司宽带网的 IP 地址、子网掩码、默认网关和 DNS 服务器的地址，单击“确定”按钮，网络就配置连通了。

提 示

1. 如果局域网使用的是静态 IP 地址，IP 地址、默认网关和 DNS 服务器的地址可以从网络管理员处获得。

2. 如果局域网使用的是动态 IP 地址，可以在图 6-3 中“Internet 协议(TCP/IP)属性”对话框中点选“自动获得 IP 地址”。

【知识解析】

1. 互联网（Internet）

Internet 是一个由各种不同类型和规模的、独立运行和管理的计算机网络组成的世界范围的巨大计算机网络。组成 Internet 的计算机网络包括小规模的局域网（LAN）、城市规模的区域网（MAN）以及大规模的广域网（WAN）等。这些网络通过普通电话线、高速率的专用线路、卫星、微波和光缆等线路把不同国家的大学、公司、科研部门以及军事和政府等组织的网络连接起来。

2. IP 地址

IP 地址也可以称为 Internet 地址，是用来唯一标识 Internet 上计算机的逻辑地址。Internet 中的每一台主机都分配有一个唯一的 32 位地址，每台连网计算机都依靠 IP 地址来标识自己。IP 地址很类似于我们的电话号码，通过电话号码来找到相应的电话。全世界的电话号码都是唯一的，IP 地址也是一样。

3. 网络域名

网络域名是网络上的一个服务器或一个网络系统的名字，在全世界没有重复的域名。域名的形式是以若干个英文字母和数字组成的（中文域名还可以包含中文），由“.”分隔成几部分，如“www.cctv.com”就是“中央电视台”的网络域名。域名是 Internet 时代一个企业与外部社会交流的身份证，也是企业的网上名称、网上商标。

4. 计算机与 Internet 的连接方式

（1）拨号上网

拨号上网是通过电话线与网络联接的一种上网方式。虽然拨号上网方式目前使用率很低，但由于它具有投资小、见效快、实现容易实现等优点，因此仍被部分用户采用。

（2）ADSL 上网

ADSL 是运行在普通电话线上的一种高速上网技术，通过 ADSL Modem 采用虚拟方式进行网络连接。ADSL 上网与拨号上网相比，传输速率更快。目前，ADSL 上网的付费方式一般采用月租式，即每月固定向 ISP 服务商交纳相应的费用，就可以 24 小时在线上网。

（3）宽带上网

宽带上网主要采用光缆与双绞线相结合的整体布线方式，利用以太网技术为整个社区提供宽带接入服务。宽带一般可提供 10Mbit/s 以上的共享带宽，并可根据用户的需求升级到 100Mbit/s 以上。宽带的安装过程简单，同时由于家用宽带不占用电话、有线电视等其他通道，独自享有电缆，因而性能较为稳定。

（4）局域网上网

将传输距离在 10km 以下而在 10m 以上的网络称为局域网。局域网中的计算机通过局域网的代理服务器与 Internet 连接。

（5）无线上网

随着 Internet 技术的飞速发展，人们愈来愈多地使用无线上网。只要计算机所处的地点处在服务商无线电波覆盖的领域，并有一张兼容的无线网卡，就可以轻松地通过无线电波将计算机连接到 Internet 上。

【操作练习 5-1】 设置局域网上网的各种参数

5.2 从网上搜索及保存信息

【案例 5-2】 利用“百度”搜索火车时刻表

【情境模拟】

小王是一家公司的职员，由于要到北京出差，需要了解郑州到北京有哪几次列车及开车和到达的时间。

【案例分析】

网上的信息非常多，如何在网上找到自己需要的信息呢？这就需要了解网上专门用于查询和搜索的网站有哪些。这些网站提供的服务，可以帮助人们快速寻找到所需要的信息。

目前使用比较多的专门提供搜索服务的网站有“百度”和“Google”。“百度”主要用于查询中文信息，而“Google”查询国外信息较为方便。

不同的网站提供的搜索方法不完全相同，但都有一些通用的查询方法。一般都提供在查询结果中再查询的功能，因此都可以根据查询结果逐步缩小查询范围。

【操作步骤】

① 打开 IE 浏览器，在地址栏中输入“百度”的网址“http://www.baidu.com”，单击回车键，即可打开“百度”首页。在“百度”网页的搜索栏中，输入关键字“火车”，如图 5-4 所示。

② 单击“百度一下”按钮，则出现与火车相关的多个搜索结果，如图 5-5 所示。

图 5-4 “百度”网页

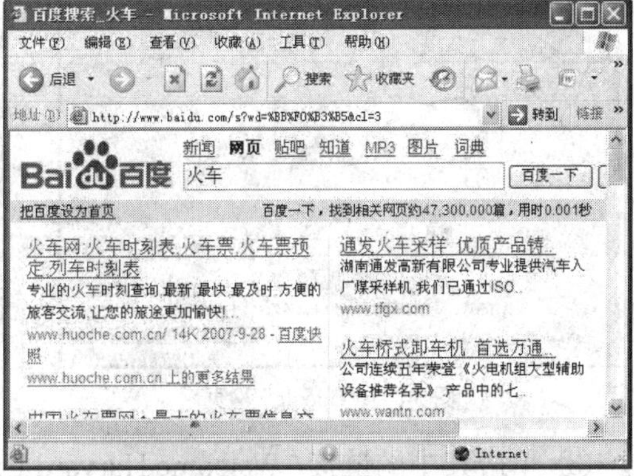

图 5-5 搜索“火车”的结果

③ 双击第一个搜索结果“火车网”，打开“火车网”网页，如图 5-6 所示。

④ 在“火车网”网页的出发站中输入“郑州”，在到达站中输入“北京”，单击“火车时刻表查询”按钮，即可查询到郑州到北京的火车车次、开车时间和到达时间等信息，如图 5-7 所示。

图 5-6 “火车网”网站

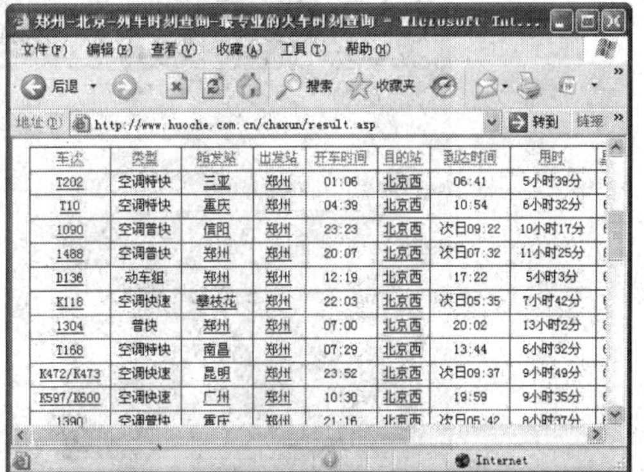

图 5-7 查询结果

【案例 5-3】 利用“Google”搜索美国哈佛大学的情况

【情境模拟】

小李是一名高中生，想高中毕业后到美国上大学，要了解美国大学的情况，因此需要上网搜索有关资料。

【案例分析】

查询国外资料使用“Google”网站比较好，只需要将要查找的关键字或关键字组合输入到查询文本框中，网站就会在数据库中查找与输入的关键字或关键字组合相匹配的信息，并将查询结果显示出来。小李要查询的是国外网站，所以选择用“Google”查询。

【操作步骤】

① 打开 IE 浏览器，在地址栏输入“Google”网站的网址 http:// google.com/，打开 Google 的主页，在搜索文件框中输入“哈佛大学”，如图 5-8 所示。

② 单击“Google 搜索”按钮，即可搜索出与“哈佛大学”相关的信息，如图 5-9 所示。

图 5-8 “Google”网页

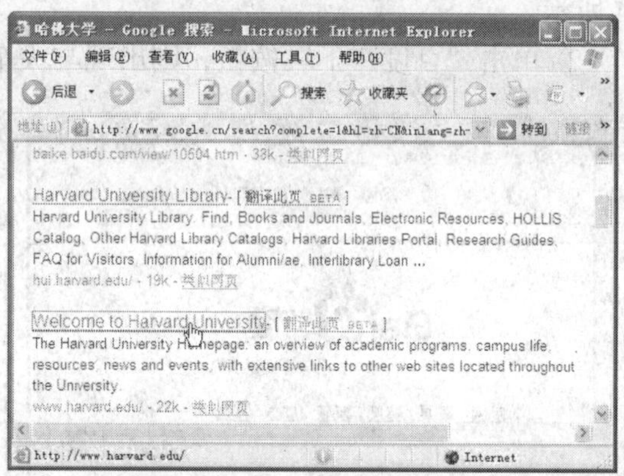

图 5-9 与“哈佛大学”相关的搜索

③ 单击其中的链接“Welcome Harvard University”，打开哈佛大学（Harvard University）的主页面，如图 5-10 所示。

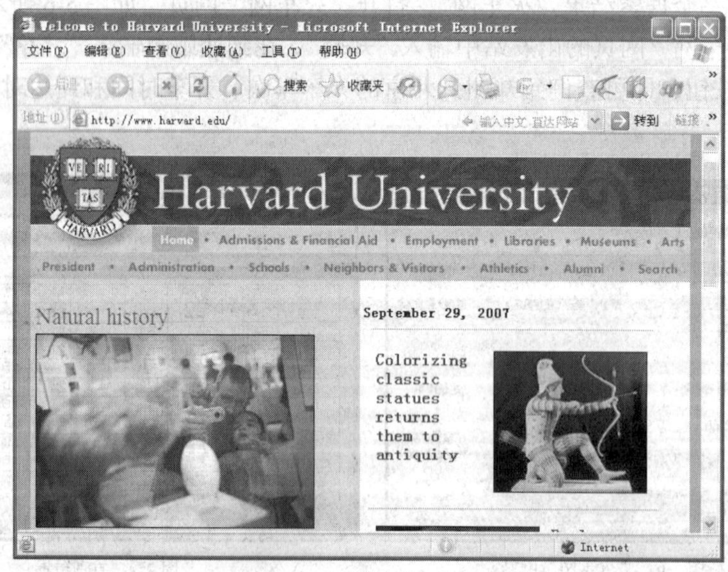

图 5-10 “哈佛大学”的主页

【知识解析】

1. 搜索引擎

搜索引擎是 Internet 上的一个应用服务，它可以帮助用户快速寻找到所需要的信息。搜索引擎其实也是一个网站，只不过该网站专门提供信息搜索服务，它使用特有的程序把 Internet 上的所有信息归类，以帮助人们在浩如烟海的信息海洋中搜索自己需要的信息。

不同的搜索引擎提供的查询方法不完全相同，但它们都有一些通用的查询方法，一般是通过搜索关键字来完成搜索过程。如输入简单的关键字，来查找包含此关键字的网址或文章，这是搜索引擎最简单的查询方法，但要快速得到最佳的搜索效果，就要使用搜索的基本语法来组织这些关键字。

2. 常用的搜索引擎

目前 Internet 上的搜索引擎比较多，当使用某个搜索引擎未能搜索到所需的资料时可以换用其他的搜索引擎再次搜索。目前，常用且功能较强的搜索引擎有以下几个。

（1）“百度”搜索引擎

“百度”是一个非常优秀的搜索引擎，其搜索功能十分强大，可以根据 Internet 本身的链接结果对搜索到的所有网站自动进行分类，并能为输入的搜索关键字迅速提供准确的搜索结果。

（2）“Google”搜索引擎

“Google”是一个比较有特色的搜索引擎，它提供了所有网页、图片、资讯、论坛和网页目录等搜索模块。在使用关键字搜索时还可以选中“搜索所有网页”、“搜索所有中文网页”和“搜索简体中文网页”三个单选按钮来缩小搜索范围，从而使搜索结果更加准确。

（3）“网易”搜索引擎

“网易”搜索引擎采用分类搜索。适合搜索小说、杂志和网页等资料。

（4）Yahoo 搜索引擎

“Yahoo”也是世界上著名的搜索引擎之一，它不仅提供了关键字搜索和分类式搜索两种基本搜索方式，还提供了热门话题搜索。

保存网页中文字的方法

保存网页中文字的方法有两种：一是复制网页中的文字后粘贴到写字板或 Word 文档中，然后进行保存；二是选择要复制的网页中的文字，直接拖动到写字板或 Word 文档中，然后再进行保存。

【操作练习 5-2】 在网上搜索并保存相关资料

① 利用“百度”搜索一首歌曲。

② 利用“Google”搜索有关美国耶鲁大学的信息。

③ 在 Internet 中搜索有关介绍雷锋同志生平的文章，并保存到 Word 文档中。

5.3 收发电子邮件

【案例 5-4】 申请免费电子邮箱并发送电子邮件

【情景模拟】

小刘是金星电子科技公司财务部职员，每年负责作公司年终报表。而今年年末公司老总出差在外，急需了解年终报表情况，于是让小刘将报表立即用电子邮件发给他。

【案例分析】

要想发电子邮件，首先要有自己的一个电子邮箱，以后就可以使用电子邮件和朋友通信了。

电子邮箱有收费和免费两种，如果只是进行一般联系可以申请一个免费的电子邮箱；如果需要利用电子邮件进行重要信息的传递，可以申请收费电子邮箱，因为收费电子邮箱可以保证信息的安全。常用的免费电子邮箱有：网易（其中有 163 邮箱和 126 邮箱）、Yahoo、新浪、搜狐等。

【操作步骤】

（1）申请网易的 163 免费邮箱

① 打开 IE 浏览器。

② 在地址栏中输入网易邮箱的网址"http://mail.163.com/"，然后按回车键，打开网易"163 免费邮"的页面，如图 5-11 所示。

③ 单击"马上注册"链接，进入申请免费邮箱的页面，输入用户名，并按要求填写各项个人资料，如图 5-12 所示。

图 5-11 "163 免费邮"页面

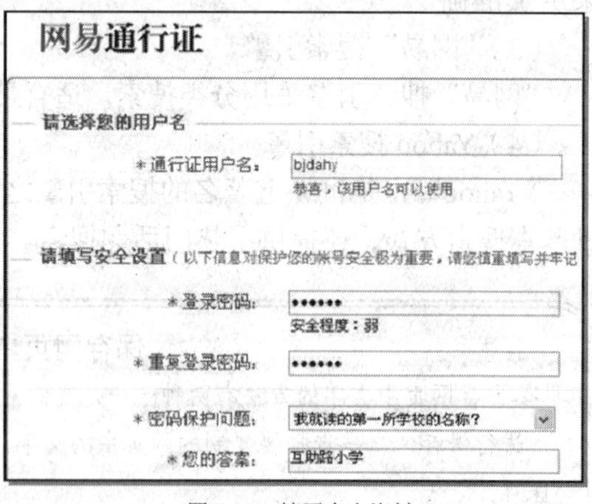

图 5-12 填写个人资料

④ 单击该页面最下方的"注册账号"按钮，出现"申请邮箱成功"的提示信息，如图 5-13 所示。

⑤ 单击"进入 3G 免费邮箱"按钮，即可进入邮箱的页面，如图 5-14 所示。

至此，网易"163"电子邮箱申请成功，以后即可以收发电子邮件了。

（2）发送电子邮件

① 打开 IE 浏览器，在地址栏中输入网易"163"邮箱的网址"http://mail.163.com/"，

然后按下回车键，打开网易"163"邮箱的页面，如图5-15所示。

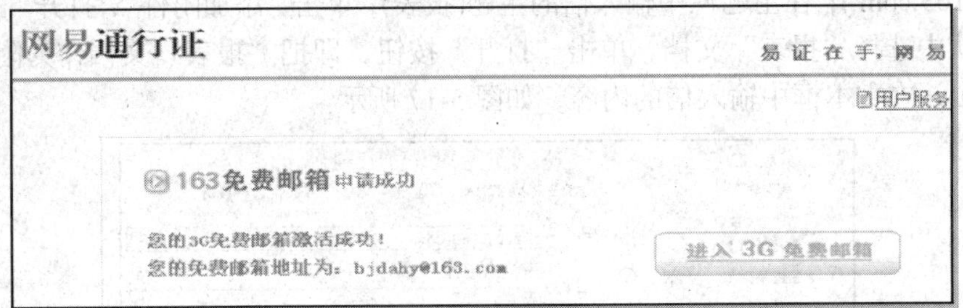

图5-13 申请邮箱成功

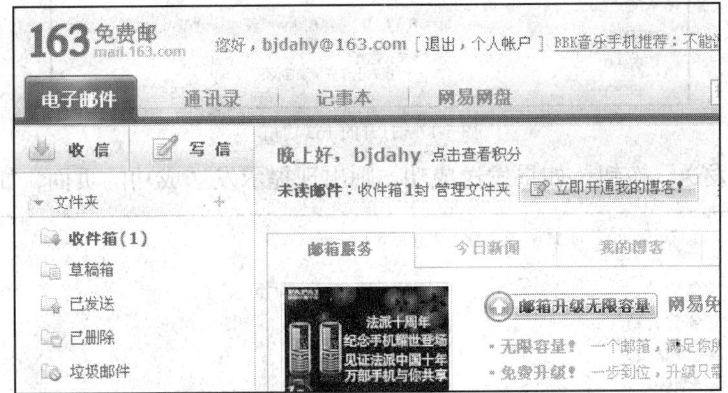

图5-14 进入"163"免费邮箱

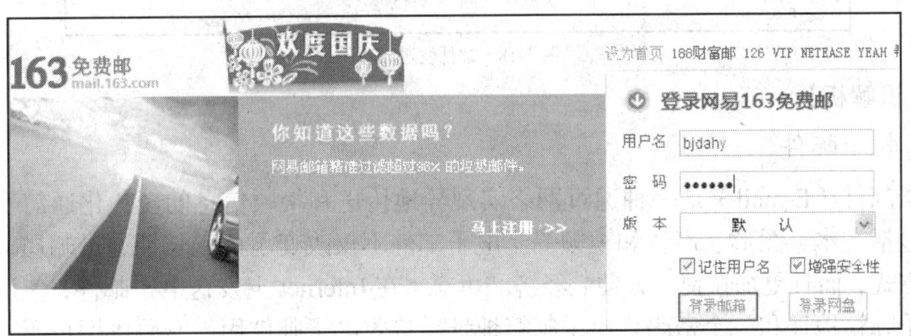

图5-15 网易"163"邮箱的页面

② 输入用户名和密码，单击"登录邮箱"，打开163信箱，如图5-16所示。

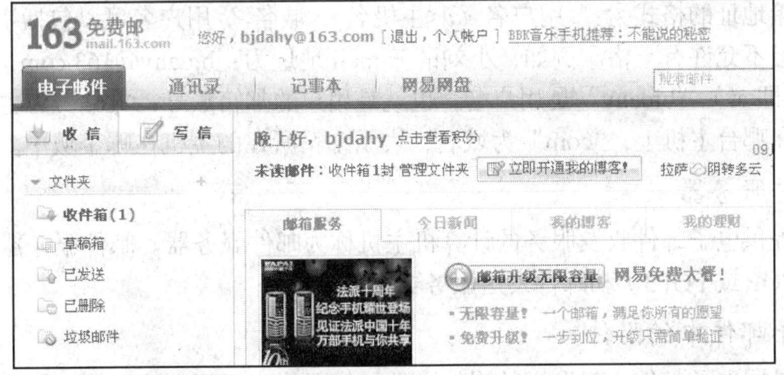

图5-16 打开的163信箱

③ 单击“写信”按钮，打开写信页面，在收件人地址栏中输入收信人的地址(zzgmzp@163.com)；在主题栏中输入信的主题(报表)；单击“添加附件”，打开“选择文件”对话框，从中选择“报表”文档，单击“打开”按钮，即把“报表”文档作为附件添加到电子邮件中。在文本框中输入信的内容，如图 5-17 所示。

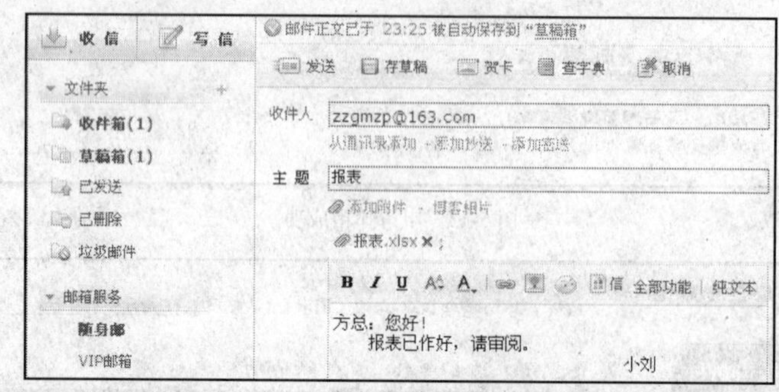

图 5-17　打开的 163 信箱

④ 单击“发送”按钮，如果发送成功，则出现提示发送成功的页面，如图 5-18 所示。

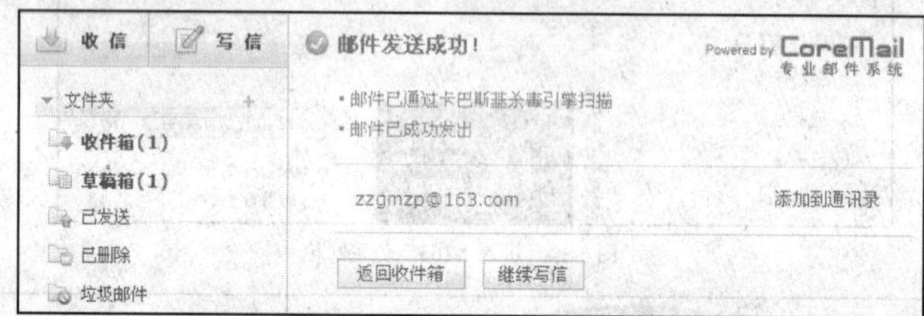

图 5-18　邮件发送成功

【知识解析】

1. 电子邮件

电子邮件（E-mail）是一种通过网络实现异地传送和接收信息的现代化通信手段。内容可以包括文本、图形、声音和视频等。电子邮件不仅改变了人们长期通过邮局寄信的传统通信方式，而且更加快捷、方便、经济和可靠。在 Internet 上发送电子邮件，使用者要有一个电子邮箱地址和一个密码，电子邮箱地址供接收电子邮件用，密码供用户所连接的主机核对账号时用。如果要发信给他人，还需要知道收件人的电子邮箱地址。

2. 电子邮箱的地址

电子邮箱地址的格式为：<用户名>@<主机名>.<域名>，用户名可以包括字母、数字和特殊字符，但不允许有空格。例如，小刘的 E-mail 地址为：bjdahy@163.com，其中“@”表示“在”（即 at）；“bjdahy”是用户名，也就是用户的邮箱账号；“163”为主机名，表示用户的邮箱在哪台主机上；“com”为域名，表示邮箱所在的主机在哪个域中。

3. 邮件服务器

为用户提供电子邮件收发服务的计算机主机称为邮件服务器。邮件服务器分为邮件接收服务器（POP 或 POP3）和邮件发送服务器（SMTP）。

4. 电子邮件中的附件

附件就是同电子邮件一起发送的附加文件，如图片、视频、动画等文件。由于邮件正

文区只能以纯文本方式输入内容，所要发送其他文件必须以附件的形式发送。多次单击“添加附件”可以添加多个附件，但发送的附件总容量一般不超过 20 MB。

如果要将同一封邮件发送给多个接收者，可在“收件人”栏中输入多个邮箱地址，邮箱地址之间用英文状态下的逗号隔开。

5. 管理电子邮箱

（1）邮件的分类整理

当邮箱里的信件多了以后，应将不同类型的信件分类管理，具体操作方法有如下几个步骤。

① 进入邮箱界面。

② 单击文件夹右边的“+”号，建立新文件夹，弹出“新建文件夹”对话框，如图 5-19 所示。

图 5-19 电子邮箱里的“新建文件夹”对话框

③ 输入文件夹名 (同事)，单击“确定”按钮，就建立“同事”文件夹。

④ 将所有同事的邮件移动（拖动鼠标）到新建的“同事”文件夹中。

（2）建立联系人通讯录

可以将经常有联系的邮箱地址添加到电子邮箱的通讯录里，发电子邮件时，直接从通讯录里调出接收人的电子邮件地址。

建立联系人通讯录的方法是：单击“通讯录”选项卡，选择“新建”下拉菜单中的“联系人”选项，填写联系人的基本资料(姓名、电子邮箱等)，单击“确定”按钮，如图 5-20 所示。

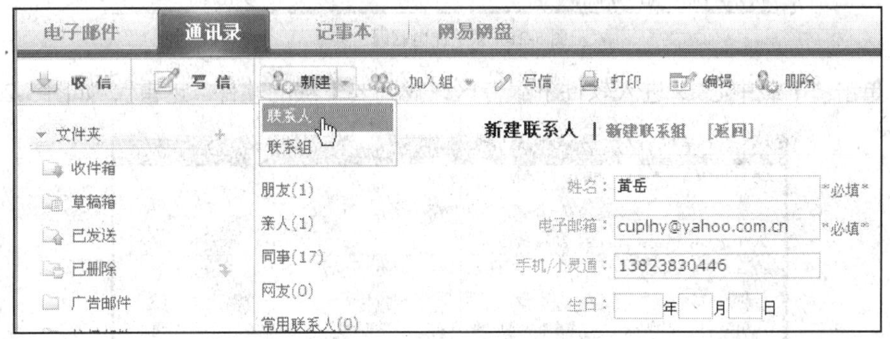

图 5-20 添加联系人到通讯录中

【操作练习 5-3】 申请电子邮箱并发送邮件

① 申请一个雅虎（yahoo）的免费电子邮箱，然后给老师发一封电子邮件，并将自己的演示文稿作业以附件的形式发给老师。

② 给老师发一封祝贺新年的电子贺卡。

5.4 从 Internet 上下载文件

【案例 5-5】 从网上下载与奥运相关的资料

【情景模拟】

中原商学院党委准备在全院举行一次以“讲文明、树新风、迎奥运”为主题的活动，其中党委书记有一个主题演讲，要制作一个有声音、影像和图片的演示文稿，需要一些与奥运有关的文字、图片、音乐和视频资料，收集资料和制作演示文稿的任务由党办的秘书小刘承担。小刘首先想到 Internet 网是一个信息量庞大的知识海洋，决定从 Internet 网搜索并下载相关素材和资料。

【案例分析】

网上有很多资源可以在浏览时直接下载，但是利用浏览器下载速度比较慢而且很容易出现问题。专用下载软件可以提高下载速度，并且支持断点续传。目前比较流行的下载软件有迅雷、网际快车、网络蚂蚁等。本案例将从“太平洋电脑网”下载并安装“迅雷下载工具软件”，然后再用“迅雷”下载相关的素材。

【操作步骤】

1. 下载并安装“迅雷”软件

① 通过“百度”搜索并打开 “太平洋电脑网”主页，选中“下载中心”。如图 5-21 所示。

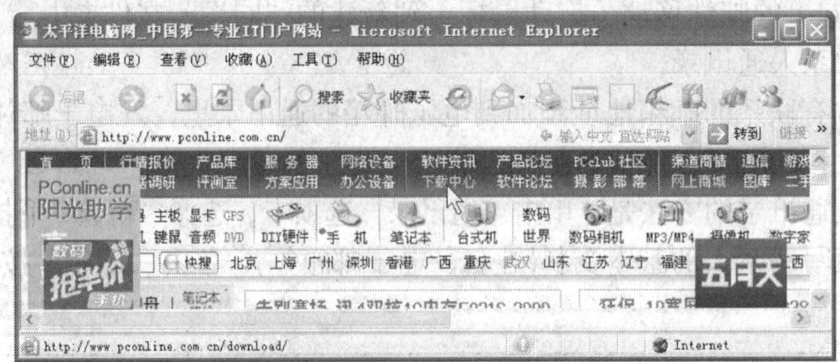

图 5-21 太平洋电脑网主页

② 单击“下载中心”，进入软件下载专区，找到要下载的软件“迅雷”，如图 5-22 所示。

图 5-22 下载专区

③ 单击“迅雷”后，出现如图 5-23 的页面。

图 5-23 迅雷软件的下载

④ 在该页面上单击“高速下载”按钮，打开如图 5-24 的页面。

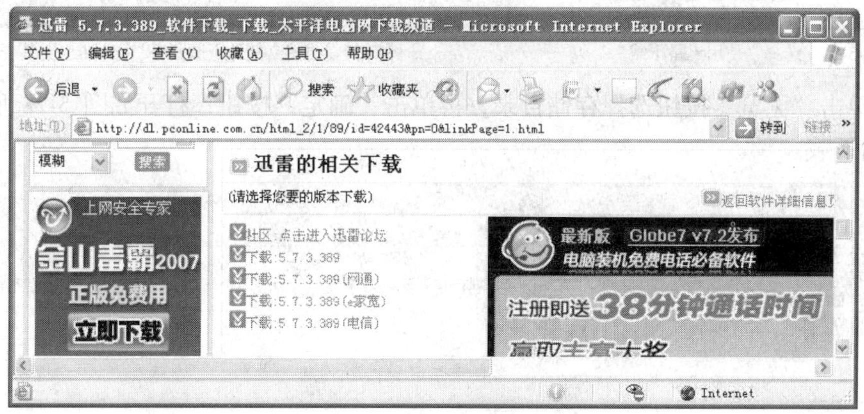

图 5-24 迅雷的相关下载

⑤ 单击相对较快的下载链接（如网通），弹出“文件下载”对话框，如图 5-25 所示。

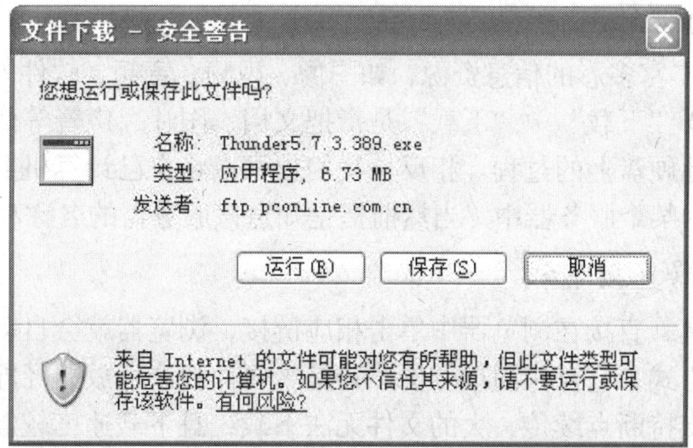

图 5-25 “文件下载”对话框

⑥ 单击“保存”按钮，选择保存路径后，就可以将“迅雷”软件下载到计算机硬盘上了。

⑦ 双击“迅雷”的安装文件“Thunder5.7.2.389”图标，按照提示信息将“迅雷”安装到计算机里。

2. 用“迅雷”软件下载与奥运相关的资料

① 通过“百度”找到需要下载的奥运歌曲，单击右键弹出快捷菜单，如图 5-26 所示。

② 在快捷菜单中选择“使用迅雷下载”命令（安装迅雷软件的计算机的右键菜单中会有“使用迅雷下载”的菜单项），弹出“建立新的下载任务”对话框。如图 5-27 所示。

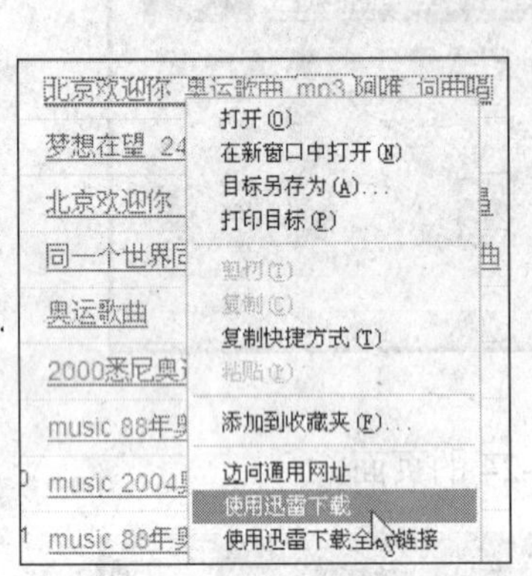

图 5-26 选择“使用迅雷下载”

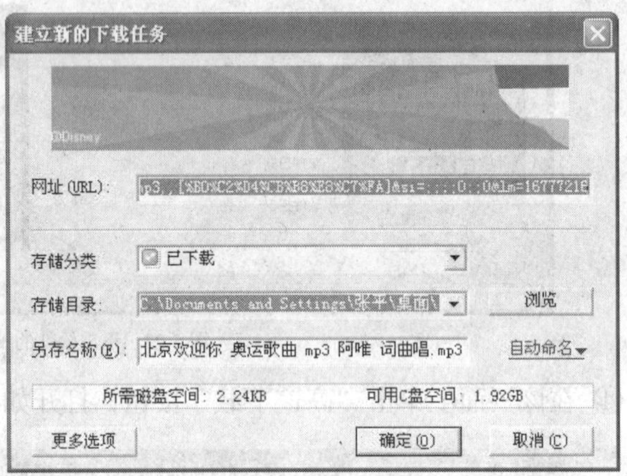

图 5-27 “建立新的下载任务”对话框

③ 单击“浏览”按钮选择存储目录，再单击“确定”按钮，打开如图 5-28 所示的画面，开始下载。

图 5-28 迅雷下载显示窗口

【知识解析】

1. “下载”的概念

Internet 包含了丰富多彩的信息资源，如图像、视频、音频、软件等，那么如何获得这些资源呢？这就需要“下载”。“下载”是指把文档、图片、声音等信息文件或软件从远程主机上拷贝到本地硬盘上的过程。相反，我们也可以将自己计算机上的图片、声音等信息文件上传到网上的某个服务器中（当然前提是知道该服务器的名称和密码）。

2. 使用浏览器直接下载

不使用任何工具，直接在浏览器中单击相应链接，浏览器就会自动下载。这是普通用户用得最多的下载方式，它操作简单方便，只是给文件找个存放路径即可下载。这种方式虽然简单，但它不支持断点续传，大的文件无法下载，且下载速度较慢。例如若要保存图片，只要用鼠标右键单击该图片，在弹出的快捷菜单中选择“图片另存为”即可。

3. 使用专业的下载软件下载

常见的专业下载软件有迅雷、网络蚂蚁、网际快车、影音传送带等，与在浏览器中直接下载相比，由于专业的下载软件能够使用多线程下载和断点续传，可以快速地下载较大的文件。

【操作练习 5-4】 下载有关“奥运”的素材

① 在浏览器中直接下载有关奥运会的图片。

② 使用“迅雷”软件下载有关“奥运”的歌曲。

5.5 网上即时联络

【案例 5-6】 使用 QQ 网上聊天

【情景模拟】

张老师是远程教育网的一名老师，平时需要给同学布置作业并要经常与同学联系和交流。如果每次都通过电话联系，将要花费大量的话费，于是他采用腾讯公司推出的即时通信软件“腾讯 QQ”与同学联系，这样既可以与同学及时联系，又节省了电话费。

【案例分析】

要解决电话费太高的最好办法是在网上进行通话，花很少的上网费可以畅快地聊天。网络聊天的方法很多，最常见的方法是通过即时通信软件实现，此外还可以通过聊天室、BBS 和论坛等实现。目前常用的聊天软件有腾讯 QQ 和 MSN。

腾讯 QQ 是一款基于 Internet 的即时通信软件，是目前使用最为广泛的聊天工具。该软件支持在线聊天、视频电话、点对点续传文件、共享文件、网络硬盘、QQ 邮箱等多种功能。

在使用 QQ 之前，必须先下载并在自己的计算机上安装 QQ 软件。同时还需要申请一个 QQ 号码。

【操作步骤】

1. 下载和安装 QQ

① 打开浏览器，登录到腾讯公司的网站，如图 5-29 所示。

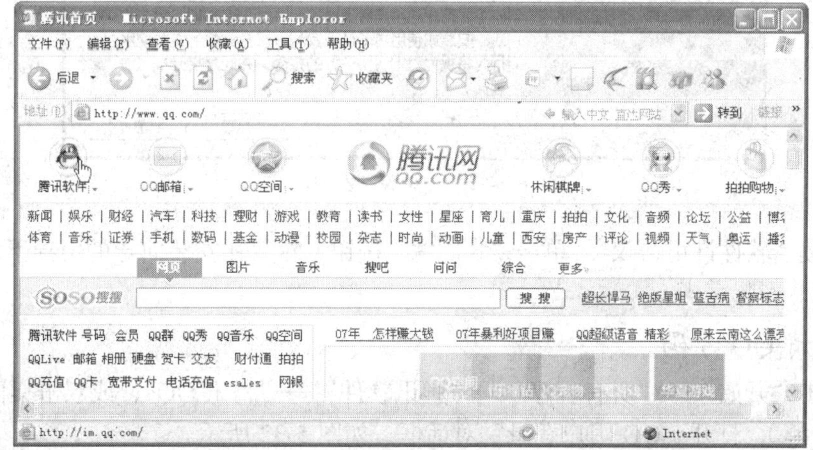

图 5-29 腾讯网主页

② 在腾讯网主页顶端的栏目中找到"腾讯软件"，单击"腾讯软件"链接，打开腾讯软件中心页面，如图 5-30 所示。

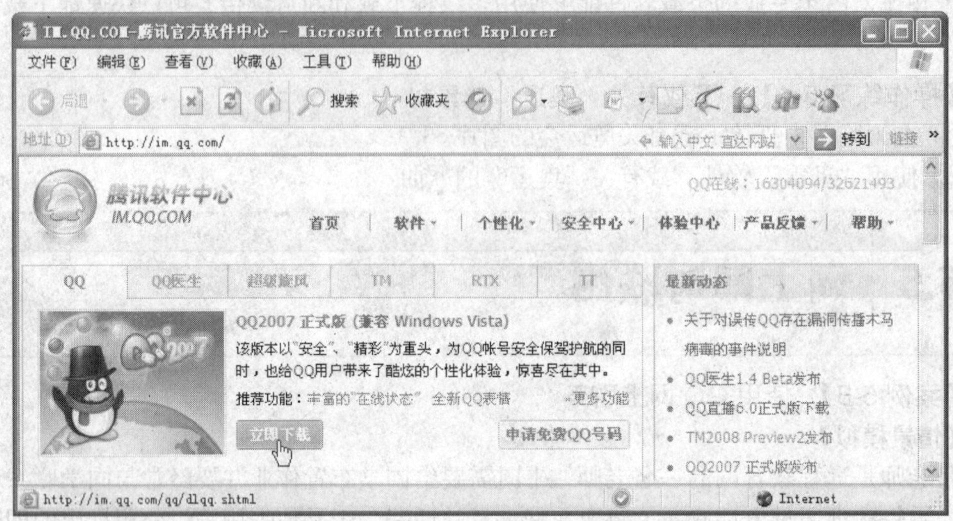

图 5-30 腾讯软件中心页面

③ 单击"立即下载"，即将 QQ 软件下载到本地计算机上。双击下载的 QQ 软件，出现安装向导对话框，如图 5-31 所示。

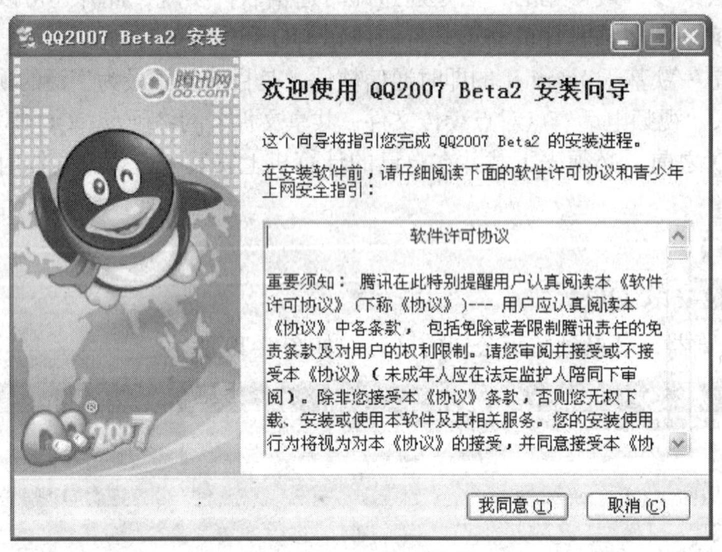

图 5-31 QQ 软件安装向导

④ 阅读"软件许可协议"，单击"我同意"按钮，然后在安装向导的引导下进行操作，直到 QQ 软件安装完毕。

2. 申请 QQ 号码

① 单击"开始"→"所有程序"→"腾讯软件"→"腾讯 QQ"，或双击桌面上的 QQ 图标（小企鹅），打开"QQ 用户登录"对话框，如图 5-32 所示。

图 5-32 “QQ 用户登录”对话框

② 单击“申请号码”，进入“申请号码”页面，如图 5-33 所示。

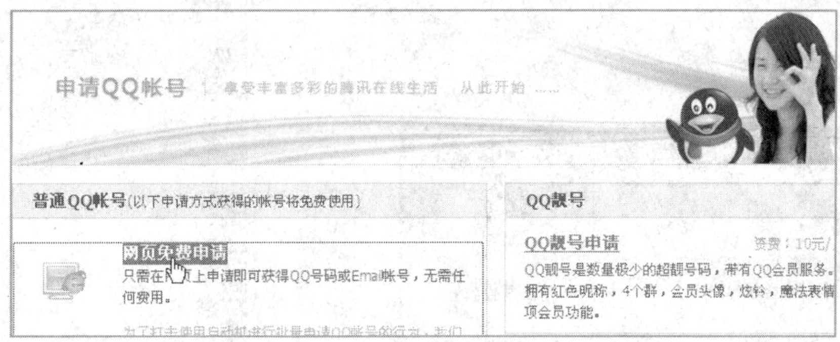

图 5-33 “申请号码”页面

③ 单击“网页免费申请”，进入输入个人信息的页面，如图 5-34 所示。按提示填写个人基本信息，单击“下一步”按钮，系统再次确认。

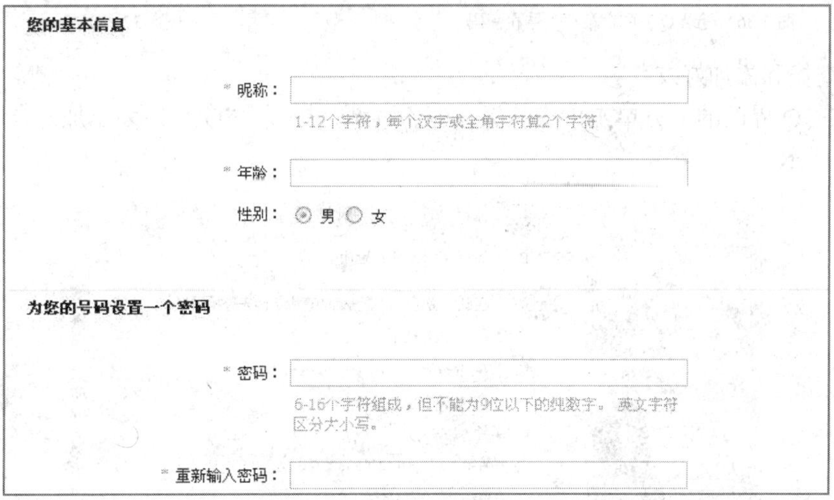

您的基本信息

* 昵称：

1-12个字符，每个汉字或全角字符算2个字符

* 年龄：

性别： 男 女

为您的号码设置一个密码

* 密码：

6-16个字符组成，但不能为9位以下的纯数字。英文字符区分大小写。

* 重新输入密码：

图 5-34 填写个人信息页面

④ 单击“下一步”按钮，出现如图 5-35 所示的画面，表示申请成功。

3. 使用 QQ 聊天

（1）登录 QQ

① 双击桌面上的小企鹅图标，登录 QQ，输入 QQ 号和密码，如图 5-36 所示。

② 进入 QQ 界面，同时在计算机任务栏中也会出现一个 QQ 图标，如图 5-37 所示。

图 5-35 申请成功

图 5-36 登录 QQ 并输入 QQ 号和密码

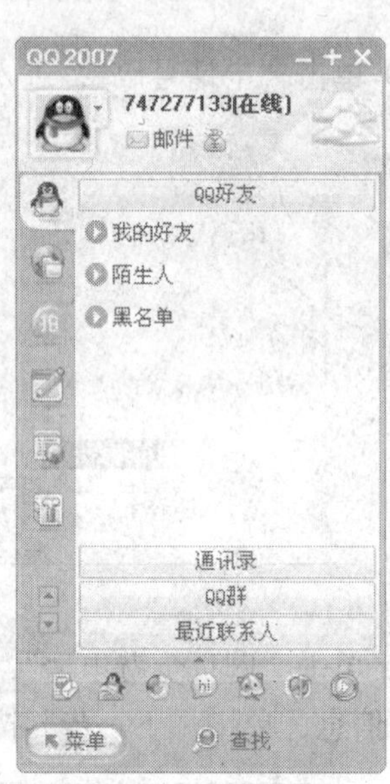

图 5-37 QQ 界面

（2）查找和添加好友

① 在 QQ 界面的下方单击“查找”按钮 查找，打开 “QQ 查找/添加好友”对话框，如图 5-38 所示。

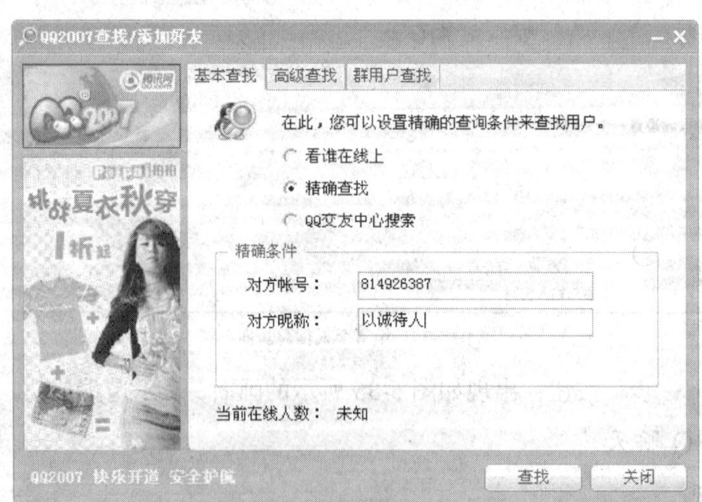

图 5-38 “QQ 查找/添加好友”对话框

② 选择“基本查找”选项卡，选中“精确查找”单选按钮，单击“查找”按钮，则将查找到的好友的相关信息显示出来，如图5-39所示。

图5-39 查找到了好友

③ 单击“加为好友”按钮，打开“添加好友”对话框，输入自己的验证信息，单击“确定”按钮，如图5-40所示。

④ 这样，对方就会收到你的请求，如图5-41所示。当对方通过验证后，对方的QQ头像将会显示在自己的QQ面板中。

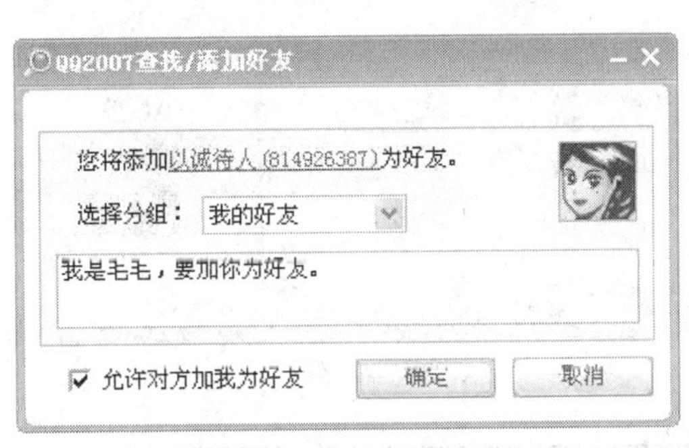

图5-40 添加好友对话框

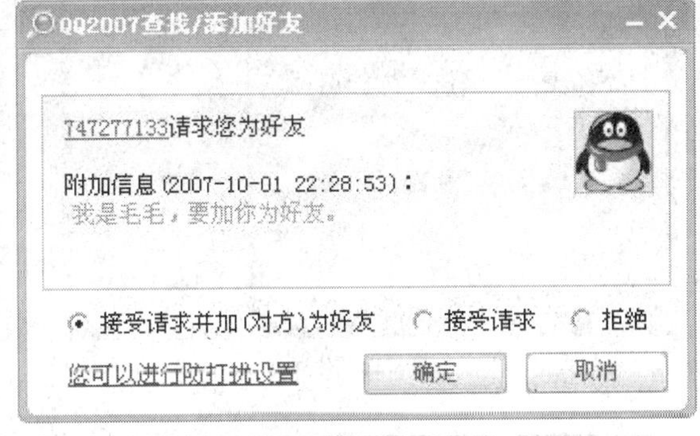

图5-41 添加好友成功

（3）和好友聊天

加入好友之后，就可以和好友聊天了，具体操作步骤如下。

① 在“我的好友”下拉列表中选择要发送消息的好友头像，双击该头像，打开聊天对话框。

② 在聊天对话框中，单击“设置字体颜色和格式”按钮，在弹出的字体工具栏中可以设置所要发送的文字的字体、颜色等，其方法与在Word中字体设置类似。

③ 在聊天对话框下面的文本框中输入聊天内容，单击“发送”按钮，在窗口的上方“消息栏”内就可以看见刚发送给对方的消息。如图5-42所示。

④ 对方收到消息后给予回复，如图5-43所示。

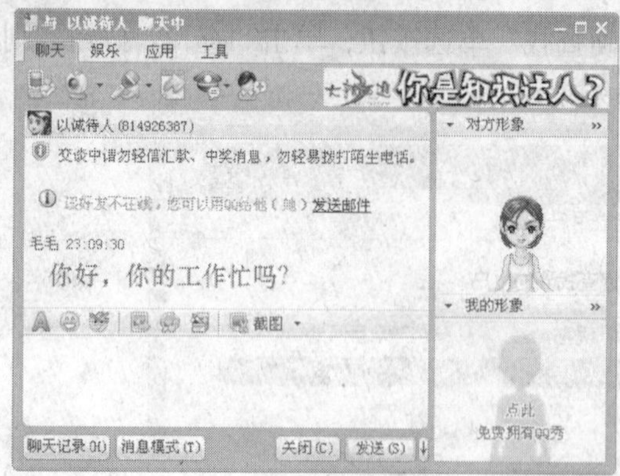

图 5-42　聊天对话框

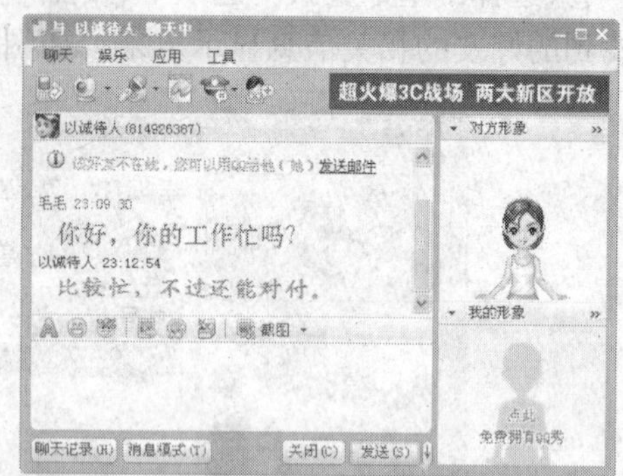

图 5-43　对方的回复

4. 传输文件

使用 QQ 不仅可以聊天，而且还可以传送各种信息文件（包括照片、视频）等。操作方法如下。

① 在聊天窗口中，单击按钮，如图 5-44 所示。

② 这时打开“打开”对话框，选择要传输的文件，单击“确定”按钮。

③ 这时在对方的聊天窗口中就会出现要发送文件的提示，单击“接收”后即可将文件传送过去，如图 5-45 所示。

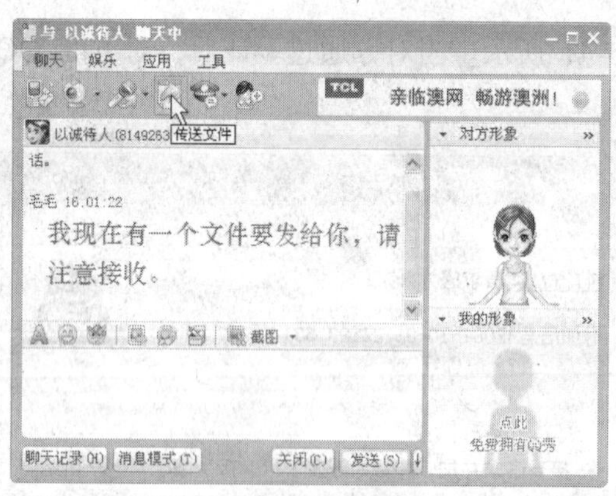

图 5-44　传送文件

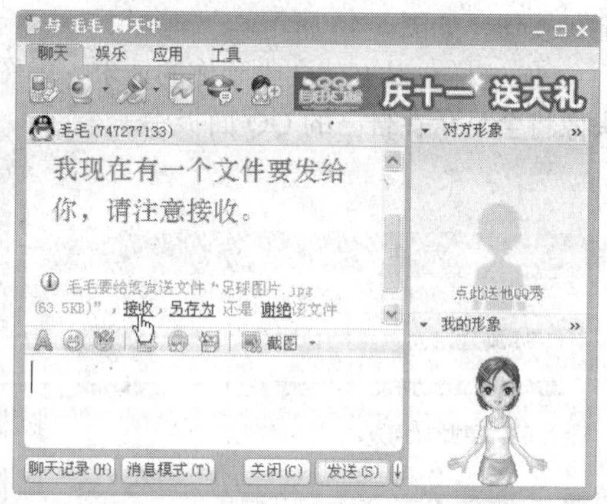

图 5-45　接收文件

> **提　示**
>
> ① 发送消息可以设置快捷键，单击聊天窗口“发送”按钮旁的箭头，在下拉菜单中选择按 Ctrl + Enter 键或是按 Enter 键发送消息。
>
> ② 在聊天窗口中单击“消息模式”按钮可切换聊天窗口的模式为“聊天模式”。在“聊天模式”下，聊天窗口有上下两部分，上部显示好友和自己的聊天信息，下部用来输入聊天内容。而“消息模式”，只有一个窗口用来查看消息。

【知识解析】 使用 QQ 进行语音、视频聊天

利用 QQ 进行视频聊天，可以更加直观生动。其操作过程如下。

① 在聊天窗口工具栏中单击“视频聊天”按钮，选择“超级视频”请求视频聊天，如

图5-46所示。

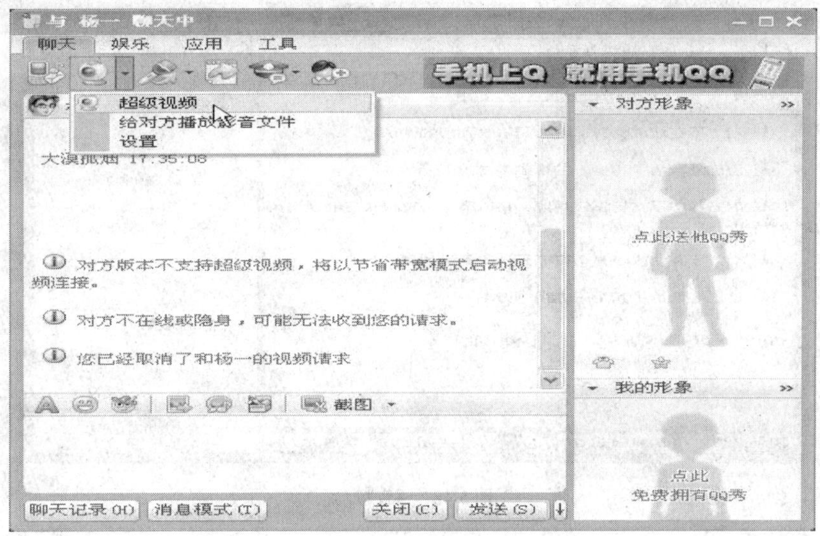

图5-46　视频聊天

② 对方收到请求并接受后，即可进行面对面的视频交流了（如果对方不接受请求，则没法和对方建立连接）。使用视频聊天窗口下“结束”按钮可关闭视频。如图5-47所示。

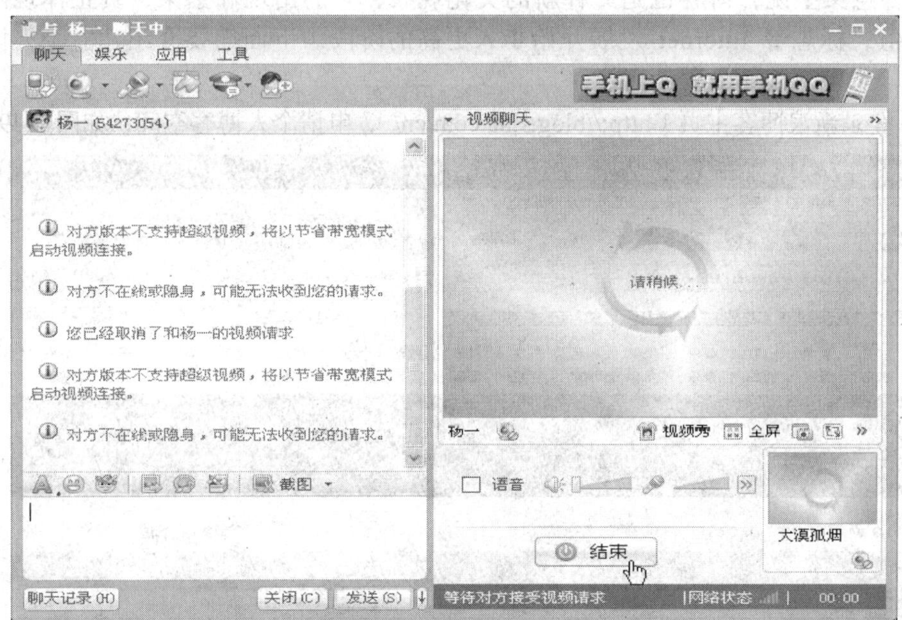

图5-47　准备建立视频聊天

③ 给好友播放影音文件。在聊天窗口工具栏“语音视频聊天”按钮的下拉菜单中选择“给对方播放影音文件”，可以给好友播放影片或动画。待对方收到请求并接受后开始播放。

④ 如果不需要视频，只想进行语音聊天，可以在如图5-48窗口中选择“超级语音”。对方收到请求并接受后即可进行语音聊天了。单击“挂断电话”即可关闭语音聊天。

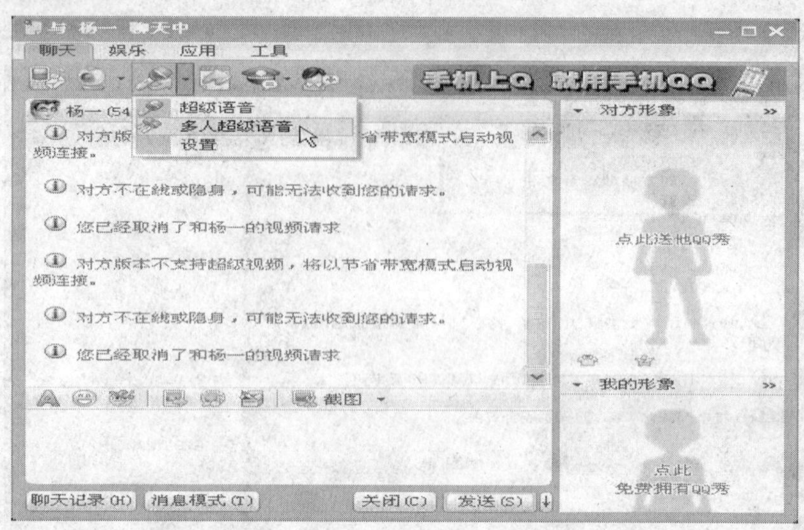

图 5-48　语音聊天

【知识拓展】　建立个人博客

Blog 的全名是 Web log，中文意思是“网络日志”，后来缩写为 Blog（博客）。

Blog 是继 E-mail、BBS、IM 之后出现的第四种网络交流方式，Blog（博客）作为一种新的表达方式，它传播的不仅是情绪，还包括大量的智慧、意见和思想。

某种意义上说，博客也是一种新的文化现象，它的出现和繁荣，真正体现网络的知识价值，标志着 Internet 发展开始步入更高的阶段。下面简要介绍建立个人博客的方法。

① 登录新浪博客主页（http://blog.sina.com.cn/），申请个人博客空间，如图 5-49 所示。

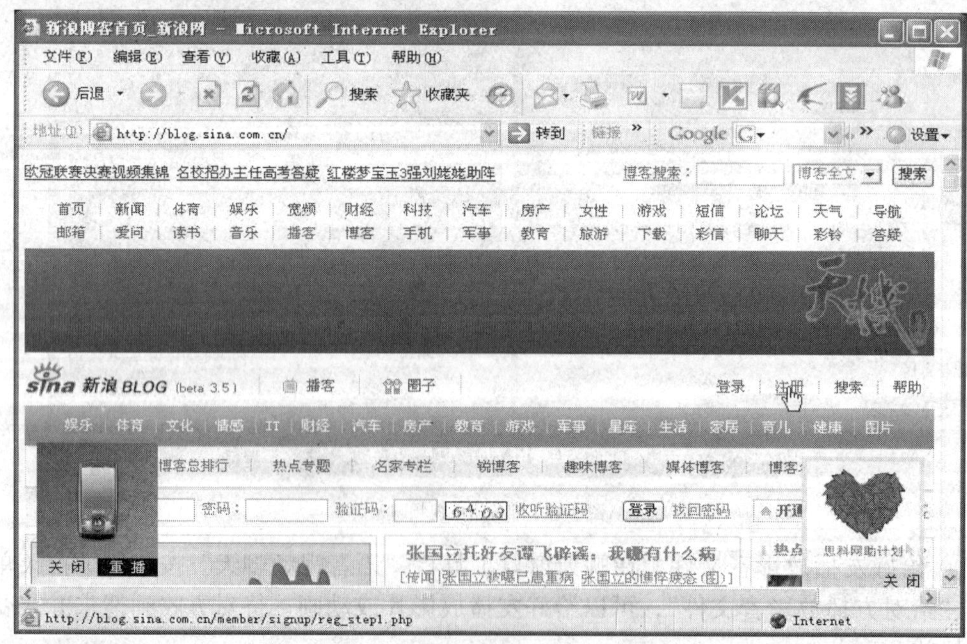

图 5-49　新浪博客首页

② 注册成功后登录到自己的博客空间，如图 5-50 所示。

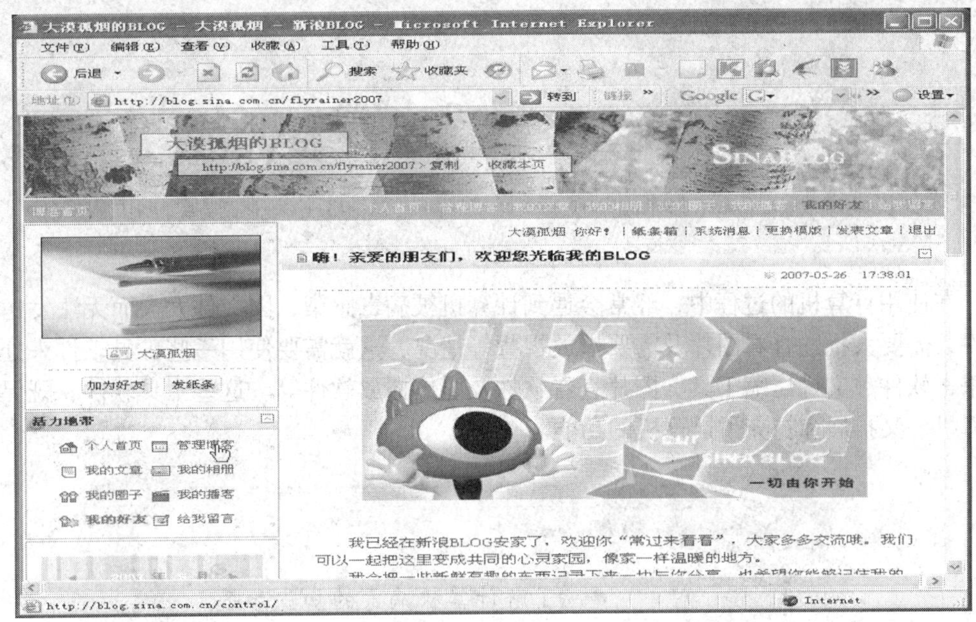

图 5-50 个人博客空间

③ 单击“管理博客”链接，进入管理博客页面，在这里可以进行“发表文章”、“管理文章”、“博客图片管理”等操作，如图 5-51 所示。

图 5-51 管理博客

【操作练习 5-5】 将作业通过 QQ 传给老师

① 注册自己的 QQ，并将老师加为好友。

② 将老师布置的作业通过 QQ 传送给老师。

第 6 章 常用工具软件的使用

在使用计算机的过程中，经常会遇到计算机被病毒感染，因文件太大而无法发送电子邮件，需要大批的查看图片及需要播放视频等情况，这就需要使用一些工具软件来处理。如杀毒软件、文件压缩工具、图片查看软件及媒体播放软件等。这些工具软件，既保护了计算机，又扩展和补充了计算机的功能。

学习目标

- 了解计算机病毒的知识和杀毒软件的使用方法
- 掌握文件压缩的概念和压缩工具软件的使用方法
- 掌握图片查看工具的使用方法
- 掌握媒体播放工具的使用方法

6.1 计算机病毒及杀毒软件的使用

【案例 6-1】 计算机被病毒感染及查杀病毒

【情景模拟】

金星科技有限公司的总经理秘书小张早上到公司，准备上网查看一下其下属部门通过电子邮箱发来的计划书，当打开计算机欲进入电子邮箱时，发现计算机无法上网了，由于计算机与 Internet 的连接等一切正常，于是让业务部的技术人员来进行维修，技术人员分析是计算机感染了病毒，他们在小张的计算机上安装了瑞星 2007 杀毒软件并进行了查杀病毒，计算机问题得到解决。

【知识解析】

案例中的情况，在办公过程中经常出现，特别是现在处于互联网时代，大部分办公工作是通过 Internet 完成的，在浏览网页或者查收邮件的时候，病毒就可能侵入了计算机。计算机病毒会造成计算机无法正常使用，不能连接互联网，使计算机里数据的丢失，严重的有可能直接毁坏计算机。在科技飞速发展、人类社会全面进入信息化时代的今天，不仅要

了解信息和使用信息，还要学会保护信息。

1. 计算机病毒知识

（1）何谓计算机病毒

计算机病毒是一种人为的恶意的计算机程序，它一旦运行，就会设法生存、破坏并把自己复制到信息媒体（如硬盘、软盘、U 盘）中去。计算机病毒通常将自身的具有破坏性的代码复制到其他的有用的代码上，先驻留在内存中，然后寻找可攻击的对象并传染它。计算机病毒程序可以通过硬盘、软盘、U 盘、电子邮件或网页传播到其他计算机上，进而将病毒传播开来，随着 Internet 的广泛应用，计算机病毒的传播速度是非常惊人的，通过网络，病毒能够在短时间之内传播到世界各地。

（2）计算机病毒的特征

计算机病毒具有以下几个特征。

① 破坏性：计算机病毒能将计算机数据随意的删除、更改，甚至直接破坏计算机软件系统和硬件系统。

② 传染性：计算机病毒能在计算机数据和文件之间进行传播和感染，具有极强的传染性。

③ 潜伏性：计算机病毒能在用户毫不知情的情况下侵入计算机系统，到特定的时候会自动激发，造成计算机系统的瘫痪。

④ 隐蔽性：计算机病毒有一定的隐蔽性，很多病毒平时无法被察觉，不经过特殊手段无法查出和清除。

（3）计算机病毒的主要表现形式

每种计算机病毒都具有一定的破坏行为，只是表现形式不同。归纳起来，计算机感染病毒后有以下几种表现形式。

① 机器不能正常启动。

② 搞恶作剧，在用户工作过程中弹出一些语句让用户回答，或自动显示一些画面。

③ 使程序运行速度变慢。

④ 经常出现“死机”现象。

⑤ 改变文件大小，使文件无限变大。

⑥ 删除磁盘上的文件，造成数据损坏。

⑦ 自动格式化硬盘。

⑧ 修改主板 BIOS，使硬件损坏。

⑨ 使外部设备工作异常。

以上仅列出一些比较常见的病毒表现形式，但实际上还会遇到其他的特殊现象。总之，当计算机突然不能正常工作时，就要考虑它是否被病毒感染了。

（4）预防病毒的措施

病毒虽然能严重影响计算机的使用，但只要了解有关病毒的知识，并根据病毒的传播特点采取防范措施，就可以大大减少感染病毒的机会，保证计算机系统的相对安全。预防计算机病毒的措施有以下几点。

① 不要使用来历不明的磁盘或光盘，以免其中带毒而被感染。

② 使用外来磁盘之前，要先用杀毒软件扫描，确认无毒后再使用。

③ 不要打开来历不明的电子邮件，甚至不要将鼠标指针指向这些邮件，以防其中带有

病毒程序感染计算机。

④ 养成备份重要文件的习惯，万一感染病毒，可以使用备份数据。

⑤ 使用杀毒软件定时查杀病毒，并且经常更新升级杀毒软件，以便查杀新出现的病毒。建议每次用不同的两套杀毒软件查杀。

⑥ 了解和掌握计算机病毒的发作时间，并事先采取措施。例如 CIH 病毒的发作时间限定为 4 月 26 日、6 月 26 日及每月的 26 日，可在这一天不开机，也可在此之前更改系统时间，跳过病毒发作日。

⑦ 使用 QQ 等即时通讯软件，不要随便将别人加为好友。

⑧ 从 Internet 下载软件时，要选择正规的、有名气的下载站点下载，不要从不知名的站点下载软件。软件下载后要及时用杀毒软件进行查毒。

⑨ 如果要打开的文档中含有宏，在不能确定文档来源可靠的情况下不要冒然打开该文档。可以用最新杀毒软件进行扫描，确认无毒后再打开。

2. 使用瑞星杀毒软件 2007 查杀病毒

瑞星公司是目前国内最大的提供全系列反病毒及信息安全产品的专业公司，软件产品全部拥有自主知识产权。2000 年在公安部组织的所有国内销售的病毒防治产品统一标准评测中，“瑞星杀毒软件”单机版和网络版双双荣获总分第一。瑞星杀毒软件 2007 是目前推出的最新版本。

（1）瑞星杀毒软件 2007 的界面

当计算机安装过瑞星杀毒软件后，会自动在桌面上生成一个快捷方式图标，双击该图标就打开了瑞星杀毒软件，其主界面如图 6-1 所示。

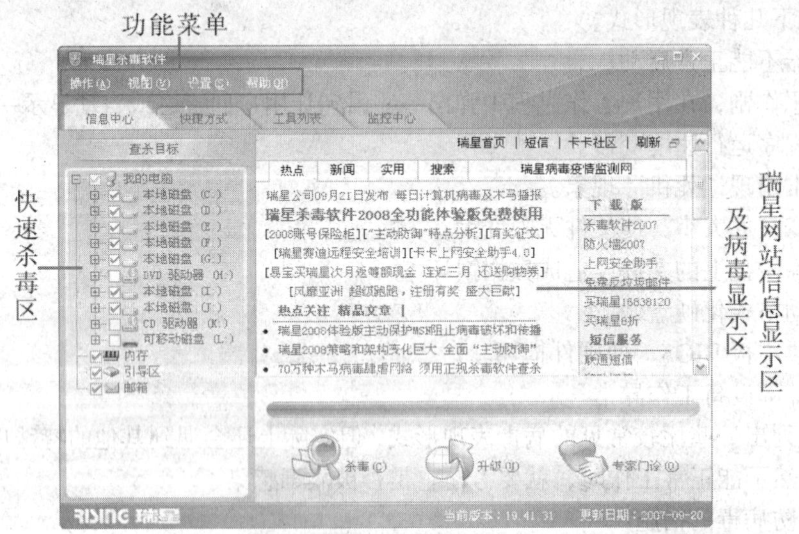

图 6-1 瑞星杀毒软件 2007 主界面

主界面包括“操作”、“视图”、“设置”、“帮助”四个主要菜单项，在左边的“查杀目标”中显示有当前待扫描的目标。在右窗格上方，显示了软件的当前版本和更新日期。菜单栏的下面是四个标签页面：信息中心、快捷方式、工具列表、安全中心。在右窗格中央区域是信息中心，在未连接网络的情况下显示瑞星杀毒软件徽标，在连接网络的情况下显示瑞星网站主页，在查杀病毒时显示病毒的详细信息，在下方还会显示扫描病毒的进度条。

在右窗格下方，有“杀毒”按钮、“升级”按钮和“专家门诊”按钮。

（2）使用瑞星杀毒软件2007

瑞星杀毒软件2007的使用和操作非常简单，单击“开始”→“程序”→“瑞星杀毒软件”，可打开瑞星杀毒软件2007的主界面，如图6-2所示；在计算机右下角的工具栏中里找到图标，双击鼠标也可打开；在“我的电脑”窗口中选择要查杀病毒的某个磁盘图标，单击右键，在弹出的快捷菜单中单击“瑞星杀毒”命令，即可启动程序，并对该磁盘进行扫描和查杀病毒，如图6-3所示。

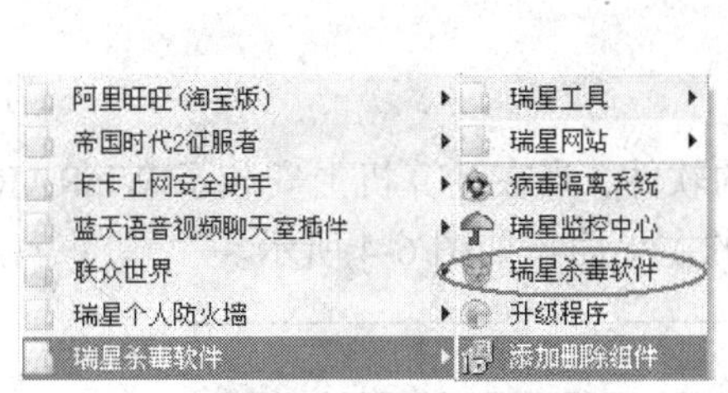

图6-2 启动瑞星杀毒软件

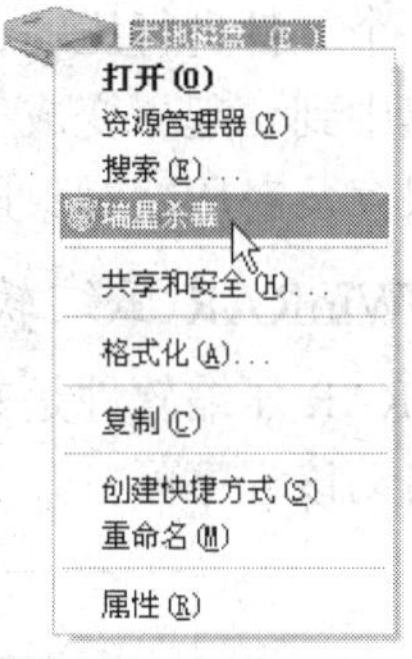

图6-3 对E盘进行杀毒

如果需要进行全面杀毒，最简单的方法就是在主界面上直接单击“杀毒”按钮，软件会自动对计算机系统进行全面查杀病毒，软件查杀到病毒以后，会有提示，按照提示可选择合适的处理方式。

（3）杀毒软件的日常维护

① 杀毒软件的升级。

目前，各种新病毒层出不穷，因此杀毒软件的病毒库也是每天都在更新的，及时对软件的病毒库进行升级，才能将病毒对计算机的威胁降到最低。

对瑞星杀毒软件升级的方法有定时升级和手动升级两种。定时升级可以设置每月、每周、每天、每小时的具体时间升级瑞星杀毒软件。手动升级即在瑞星杀毒软件2007的主界面里单击“升级”按钮。

② 按时更换新版本的瑞星杀毒软件。

瑞星公司会在一定间隔的时间内对瑞星杀毒软件进行一次版本的更新，以应付更多新病毒的出现，要想保证计算机免受新病毒的侵害，最好能及时更换新版本的杀毒软件。

【操作练习6-1】 使用杀毒软件查杀病毒

使用杀毒软件检查U盘是否有病毒，若有则作杀毒处理。

6.2 压缩工具软件的使用

【案例6-2】 压缩文件

【情景模拟】

金迪科技公司业务员小王要给一客户传送资料，想直接通过电子邮件传给客户，但资料文件有30MB，而他的电子邮箱规定发送的邮件附件不能超过20MB，在同事的帮助下，

他使用 WinRAR 压缩软件将资料文件进行了压缩，结果文件小了一倍多，这样一次就可以把资料直接传送给客户了。

【知识解析】

1. 认识压缩软件

在平时的办公过程中，很多资料都是图像、音频或影像等形式的，这些文件往往都很大，不仅占存储空间，而且不方便传送。这个时候就要用到压缩软件。

压缩软件的作用就是通过压缩来改变压缩对象的大小，以达到需要的容量大小。它不但能对一个文件进行压缩，而且当有若干个文件需要同时传送时，压缩软件还可以把所有的文件集中到一起，变成一个文件直接传送给对方。压缩软件还可以对某个特定的文件进行加密保存及对压缩对象进行文字解释。

2. WinRAR 压缩软件的主界面

WinRAR 压缩软件是专门用来压缩文件的软件，当在计算机上安装了 WinRAR 压缩软件后，启动该程序可打开 WinRAR 压缩软件的主界面，如图 6-4 所示。

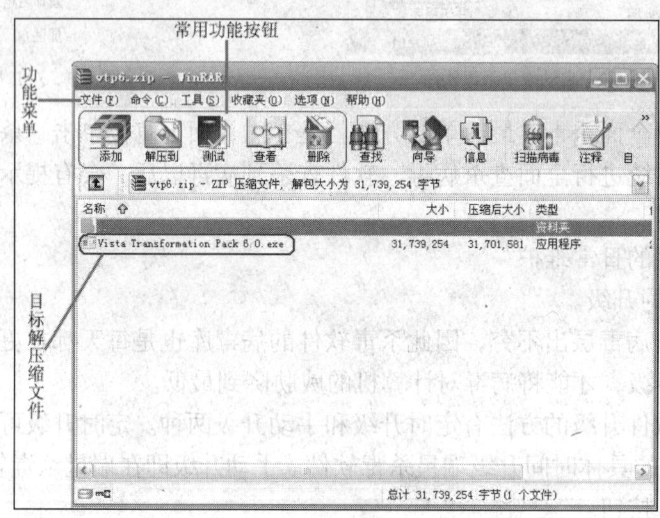

图 6-4 WinRAR 压缩软件主界面

3. 压缩文件

若要压缩文件，可以打开 WinRAR 压缩软件的主界面，选择相应的操作进行，也可以启动 WinRAR 后把要压缩的对象通过打开加入到程序当中，利用压缩向导完成。另外由于 WinRAR 在安装后会集成到右键菜单中，因此可以使用右键快捷菜单进行文件的压缩。例如要压缩一个名为“产品图片”的文件夹，其具体操作步骤如下。

（1）在要压缩的文件夹上单击鼠标右键，弹出快捷菜单，如图 6-5 所示。

（2）选择“添加到"产品图片.rar"”命令，打开显示压缩进度的对话框，如图 6-6 所示。

（3）稍等片刻便可在要压缩的文件夹所在位置生成一个与该文件夹名称相同的 rar 文件，这就是压缩后的文件，对照一下即可发现该文件与原文件相比小了很多。

4. 解压文件

当要使用压缩过的文件时，必须先将其解压还原。解压文件通常都是使用快捷菜单直接进行，即在压缩文件上直接单击鼠标右键，在弹出的快捷菜单中选择“解压到当前文件

夹”命令，如图 6-7 所示。这时会弹出如图 6-8 所示的解压文件确认界面，单击“确定”按钮，会将解压后的文件保存在当前文件夹下，完成解压缩。

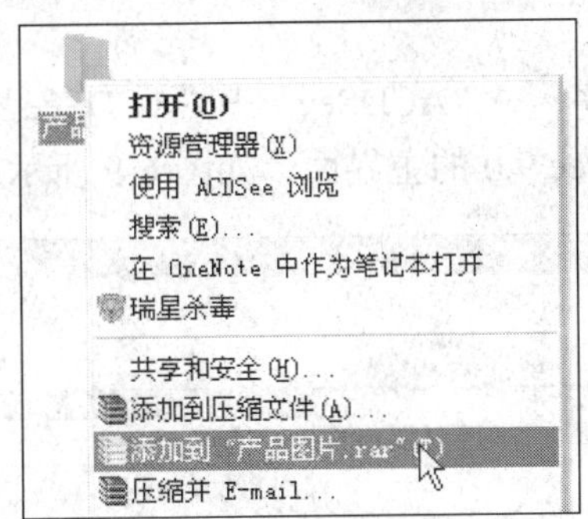

图 6-5　右键快捷菜单

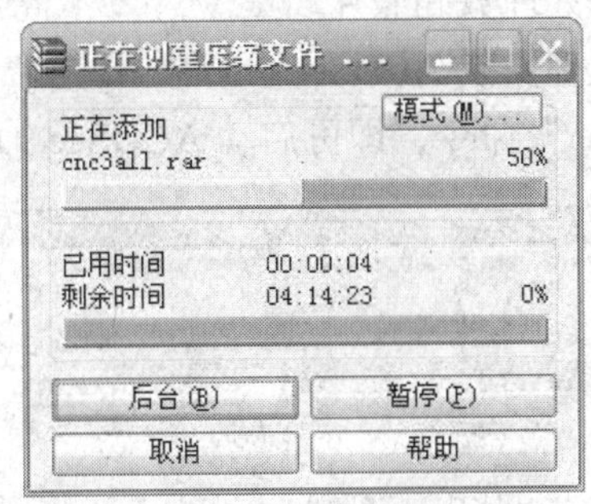

图 6-6　正在压缩文件

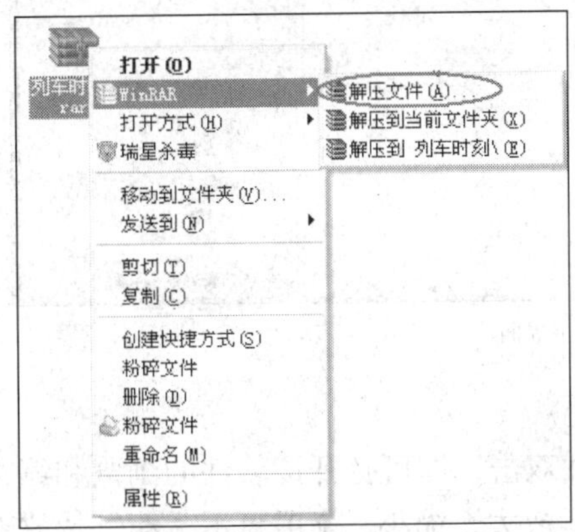

图 6-7　选择解压文件并打开

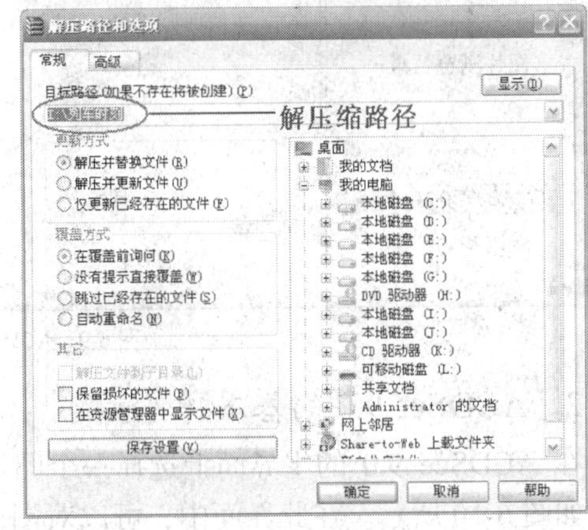

图 6-8　解压确认

【操作练习 6-2】　压缩并通过网络传送文件

将多个图片文件压缩成一个文件，以便于通过网络进行传送。

6.3　图片浏览、编辑工具的使用

【案例 6-3】　使用 ACDSee 9.0 软件查看照片

【情景模拟】

秘书小张陪同公司领导外出考察回来，领导让他从考察过程中拍摄的数码照片中挑选并整理出比较好的，分发给一起考察的各个客户。可是怎样挑选及整理照片呢。他向在 IT 业工作的同学请教，同学建议他安装 ACDSee 9.0 图片浏览编辑软件。他在同学的指导下安装了 ACDSee 9.0，很快就把所有的照片都整理好了。

【知识解析】

1. 认识 ACDSee 9.0 图像处理软件

ACDSee 9.0 是目前最流行的图像处理软件之一，它能广泛应用于图片的获取、管理、浏览、优化及和他人的分享。使用 ACDSee 9.0，可以从数码相机和扫描仪高效获取图片，并进行便捷地组织、预览和查找；ACDSee 9.0 不仅能快速、高质量地显示图片，还可以配以内置的音频播放器，制作成精彩的配乐幻灯片；此外 ACDSee 9.0 还是得心应手的图片编辑工具，拥有像去除红眼、剪切图像、锐化、浮雕特效、曝光调整、旋转、镜像等功能，可轻松处理数码照片。

正确安装 ACDSee 9.0 后，单击"开始"→"程序"→"ACDSee"→"ACDSee 9 Photo Manager"命令，即可启动 ACDSee 9.0，弹出 ACDSee 9.0 的主界面，如图 6-9 所示。

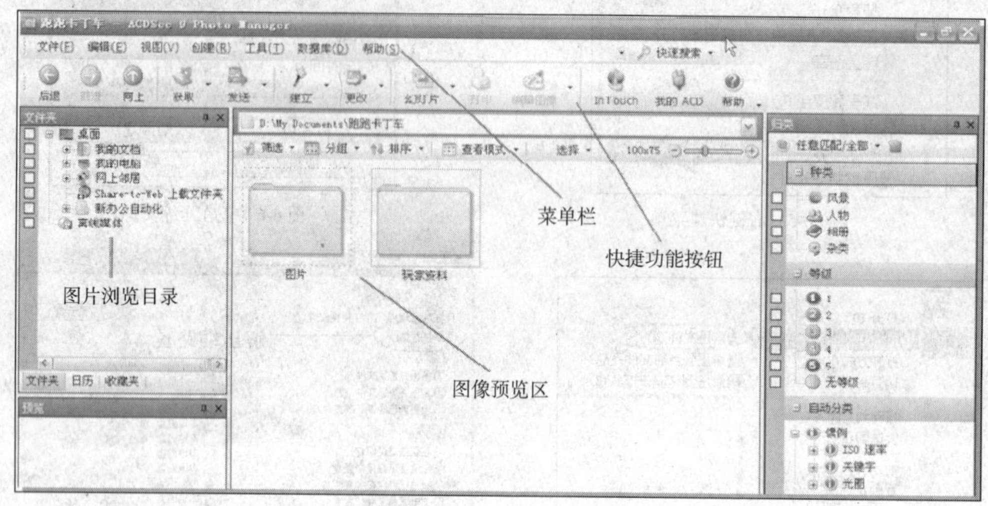

图 6-9　ACDSee 9.0 主界面

2. ACDSee 9.0 的基本操作

在 ACDSee 9.0 的主界面上选择一个图片文件双击，即可打开该软件的浏览和编辑界面，如图 6-10 所示。在此界面中，可以对图像进行放大、缩小、全屏显示、幻灯片放映等操作。除此之外，还可以通过界面左边的编辑按钮对图片进行自动曝光、亮度对比度调节、色偏灰度调节、去红眼、增加文字描述等功能，这些功能都是在图像处理中经常用的。当对图片编辑完并保存后，双击图片，即可返回图片浏览主程序界面。

图 6-10　ACDSee 9.0 的图片编辑界面

3. ACDSee 9.0 的使用技巧

（1）图像格式转换

ACDSee 9.0 可轻松实现 JPG、BMP、GIF 等图像格式的任意转化。最常用的是将 BMP 转化为 JPG，这样可大大减小图片的体积。

该操作支持批量转换文件格式。按住“Ctrl”点选多个文件，然后单击右键，选择转换的相应命令。

（2）获取图像

① 截取屏幕图像

可以使用 ACDSee 9.0 的截取桌面、窗口或选中区域的功能来实现。操作如下：单击菜单“工具”→“动作”，再单击“获取”图标，选择“屏幕”并单击 “确定”按钮，然后按需要选择即可。

② 从扫描仪中获取图像

单击主工具栏上的“获得”→“扫描仪”→“设置”，进行扫描前的设置，设置自动保存的命名规则、保存格式（BMP、JPG）、保存位置，然后调出扫描仪操作对话框进行扫描。

（3）批量重命名

如果需要批量重命名文件，按住 Ctrl 键的同时单击需要重命名的文件，然后单击右键，在弹出的快捷菜单中选择“批量重命名”即可。

（4）影片的预览

ACDSee 9.0 能够在媒体窗口中播放视频文件，并且可适当地提取视频帧并将它们保存为独立的图像文件。在文件列表中，双击一个多媒体文件可以打开媒体窗口，播放和提取都很简单。

（5）图像的简单处理

完全安装的 ACDSee 9.0 会同时安装图像编辑工具 ACD FotoCanvas，该工具软件能够方便地增强图像效果。方法是：在需要处理的图片上单击右键，在弹出的快捷菜单中选择“用 ACDSee 编辑”命令，即可打开编辑器并载入需要编辑的图像。

① 裁剪：处理图像过程中，裁剪是最常用的编辑功能，将扫描后的图像的黑边去掉，将扫描图像插入文本等，都要用到裁剪。

② 调整大小：单击工具栏的相关按钮，在弹出的对话框中输入百分比或重新指定图像的大小即可。

③ 旋转：从数码相机中拍摄的照片或扫描仪获得的图片会出现角度不合适的情况，此时就需要将图像进行旋转，这在 ACDSee 9.0 中易如反掌。具体的操作是：把要旋转的图片在 ACDSee 9.0 图片编辑器里打开，然后在界面右边的工具栏里选择“旋转”，便会弹出旋转编辑面板的界面，可以选择“左转 90° ”、“右转 90° ”、“旋转 180° ”，也可根据需求直接在“自定义”栏里输入旋转度数。如图 6-11 所示。

④ 调节曝光：图片的亮暗不满足要求或为了某种效果而改变图片的曝光量，在图片编辑器中很容易完成这种操作。在编辑按钮区选择“自动曝光”，弹出如图 6-12 所示的控制面板，可通过拉伸进度条，交界调节曝光效果的强弱。

【操作练习 6-3】 照片的处理和浏览

利用 ACDSee 9.0 软件进行图像格式的转换和照片的处理和浏览。

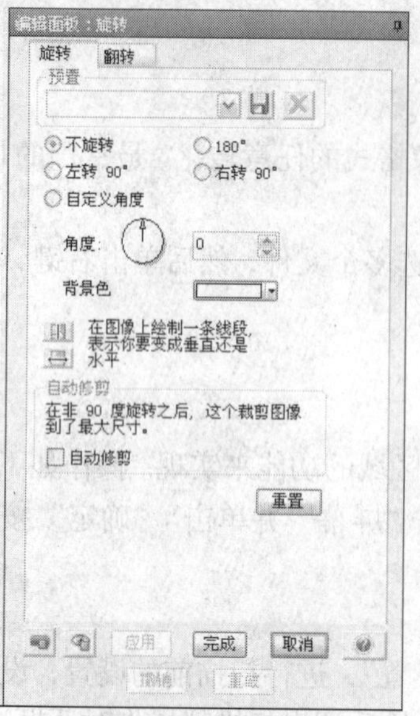

图 6-11 旋转调节编辑面板

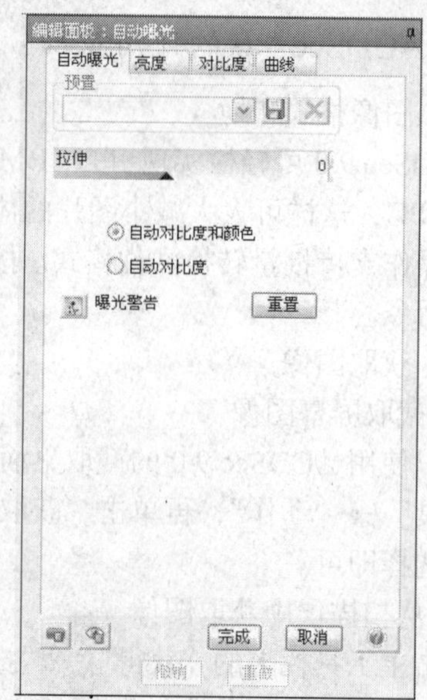

图 6-12 曝光调节编辑面板

6.4 使用多媒体播放软件播放视频

【案例 6-4】 使用 RealPlayer 10 播放视频

【情景模拟】

金迪科技公司总经理需要在一个大型会议上做报告，报告里包括通过摄像机录制的视频，该视频在一般的计算机系统上播放不了，公司技术部的技术人员在总经理的笔记本计算机里安装了一个视频播放软件 RealPlayer 10，这样视频可以用 RealPlayer 10 软件进行播放，且效果非常好。

【知识解析】

1. 认识多媒体播放软件

一个多媒体系统不但需要光驱、视频卡、声音处理卡等硬件的支持，而且还需要有软件的配合才能发挥多媒体的优势。视频播放器软件可以把视频影像文件的内容呈现出来，使大家享受视频带来的精彩内容。

RealPlayer 10 是一个功能很强的多媒体播放软件，声音、视频、网络广播等都是它的强项。其使用方法也比较人性化，便于用户的操作。

2. RealPlayer 10 的使用

RealPlayer 10 软件启动后的界面如图 6-13 所示。界面分为三大部分，分别是菜单控制区、视频播放控制、和网上音乐广播。RealPlayer 10 软件的主要功能是视频播放，可以播放多种格式的视频，在播放时可选择两种播放方式：正常模式和影院模式。

播放一个视频文件的操作方法是单击菜单“文件”→“打开”命令，打开“打开”对话框，如图 6-14 所示。然后在“打开”的文本框里直接输入视频文件的路径或单击“浏览”按钮，找到要播放的视频文件，单击“确定”按钮，视频会在几秒种之后就自动播放了。

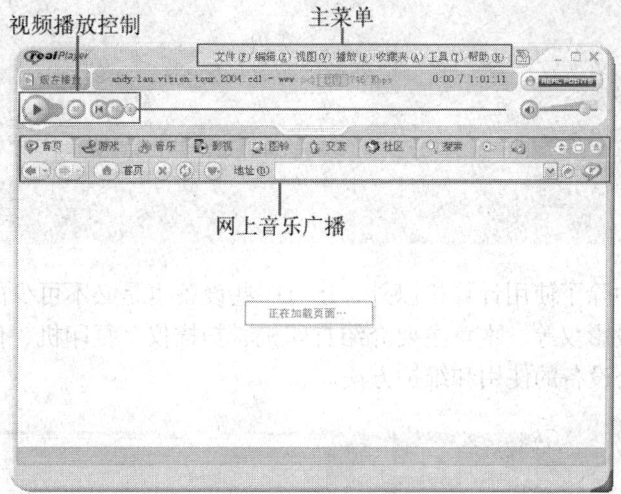

图 6-13　RealPlayer10 的程序主界面

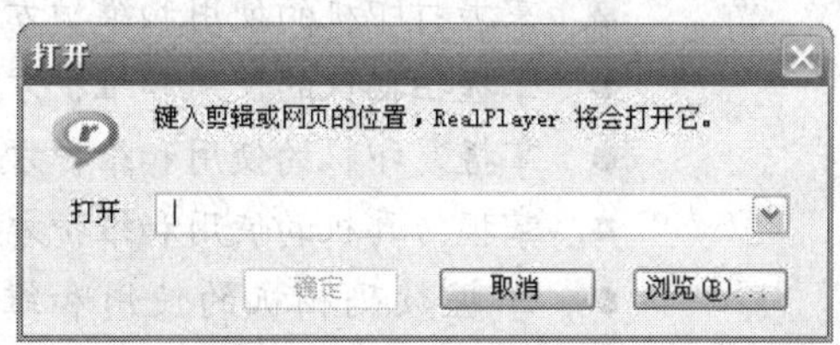

图 6-14　打开视频的对话框

另外一种播放视频的方法是当系统安装过 RealPlayer 10 之后，软件会自动关联系统中的所有可支持播放的媒体格式，找到要播放的视频文件，双击后可直接打开就可以播放。

【操作练习 6-4】　播放视频

使用 RealPlayer 10 软件播放视频文件。

第7章　常用现代办公设备的使用和维护

在现代办公中除了使用计算机以外，还有一些设备也是必不可少的，如扫描仪、打印机、数码相机和投影仪等。本章主要介绍打印机、扫描仪、复印机、传真机、数码相机、投影仪等常用办公设备的使用和维护方法。

- 掌握打印机的使用和维护方法
- 掌握扫描仪的使用和维护方法
- 掌握复印机的使用和维护方法
- 掌握传真机的使用和维护方法
- 掌握数码相机的使用和维护方法
- 掌握投影仪的使用和维护方法

7.1　打印机的使用和维护

【案例 7-1】　使用打印机打印 Word 文档

【情景模拟】

某食品公司办公室秘书小李写年终总结时，领导要求必须用 A4 打印纸将总结打印出来，这就要求小李要用 Word 2007 进行录入、编辑和排版，然后通过打印机把总结打印出来。

【知识解析】

1. 打印机的作用

打印机是计算机系统中最重要的输出设备之一，其主要作用是将计算机录入、编辑好的文稿及图片等信息以纸质文本的形式呈现出来。在现代办公中，人们往往使用计算机录入、编辑文档或图片，然后使用打印机打印出来。

2. 打印机的类型

打印机的种类很多，根据打印的工作方式可分为针式打印机、喷墨打印机、激光打印机三种；根据打印的颜色可分为单色打印机和彩色打印机；根据打印的幅面可分为窄幅打印机（只能输出A4以下幅面）和宽幅打印机（可以打印A4以上的幅面）。

（1）针式打印机

针式打印机的工作原理是：利用打印机所接收到的点阵图信号按照位置击打打印机上的钢针，使针头接触色带，在纸上打印相应的点，从而组成文本或图像。根据打印头使用打印针的数量，可分9针、12针和24针打印机。针数越多，打印效果越好。

针式打印机造价低廉、打印成本低、操作十分方便，目前仍广泛应用于银行、邮电、税务、证券、教育、航空、铁路和商业领域的应用输出方面。图 7-1 所示的是在国内流行了十几年的 EPSON 的针式打印机。

（2）喷墨打印机

喷墨打印机的工作原理是：利用喷墨头把细小的墨滴喷到打印纸上，墨滴越小，打印的图片就越清晰。

喷墨打印机由于体积小、价格低廉、打印噪声小，不但广泛应用于各种办公场所，许多家庭也选择了它。例如，使用数码相机拍摄照片并输入到计算机中后，可以用彩色喷墨打印机来打印照片，其清晰度完全可以同冲洗的照片相媲美。事实上，照相馆中利用数码相机拍出来的照片也是这样制作出来的。图 7-2 所示的即为喷墨打印机。

图 7-1　针式打印机

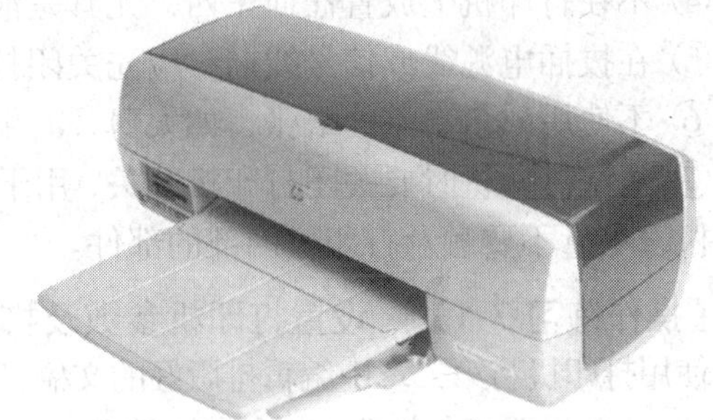

图 7-2　喷墨打印机

（3）激光打印机

激光打印机无论在打印品质、打印速度还是噪声大小等方面都远远优于针式打印机，在打印机市场上占有很大的份额。激光打印机的工作原理比较复杂，打印效果非常好，可以打印比较精细的文件并用于特殊用途，例如可以打印印刷专用的硫酸纸或者胶片。图 7-3 所示的就是一款“惠普”激光打印机。

图 7-3　激光打印机

3. 打印机的使用

（1）打印机与计算机连接

新型的打印机一般都使用 USB 接口与计算机连接，原来的打印机一般用

COM 口与计算机相连。根据打印机种类的不同，选择插入计算机后面相应的插口。

（2）安装打印机的驱动程序

打印机与计算机连接以后，还需安装了打印机驱动程序才能够使用。

把打印机的驱动程序光盘放入计算机的 CD-ROM 光驱里，光盘会自动运行，进入驱动程序安装向导，在向导的引导下，选择打印机对应的型号等参数，安装结束后，计算机系统会要求重启计算机，重启计算机后，系统提示“发现新硬件”，此时不需做任何操作，系统会在大约 1 分钟左右完成驱动程序的安装。

（3）纸张的选择

设置打印机纸张的大小，可按照文档或图片编辑软件的提示进行选择，对于支持多种纸型的打印机，一般都在纸槽的位置标有选择纸张的标识，如果打印机为单一纸型的话，直接把打印机放进纸槽即可。

4. 打印机的日常保养和维护

要让打印机能够高效、长期的工作，就不能忽视对它的日常保养和维护。无论使用的是哪种类型的打印机，都应遵守以下几点注意事项。

① 放置要平稳，以免打印机晃动而影响打印质量、增加噪声，甚至损坏打印机。

② 不要放在地上，以免灰尘积聚。

③ 不使用打印机时，要将打印机盖上，以防灰尘或其他脏东西进入，影响打印机械性能和打印质量。

④ 不在打印机上放置任何东西，尤其是液体。

⑤ 在拔插电源线或信号线前，应先关闭打印机电源，以免电流损坏打印机。

⑥ 不使用质量太差的纸张，如太薄、有纸屑或含滑石粉太多的纸张。

⑦ 清洗打印机时要关闭打印机开关，用干净的软布进行擦拭，不要让酒精等液体流入打印机，尽量不要触及打印机内部的部件。

【操作练习 7-1】　设置打印机参数及打印文稿

使用打印机将第二章中编辑排版好的文稿打印出来，要求设置纸张为 16 开（18.4 厘米×26 厘米），并设置打印份数、打印范围等参数。

7.2 扫描仪的使用与维护

【案例 7-2】　使用扫描仪把老照片转换成数码照片

【情景模拟】

星光电子公司秘书小王接到一项新任务，要编辑、制作一份以宣传公司理念和主要产品的宣传册，要求内容丰富，能体现公司的发展过程和经营理念。宣传册不仅要有文字描述，必须有反映公司发展过程的照片，这就需要将一些老照片通过扫描仪扫描到计算机里，形成图形文件，然后插入文本里。

【知识解析】

1. 认识扫描仪

扫描仪是一种光机电一体化的高科技产品，可以将各种形式的图像信息输入到计算机，

如果配上文字识别软件，还可以快速方便地把各种文稿录入到计算机内，大大加快了计算机的文字录入速度。现在，扫描仪已是是现代办公中常用的设备之一。

扫描仪的外部构造主要由上盖、原稿台、控制操作键组成。它的内部结构主要由光学成像部分、光电转换部分和机械传动部分组成。图 7-4 所示的就是一台“惠普 3670 型”扫描仪，此扫描仪具有文字扫描功能。

2. 扫描仪的使用方法

使用扫描仪的步骤如下。

① 将扫描仪与计算机正确连接。

② 安装扫描仪的驱动程序和扫描软件。

③ 把要扫描的图片放在扫描仪的展台上，盖上挡盖。

④ 启动扫描软件。如图 7-5 所示就是“惠普 3670”扫描软件的主程序。

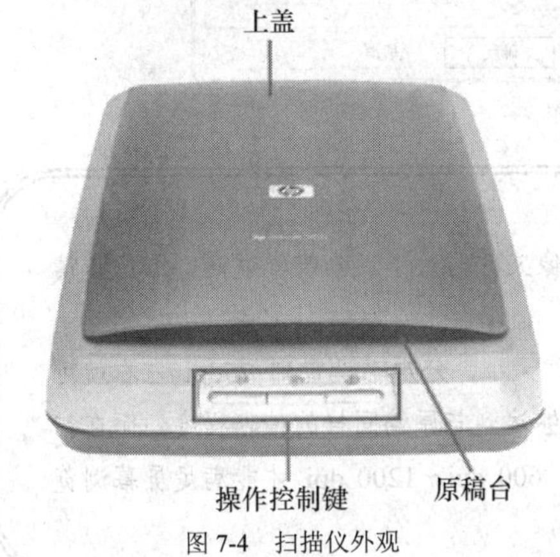

图 7-4 扫描仪外观

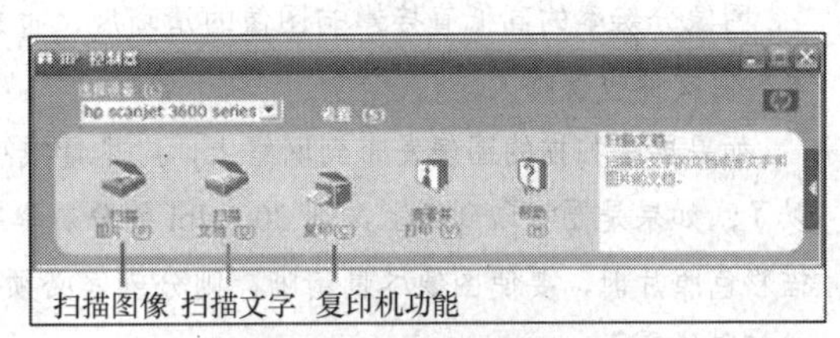

图 7-5 扫描软件的主程序控制界面

⑤ 当选择“扫描图片”后就会弹出图片扫描设置界面，这个界面主要用来对扫描对象进行区域选择，把扫描对象放入扫描仪后，拖动虚框的四个角即可改扫描区域，如图 7-6 所示。

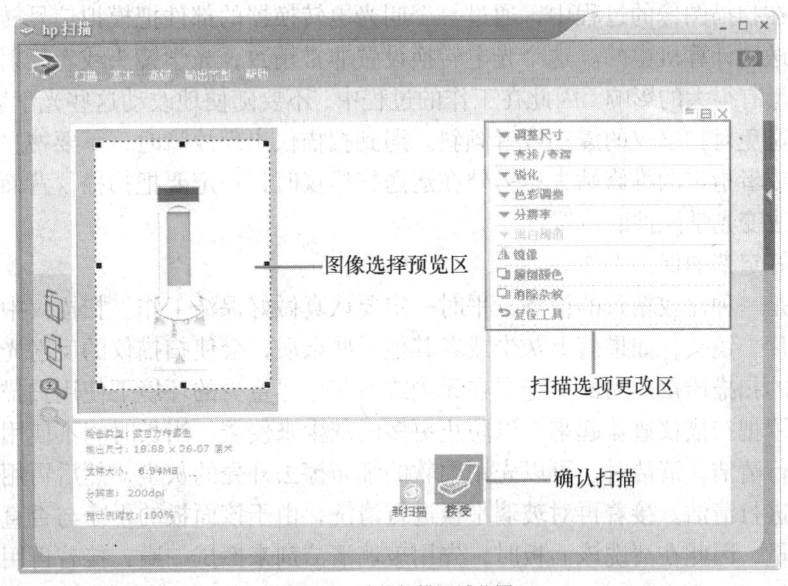

图 7-6 选择扫描区域范围

⑥ 设置扫描仪的分辨率。在扫描仪主程序窗口下的“设置”命令，打开分辨率设置对话框，在其下拉列表框中选择或者直接输入所需的分辨率，如图 7-7 所示。

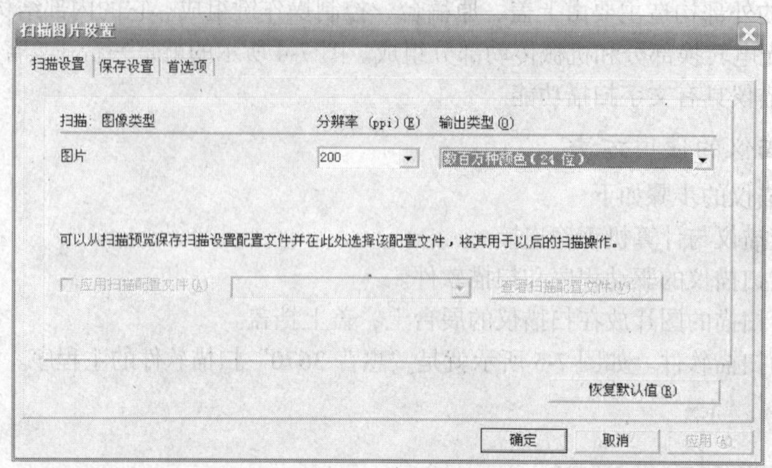

图 7-7 设置扫描分辨率

图像分辨率

图像分辨率的高低直接影响图像的清晰度，也影响图像文件的大小。分辨率越高，图像越清晰，但文件也就越大。

如果要将扫描的图像发布到网络上，应尽量减小文件的大小，分辨率设置到 75dpi 左右就可以了；如果是要打印到纸上，则 300 dpi 的分辨率基本能够达到与原稿同样的清晰程度；而在扫描彩色照片时，要使图像尽量清晰，则分辨率必须设置在 600 dpi～1200 dpi 才能满足屏幕浏览或打印的需求。

3. 扫描仪的日常保养和维护

（1）要保护好光学部件

扫描仪在扫描图像的过程中，通过一个叫光电转换器的部件把模拟信号转换成数字信号，然后再送到计算机中的。这个光电转换设置非常精致，光学镜头或者反射镜头的位置对扫描的质量有很大的影响。因此在工作的过程中，不要随便地改动这些光学装置的位置，同时要尽量避免对扫描仪的震动或者倾斜。遇到扫描仪出现故障时，不要擅自拆修，一定要送到厂家或者指定的维修站去；另外在运送扫描仪时，一定要把扫描仪背面的安全锁锁上，以避免改变光学配件的位置。

（2）做好定期的保洁工作

扫描仪是一种比较精致的设备，平时一定要认真做好保洁工作。扫描仪中的玻璃平板以及反光镜片、镜头，如果落上灰尘或者其他一些杂质，会使扫描仪的反射光线变弱，从而影响图片的扫描质量。因此一定要在无尘或者灰尘尽量少的环境下使用扫描仪，用完以后，用防尘罩把扫描仪遮盖起来，以防止更多的灰尘来侵袭。当长时间不使用时，也要定期地对其进行清洁。清洁时，可以先用柔软的细布擦去外壳的灰尘，然后再用清洁剂和水对其认真地进行清洁。接着再对玻璃平板进行清洗，由于该面板的干净与否直接关系到图像的扫描质量，因此在清洗该面板时，先用玻璃清洁剂来擦拭一遍，接着再用软干布将其擦干净。

【操作练习 7-2】 扫描照片，制作电子影集

将自己父母或家人的老照片扫描下来，用演示文稿的形式做成电子影集。

7.3 复印机的使用和维护

【案例 7-3】 使用复印机复印会议资料

【情景模拟】

辉达外贸分公司经理要参加总公司的年终总结会，要求秘书小王准备 100 份工作总结和年度工作报表带到会上，若用打印机打印，费时费力。于是决定先用激光打印机打印一份，然后用复印机复印 100 份，既节约成本，又能保证质量。

【知识解析】

1. 认识复印机

复印机是从书写、绘制或印刷的原稿得到等倍放大或缩小的复印品的设备。复印机复印的速度快，操作简便，与传统的铅字印刷、蜡纸油印、胶印等印刷方法的主要区别是无需经过制版等中间手段，就能直接从原稿获得复印品。新型的多功能复印机还有具有打印机和扫描仪的功能。如图 7-8 所示的是一款比较流行的多功能复印机。

图 7-8 多功能复印机

2. 复印机的使用方法

不同型号的复印机，使用方法略有不同，基本使用步骤如下。

将复印机的电源线插好后，打开复印机的电源开关，待复印机预热后（大约 20 秒左右），把文件放到玻璃稿台上，在侧纸盘或下纸盘中放入和复印文件大小相对应的纸型，当复印键由闪烁变为绿色时按下“复印”键，即开始复印。

如果要缩小或者放大复印文件，将文件放至玻璃稿台后，调节缩小或放大键，将百分比设置为要缩放的比例，按下“复印”键，即可实现缩小或放大复印。也可以对复印对象进行加深或减淡颜色的操作，操作方法放大（或缩小）类似。

3. 复印机的保养与维护

虽然使用复印机复印的成本低廉，但复印机本身的价格却较为昂贵。为了使复印机始终保持良好的工作状态，当经过一段时间的使用，或复印份数达到一定数量时，都应及时进行清洁保养和维护。这样才能保证复印品的质量及延长复印机的使用寿命。

（1）清扫充电器

复印机含有 A、B 两个电极，为了保证复印质量，最好一周清扫一次电极。在清扫时要注意,一定要先关闭电源，然后进行以下操作。

第一步：打开前盖。

第二步：清扫 A 极，握住电极清洁把手，朝前拉出，然后慢慢地推回到里面直至尽头。

第三步：清扫 B 极，先把供纸盒拉出，然后握住电极清洁把手，朝前拉出，再慢慢地推回到里面直至尽头。

第四步：将供纸盒推入，关闭前盖。

（2）清洁玻璃稿台和原稿盖板

如玻璃稿台和原稿盖板脏了，复印件上就会出现一些污渍或灰印，影响复印质量。这时，需用一块干布擦拭玻璃台并用酒精擦拭复印机的原稿盖，最好一周擦一次。要注意的是，在操作复印机之前必须先关闭电源开关。

【操作练习 7-3】　放大和缩小复印材料

使用复印机复印一些复习资料，并进行放大和缩小复制。

7.4　传真机使用和维护

【案例 7-4】　使用传真机发送政府公文

【情景模拟】

市委办公室秘书小刘接到任务，要向市属各局委发送市委领导刚签发的重要文件，由于单位很多，要一一送到需很长时间，于是采用发传真的方法。这样足不出户，只需要很短的时间就可以将文件传送给每一个单位。

【知识解析】

1. 认识传真机

传真机也是现代办公中经常用到的设备，它兼有传真、复印机及电话的功能，所以只要接收方有传真电话，利用现在的通信系统就可以很方便地传送文件。传真机的工作原理其实很简单，首先将需要传真的文件（文字、图像）通过光电扫描技术转化为数字信号，再经调制后转成音频信号，然后通过电话线进行传送。接收方的传真机接到信号后，会将信号通过传真机的热感应器件，重新复原并在传真纸上显示出来，这样接收方就会收到一份原发送文件的复印件。如图 7-9 所示的就是一款多功能传真机。

2. 传真机的分类

传真机的种类主要有三种：热敏纸传真机、激光传真机和喷墨传真机。热敏纸传真机是通过热敏打印头将打印介质上的热敏材料熔化变色，生成所需的文字和图形；激光式普通纸传真机是利用碳粉附着在纸上而成像的一种传真机；喷墨式传真机是由步进马达带动喷墨头左右移动，把从喷墨头中喷出的墨水依序喷布在普通纸上完成打印的工作。

3. 传真机的使用方法

（1）发送传真

先把传真机与电话线接通，把要传的文件放到进纸处，首先打电话叫对方给个传真信号，听到“哔哔……”声后，按自己传真机的“传真/复印/输入”按钮（也可以不挂上电话）就可以发传真了。

（2）接收传真

如果要接收对方发来的传真，你就要先给对方一个传真信号，然后把记录纸放入传

真机的进纸槽中，按下“传真/复印/输入”（一般是绿色的）键，放下电话等待，传真内容会自动显示在记录纸上，再次按下“传真/复印/输入”键，结束传真。大多数传真机还可以设置成自动接收方式，具有此功能的传真机只需按下“自动接收”按键即可自动接收所有传真。

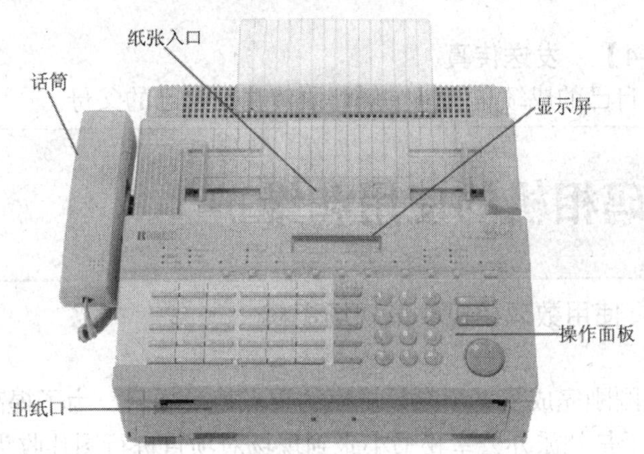

图7-9 多用传真机

4. 传真机的日常保养与维护

（1）传真机的使用环境

① 传真机不要放置在受到阳光直射、热辐射、强磁场、潮湿和灰尘多的环境。

② 要防止水或化学液体流入传真机，以免损坏电子线路及器件。

③ 在遇有闪电、雷雨时，传真机应暂停使用，并且要拔去电源及电话线，以免雷击造成传真机的损坏。

④ 应当将其放置在室内的平台上，前后左右与其他物品保持一定的距离，以免造成干扰和有利于通风，并方便原稿与记录纸的输出操作。

（2）传真机的日常保养和维护

① 要避免频繁地开关机，因为每次开关机都会使传真机的电子元器件发生冷热变化，而频繁地冷热变化容易导致机内元器件提前老化，每次开机的冲击电流也会缩短传真机的使用寿命。

② 传真机在打印过程中，不要打开纸卷上面的合纸舱盖，如果需要必须先按停止键。

③ 打开或关闭合纸舱盖的动作不宜过猛。因为传真机的感热记录头大多装在纸舱盖的下面，打开或关闭纸舱盖时动作过猛，轻则会使纸舱盖变形，重则会造成感热记录头的破裂和损坏。

④ 要经常使用柔软的干布清洁传真机，保持传真机的外部清洁。对于传真机内部，除了每半年将合纸舱盖打开使用干净柔软的布或使用纱布沾酒精擦拭打印头外，还有滚筒与扫描仪等部分需要清洁保养。当擦拭原稿滚筒时，必须使用清洁的软布或沾酒精的纱布，不要将酒精滴入机器中。而扫描仪部分（如感热记录头）就比较麻烦，因为这个部分在传真机的内部，所以需要工具帮忙。这种特殊的清理工具和普通的A4打印纸大小基本一致，把此工具沾了酒精以后，由走纸口送入传真机，进行复印时，就可以清洁传真机内部的灰尘。切不可直接用手或不洁净的布或纸去擦拭。

5. 传真纸张的选择

传真纸张的选择十分重要，劣质传真纸的光洁度不够，容易损坏感热记录头和输纸辊。记录纸上的化学染料配方不合理，会造成打印质量不佳，保存时间短。因此要使用质量好的传真纸。记录纸不要长期暴露在阳光或紫外线下，以免记录纸逐渐褪色，造成复印或接收的文件不清晰。

【操作练习 7-4】 发送传真

使用传真机将自己的成绩单和班主任评语传真给自己的父母。

7.5 数码相机的使用和维护

【案例 7-5】 使用数码相机收集现场资料

【情景模拟】

豫龙建筑公司刚刚完成了一项颇具规模的重点建设项目，为了提高公司的知名度，想申报建筑成果奖，于是就派办公室秘书小张到现场对项目进行图片收集，以编写申报材料。小张使用佳能专业数码相机，从能展示项目特点的各个角度进行拍摄，拍摄的数码相片经处理后编入申报材料，为项目申报成功打下基础。

【知识小结】

1. 认识数码相机

数码相机与传统相机的工作方式截然不同，它是数字摄影技术的尖端产品。传统的照相机是利用胶片的瞬间采光和曝光，把影像投射到胶片上，通过冲印设备把胶片还原，然后成像。而数码相机使用电荷耦合器件光敏材料芯片，这种特殊的芯片与光作用之后，可将其作用强度翻译成数字信号，光通过红、绿、蓝三原色的滤色镜以后，将每一种单色的光谱，光敏反应都记录下来，再通过软件合成和计算之后，数码相机便可确定照片的每一部分的颜色。由于数码照片是数字数据的集合，因而可以传送到计算机中进行加工处理。

图 7-10 佳能 A710 IS 数码相机

数码相机比传统相机的功能多，照片质量也好很多。大多数数码相机还具有摄像功能，可以拍摄视频短片。图 7-10 所展示的是一款佳能数码相机。

2. 数码相机的使用

数码相机具有技术先进性功能丰富的特点，但使用前必须先做一些设置工作。如：分辨率的选择、曝光补偿的选择、自动平衡的调整、感光度的设定，这些将直接影响到所拍照片的成像质量。数码相机设有多种拍摄质量的选择，分为：标准、精细、超精细（最高分辨率）。

由于拍摄时光线和环境的变化，我们需要经常手动调整数码相机的曝光补偿。数码相

机一般有自动调整曝光补偿的设置，在曝光补偿设置中标有“+”、“-”数轴，“+”指增加曝光，“-”指减少曝光。在背景很亮而主体逆光时，需要将补偿值调向“+”端。在黑色或深色背景前对主体拍摄时，需要将补偿值调向“-”端。

一般数码相机都可设定多种感光度，以适应不同的拍摄要求。在拍摄快速运动的物体、现场光线暗、闪光灯亮度不足或不能使用闪光灯的情况下，就需要设定感光度来拍摄。

注意，在拍摄前一定要查看一下液晶显示屏上曝光数值设定，当拍摄条件不理想时，不妨多用几种补偿设定，多拍几张进行比较选择。删除不理想的画面重新拍摄，这正是数码相机的优势。

数码相机从按下快门到实际完成需要 2～3 秒的时间，在拍摄时相机的握持姿势要正确，按下快门时手不要晃动。

3. 数码相机的日常保养和维护

（1）机身的维护保养

① 存放数码相机要远离灰尘和潮湿，存放前应先把皮套、机身和镜头上的指纹、灰尘擦拭干净。并取出电池，卸掉皮套，存放在有干燥剂的盒子里（能够保存在防潮箱中最好）。有条件的情况下，应该放在能够控制温度、湿度的封闭空间。

② 数码相机应在清洁的环境中使用和保存，避免因外界的污物导致相机产生故障。要注意防止烟雾和风沙，风沙容易刮伤相机的镜头或渗入对焦环等机械装置中造成损伤，除了正在拍摄外应随时用护盖将镜头盖住，在风沙大的地区最好将相机的护套带上。

③ 数码相机不能直接暴露于高温环境下，千万不要将相机遗忘在被太阳晒得炙热的汽车里。在室内也不要把相机放在高温的地方。

④ 数码相机要注意防寒，将相机放在口袋中，可以让相机保持适宜温度。将相机从寒冷区带入温暖区时，可能会出现结露的现象，应在温度升至室内温度时再使用；将相机从低温处带到高温处还会使相机出现一些压缩现象，因此注意不要使相机的环境温度在短时间内发生很大的变化。

⑤ 数码相机要注意防水防潮。在潮湿环境下工作时，一定要采取严格的防护措施，确保相机不受伤害或者少受影响。可以随身带一个有拉链的塑料袋子，在非常潮湿或灰尘较大的环境中，在侧面挖一个小洞（刚好放得下相机镜头），把相机放在袋子里，不让雾气、湿气和尘土进入相机。如果不小心溅到水、饮料时，要赶快将相机电源关掉，擦拭机身上的水渍，再用橡皮吹球将各部位的细缝吹一次，风干几个小时后，再测试相机是否有故障，不要立即开机测试，否则可能造成相机电路短路。

⑥ 清洁数码相机时，先用橡皮吹球将附着于机身的灰尘吹落，然后使用柔软的棉绒布擦拭机身。在清洗相机时，切勿使用溶剂苯等挥发性物质，以免相机变形甚至溶解。清洁工作完成后，要将相机置入防潮箱内存放，而不要放进摄影背包中存放，因为软质的摄影背包，含有大量的泡棉与布材，很容易吸收水分。

⑦ 发现相机有异常时，不要自行拆卸。因为数码相机在出厂时，厂家对其配件与性能之间的关系进行了严格的测试，自行拆卸的过程中，稍有不慎，损坏了某个光学配件或者改变了某个配件的位置，都有可能导致数码相机的拍摄效果下降。

（2）数码相机镜头的维护保养

镜头暴露在空气中，积聚在上面的灰尘会大大降低数码相机的工作性能，如降低图像质量，出现斑点或减弱图像对比度等。在使用过程中，不小心在镜头上留下指纹，也会使取景的效果下降，因此要尽快清洗镜头。

清洗镜头时，先使用软刷和吹气球除去尘埃颗粒，然后滴一滴镜头清洗液在拭纸上（注意不要将清洗液直接滴在镜头上），并反复擦拭镜头表面，再用一块干净的棉纱布擦净镜头。如果没有专用的清洗液，也可以在镜头表面哈口气，虽然效果不如清洗液，但是也能使镜头干净。应该注意的是：务必使用棉纸，而且在擦洗时，不要用力挤压。千万不要用硬纸、纸巾或餐巾纸来清洗镜头，它们都含有刮擦性的木质纸浆，会严重损害镜头上的易损涂层。

需要换镜头的高档数码相机，在拆除镜头时，要快速更换相机镜头，以免灰尘进入。傻瓜式的数码相机，基本上是密封式设计，防尘效果较好。

【操作练习 7-5】　拍摄数码照片

使用数码相机拍摄本班同学参加第二课堂和开展活动的照片，有条件的话，开展同学之间的摄影比赛。

7.6 投影仪的使用和维护

【案例 7-6】　利用投影仪进行报告会的演讲

【情景模拟】

策划公司举行年终工作总结会，为了提高会议的质量，增加总结会的效果，决定所有的发言都要制作 PPT 演示文稿并使用大屏幕投影进行演讲，这样就要使用能与计算机连接的投影仪将计算机屏幕上的显示信息投影到大屏幕上。

【知识小结】

1. 认识投影仪

投影仪可以把计算机屏幕上的信息放大投影到大屏幕上，让更多的人观看。现在投影仪已是不可缺少的办公设备了，不仅在各种会议上使用，还广泛地应用于学校的电子教室和公共场合的大屏幕等。

如图 7-11 所示就是“爱普生”的一款高清晰数字投影仪。投影仪可以连接数字展台、S 端子、RJ-45 网络接口、USB 设备结构等提供的多种数字信号，如图 7-12 所示的是一款普通投影仪的后面板控接口。

2. 投影仪的使用

① 将投影仪与计算机正确连接，接好电源线，打开电源开关，并放下投影屏幕。

② 按投影仪上的 POWER 键开启投影仪（启动过程需要一分多钟，切勿不停地按 POWER 键）。

③ 将投影仪的视频输入信号电缆(梯形 15 针 VGA 公接口)接至电脑的外部视频输出端口（蓝色梯形 15 针 VGA 母接口）。

④ 启动计算机。

⑤ 按组合切换键切换计算机的显示信号至外部输出接口。

⑥ 使用完毕后关闭笔记本计算机，按投影仪上的 POWER 键，按照投影仪提示菜单进行关机。（注意：关机的过程需要两分钟，切勿在投影仪风扇停止之前切断电源）。

⑦ 卷起投影屏幕。

图 7-11　爱普生 LCD 数字投影仪

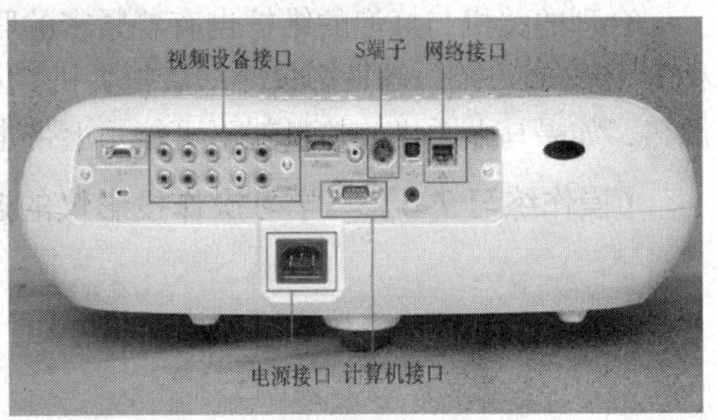

图 7-12　投影仪后面板接口

3. 投影仪的保养与维护

（1）光学方面

① 防尘：灰尘是投影仪的头号大敌。存放投影仪应尽量选择灰尘少的地方，禁止在存放投影仪的地方吸烟。

② 除尘：投影仪使用一段时间后会有灰尘，因此要对投影仪定期清洁。一般的作法是将隔尘网拆下来清洗，或用刷子轻扫，或用气筒直接吹尘。这种做法对于散热风扇同样适用，对散热风扇进行除尘，可使风扇的冷却及防尘效能更好。镜头是投影仪的核心部件，灰尘过多会影响投影的清晰度和效果，因此也要经常除尘，由于镜片极易被划伤，所以千万不能用湿抹布等擦拭，而要像清除数码相机镜头灰尘一样操作。

③ 防震：要避免对投影仪进行强烈的冲撞、挤压和震动。从外观来看，碰撞会造成投影仪表面的擦划，对于镜头也会有一定的危险。从内部来看，强烈的碰撞会造成液晶片的移位，从而影响到投影时的效果。而冲击会使变焦镜头的轨道损坏，造成镜头卡死，甚至镜头破裂无法使用。

④ 防潮：投影仪还要注意防潮，据一项资料介绍，正常情况下，投影仪正常工作的空气潮湿度大约在 45%～60%之间，如果空气潮湿度超过或低于这个范围，其工作性能就会不稳定。存放投影仪时要选择具有良好通风的环境，以保证空气能够形成对流，这样湿度相对较小，不会对机器有大的影响。

（2）灯源部分

投影仪中灯泡是主要的耗材，而且灯泡比较昂贵，更换起来也不容易。因此要减少电流对于投影灯泡电流上的冲击。由于开机会产生巨大的冲击性电流，所以应该尽可能的减少开机次数。投影仪的散热、通风可延长投影使用寿命。如果通风不畅，热量散发受到阻碍，就会加速灯泡老化，对机芯部件的影响也会很大，严重时还会出现灯泡爆炸等危险情况。

（3）电路部分

严禁带电插拔电缆，信号源与投影仪电源最好同时接地，这是由于当投影仪与信号源（如PC）连接的是不同电源时，两零线之间可能存在较高的电位差。当用户带电插拔信号线或其他电路时，会在插头插座之间发生打火现象，损坏信号输入电路，由此造成严重后果。

在使用投影仪时，有时要求信号源和投影仪之间有较大距离，如吊装的投影仪一般都距信号源 15 米以上，这时应延长信号电缆。由此会造成输入投影仪的信号发生衰减，投影的画面会发生模糊拖尾甚至抖动的现象。这不是投影仪故障，也不会损坏机器。解决这个问题的最好办法是在信号源后加装一个信号放大器，可以保证信号传输 20 米以上没问题。

（4）关机部分

合理的关机与灯泡的维护也有着紧密的联系，一般投影完毕后投影仪都不能马上关机，稍等 10 分钟左右，等投影仪冷却后再关机。因为这样机身内置的散热风扇还要继续为机内散热，如果马上关机，热量就不可能马上带走，将会对内部的构件产生影响。

【操作练习 7-6】　学习操作投影仪的连接和使用